W0215635

LES PRÉDATEURS DU KREMLIN
1917-2009

Des mêmes auteurs

Ici Moscou, Renata Lesnik
Hachette, 1982

L'Empire corrompu, Renata Lesnik et Hélène Blanc
Robert Laffont, 1990

Les Auteurs du Printemps russe, Hélène Blanc
Noir sur Blanc, 1991

Qui abattra Eltsine ?, Renata Lesnik et Hélène Blanc
Éditions du Rocher, 1992 (prix France-Russie, 1993)

Saveurs de Russie, Hélène Blanc et Renata Lesnik
Le Griot, 1992
Hachette, Le Livre de Poche, 1998

Ma vie en rouge, Renata Lesnik
Michel Lafon, 1995

L'Empire de toutes les mafias, Renata Lesnik et Hélène Blanc
Presses de la Cité, 1996

Le Dossier noir des mafias russes, Hélène Blanc
Balzac-Le Griot, 1998

Le Mal russe, Hélène Blanc et Renata Lesnik
L'Archipel, 2000

KGB connexion, le système Poutine, Hélène Blanc
Hors Commerce, 2004

La Rebelle aux pieds nus, Renata Lesnik
Hors Commerce, 2005

T comme Tchétchénie, Hélène Blanc
Ginkgo Éditions, 2005

HÉLÈNE BLANC ET RENATA LESNIK

LES PRÉDATEURS DU KREMLIN

1917-2009

ÉDITIONS DU SEUIL
*27, rue Jacob, Paris VIe*

ISBN 978-2-02-99391-3

© Éditions du Seuil, mars 2009

Le Code de la propriété intellectuelle interdit les copies ou reproductions destinées à une utilisation collective. Toute représentation ou reproduction intégrale ou partielle faite par quelque procédé que ce soit, sans le consentement de l'auteur ou de ses ayants cause, est illicite et constitue une contrefaçon sanctionnée par les articles L.335-2 et suivants du Code de la propriété intellectuelle.

www.editionsduseuil.fr

Nous dédions ce livre à la Russe Anna Politkovskaïa et au Polonais Bronislaw Geremek.
Sans oublier Nema et tous les siens.
Avec une pensée toute particulière pour les esprits lucides et courageux qui ont payé de leur vie leur exigence de vérité, victimes de l'aveuglement des hommes.
Ou de leur barbarie.

Avant-propos

La chute du mur de Berlin puis l'implosion de l'URSS suscitèrent de grands espoirs parmi les partisans de la liberté. C'était compter sans le KGB. Aujourd'hui, contrairement aux pays d'Europe centrale et orientale qui sont parvenus à se démocratiser sous l'impulsion de l'Union européenne, la Russie postcommuniste s'est muée en « démocrature », un terme inventé par les Russes eux-mêmes, à l'image de cette dictature déguisée en démocratie formelle, et donc soluble dans la morale internationale.

Cette mutation était-elle inéluctable ? Nous laisserons à d'autres le soin de vanter les acquis du soviétisme dans les domaines de l'enseignement, des sciences, des arts et de la culture. À l'évidence, le peuple russe, analphabète à 80 % avant la Révolution, est devenu hautement lettré. Nous délaisserons également la nostalgie de l'idéologie communiste, en théorie l'utopie la plus généreuse engendrée par le XXe siècle.

Désormais, l'Occident – opinion et dirigeants confondus – s'imagine bien connaître la Russie. C'est une erreur manifeste : victime d'une propagande et d'une désinformation incessantes, il se contente de clichés, d'idées reçues, d'*a priori* très éloignés de la réalité. Et, trop souvent, d'une pensée unique équivalant à une non-pensée. Lui rappeler l'histoire récente de la Russie, en éclairer les nombreuses zones d'ombre, c'est dévoiler les objectifs véritables du système postsoviétique dont Vladimir Poutine aura été sans doute l'« icône » la plus trompeuse.

C'est aussi comprendre les états d'âme des nouveaux partenaires de l'Est, leurs espoirs et leurs préoccupations. Et accomplir, après des décennies de désinformation, un hallucinant voyage « de l'autre côté du miroir ».

Enfin, dans la mesure où le développement de l'Union européenne va dépendre, pour partie, de l'évolution de la Russie nouvelle, c'est décrypter ses véritables intentions à l'égard des Européens. Et du monde.

De nos jours, l'Europe se berce toujours d'illusions. Mais les relations entre Occident et Russie ne reposent-elles pas depuis longtemps sur des malentendus ? D'abord, parce que l'ouest de l'Europe n'a jamais su déchiffrer cette part d'irrationalité du monde slave qu'il qualifie d'imprévisible, pas plus que la politique byzantine de ses dirigeants et leur « obsession du secret », pourtant déjà notée au XIXe siècle par Astolphe de Custine, dans ses *Lettres de Russie*.

Ensuite, l'Ouest fait preuve d'une ignorance confondante à l'égard de l'histoire de l'ex-URSS et de l'ancien bloc de l'Est. Cécité réelle ou feinte ? Angélisme ? Indifférence ? Ou intérêts bien compris ? Au fond, peu importe. Aux yeux de l'Occidental, la Russie demeure, selon la formule de Churchill, « une énigme enrobée de mystère ».

Mais chaque fois que survient un événement – le plus souvent prévisible, tel le conflit russo-géorgien d'août 2008 –, on ne peut que s'étonner de cette soudaine indignation qui embrase les consciences européennes. Confondant désirs et réalité, privilégiant une vision romantique de ce grand pays, elles ont pris trop souvent pour argent comptant les informations déversées par la propagande et la désinformation soviéto-russes qui, depuis des décennies, s'acharnent à promouvoir l'image d'une Russie virtuelle. L'Occident n'a donc cessé de se faire manipuler. Et continue de l'être aujourd'hui.

Rares sont les Européens qui savent encore ce que fut le KGB, en dépit des différents visages que ce singulier « caméléon » a su prendre depuis les années 1980. Nombreux en revanche ont été ceux qui, par naïveté ou idéologie, ont maintenu la fable de son démantèlement, rejetant l'« ombre terrible » dans les limbes du passé. Or, restructuré à partir de 1991, le KGB, tel le Phénix renaissant de ses cendres, est toujours là, même s'il porte un autre sigle, celui de FSB.

Pourtant, les thuriféraires n'ont pas manqué de se relayer pour entonner les mêmes airs rassurants : « la Perestroïka est irréversible », « la Russie ne peut plus retourner en arrière », « la Russie postsoviétique est une démocratie», «le KGB a été tellement restructuré, affaibli, qu'il ne représente plus aucun danger», le KGB n'est qu'une «franc-maçonnerie», un «lobby» comme les autres, et même, cerise sur le gâteau, une «pâle copie de l'ENA française»!

Comment peut-on être assez myope pour ne pas voir au contraire que, de Lénine à Poutine-Medvedev, les services secrets constituent l'armature indéfectible du système? Comment le plébiscite, à la tête de l'État russe, d'un obscur officier du KGB n'a-t-il pas suffi à lui seul à leur ouvrir les yeux?

À quoi bon occulter les faits? Dès l'origine, le régime soviétique s'est appuyé sur deux piliers: le Parti et son bras armé, le KGB. Au long des décennies, imbriqués, impuissants à vivre une existence propre, tous deux évoluèrent en frères siamois, dont un seul devait survivre. En définitive, celui qui avait le plus à perdre, car intrinsèquement criminel, remporta la victoire: un triomphe occulte. On sait à présent que les services du FSB (l'ex-KGB) sont le fil d'Ariane permettant de résoudre nombre d'énigmes à première vue «inexplicables». Rares sont pourtant les ouvrages à en parler!

De 1989 à 1991, la Table ronde [1], les élections de juin 1989 et la victoire de Solidarité (*Solidarnosc*) en Pologne, la chute du mur de Berlin (le 9 novembre 1989), la sortie sans convulsions majeures de tous les pays d'Europe centrale et orientale du système communiste, la réunification allemande et enfin l'implosion de l'Empire soviétique (1991) ont radicalement bouleversé la carte géopolitique de l'Europe et du monde.

L'adhésion à l'Union européenne, le 1er mai 2004, de huit pays de l'ancien bloc communiste, accompagnés de Malte et de Chypre, puis, le 1er janvier 2007, de la Bulgarie et de la Roumanie, ont davantage encore modifié la donne.

Comme le rappelle Michel Barnier, ex-ministre des Affaires

1. Les négociations de la Table ronde se déroulent en Pologne du 6 février au 5 avril 1989, entre représentants du syndicat Solidarité et du pouvoir. Les accords signés entre les deux parties stipulent la relégalisation immédiate de Solidarité, la mise en place d'un système parlementaire à deux chambres et des réformes économiques. En juin 1989, les premières élections libres en Europe de l'Est ont ouvert une large brèche dans le système communiste de Parti unique.

étrangères et ancien commissaire européen, « malgré la césure du Rideau de fer, Robert Schuman nous invitait, il y a cinquante ans déjà, à nous “tenir prêts” à accueillir dans la famille européenne nos frères d'Europe centrale et orientale. [...] Avec le dernier élargissement, l'Europe a renoué avec son histoire et retrouvé dans une large mesure sa géographie [1] ».

Force est de constater que ces intégrations récentes ont bouleversé la configuration et l'avenir de l'Union européenne, qui englobe vingt-sept États ! À première vue, cet ensemble recomposé semble en terminer une fois pour toutes avec les accords de Yalta. Oublié le cadeau fait à Staline et qui devait entraîner l'expansion d'un nouvel Empire soviétique, plus puissant et plus démesuré encore que celui des tsars. Or, ce partage dans lequel les Alliés eurent une large part de responsabilité n'a pas été totalement « digéré » par des populations jetées en pâture au pire totalitarisme.

En novembre 2006, un communiqué du SVR (le renseignement russe à l'étranger), citant des rapports secrets de l'époque, observait par exemple que « l'annexion des pays Baltes par l'URSS en 1940 fut réalisée sous l'œil indulgent des États-Unis et de la Grande-Bretagne ». Une dépêche du même SVR, citant un conseiller du président américain, révélait en outre que les Américains ne perdaient jamais de vue leurs intérêts propres : « Du point de vue stratégique, il est de notre intérêt que la Russie s'installe dans les pays Baltes pour pouvoir contester à l'Allemagne la domination sur la mer Baltique mieux qu'elle ne l'avait fait après 1918 quand elle n'avait que Kronstadt, une base navale près de Saint-Pétersbourg, selon un mémorandum secret du ministère britannique des Affaires étrangères en date du 28 janvier 1942 à l'attention du gouvernement britannique [2]. »

Mais, s'il faut en croire certains historiens, il ne s'agit là que d'une nouvelle et brillante tentative de désinformation. Dont acte ! Ce qui est sûr en revanche, c'est que la Russie de Poutine-Medvedev refuse encore toute repentance pour avoir occupé les pays Baltes, qu'elle accuse d'avoir « collaboré » avec les nazis... Preuve en est cette déclaration parfaitement explicite du président russe,

1. Robert Schuman, *Pour l'Europe*, Nagel-Fondation R.-Schuman, 2005.
2. AFP, 23 novembre 2006.

le 22 juin 2007 : « Nul n'a le droit de tenir la Russie coupable des grandes épurations menées par Staline. Il est vrai que notre histoire a connu des périodes terribles, que nous devons nous rappeler. Personne ne peut cependant en tenir la Russie actuelle pour responsable et chercher à la culpabiliser. »

L'une des problématiques les plus délicates pour les États baltes, « ex-pupilles » de l'Empire soviétique, concerne précisément la gestion de leurs rapports politiques, diplomatiques et économiques avec leur ancienne « tutrice ». Ce qui complique d'autant les relations au sein de l'Union européenne, tout comme celles de l'Union avec la Russie et les autres républiques ex-soviétiques. Sans oublier les relations dangereusement tendues ces dernières années entre Géorgie, Ukraine, Moldavie ou divers petits États du Caucase et la Russie, héritière du soviétisme.

Réalisé contre l'avis d'une Russie qui se dit menacée d'encerclement et d'isolement, l'élargissement à l'Est de l'Union européenne semble à première vue en terminer définitivement avec la Guerre froide. Mais mieux vaut y regarder à deux fois : en réalité, nous vivons en pleine « Paix froide ». Poutine sait déconcerter l'Europe en faisant alterner menace et séduction. En apparence, l'Union européenne entretient donc de bonnes relations avec la Russie, et pourtant le moindre incident suffira à transformer des tensions ponctuelles en crise internationale. Car les vieux antagonismes n'ont pas disparu, bien au contraire.

Le 7 novembre 2007, la Révolution bolchevique célèbre ses quatre-vingt-dix ans. Dans l'Europe postcommuniste, nombreux sont ceux qui considèrent alors, à l'instar de l'historien Pierre Rosanvallon, que « même si ce n'est jamais acquis, la question du totalitarisme est derrière nous ». Voire ! À différentes reprises, et pas plus tard qu'en août 2008, la communauté internationale se rendra compte qu'elle n'est pas définitivement à l'abri du retour à de nouvelles formes de totalitarisme, dont les visages sont aussi divers et changeants que ceux du KGB. Certes, à l'est de l'Europe, le marxisme-léninisme ne fait plus recette, et l'on peut estimer que le communisme tel que l'a connu le XXe siècle est bel et bien mort, même si de rares partis s'en réclament encore.

Jean-Dominique Giuliani, président de la fondation Robert-Schuman, rendait un vibrant hommage à ces pays ex-communistes, le 21 juin 2004, à l'Académie des sciences morales et politiques:

« Nos nouveaux partenaires ont été exemplaires. La liberté retrouvée, ils ont tenu des élections libres partout. Des formations politiques modérées ont gouverné. Toutes se sont réclamées de la démocratie, y compris les successeurs des anciens communistes. Nous n'avons donc rien à redire à la manière dont a été conduite la transition en Europe centrale. Et si l'Union y a veillé, c'est d'abord aux dirigeants et aux peuples qu'il faut rendre un hommage appuyé. Ils ont prouvé là leur authentique appartenance européenne. Qui d'entre nous aurait pu imaginer une telle évolution, il y a quinze ans encore [1] ? »

Stupéfiante reconversion en effet. Mais se réclamer de la démocratie suffit-il cependant à un État pour devenir démocratique ? Nul n'aime les Cassandre. Pourtant, la question qui fâche s'impose : les services secrets de ces anciens États policiers, plus ou moins organisés sur le modèle du KGB, ont-ils été totalement démantelés ?

À l'heure actuelle, les lois de lustration instaurées chez nos nouveaux partenaires provoquent bien des remous. Beaucoup estiment en effet qu'il faut « tourner la page » et s'empresser d'« oublier le passé ». Or, c'est contre leur gré que ces peuples annexés par l'URSS furent assujettis à un régime policier. Pour certains, occupés par les Soviétiques durant cinquante ans, isolés, enfermés dans un univers concentrationnaire, l'oubli paraît plus difficile, les esprits occidentaux dussent-ils en être choqués. Chez d'autres, la lustration a permis d'apurer la société, les structures étatiques et la police politique des dirigeants ou collaborateurs du passé. Tout cela dans la quasi-indifférence, voire l'incompréhension de la vieille « Europe des Quinze ».

Pourquoi ? Sans doute parce que l'Occident n'a eu de l'idéologie communiste qu'une approche théorique, intellectualisée, voire idéalisée, alors que les populations de l'est de l'Europe comme de l'URSS, elles, servirent de cobayes *in vivo*. Sans doute aussi parce qu'il n'a toujours pas pris la mesure du cataclysme qui s'abattit alors sur l'Europe de l'Est, et que l'historien Stéphane Courtois définit comme « l'instauration d'une culture antidémocratique,

1. *Regards croisés sur l'Europe,* sous la dir. de M. Albert, Académie des Sciences morales et politiques-PUF, 2005.

d'une société de la peur, du crime, de la délation, de l'irresponsabilité, de l'extermination des élites [1] ». Par quel miracle ces populations auraient-elles pu sortir indemnes de cette expérience ?

S'impose alors une autre question essentielle : peut-on construire une nouvelle Union européenne en faisant l'impasse sur un demi-siècle d'histoire de dix de ses États ? Ou faut-il l'occulter délibérément parce que ce passé nous ramène inévitablement à la responsabilité des grandes puissances dans l'instauration du plus vaste système concentrationnaire qui fut jamais ? Peut-on rester sourd à la volonté de ces peuples d'exorciser leur passé, de « décommuniser » et surtout de « dékagébiser » leurs sociétés alors qu'en France, par exemple, on n'en finit pas d'évoquer Vichy, la Résistance, la collaboration ou encore la colonisation ? N'oublions pas qu'il a fallu attendre 1971 pour que les Français puissent voir au cinéma *Le Chagrin et la Pitié* de Marcel Ophuls.

Le temps est venu d'aérer la Maison commune en ouvrant les fenêtres, quitte à respirer quelques relents malsains. De rappeler aussi que la France, comme d'autres États de la vieille Europe, aurait très bien pu se retrouver absorbée par le camp stalinien.

De nos jours, de nouveaux signes inquiétants refont surface. Qui s'en soucie ? Ignorer les objectifs, les ambitions secrètes et la stratégie occulte de la Russie contemporaine à l'égard de l'UE élargie ou de nos voisins ex-soviétiques, n'est-ce pas de l'inconséquence, sinon de l'irresponsabilité ? Car il devient de plus en plus évident que la construction d'une Europe ethnique et pluriculturelle stable va dépendre en partie de l'évolution de la Fédération de Russie. Et pas uniquement en matière de stratégie, de dépendance énergétique ou d'alliances diplomatiques. Pseudo-démocratique, rekagébisée à outrance par Vladimir Poutine et les siens, la Russie représente aujourd'hui un partenaire paradoxal, peu fiable, et dont l'Europe devrait se préoccuper. Elle a déjà commis l'erreur de prendre Poutine, tout comme son successeur, Medvedev, pour un leader à l'occidentale. Faudra-t-il qu'elle découvre trop tard la triste réalité ? Le conflit russo-géorgien de l'été 2008 constitue, à cet égard, une sévère mise en garde. Une de plus.

L'amitié, l'affection, la solidarité et le respect que l'on doit à

1. Stéphane Courtois, *Le Livre noir du communisme*, Robert Laffont, 1997.

l'immense peuple russe, qui a déjà tant souffert, n'ont pas à nous égarer. Nous ne sommes plus là dans le domaine affectif. Évitons de confondre peuple et dirigeants. Afin de comprendre les objectifs d'un pouvoir qui tourne résolument le dos à la démocratisation, nous essayerons de décrypter le rôle déterminant des services secrets russes aussi bien à l'intérieur de la Russie que dans les ex-pays du bloc communiste. Sans oublier l'Union européenne.

Rafraîchir les mémoires, partager une histoire commune, ne peut que nous enrichir d'expériences différentes, consolider une compréhension mutuelle ainsi qu'une solidarité toutes deux indispensables à l'édification d'une union durable de l'Europe.

Mettre fin aux malentendus, au non-dit entre la Vieille Europe et les dix membres « venus du froid », afin de prévenir des fissures, voire des fractures douloureuses, tel est donc le but et la raison d'être de cet ouvrage. Faire partager notre connaissance de la société russe et de ses dirigeants actuels en constitue le second objectif. Non sans quelques révélations saisissantes. Au risque de déranger ou de déplaire.

En matière de conquête, d'instrumentalisation et de domination par l'URSS puis par la Russie actuelle, les habitants de l'Europe centrale et orientale possèdent une expérience rare et précieuse. Nous avons donc choisi de privilégier la dimension humaine en donnant largement la parole aux acteurs ou aux témoins directs. D'où les citations d'auteurs et les larges extraits de nos entretiens cités ici, devenus d'autant plus précieux aujourd'hui que certains de nos interlocuteurs ont hélas disparu.

Chapitre I

Russie-Occident : guerres ou paix ?

Sans surprise pour les observateurs attentifs, l'antagonisme larvé de la Russie et de la Géorgie a fini par tourner au conflit armé. Dès 2006, au sommet de la CEI [1], Poutine n'avait-il pas explicitement menacé le président Saakachvili d'une guerre sur le sol géorgien ? En réalité, l'armée russe se préparait à intervenir depuis de longs mois. Peut-être des années.

Les Européens savent fort peu de choses sur la Géorgie, terre de mythes et de légendes à la croisée de l'Europe et de l'Asie. Pourtant, l'humanité lui doit beaucoup car les Géorgiens proclament avec orgueil nous avoir fait don du feu, du vin, et aussi de la Toison d'or…

Le 8 août 2008, la Russie riposte brutalement à une « opération géorgienne » de reconquête de l'Ossétie du Sud, l'une des deux régions séparatistes opposées au pouvoir de Tbilissi. Riposte ? Doux euphémisme pour ce qui ressemble davantage à une guerre ouverte contre la Géorgie et, au-delà, contre l'ensemble de ce monde libre qui avait osé coopérer directement avec les anciennes Républiques soviétiques afin de les aider à consolider leur souveraineté reconquise.

Mais c'était compter sans le KGB dont les dirigeants occultes – déjà du temps de Boris Eltsine – ont toujours considéré celles-ci comme des zones d'intérêt vital à usage exclusif de la Russie. Chasse gardée !

Bilan du *Blitzkrieg*, cette guerre éclair ? Outre les morts civils, les blessés, les exilés, la population locale de ce petit État transcaucasien

1. CEI : Communauté des États indépendants, structure qui succéda à l'URSS, regroupant les Républiques ex-soviétiques à l'exception des trois baltes.

durablement traumatisée, la Géorgie se retrouve amputée d'un quart de son territoire et son président, Mikhaïl Saakachvili, le «chouchou de l'Occident», se voit discrédité sur la scène internationale car chacun se demande par quelle aberration ce «David géorgien» a osé provoquer le «Goliath russe».

Du point de vue de ce dernier, l'explication semble pourtant relativement simple. À preuve, cette guerre des «petites phrases» succédant aux opérations militaires. Le 18 août 2008, au micro de France-Inter, Dmitri Rogozine, ambassadeur russe auprès de l'OTAN, n'hésite pas à traiter Saakachvili de nazi, «dont les crimes sont à la hauteur de ceux d'Hitler ou de Saddam Hussein». Ensuite, c'est le président Medvedev qui accuse carrément les Géorgiens de «génocide». Usant du même langage «diplomatique», fin août, Moscou ironise sur les «menaces de sanctions européennes». Sergueï Lavrov, ministre russe des Affaires étrangères, affirme quant à lui que son homologue français, Bernard Kouchner, souffre d'une «imagination maladive».

Le 13 septembre, le président russe en rajoute encore. Stupéfaits, nombre de Russes avouent qu'à l'écoute du chef de l'État, ils ont cru entendre Poutine: même voix, mêmes inflexions, même phrasé. D'où son nouveau surnom de «Medvoutine». Dans une ambiance pour le moins détendue, il révèle ainsi aux experts du club international Valdaï réunis dans la salle de conférences du GOuM, le célèbre grand magasin donnant sur la place Rouge, que Saakachvili n'est en fait qu'un pauvre toxicomane. N'a-t-il pas donné quelque temps plus tôt une conférence de presse de deux heures «sous l'emprise de stupéfiants»? D'ailleurs que peut-on attendre d'un «accro» à la drogue? Et de confier: «L'idée de reconnaître l'indépendance de l'Abkhazie et de l'Ossétie du Sud était dans l'air depuis longtemps, et le président géorgien le savait pertinemment. Voilà pourquoi il frétillait comme un roquet: "On doit se voir, on doit discuter", jappait-il. Mais après la visite de Condoleezza Rice, le garnement a changé du tout au tout. D'abord, il a cessé d'appeler. Ensuite, il a dit: "Je n'ai aucun besoin de me rendre à Sotchi!" [...] S'il a goûté au sang une fois, il ne s'arrêtera plus, sauf si on lui casse la gueule une bonne fois!»

Au cours de cette discussion «amicale», le même Medvedev précise également sa vision de la lutte anticorruption dans son pays, une lutte qu'il ne concentre pas uniquement sur les Russes véreux : « Prenons un businessman occidental – un cas abstrait, au conditionnel –, souligne-t-il. Chaque pays a son propre contexte, que nous connaissons. Nous sommes aussi au courant des défauts et des habitudes de tout un chacun [1]. »

Une autre façon de dire en quelque sorte que, tout au sommet du Kremlin, on sait quel homme d'affaires étranger est prêt à verser des pots-de-vin et de quel montant pour remporter un marché juteux ! Mais la manière de formuler la chose laisse clairement entendre que le monde politique international est également concerné par ces pratiques.

La propagande russe a ainsi brouillé les pistes avec brio, semant le doute et détournant l'attention générale du sujet principal. Qu'en est-il en réalité ? En fait, ce conflit était prévisible depuis une bonne dizaine d'années. Reportons-nous au 26 mars 1997, jour où la très officielle *Nezavissimaya Gazeta* (L'Indépendant) publie dans ses colonnes, à la rubrique *« Sodroujestvo »* (« Fraternité »), un texte capital intitulé « CEI : fin ou début de l'Histoire ».

Les auteurs, Konstantin Zatouline et Andronik Migranian, députés à la Douma, connus en Russie pour leurs écrits polémiques, n'y vont pas de main morte : « Il faut se rendre à l'évidence : la CEI n'est rien d'autre qu'une fiction. [...] Nous avons conscience qu'aujourd'hui la Russie manque d'un pouvoir agissant. Cependant, tant la vision globale que la stratégie concrète vis-à-vis de l'Ukraine, la Biélorussie, le Kazakhstan, des pays d'Asie centrale et du Caucase, exposées ici, vont revenir à l'ordre du jour dès que la période chaotique de luttes implacables au sein des structures dirigeantes prendra fin et que s'instaurera, enfin, un pouvoir fort, solide, un État doté d'une vraie volonté politique. »

La remarque date de mars 1997. Or, c'est précisément à cette époque qu'un certain Vladimir Poutine devient le bras droit du responsable de l'administration présidentielle d'Eltsine et coiffe également le puissant Département principal de contrôle placé sous l'autorité directe du président. L'information n'est pas négligeable dans la mesure où les auteurs de ce rapport fleuve jugent que les autorités futures, à commencer par le gouvernement et le ministère

1. *Polit.ru*, 15 septembre 2008.

des Affaires étrangères, devront se montrer intransigeantes en matière d'intégration dans l'espace postsoviétique.

Les deux parlementaires critiquent vivement la politique eltsinienne, qu'ils jugent inacceptable étant donné qu'elle « considère les anciennes républiques de l'URSS comme des États souverains ayant achevé leur construction étatique. Estimant en outre que la Russie doit instaurer, à sa périphérie, des relations amicales de voisinage, se comportant à leur égard comme s'ils étaient réellement de nouveaux sujets du droit international ».

Conscients que cette stratégie est soutenue par nombre d'experts aussi bien en Russie qu'en Occident, ils affirment néanmoins qu'elle est schématique, abstraite, et donc erronée. Pourquoi ? Parce qu'il s'agirait en l'occurrence de reproduire, dans l'espace postsoviétique, les principes relationnels interétatiques en vigueur dans d'autres régions du monde où les sujets coexistent indépendamment depuis des siècles. Or, la situation au sein de l'espace postsoviétique, déclarent-ils, est « unique et exige une approche spécifique afin de servir efficacement les intérêts vitaux de la Russie ».

Aussi étonnant que cela puisse paraître, ces fins stratèges laissent entendre qu'au début de cette même année 1997 Moscou s'attendait à un tout autre dénouement de la première guerre de Tchétchénie, qui avait pris fin depuis quelques mois : « Bientôt, la Russie disposera d'un nouvel argument de poids au cas où la Tchétchénie se séparerait officiellement de la Fédération de Russie et où la communauté internationale reconnaîtrait son indépendance. Il s'agit de fixer le droit des nations à l'autodétermination comme prioritaire parmi les principes régissant les relations internationales. Un tel changement dans la hiérarchie des priorités fournira à la Russie un prétexte pour réviser l'ensemble des accords existant en matière de délimitation territoriale des républiques issues de la désintégration de l'URSS, ignorer le principe d'intégrité territoriale et mettre à l'ordre du jour le repartage de cet espace en se fondant sur le droit à l'autodétermination [1]. »

Ainsi a donc procédé la Russie en août 2008, prenant prétexte du précédent que constitue la reconnaissance, par la quasi-totalité de l'Union européenne sans compter les États-Unis, de l'indépendance

1. *Nezavissimaya Gazeta* (L'Indépendant), 26 mars 1997.

du Kosovo, ancienne province serbe, en dépit de l'opposition farouche de Moscou.

S'agissant de la Géorgie, le scénario était prêt depuis longtemps. Tout comme la stratégie définie pour la Biélorussie, l'Ukraine, le Kazakhstan, d'autres pays de l'Asie centrale et du Caucase. Stratégie dont voici quelques extraits très explicites : « Lever le blocus de l'Abkhazie, après quoi les mesures prises pour son redressement économique permettront d'unir autour des objectifs russes – au détriment de la Géorgie – tout le Nord-Caucase [...]. Contribuer à consolider les liens entre Ossétie du Nord et du Sud et stimuler les tendances séparatistes en Adjarie. [...] Laisser entendre à l'Arménie que, si la Géorgie poursuivait sa politique antirusse, celle-ci pourra s'approprier *de facto* les régions [géorgiennes, *NdA*] d'Akhalkal et d'Akhaltsikh. Ouvrir un corridor permettant une communication directe entre la Russie et l'Arménie. La menace d'une grave déstabilisation de la Géorgie, conjuguée à la ferme démonstration de la Russie de suivre son objectif jusqu'au bout, constituerait un facteur fort et dégrisant pour les actuels dirigeants géorgiens [à l'époque, le pays était présidé par Édouard Chévardnadzé, *NdA*] [1]. »

D'autres États caucasiens ne sont pas oubliés. Les choix sont déjà faits. Il s'agit, par exemple, de consolider l'armée arménienne afin qu'elle surpasse les troupes azéries. D'encourager la réunification du peuple lezguin, ce qui créera un nouvel équilibre ethnique au nord de l'Azerbaïdjan et au Daguestan. Il faut aussi pousser l'Azerbaïdjan à se fédéraliser et réactualiser la problématique de l'autonomie talych.

Vaste programme, qui pourrait laisser penser que le conflit russo-géorgien de 2008 n'est qu'un début. En mars 1997, le tandem Zatouline-Migranian soulignait encore : « On constate, à l'heure actuelle, que seule la perspective de déstabiliser la Géorgie et l'Azerbaïdjan pourrait conjurer, dans ces républiques, la consolidation d'un pouvoir antirusse. C'est uniquement ainsi que l'on pourra bloquer l'afflux de grands capitaux dans ces régions. » Avant d'ajouter qu'« outre l'Arménie, en tant qu'alliée de la Russie, l'Iran [...] pourrait, étant donné ses problèmes interethniques internes et

1. *Ibidem*.

son isolement international, se limiter au rôle de partenaire stratégique de la Russie».

La communauté internationale, qui s'est laissé persuader depuis que la Russie lui est indispensable pour tenter de résoudre le problème iranien, devrait peut-être en prendre acte.

Le message du Kremlin semble pourtant limpide: «Pas d'axe Tachkent-Bakou-Tbilissi-Kiev – ou encore Alma-Ata», pas de pipe-line «occidental» à travers le Caucase (pour contourner, voire exclure, la Russie) sans accord préalable du Kremlin. Ce qui signifie en clair que, si l'on ose interdire à la Russie de redessiner et contrôler à sa guise l'espace ex-soviétique – où elle se sent chez elle –, de reconstituer pacifiquement une nouvelle union ou un mini-empire, elle le fera par la force.

Rencontré fin août 2008, stigmatisant le laxisme occidental, Alain Besançon, de l'Institut, relève lui aussi ces erreurs récurrentes: «Le mensonge russe est si gros qu'il est toujours à moitié cru. Nos diplomates, à qui la diplomatie russe ment en pleine figure, en subissent la sidération. Ils n'osent pas dire: "Vous mentez. Vous êtes au fond un tigre de papier. Votre économie est misérable, votre démographie en ruine. Retirez-vous tout de suite et rentrez chez vous!" Au lieu de cela, nous élevons des protestations feutrées, nous appelons au dialogue, à la négociation. La Russie garde sa proie. Et puis c'est oublié jusqu'à la prochaine fois. Nous n'allons pas revenir à la "Guerre froide", dit-on, comme si elle avait jamais cessé.»

La Guerre froide

Un sondage réalisé par l'institut VTsIOM, le 11 septembre 2008, révèle que 50 % des Russes considèrent la Guerre froide comme la période la plus paisible, la plus stable et la plus sûre qu'ils aient connue. Par ailleurs, 75 % d'entre eux estiment que «les États-Unis ne sont pas un pays ami de la Russie» contre 10 % de l'avis contraire. D'autres sondages nous apprennent que 49 % des Russes ignorent que la Guerre froide est terminée!

L'un des avis les plus explicites en la matière est celui d'Alexandre

Podrabinek, qui signe, le 2 septembre 2008, dans l'*Ejédnevnaya Gazeta* (Le Quotidien), un article intitulé « Ode à la Guerre froide ». Le demi-siècle écoulé, écrit en substance cet ancien prisonnier politique qui dirige aujourd'hui l'agence de presse Prisma News, nous a appris que, pour un seul et même « diagnostic » – celui du totalitarisme soviétique –, l'histoire avait prescrit deux remèdes : les révolutions de « velours » et la Guerre froide.

Et comme on assiste aujourd'hui à la renaissance de ce totalitarisme, Podrabinek précise : « La Guerre froide est une bonne chose pour les États libres, comme pour tous ceux qui veulent voir leur pays libre. C'est l'avant-dernier moyen capable de freiner les régimes agressifs. Le dernier étant une guerre chaude, une véritable guerre [...]. Étant donné la renaissance en Russie d'un régime autoritaire sur le modèle totalitaire soviétique, le retour à la Guerre froide devient non seulement indispensable mais aussi souhaitable. Car il s'agit du moyen ultime que peut utiliser la communauté internationale pour lutter contre un agresseur qui dépasse les bornes et opprime ses citoyens. »

Le 11 septembre 2008, comme s'il avait lu Podrabinek, Poutine affirme quant à lui aux membres du club international Valdaï, chargés de diffuser sa pensée, que la Russie n'a pas d'ambitions impériales ; qu'elle ne porte pas atteinte à la souveraineté des anciennes républiques de l'URSS ; qu'en défendant l'Ossétie du Sud Moscou voulait seulement que la situation ne se dégrade pas davantage ; et que, de ce fait, il n'existe aucune cause de nouvelle Guerre froide entre la Russie et l'Occident. Poutinocchio...

Dans ce contexte, comment ne pas se souvenir des deux brillants stratèges de 1997 ? « Le nouvel étranger proche de la Russie ne représente pas seulement sa sphère d'influence, mais aussi l'arène du combat pour sa survie et sa consolidation, fondée sur plusieurs siècles d'expérience. »

Des stratèges qui assuraient sans complexes que « la Russie ne peut pas, est absolument incapable de se cantonner à l'intérieur des frontières qu'on lui a dévolues. D'autant que cela s'est passé pendant la période pacifique de l'après-guerre ! ».

Autre composante du conflit : durant de longues années, la Fédération de Russie a accordé la citoyenneté russe aux Ossètes et aux Abkhazes. Dans quel but ? Pour élargir davantage encore sa diaspora, et avoir ensuite une bonne raison de « voler au secours de ses compatriotes maltraités » ?

Dès 1997, Zatouline et Migranian reconnaissaient déjà : « Le problème de la diaspora existe et va sans cesse diriger nos efforts. [...] Il est question de la gigantesque diaspora russe qui fut abandonnée par son État. Notre future politique dans l'étranger proche sera donc déterminée par ce facteur [...] et par l'importance de l'étranger proche comme talon d'Achille de notre sécurité [1]. »

Or, les États baltes font également partie de cet « étranger proche ». Ce qui est remarquable, c'est qu'une fois en sécurité au sein de l'OTAN et de l'UE, les pays Baltes, abritant eux aussi une importante communauté russe, demeurent solidaires des autres républiques ex-soviétiques en délicatesse avec le Kremlin. Dès 2005, l'ex-président lituanien Vitautas Landsbergis, devenu eurodéputé, mettait l'Occident en garde contre les « rêves impériaux » du Kremlin qu'il connaît d'expérience : « Diviser un peuple pour le conquérir est une stratégie immorale que l'on retrouve à travers toute l'histoire. Depuis Alexandre le Grand jusqu'à Staline le Cruel, des variantes de cette stratégie ont été utilisées pour maintenir des nations entières sous l'emprise d'un empereur. On voit aujourd'hui cette stratégie à l'œuvre à nouveau avec le président Vladimir Poutine, qui cherche furtivement à restaurer la suprématie du Kremlin sur les territoires considérés comme "perdus" quand l'URSS implosa en 1991. »

S'agissant de l'Ukraine, de la Géorgie ou de la Moldavie, par exemple, jamais Vladimir Poutine ou Dmitri Medvedev ne se résoudront à ce que ces États souverains soient dirigés par des leaders qu'ils n'auraient pas eux-mêmes intronisés.

Vitautas Landsbergis sait de quoi il parle puisqu'il fut, dans les années 1990, « la cible des desseins impérialistes russes ». « Quand la Lituanie, puis les autres États baltes, l'Estonie et la Lettonie [...], ont saisi leur chance de se libérer en 1990-1991, poursuit l'ex-président lituanien, le Kremlin n'est pas resté passif. [...] Si les dirigeants russes n'avaient plus alors de communiste que le nom, ils n'hésitèrent pas à se saisir des vieilles recettes léninistes. Ils commencèrent donc à attiser les situations conflictuelles et les divisions.

1. *Nezavissimaya Gazeta*, 26 mars 1997.

Ils alimentèrent ensuite le ressentiment parmi les différentes communautés ethniques ou nationales. [...] Leurs exigences ne portèrent jamais sur l'autonomie culturelle. [...] Non, seule l'autonomie territoriale leur semblait satisfaisante. Du coup, en armant certaines de ces structures minoritaires fabriquées pour qu'elles réclament leur autonomie les armes à la main, le Kremlin pouvait obtenir le genre de chaos nécessaire à la réaffirmation de son contrôle. Heureusement, les Lituaniens, tout comme les Estoniens et les Lettons, ont compris ce jeu. Cette vieille stratégie de diviser pour conquérir et régner n'a pas davantage fonctionné en Crimée, quand la Russie essaya de la déployer en 1991. Mais ces défaites n'ont pas inspiré au Kremlin l'abandon de cette stratégie de base. Au contraire, les ambitions impériales de la Russie ont persisté. »

Force est en effet de constater que la Russie a créé et financé une série de petits États artificiels, criminalisés, encerclant la Géorgie et la Moldavie tout en encourageant leurs ambitions séparatistes. Et Landsbergis de préconiser : « L'Europe, l'Amérique et le monde en général doivent voir sous son vrai jour la soi-disant "démocratie gérée" de M. Poutine et présenter un front uni contre ses rêves néoimpérialistes. La première étape est d'obliger la Russie à respecter son engagement exécutoire envers l'OSCE (Organisation pour la sécurité et la coopération en Europe), ainsi qu'envers le Conseil de l'Europe, de retirer ses troupes de Moldavie et de Géorgie [1]. »

Comme pour confirmer cette analyse, le 16 septembre 2008, Delfi (le site d'information estonien) signalait qu'une « Union de la nouvelle génération des partisans du Nord-Ouest » distribuait des tracts en Estonie appelant les russophones à demander, par pétition, la création d'une « Région autonome russe ». D'ici à ce que la Russie envoie ses chars en Estonie...

Car les années passent, mais le « caméléon soviéto-russe » ne cesse de s'adapter à l'environnement. Si, en 1968, le pacte de Varsovie accordait « une aide amicale » à la Tchécoslovaquie et si, en 1979, l'armée soviétique « remplissait son devoir international » en entrant en Afghanistan, en 2008, la Russie ne faisait plus que « protéger ses concitoyens » en débarquant en Géorgie. Le prétexte manque singulièrement d'originalité. Lors de la conférence de Munich, fin

1. *Le Figaro*, 3 janvier 2005.

septembre 1938, le même argument était déjà utilisé par Hitler pour annexer le territoire tchécoslovaque des Sudètes…

Les raisons d'un défi

D'abord, il est évident que les dirigeants russes, Poutine en tête, n'ont toujours pas surmonté la terrible humiliation de l'effondrement de l'Empire soviétique.

En conséquence, le Kremlin n'admet pas l'éventuelle intégration dans l'OTAN et l'UE de la Géorgie, de l'Ukraine, de la Moldavie, voire d'autres pays de l'espace postsoviétique qui appartiennent toujours, à ses yeux, à sa sphère d'influence. Et prétend redouter isolement et encerclement. Et tant pis si le monde qualifie la Russie de « hors-la-loi internationale » en s'étranglant d'indignation. Il était prévenu dès 1997 : la Russie attendait un « argument de poids » qui devait lui permettre de remplacer la notion d'*inviolabilité de l'intégrité territoriale*, autrefois prioritaire, par celle du *droit des peuples à l'autodétermination*. C'est désormais chose faite. En toute légalité tchékiste.

À première vue, l'opération dirigée contre une Ossétie du Sud rebelle serait une erreur stratégique de Saakachvili. Bien que tout semble l'accuser, sa décision demeure toutefois inexplicable. Fut-elle encouragée par l'administration Bush ? Le fait que, ces dernières années, Washington ait guidé Tbilissi n'est un secret pour personne. Mais quoi que l'on puisse penser de la stratégie de la Maison-Blanche, la diplomate franco-géorgienne Salomé Zourabichvili dément catégoriquement l'hypothèse d'une attaque suggérée par les Américains : « Ces derniers mois, assure-t-elle à Yves Calvi, les États-Unis calmaient au contraire le jeu [1] ! » Enlisée en Irak, affaiblie par un dollar qui s'effrite, ruinée par la crise financière et focalisée sur sa campagne présidentielle, l'Amérique se serait fort bien passée d'un problème supplémentaire.

Alors, qui a poussé à la faute le président géorgien ? Là encore se profile l'ombre des prédateurs du Kremlin. En effet, dès le 11 août, le quotidien en ligne *Grani.ru* annonçait « de source sûre émanant

1. *C dans l'air*, France 5, le 11 août 2008.

du FSB » que le président russe avait ordonné l'établissement d'une liste d'une cinquantaine d'officiers de cet organe ainsi que du SVR et du GRU en vue de les décorer « pour avoir informé en temps voulu et avec exactitude l'état-major des forces armées et les dirigeants du pays » de l'opération en préparation en Ossétie du Sud. Récompensés pour avoir donné l'alerte ou pour avoir organisé l'expédition punitive ? De bonnes âmes n'auraient-elles pas fait savoir au président géorgien et à ses généraux que Moscou ne réagirait pas à cette attaque ? Voire que la situation du moment était propice à un retour au bercail de la « fille prodigue » ? D'autant que l'opération lancée par Tbilissi a permis à la Russie de s'emparer dans la foulée de l'Abkhazie qui, contrairement à l'Ossétie du Sud, n'était pas envahie par les troupes géorgiennes. En revanche, la flotte et les escadrilles russes y provoquaient de sérieux dommages, bloquant même les accès à l'aide humanitaire.

Un fait, à ce sujet, mérite d'être signalé. Bien que la 58e armée russe soit entrée officiellement en Géorgie le 8 août 2008, il faudra attendre le 25 de ce mois pour que Sergueï Mironov, président du Conseil de la Fédération (le Sénat russe), parvienne à faire siéger cette chambre. Pour cause de vacances et de Jeux olympiques de Pékin, auxquels assistait d'ailleurs Vladimir Poutine. Or, ce jour-là, à quoi s'est consacrée l'assemblée séance tenante ? À modifier la législation en vigueur (article 102, alinéa 1,r. de la Constitution) afin de permettre à la présidence d'envoyer des troupes guerroyer à l'extérieur de la Russie. Dmitri Medvedev et Vladimir Poutine, qui se targuent tous deux d'être juristes de formation, n'auraient-ils pas dû s'en préoccuper ? Ignoraient-ils donc qu'avant ce bricolage juridique réalisé *in extremis* une telle « guerre chaude » était illégale ? Difficile à croire…

Une fois de plus, il y a de l'« opération spéciale » dans l'air – secrète par définition, la *spetsopératsiïa* demeure sans conteste l'activité de prédilection des services russes. Une fois encore, dans l'opération Géorgie, on retrouve le savoir-faire tchékiste où la désinformation joue un rôle capital. Le coup de main était prévisible de longue date puisque, dès l'automne 2006, Sergueï Bagapch, le président de l'Abkhazie, déclarait à la presse russe : « Les Géorgiens cherchent à provoquer la Russie par tous les moyens car ils ont besoin d'un conflit armé avec elle – condition *sine qua non* pour qu'ils soient acceptés par l'OTAN [1]. » Pourtant, d'après nos informations, si l'entrée de la Géorgie au sein de l'Alliance atlantique a été retardée, c'est bien à cause des risques de conflit dans la région. Comprenne qui pourra…

« En effet, l'Abkhazie et l'Ossétie sont gouvernées depuis des années par des agents bien connus du KGB… » affirme Mamuka Kudava, ambassadeur de Géorgie en France, sur le plateau de Paul Amar [2]. Comme en écho, quelques jours plus tard, le grand cinéaste géorgien Otar Iosséliani affirmait en substance à Fréderic Taddeï qu'une cinquième colonne d'agents du KGB était à l'œuvre dans son pays [3].

Le 15 septembre, au micro des *Échos de Moscou*, Dmitri Mouratov, rédacteur en chef de la *Novaya Gazeta*, déplorait quant à lui que les journalistes ne parviennent pas à interroger un certain Marat Koulakhmetov. Qui est-il ? Un témoin capital qui, au début du conflit, commandait les forces de maintien de la paix russes basées en Ossétie du Sud. L'homme devait confirmer ou infirmer l'information selon laquelle, avant l'assaut décidé par Saakachvili, plusieurs villages situés en territoire géorgien auraient été bombardés des heures durant depuis l'Ossétie du Sud. Si c'est exact, pourquoi Koulakhmetov n'a-t-il pas ordonné de cesser le feu ?

« Mais alors, qui aurait provoqué la Géorgie ? Mikhaïl Saakachvili est tout sauf un naïf, il sait pertinemment à qui il a affaire. Car cela fait des années que les provocations se succèdent dans la région », déclare encore l'ambassadeur Kudava.

Ce qui est sûr, en revanche, c'est que Kokoïty, le président ossète, est bien aux ordres du Kremlin. La Russie lui octroie annuellement cent millions de dollars, sur l'emploi desquels il n'a aucun compte à rendre, et qu'il partage peut-être avec ses protecteurs à Moscou [4]. Le credo de l'Ossète est lapidaire : « D'abord arracher l'indépendance à la Géorgie, ensuite obtenir la réunification avec l'Ossétie du Nord. » Et après ? Ces républiques, soustraites à la Géorgie,

1. *Moskovskiï Komsomolets* (Le Komsomoliste de Moscou), 2 octobre 2006.
2. *Revu et Corrigé*, France 5, le 6 septembre 2008.
3. *Ce soir ou jamais*, France 3, le 16 septembre 2008.
4. *Le Soir*, Bruxelles, septembre 2008.

finiront-elles par être annexées par la Russie ? Leur adhésion à la CEI suppose que tous les membres reconnaissent préalablement leur indépendance. Or, tel n'est pas le cas. Les rattacher à l'Union russo-biélorusse ? Celle-ci n'existe pas encore. Y implanter des bases militaires russes ? Cela permettrait aux frontières sud de la Russie d'être défendues *de facto* et non *de jure*. Autant de questions épineuses à trancher…

Le 13 novembre 2008, invité du *Grand Journal* de Canal+, le président Mikhaïl Saakachvili dresse le bilan de l'après-guerre. Quelque sept cent mille personnes déplacées, obligées de fuir les deux régions séparatistes, ont perdu leurs maisons et leur maigre patrimoine. Il révèle aussi que les Russes sont en train de construire une « parfaite réplique du mur de Berlin » sur près de cent kilomètres afin d'isoler l'Abkhazie, la séparant définitivement de la Géorgie ; désormais, 22 % du territoire géorgien se trouvent contrôlés par le grand voisin. Détail surréaliste, la localité géorgienne d'Alkhal, proche de Tbilissi, a déjà été rebaptisée « Leninalkhalé » (à l'instar de Leningrad, ville de Lénine). « Et ça se passe au XXIe siècle ! », souligne Saakachvili.

« Si un jour la Russie s'emparait de son pays, elle contrôlerait alors 60 à 70 % des livraisons de gaz en Europe, créant ainsi un monopole », prévient encore le président géorgien.

Somme toute, l'opération « déclenchée par Saakachvili » diffère-t-elle beaucoup de la guerre coloniale – camouflée en « lutte antiterroriste » – de la grande Russie contre la petite Tchétchénie, proclamée république indépendante par le président Djokhar Doudaïev en 1991 ?

À qui le tour ?

D'après Zatouline et Migranian, la Russie n'en aurait pas encore terminé avec la Géorgie… Dès le 25 septembre 2008, l'hebdomadaire *Rossiïskaya Gazeta Nédelya* (n° 4759) nous apprenait que, dans la région géorgienne de Mingrélie (chef-lieu Zougdidi), on était en train d'adopter une nouvelle monnaie. Le politologue Mamuka Aréchidzé constatait par ailleurs que les habitants de cette région, à l'instar de ceux de Kvémo-Kartli (en majorité peuplée d'Azéris), de Djavakh (où les Arméniens sont majoritaires), de la Svanétie, de Gouria et de l'Adjarie, commençaient soudain à « découvrir » que jamais ils ne s'étaient vraiment sentis géorgiens. En revanche, ils se revendiquaient comme des « amis de toujours de la Russie ».

Autre fait remarquable : débarquant en toute hâte pour « défendre leurs compatriotes », les Russes n'avaient pourtant pas oublié d'emporter dans leurs bagages deux éminentes personnalités prévues pour remplacer Saakachvili. Il s'agit d'Igor Guéorgadzé, fils du défunt patron du PC géorgien et lui-même ancien dirigeant du KGB de cette république, et d'Aslan Abachidzé, ex-leader de l'Adjarie. Tous deux attendaient tranquillement à Batoumi, un port de la mer Noire, chef-lieu de cette même Adjarie d'autant plus convoitée par Moscou afin d'installer son corridor avec l'Arménie que l'on vient d'y découvrir des gisements de métaux non ferreux et de chrome stratégique.

Pour le moment, l'Azerbaïdjan adopte la politique de l'autruche. Mais, n'oublions pas les autres petits États du Caucase. Le Daguestan, par exemple, comme l'Ingouchie, se trouvent au bord de l'explosion. À quand la « tchétchénisation » du Caucase ? Et si l'opération spéciale se soldait par un succès, comment réagirait alors la communauté internationale ?

Un proverbe russe ironise joyeusement sur le légendaire angélisme occidental : « L'arbre, dans la forêt, en voyant approcher le bûcheron avec sa hache, dit à ses frères : nous n'avons rien à craindre, le manche est des nôtres ! »

Aujourd'hui, l'Occident se perd en conjectures : faut-il ou non sanctionner l'agressivité russe ? Et l'économiste Francis Perrin, directeur de la rédaction de la revue *Le Pétrole et le Gaz arabes (PGA)*, de nous confirmer la quasi-impuissance de l'UE : « Je ne crois absolument pas que l'UE pourrait sanctionner la Russie, tout simplement parce qu'il n'y aura pas d'accord entre les États membres pour le faire. Certains pourraient par contre durcir leur attitude vis-à-vis de Moscou, ouvertement ou pas, sur le plan des relations politiques et économiques, mais sans qu'il s'agisse de sanctions au sens précis du terme. L'UE n'ira sans doute pas plus loin que ce qui s'est produit après le conflit en Géorgie, c'est-à-dire pas grand-chose. À moins que la Russie, enhardie par cette faiblesse, ne commette d'autres "faux pas", ce que personne ne peut évidemment souhaiter ! »

Mais, de ces tergiversations, la Russie n'a cure puisqu'elle sait pertinemment que rien ni personne ne peut la contraindre. Le chroniqueur politique Evguéni Anissimov le constatait déjà non sans malice : « Supposons que le monde occidental exige la fin des opérations russes en Tchétchénie. Soit. Admettons que nous ne le fassions pas. Et après ? De quelles représailles va-t-on nous menacer [1] ? »

Conséquence du laxisme international, l'État-KGB russe a intégré ce fait capital : aucun pays, ni les États-Unis, ni l'UE, ni la Chine, n'entrera en guerre contre lui pour défendre la Géorgie, l'Ukraine, la Moldavie, le Kirghizistan, ni aucun pays aujourd'hui dans la ligne de mire du Kremlin. La Russie, méprisant la faiblesse, ne fonde ses relations internationales que sur un rapport de forces et préfère manifestement inspirer la crainte que « l'amitié entre les peuples ».

N'est-il donc pas urgent, pour l'Union européenne, d'élaborer enfin une politique globale claire ? Les événements d'août 2008 au Caucase ont peut-être, espérons-le, servi de catalyseur, voire d'accélérateur à ce processus. Car le temps presse. La température internationale s'est beaucoup rafraîchie depuis l'été 2008. Cette fois, c'est le Kremlin qui souffle un froid sibérien. Et ce malgré toutes les assurances formulées par le président russe ou son mentor, plus actif que jamais.

On sait aujourd'hui que Moscou prévoyait le conflit et s'y était parfaitement préparée, notamment en construisant de véritables bunkers. Et c'est grâce à la médiation rapide de Nicolas Sarkozy, cumulant la présidence de la France et celle de l'Europe, que l'armée russe n'a pas pris Tbilissi. Car telle était son intention première. Sur ordre direct de Poutine. En toute démocratie…

Les « missionnaires » de la démocratie

S'agissant de démocratie, il est également permis de s'interroger sur l'inauguration, au printemps 2008, de deux instituts de

1. Voir Hélène Blanc et Renata Lesnik, *Le Mal russe*, L'Archipel, 2000.

la « démocratie russe », l'un à New York, l'autre à Paris. À la tête de la structure américaine, on retrouve une vieille connaissance, Andronik Migranian, qui, en plus de son mandat de député, préside aussi la commission parlementaire chargée des affaires de la CEI – celle-là même que, en 1997, il qualifiait de « fiction » !

Affectée à Paris, Natalia Narotchnitskaya, historienne, dirige la division Europe de l'entité domiciliée en France. Nationaliste, slavophile, orthodoxe, adepte de la théorie du complot et fière de l'être, cette ex-députée de Rodina (« La Patrie », parti nationaliste éphémère et déjà enterré fondé par Dmitri Rogozine) prétend se situer « hors des paradigmes de l'Occident qui, influencés par les marxistes et les libéraux, haïssent la nation ». L'émissaire du Kremlin, venue analyser les « problèmes » du système démocratique – en Europe occidentale et notamment en France –, ne manque pas d'aplomb. En témoigne son récent ouvrage [1] où elle rassemble les preuves du « complot » ourdi depuis toujours contre la Russie par les puissances occidentales. Cette inconditionnelle de Staline pointe du doigt les coupables – toujours les mêmes – qui s'acharnent à discréditer la victoire militaire de 1945 pour, en définitive, exclure la Russie du concert des nations.

Bien plus, l'auteur explique « benoîtement que cette pauvre Russie-Union soviétique est persécutée par de méchants Occidentaux qui ne veulent pas reconnaître "le territoire historique de la Russie" qui, bien entendu, correspond à l'empire des tsars à son apogée, Pologne, États baltes, Géorgie et Tchétchénie compris ! », s'irrite l'historien Stéphane Courtois [2].

Narotchnitskaya règle aussi des comptes avec ses compatriotes – historiens et penseurs libéraux, encombrant héritage de la période Gorbatchev-Eltsine – et se livre à une attaque en règle des dissidents coupables d'avoir mis en lumière les crimes du communisme, en adéquation totale avec le premier conseiller de l'ambassade de Russie en France, Artëm Studennikov, qui lâche spontanément sur le plateau de Frédéric Taddeï : « L'Ukraine, c'est nous [3] ! » Stupeur générale. Mais lapsus ô combien révélateur.

1. *Que reste-t-il de notre victoire ?*, Éditions des Syrtes, 2008.
2. *Le Nouvel Observateur*, numéro hors série, octobre-novembre 2008.
3. *Ce soir ou jamais*, France 3, le 16 septembre 2008.

On se rappelle le rapport Zatouline-Migranian qui posait « la concrétisation du plan d'intégration russo-biélorusse » comme condition préalable et indispensable pour « imposer l'amitié à l'Ukraine ». L'Ukraine est d'ailleurs chargée de tous les maux, car « elle a joué un rôle fatal dans la chute de l'URSS. [...] Sa désintégration est une variante problématique pour la Russie, mais mieux vaut la favoriser plutôt que d'être sans cesse confrontés au défi ukrainien et à l'érosion de nos efforts dans l'étranger proche [1] ».

Natalia Narotchnitskaya, ambassadrice de la démocratie *made in* Poutine en Occident, saura-t-elle convertir les récalcitrants au « poutchékisme » ? Évangéliser les foules, séduire la classe politique, flatter les élites, hypnotiser les gouvernants, désinformer davantage encore l'opinion ? Force est de constater qu'elle manie avec brio la langue de fer de l'antidiplomatie provocante. En somme, une variante en jupons d'un Vladimir Jirinovski...

Toutes ces prévisions sont certes pessimistes. Mais pour qu'elles ne se réalisent pas, encore faudrait-il que les dirigeants russes soient capables de s'engager dans un partenariat honnête, une coopération réelle, une concurrence loyale. Et renoncent à leurs « opérations spéciales ». Or, la nouvelle dynastie tchékiste au pouvoir n'a que faire de ces considérations. Son objectif est tout autre.

Pour retracer l'histoire des opérations secrètes des prédateurs du Kremlin – de Lénine à Medvedev –, il convient d'abord de remonter aux sources mêmes du bolchevisme.

1. *Nezavissimaya Gazeta*, 26 mars 1997.

Chapitre II

Le bolchevisme

Au commencement, était le communisme. Platon l'avait déjà pensé dans l'Antiquité comme une philosophie sociopolitique. Au fil des siècles, elle avait même enfanté d'innombrables utopies qui semblaient préfigurer un monde à venir. La plus méconnue fut sans doute celle du dominicain italien Tommaso Campanella qui, dans *La Cité du soleil* (1623), décrit déjà la première société sans classes ni propriété privée.

Puis vint Lénine... Car c'est bien lui, Vladimir Ilitch Oulianov dit Lénine (1870-1924), qui allait concrétiser cette doctrine idéaliste. Bouleversé à l'âge de dix-sept ans par l'exécution de son frère aîné Alexandre, lequel préparait un attentat contre le tsar Alexandre III (1887), ce fils d'un inspecteur de l'enseignement populaire devait dès lors consacrer sa vie à renverser le régime honni.

Le jeune Vladimir se lance ainsi dans l'action révolutionnaire en adhérant à un cercle marxiste. Auteur de pamphlets virulents, d'analyses critiques de la social-démocratie et du développement du capitalisme russes, il organise, en 1895, à Saint-Pétersbourg, l'Union de lutte pour la libération de la classe ouvrière. Arrêté à plusieurs reprises, il connaîtra l'exil intérieur avant d'être expulsé du pays, ce qui ne l'empêchera pas d'y retourner afin de diriger la première Révolution russe (bourgeoise-démocratique) de 1905-1907.

Dans l'intervalle, c'est principalement à l'étranger que Lénine, qui a étudié la Révolution française de 1789 et les révolutions occidentales de 1848, s'inspirera des œuvres théoriques de Marx et Engels, jetant ainsi les fondements philosophiques de la doctrine marxiste-léniniste (future base du « communisme scientifique ») qui allait bouleverser la face du monde.

Le fait est d'autant plus frappant que son pays d'origine, la

Russie, n'avait compté jusque-là qu'une seule organisation révolutionnaire importante, la *Narodnaïa Volia* (Volonté du peuple). Née à Saint-Pétersbourg en 1879, celle-ci avait disparu avant la fin du XIXe siècle. Son programme prônait l'abolition de l'autocratie, l'instauration d'une Assemblée constituante, la restitution de la terre aux paysans, tout en militant en faveur des libertés démocratiques, notamment de réunion et de parole. Parvenue à s'implanter dans une cinquantaine de villes, cette organisation de cinq cents membres comptait quelques milliers de sympathisants. À en juger par ses huit tentatives d'assassinat contre le tsar Alexandre II, finalement tué le 1er mars 1881 – vingt ans après qu'il avait aboli le servage en Russie –, elle privilégiait le terrorisme.

Après son expulsion du pays en 1900, Lénine entre donc en contact direct avec d'autres hommes politiques russes de l'émigration, dont Gueorgui Plekhanov, l'un des fondateurs, en 1898, du RSDRP (Parti social-démocrate ouvrier russe). Lors de son IIe Congrès (1903), il divise ce parti en deux fractions : bolchevique et menchevique. Puis, prenant rapidement la tête de la première, il abandonne la seconde à Plekhanov, son futur adversaire.

Plus tard, en mars 1918, lors du VIIIe Congrès du RSDRP(b) (bolchevique), l'ancêtre du PCUS (le Parti communiste de l'Union soviétique), c'est encore Lénine qui impose le nouveau nom de son parti qui, de social-démocrate, devient communiste : RKP(b).

À l'époque, il s'inspire de la Commune de Paris (18 mars-28 mai 1871), où les partisans de Louis Auguste Blanqui, majoritaires, s'étaient opposés à ceux de Pierre Joseph Proudhon, minoritaires. Sans doute pour éviter de se heurter un jour, comme ses prédécesseurs, à un nouvel Adolphe Thiers, il souligne dans ses œuvres la nécessité de créer une force impitoyable chargée de défendre les acquis de la révolution en marche. C'est ainsi que sera programmée, dès l'origine, la création de la TchéKa, référence des forces de répression politique.

En 1917, ce sont d'abord les détachements du VRK (*Voïénno revolutsionnyi Komitet*, Comité militaro-révolutionnaire) qui sèment la terreur, enlevant ou exécutant des civils, soit avec l'aval du Comité central du RKP(b), soit de manière arbitraire. Le 8 novembre 1917 voit la création d'une structure parallèle affichant une apparence de légitimité : le NKVD (*Narodnyï Komissariat Vnoutrennikh D'el,*

Commissariat du peuple aux affaires intérieures). Mais la principale date est celle du 20 décembre 1917 où sera conçue, à l'instigation personnelle de Lénine, une arme plus redoutable encore : une police politique d'exception chargée de combattre, durant la guerre civile, la contre-révolution et les sabotages, violant la Constitution en vigueur pour n'appliquer que ses lois internes et ses méthodes expéditives en toute impunité. Nommée VTchéKa (*Vsérossiïskaya Tchrezvytchaïnaya Komissiïa*, Commission panrusse extraordinaire), elle sera dirigée par Félix Dzerjinski, noble polonais, dont le nom restera dans les annales comme celui de son fondateur.

Le 6 février 1922, la VTchéKa sera rebaptisée GPOu (*Glavnoé Polititcheskoé Oupravlénié*, Département politique principal) auprès du NKVD de la RSFSR (République socialiste fédérative soviétique de Russie). Le 23 novembre 1923, le principal organe de répression sera promu : devenu le OGPOu (le O du sigle signifiant *ob'édinionnoé*, réuni), il dépendra directement du gouvernement. Comme les précédents, ce nouvel organisme sera dirigé par Dzerjinski jusqu'en 1926, année où il mourra subitement.

Tout au long du XXe siècle, les services secrets soviétiques changeront de sigle à maintes reprises. De nos jours, on connaît l'ex-KGB sous l'appellation de FSB, ayant eu à sa tête, pendant un an, un certain Vladimir Poutine, qui occupera ensuite le poste de Premier ministre, avant de devenir, le 31 décembre 1999, président par intérim, puis de se faire élire, en mars 2000, président de la Fédération de Russie.

À la stupéfaction générale, alors que les Russes continuent à découvrir les charniers des victimes de la police politique, Poutine entreprend de réhabiliter publiquement cette TchéKa restée tristement célèbre. Bien plus, il s'en proclame fièrement le digne héritier. Très vite, victime d'une société traditionnellement répressive, la majorité du peuple se renfermera dans le mutisme des temps soviétiques, tandis qu'une minorité brandira victorieusement l'étendard du nationalisme. Car la violence semble inhérente au système, et ce dès les commencements.

À l'aube de la Première Guerre mondiale, Lénine ordonne déjà à ses « troupes » (quelques agitateurs bolcheviques opérant surtout dans la capitale et les grandes villes) de faire évoluer le conflit en guerre civile. Aussi, lorsqu'une première révolution, en février 1917, oblige le tsar Nicolas II à abdiquer, toutes les conditions semblent réunies pour que « bourgeoisie » et « classe ouvrière » finissent par s'entendre sur un nouveau modèle de société en acceptant des compromis.

S'instaure alors une dualité du pouvoir : d'un côté, le gouvernement provisoire dirigé par Alexandre Kerenski (social-révolutionnaire), de l'autre, le RSDRP, unissant les deux fractions menchevique et bolchevique, cette dernière étant représentée par les soviets (conseils) de députés de la classe ouvrière et de soldats. Ironie de l'Histoire : au sein de ces soviets, contrairement à leur appellation, les bolcheviks se trouvent en minorité. Totalement victorieuse, la Révolution russe aurait donc pu se terminer là.

C'était compter sans Lénine, qui amplifie aussitôt la répression, ordonne l'exécution de la famille impériale et vise l'élimination de tous les fidèles du tsarisme au sein des structures et des institutions russes : l'armée, l'Okhrana (police secrète), l'Église, l'aristocratie de la cour ainsi que la noblesse terrienne, sans oublier l'intelligentsia et les citoyens « ordinaires ».

Inexorablement, l'Empire russe bascule dans la terreur bolchevique. En dépit d'une « glaciation » de soixante-quatorze ans, il va pourtant susciter, dans certains milieux occidentaux, l'espoir fou d'un triomphe universel du communisme.

Qu'est-ce que le bolchevisme ?

Un homme peut nous aider à comprendre cette expérience. Il s'appelle Alexandre Nikolaïevitch Yakovlev. Surnommé « l'architecte de la Perestroïka », l'homme le plus proche de Gorbatchev connaît parfaitement le régime soviétique de l'intérieur. N'en a-t-il pas été, pendant très longtemps, l'un des principaux responsables de la propagande et de l'idéologie ?

En 1987, devenu membre du Politburo de l'URSS, il siégera comme député au Soviet suprême. Considéré par les uns comme l'idéologue de la Perestroïka et de la Glasnost gorbatchéviennes, par les autres comme le liquidateur de l'URSS, il se voit ensuite exclu du PCUS en 1991, peu avant le putsch avorté de Moscou.

La raison ? Les 3 et 4 août 1991, à l'instar de l'Américain James Baker, Alexandre Yakovlev avait à plusieurs reprises averti Mikhaïl Gorbatchev d'un putsch en préparation, lui demandant instamment de ne pas quitter Moscou. Il ne fut pas écouté. Étrangement, Gorbatchev a prétendu « contrôler la situation » et s'est envolé sereinement pour des vacances à Foros.

Reste que le 16 août 1991, trois jours avant le putsch, Yakovlev fut exclu du PCUS. Que lui reprochait-on ? Un excès de lucidité, de zèle ou de fidélité ? Disparu le 19 octobre 2005, l'intellectuel a laissé un riche héritage d'analyses et de réflexions. Et une fondation à son nom, qui poursuit avec ténacité son œuvre de débolchévisation.

Pour lui, en effet, le bolchevisme se définit en trois points principaux :

« A) D'un point de vue historique, le bolchevisme est un système fondé sur la folie sociale. Il a éliminé la paysannerie, la noblesse, les marchands, toute la couche des entrepreneurs, des hommes d'Église, des intellectuels et de l'intelligentsia. Cette “taupe de l'Histoire”, creusant des fosses communes de Lvov à Magadan et de Norilsk à Kouchka, trouve sa source dans tous les types d'humiliation et d'exploitation de l'homme et de la nature. Elle naît aussi […] du fanatisme idéologique sans pitié, preuve du simplisme des raisonnements utilisés. […]

B) D'un point de vue philosophique, le bolchevisme est une idéologie fondée sur des catégories relevant du narcissisme social qui ne tolère – de manière réflexe – aucune opposition. C'est une construction dogmatique dont le résultat intermédiaire et final est de conduire la population à avoir une simple relation de consommateur-calculateur avec la réalité.

C) D'un point de vue économique, le bolchevisme conduit à des résultats minimaux avec un coût maximal, grâce à un rejet volontariste du marché. Le bolchevisme conduit à une anarchie des forces productives et une bureaucratisation absolue des relations de production. »

Au plan international, enfin, précise Yakovlev, le bolchevisme « est de même nature que le nazisme allemand, le fascisme italien, le franquisme espagnol, le polpotisme cambodgien, de même nature que tous les régimes dictatoriaux contemporains qui, malgré certaines caractéristiques propres, présentent un fond commun[1] ».

Intègre, l'ex-communiste reconnaît volontiers que sa prise de conscience, laborieuse, fut semblable à un « accouchement aux forceps ». Les bolcheviks russes, pointe-t-il encore, « ont hérité du marxisme ce désintérêt complet à l'égard du sort des individus. Mais la tradition russe a, pour sa part, laissé des traces au travers du nihilisme, du netchaïévisme et de l'anarchie. Marx, dans ses derniers textes, [...] édicte une vérité vraie, intouchable : est juste ce qui répond aux intérêts de la Révolution, du prolétariat et du communisme. Par une telle morale, il est facile de justifier les fusillades d'otages durant la guerre civile, l'extermination de la paysannerie, l'existence de camps de concentration et la déportation de peuples entiers ». Ailleurs, il allègue que le bolchevisme, doctrine criminelle, ne doit pas non plus « échapper à ses responsabilités dans l'instauration d'une dictature contre l'honneur, la dignité et la liberté de l'être humain. Le résultat des actions criminelles du pouvoir bolchevique a induit la disparition de soixante millions de personnes et la destruction de la Russie ». Enfin, il considère cette idéologie comme la plus grande force antipatriotique car elle « décima son propre peuple. Au nom de la Rédemption du pays et du monde entier, il convient de conduire une débolchévisation complète et définitive de l'État et de la société ».

En somme, Yakovlev est persuadé que si la Russie guérissait du bolchevisme, elle retrouverait santé et prospérité.

S'agissant de la vie intellectuelle, la confrontation débute dès le 15 novembre 1917, quand le commissaire du peuple à l'Instruction publique déclare que les bolcheviks sont « les seuls susceptibles de représenter l'ensemble de l'intelligentsia du nouvel État populaire », accusant tous les autres d'avoir voulu organiser « une révolte répugnante contre le peuple des travailleurs ».

En août 1919, en pleine guerre civile, au moment où le gouvernement de Moscou s'apprête à lancer l'action clandestine, Maxime Gorki écrit à Lénine que « faire la révolution sans l'intelligentsia est impossible ». À quoi le guide mythique rétorque sans détour : « L'intelligentsia se prend pour le cerveau de la nation. En

1. *Du passé faisons table rase*, sous la dir. de S. Courtois, Laffont, 2002.

réalité, ce n'est que de la merde ! » Peut-être Lénine avait-il gardé rancune à l'homme de science Pitirim Sorokine qui déclarait, en 1918, avant de quitter le Parti : « L'année qui s'achève m'a appris que les hommes politiques peuvent se tromper. La politique est un domaine qui peut s'avérer extrêmement positif mais aussi très nuisible pour la société. En revanche, la recherche scientifique, elle, garde toujours son utilité, surtout dans une période de totale restructuration. » À l'époque, le faible niveau intellectuel de la plupart des bolcheviks, Lénine en est bien conscient, ne leur permet guère d'entamer une polémique constructive avec les savants dans un langage « civilisé ».

Le 17 janvier 1922, il signe néanmoins dans la *Pravda* (La Vérité), un article invitant au dialogue – approuvé par le Bureau politique – à l'intention des scientifiques qui « mettent toutes leurs compétences à œuvrer de bonne foi à redresser la société, leurs convictions idéologiques fussent-elles tout à fait étrangères au communisme ».

Le message de Lénine est bien reçu et, en peu de temps, quelque deux cents maisons d'édition, coopératives ou privées, voient le jour à Moscou. Une centaine naissent à Petrograd parallèlement à de nombreuses revues scientifiques, dont certaines conservent encore leur intérêt de nos jours. Or, dans leurs publications, certains savants critiquent vivement le choix de l'État de maintenir le monopole de l'idéologie marxiste dans la recherche. À leurs yeux, imposer *a priori* la doctrine idéologique de la lutte des classes va à l'encontre de toute démarche scientifique qui exige la discussion.

Au printemps 1922, le recueil d'articles *Oswald Spengler et la Fin de l'Europe*, signé de l'élite du monde scientifique, va jusqu'à contester l'idée même d'une prédétermination du socialisme. Cette fois, c'en est trop. Lénine n'hésite pas à qualifier cette opposition de beaucoup plus dangereuse que l'ensemble de la Garde blanche (les troupes fidèles au tsar que les bolcheviks venaient de décimer), car reposant sur une intelligence brillante et de grandes connaissances. Dans un tel contexte, ces scientifiques ne représentaient plus seulement l'intelligentsia russe interne, mais de redoutables ennemis politiques, « véritables contre-révolutionnaires complices de l'Entente ».

Le « Bateau des philosophes »

Déjà gravement malade, Lénine décide de les « neutraliser » au plus vite, comme il l'a fait avec la famille impériale sauvagement massacrée en 1918. Mais, cette fois-ci, au lieu de les faire fusiller sur le champ, le 17 mai 1922, il adresse à Dmitri Kourski, commissaire à la Justice, des amendements aux articles du Code pénal remplaçant, aux niveaux juridique et politique, la peine capitale par l'expulsion à l'étranger. Le 19 mai, il écrit également à Dzerjinski, lui enjoignant « d'organiser l'opération avec la plus grande vigilance ».

En réalité, sa décision est prise : en raison de profondes divergences idéologiques, l'expulsion spectaculaire d'une poignée d'opposants doit avoir lieu. Soucieux de l'avenir, Lénine oblige ainsi les membres du Politburo à consacrer deux ou trois heures hebdomadaires à l'analyse d'un certain nombre d'articles et de livres. Il leur commande d'en faire des comptes rendus écrits, de sorte que toutes les publications non communistes soient expédiées à Moscou sans délai. Par la suite, ce réseau de censure s'appliquera au moindre mot oral ou écrit, dans la presse comme dans la rue, aux moindres gestes, regards ou même silences pouvant paraître suspects. D'où la naissance, au sein de la police politique, d'une véritable armée de délateurs recrutés dans toutes les couches de la population, chargés de ces basses besognes avec l'aval de l'exécutif soviétique.

Le 21 mai 1922, Lénine reçoit cependant un nouveau message confirmant ses craintes quant à l'incapacité des commissaires du peuple de faire face à une opposition idéologique. Ce courrier, émanant de Nikolaï Semachko, commissaire à la Santé publique, exprime sa vive inquiétude sur l'état d'esprit du corps médical. Lénine a juste le temps de transmettre l'information à Staline afin que le Politburo prenne les mesures adéquates. Le 25 mai, il est victime d'une première attaque du mal qui le laissera partiellement paralysé.

Mais, le 1er juin 1922, Yakov Agranov, l'homme « capable, cultivé et ponctuel du GPU », déjà chargé de préparer le procès contre les socialistes-révolutionnaires et les mencheviks, présente à son tour un mémorandum à Dzerjinski. Lui aussi constate que « l'intelligentsia antisoviétique » continue de publier des recueils d'articles et des livres qui critiquent ouvertement la politique des Soviets. Agranov signale même que « la puissance de l'intelligentsia antisoviétique et de ses groupes de soutien est renforcée par une tendance "pacifiste" qui s'est développée à l'intérieur du Parti ».

C'est une fois de trop. Sans transition s'engage une véritable chasse aux cerveaux. Non seulement en Russie soviétique mais aussi dans les républiques de Biélorussie, d'Ukraine et de Transcaucasie (cette dernière résultant de la réunion de l'Azerbaïdjan, de l'Arménie et de la Géorgie que l'Armée rouge venait d'occuper l'année précédente). La traque sévit également dans les villes comme Moscou et Petrograd, Kazan et Kiev, Minsk et Tiflis. Une « approche personnalisée des individus » est élaborée et appliquée à la lettre, permettant aux agents de la police politique de négocier avec certains opposants, cherchant à les faire renoncer à leurs convictions politiques et idéologiques, ou à les recruter. Le Comité central du PC d'Ukraine lance même un cri d'alarme qui témoigne d'une étonnante vigilance : est-il opportun d'expulser des pédagogues vers l'étranger où se concentre déjà une forte communauté d'émigrés ? Ne serait-il pas plus approprié de les exiler au-delà du cercle polaire russe où seuls les ours blancs prêteraient l'oreille à leur propagande antisoviétique ? Inutile de préciser l'enthousiasme que soulèvera cette judicieuse proposition…

Le 10 août 1922, les listes définitives des candidats à l'expulsion, triés sur le volet, sont enfin prêtes. Il ne reste plus qu'à procéder aux perquisitions et aux assignations à résidence surveillée. Dans la foulée, le Kremlin décide soudain d'expulser des « mencheviks géorgiens » ainsi que des « éléments contre-révolutionnaires estudiantins ».

Précision intéressante : aussi éphémères qu'ils aient été, les fameux amendements au Code pénal instaurés par Lénine ne visaient qu'une poignée d'écrivains et de scientifiques russes, pas les ennemis de classe ordinaires, mencheviks et autres étudiants contestataires.

La machine à broyer commence donc à s'attaquer aux « contre-révolutionnaires ». Toutefois, à des personnalités connues pour leur intégrité, les services secrets n'allaient pas hésiter à mêler des tchékistes sûrs, polyglottes et connaissant bien l'Occident. Leur mission : auréolés d'une belle légende préfabriquée d'opposants, ils seraient chargés de s'implanter solidement en Occident afin d'y mener des activités secrètes.

Première priorité : neutraliser la diaspora des Russes blancs, ces « traîtres » déjà pléthoriques en Europe, les surveiller, les infiltrer, les manipuler ou les retourner. On enlèvera ainsi les Gardes blancs les plus charismatiques pour les exécuter. Quelques « affaires » survenues à Paris demeurent encore dans les mémoires, tel l'enlèvement, en 1928, du général Alexandre Koutiepov, apparemment embarqué à Houlgate sur le *Spartak*, un navire soviétique, et sans nul doute assassiné puisqu'on ne le revit jamais. *Idem* pour le général Miller qui, quittant Le Havre le 23 septembre 1937 à bord d'un autre bâtiment soviétique, le *Maria Oulianova*, finira abattu à Moscou. Ces deux généraux blancs, coupables de fidélité au tsar, qui dirigeaient un influent cercle militaire, la ROVS (Union militaire russe), considéré comme un danger par l'URSS, furent trahis par des proches, russes et français, travaillant secrètement pour les Soviétiques. Des collabos, en somme. D'autres chefs militaires disparurent ensuite mystérieusement en France et en Europe. Depuis, les archives soviétiques ont confirmé que l'opération fut menée par des agents de la Loubianka en cheville avec des communistes français.

Sans méfiance jusque-là, les Russes blancs apprirent à vivre dans la crainte de nouvelles « disparitions », commises en toute impunité à l'étranger par les services soviétiques... Quant au baron Piotr Wrangel, célèbre général de la contre-révolution, il mourut en 1928, à Bruxelles, sans doute empoisonné à la tuberculine par un agent soviétique avec la complicité de son ordonnance. Déjà...

Seconde priorité à réaliser d'urgence : « travailler au corps » les décideurs à tous les niveaux de responsabilité, et ce, dans tous les sens du terme. L'Occident ne comprendra bien le sens de l'expression que pendant la Guerre froide. On découvrira par exemple avec stupeur que nombre de secrétaires des hommes politiques et d'État de la RFA avaient épousé – par amour ! – des agents du KGB. Sans le savoir, elles s'étaient ainsi muées en précieuses sources d'information ultrasecrètes au profit des Soviétiques. Mieux ! Ces mariages, non seulement ne devaient rien au hasard, mais suivaient au contraire un plan soigneusement concerté visant l'ensemble des États ouest-européens. Parallèlement, bien des relations amicales servaient, de gré ou de force, les intérêts soviétiques.

De toute manière, à l'époque, les bolcheviks devaient bientôt accoucher de l'Union soviétique (chose faite le 22 décembre 1922). Il était donc temps d'installer de solides bases de renseignement à l'étranger afin de satisfaire la paranoïa naissante du nouveau régime, persuadé d'être « cerné par un monde hostile ».

Voilà sans doute la vraie raison pour laquelle un certain nombre de scientifiques et autres philosophes furent exilés au lieu d'être exterminés comme tant de leurs confrères. Ce qui s'avéra redoutablement efficace. Le seul fait d'« avoir bien connu », du moins le laissaient-ils entendre, des personnalités comme Nikolaï Berdiaiev ou Vladimir Nabokov ouvrait grand les portes, les esprits et les cœurs aux espions de Moscou. Le cheval de Troie était dans la place. Cette avant-garde jouait de fait un double rôle. Car, en exilant ses élites intellectuelles, on décapitait la Russie pour des décennies, au propre et au figuré. D'autres pays, en revanche, allaient faire leur miel de cet exil forcé et s'enrichir du savoir de vrais scientifiques qui ne tardèrent pas à faire la preuve de leur valeur.

Un seul exemple, se référant à une personnalité déjà citée : le *Petit Larousse* désigne Pitirim Sorokine (« Touria, près de Syktyvkar, 1889 - Winchester, Massachusetts, 1968 ») comme un « sociologue américain d'origine russe », « initiateur des études sur le changement social » et auteur, en 1937, de *La Dynamique sociale et culturelle*.

Nikolaï Berdiaiev, « savant de renom, fut l'un de ces nombreux intellectuels exilés à bord du vapeur allemand qui quitta le quai de Kronstadt à l'automne 1922, sous les yeux vigilants du GPOu, relatait, en 1990, l'historienne russe Tamara Krassotiskaïa. Tout ce que l'on sait, c'est que de nombreux établissements scientifiques ou universitaires ont protesté – et souvent avec succès – contre ces expulsions. C'est sans doute pour cette raison que N. Kondratiev, L. Yourovski ou A. Rybnikov sont restés en Russie. [...] On estime généralement à cent soixante ou deux cents personnes le total de ces expulsés de 1922 », à bord du « Bateau des philosophes ».

Cependant, une lettre à Staline du 7 septembre 1922 « semble prouver que ces chiffres sont très en deçà de la réalité. D'autres sources mentionnent en effet environ trois cents expulsés », précise encore l'historienne [1].

On comprend mieux à présent pourquoi l'ancêtre des prédateurs du Kremlin n'avait pas fait fusiller ces « ennemis » : les garder en vie servait davantage les intérêts du régime. Mais Tamara Krassotiskaïa révèle également un fait inexplicable : alors que les documents de Sorokine, saisis lors de la perquisition à son domicile (procédure à laquelle furent soumis tous ces intellectuels sans exception), sont toujours conservés dans les Archives centrales (soviéto-russes), les listes définitives des expulsés par bateau, elles, « demeurent hélas introuvables de nos jours ».

Et pour cause… En dépit de la jeunesse des services spéciaux soviétiques, on doit reconnaître que cette première opération spéciale, destinée à infiltrer et manipuler les Occidentaux, fut montée et réalisée de main de maître. De là à imaginer que, dans un deuxième temps, il s'agissait aussi d'influencer leurs descendants…

Le maelström bolchevique

De nos jours, de vieux démons hantent encore toutes les Russies. En août 2007, en souvenir de la directive du 5 août 1937, signée Nikolaï Ejov (alors chef du NKVD), ordonnant l'élimination des « éléments antisoviétiques » et « socialement dangereux », une bonne moitié du pays commémore le soixante-dixième anniversaire de la Grande Terreur, pudiquement qualifiée de « purges », qui tua tant d'innocents.

En réalité, après la boucherie de la Première Guerre mondiale et le sanglant coup d'État d'octobre 1917, jamais la violence n'a cessé. La guerre civile ne s'acheva pas en 1920, comme l'indique l'historiographie soviétique. Elle se prolongea jusqu'en 1922, quand l'Armée rouge, créée par Trotski, réussit à réprimer les soulèvements populaires de Kronstadt, de Tambov, de l'Extrême-Orient russe, d'Ukraine, des pays du Caucase et d'Asie centrale.

Cette période chaotique était d'autant plus terrible que,

1. *Moskovskié Novosti* (Les Nouvelles de Moscou), n°s 20, 18-24 mai 1990.

parallèlement à ces répressions militaires, la machine à broyer l'être humain était déjà lancée. Il fallait, en priorité, éradiquer la religion, cet opium du peuple, en exterminant clergé et croyants. Il importait aussi de collectiviser les terres, le bétail et les outils agricoles, tout en imposant de nouvelles règles de vie à la paysannerie. Il s'agissait en outre de faire taire les contestataires de tout poil, de nationaliser les richesses et, pour la bonne cause, de rendre tous les individus égaux, fût-ce dans la même misère. Les trains aussi roulaient à plein régime. Des milliers d'hommes, de femmes, d'enfants et de vieillards, entassés dans des wagons à bestiaux, étaient journellement expédiés vers le Grand Nord et les plaines désertiques de l'Asie centrale, où la mort les attendait. Les rares survivants construisaient des baraquements de fortune qui allaient servir à plusieurs générations de déportés, des décennies durant.

On ne connaîtra sans doute jamais le bilan exact des victimes, lesquelles se comptent en dizaines de millions, comme aspirées par l'abyssal maelström bolchevique. Sans compter les familles brisées des victimes de la répression, épouses, maris, enfants de tous âges, qui prirent le chemin des camps, séparément bien sûr. Des milliers d'enfants, arrachés à leurs mères, furent enfermés dans des camps spéciaux, le Goulag des enfants. Les survivants ne devaient jamais se souvenir de leurs origines, ni de leurs racines. Quant aux proches des déportés, frères, sœurs ou intimes, ils perdaient, suivant les cas, le droit de faire des études ou d'exercer leur profession ; beaucoup se voyaient obligés, pour rester en vie, de renier leurs parents, leurs professeurs, ou de trahir leurs amis.

Dans le même temps, au sommet du pouvoir, la Révolution, à l'image du dieu Kronos, se met à dévorer ses enfants, et même ses propres parents. Le pays s'enfonce alors dans une longue période de purges sanglantes. Dès 1923, Léon Trotski est l'un des premiers à tomber en disgrâce. Expulsé du territoire soviétique en 1929, il finira, après plusieurs tentatives infructueuses, par être assassiné au Mexique, en 1940, sur ordre du Kremlin. En décembre 1934, c'est au tour de Sergueï Kirov, membre du Politburo, patron de la région de Leningrad et dauphin officiel de Staline, d'être abattu. Saisissant ce prétexte, le Père des peuples lance alors l'épuration politique au sein du Parti, qui vise en priorité les cadres et les vieux bolcheviks.

Ainsi, durant les années 1934-1936, le théâtre de l'absurde socialiste met en scène les grands procès où les fidèles compagnons de Lénine et Staline, les théoriciens du marxisme et la fine fleur des militaires tiennent les rôles principaux. *Exeunt* Sergueï Kamenev, Grigori Zinoviev et Nikolaï Boukharine. D'innombrables « renégats » de moindre envergure font également de la figuration dans ces exécutions de masse, la seule étiquette d'adepte ou de traître permettant d'atteindre aisément les quotas fixés par le NKVD.

Mais 1934-1936 sont aussi les années où le péril fasciste en Europe (Allemagne, Italie, Espagne) peut constituer une menace pour la sécurité intérieure de l'URSS. Est-ce pour cette raison que Staline, qui prétend incarner le Parti à lui tout seul, refuse de souffrir la moindre contestation ? Quoi qu'il en soit, l'Union soviétique vit le plus effroyable des cauchemars.

Bientôt, Staline jette une nouvelle tête à la foule. Arrêté en mai 1937, Henrich Yagoda, le chef du NKVD, est fusillé. Le redoutable Nikolaï Ejov lui succède. Un mois après sa nomination, en juin 1937, le commissariat à la Défense révèle l'existence d'un complot au sein de l'Armée rouge. Une véritable folie meurtrière s'empare à nouveau des paranoïaques du Kremlin. Tous les grands corps d'État sont décapités, la police politique elle-même n'est pas épargnée.

Quand on évoque la Grande Terreur, on pense généralement à l'année 1937. La réalité est plus complexe. Bien que la politique bolchevique d'extermination du peuple ait causé quelque soixante millions de victimes (chiffre global cité notamment par Soljenitsyne qui y ajoute aussi les vingt-sept millions de morts de la Seconde Guerre mondiale), les statistiques officielles ne signalent qu'un « seul » million d'exécutions par balles, dont huit cent mille de juillet 1937 à novembre 1938. Ainsi, en 1937, en moins de trois mois (d'août à octobre), les archives indiquent plus de vingt mille personnes fusillées rien que sur le polygone du NKVD de Boutovo, une banlieue moscovite. En fait, selon la police politique elle-même, de 1936 à 1938, c'est au bas mot huit millions de vies qui furent supprimées. En effet, au travail des bourreaux s'ajoutèrent les terribles « conditions naturelles » : déportations impliquant des travaux forcés, froid, famines, maladies et exécutions sommaires.

Certes, le plan initial de Staline prévoyait de ne liquider que plusieurs centaines de milliers d'individus. Les cibles prioritaires amalgamaient environ deux cent mille koulaks (paysans plus ou moins aisés), autant de pseudo-« nationalistes » (natifs de républiques brutalement soviétisées et réfractaires à une russification forcée), afin d'« enrayer l'espionnage », de calmer les « fortes têtes » de l'intelligentsia, de l'armée et autres opposants. Or, les petits chefs locaux savaient pertinemment qu'il fallait à tout prix dépasser les quotas fixés pour complaire au Père des peuples. C'est ainsi que Nikolaï Ejov ordonnera en définitive un million et demi d'arrestations, qui déboucheront sur près de huit cent mille exécutions.

Autre aspect significatif de cette terrible période : seuls de rares condamnés eurent la possibilité d'être jugés par des tribunaux dignes de ce nom. À travers les immensités de l'empire, c'étaient les *troïkas* (formées de trois représentants du Parti, de l'État et du syndicat) qui signaient les condamnations à vingt-cinq ans de prisons et les sentences de mort. Au Kremlin, outre Staline – qui en parapha de sa main environ trente-quatre mille, dont l'ordre d'assassiner Trotski, l'ennemi de toujours, qui avait osé le traiter de « fossoyeur de la Révolution » –, c'était aussi la prérogative des membres du Politburo et de leur entourage.

Peut-être ne connaîtra-t-on jamais les vraies raisons qui décidèrent Staline à nommer Ejov à la tête du NKVD, ni le raisonnement tortueux qui conduisit le même Staline, autre grand prédateur du Kremlin, à freiner enfin la machine infernale. Observons tout de même que l'« homme de fer » (de *stal*, fer) n'assumait pas ses décisions. Ne s'est-il pas écrié un jour devant de hauts gradés de la Défense :

« Pourriture de Ejov. Il a fait fusiller nos meilleurs cadres ! »

En revanche, la Russie n'oubliera pas de sitôt la *ejovtchina*, cette terrible répression de masse planifiée, aussi aveugle qu'arbitraire, dont Ejov fut le parfait exécutant.

CHAPITRE III

Le mystère Beria

En dépit d'une cour de serviteurs zélés prêts à tout pour complaire au maître, Staline choisit « encore un Géorgien » pour collaborateur. D'emblée, ce choix vaut de multiples ennemis au nouveau venu, un certain Lavrenti Beria, seul désormais à jouir de la confiance relative du seigneur du Kremlin. Isolé dans sa paranoïa meurtrière, le dirigeant soviétique a toutefois senti la nécessité d'un subalterne différent de son entourage médiocre. Qui est donc cet homme ?

Lavrenti Beria

Fils de paysans pauvres, il est né le 30 mars 1899 dans une petite localité d'Abkhazie, une province géorgienne de la mer Noire, localité dont les habitants se sont cotisés pour lui permettre de faire des études dans une école technique de construction et de mécanique. Son ascension commence. De 1921 à 1931, il gravit les échelons au sein de la TchéKa et du GPU [1] des pays du Caucase. En 1931, il devient premier secrétaire du Comité central du PC géorgien. Fonction qu'il quitte en 1938 pour monter, avec sa femme et son fils, à Moscou, où il est nommé auprès de Nikolaï Ejov, chef du NKVD. Le nouvel adjoint suggère la constitution urgente d'une commission spéciale du Politburo chargée des problèmes en cours. Chantier immense s'il en est.

Dès le 15 novembre 1938, un document de la main de Beria ordonne à l'ensemble des instances répressives de modérer leur

1. GPU : *Glavnoé Polititcheskoé Oupravlénié,* Département politique principal de la TchéKa.

ardeur. Le lendemain, il est paraphé par Staline. La répression, dès lors, est endiguée. Le 24 novembre, Ejov démissionne et le 26, Beria, nouveau patron en titre du NKVD, fait une déclaration publique où il promet le «retour à la légalité soviétique». Quelque dix-huit textes répressifs du NKVD, paraphés entre juillet 1937 et septembre 1938, sont abrogés. Les survivants reçoivent le droit de faire appel de leur condamnation. Certes, le nombre de victimes reconnues innocentes sera infime, mais cette occasion de réhabilitation aura tout de même le mérite d'exister en ces temps d'arbitraire. Les procureurs en profiteront pour rassembler des preuves contre les agents du NKVD trop zélés afin de les arrêter. Puis ce sera au tour des bourreaux de payer. Inculpé de tentative d'attentat à la vie du camarade Staline, Ejov le sanguinaire sera fusillé en mars 1939.

À cette époque, la Seconde Guerre mondiale s'apprête à endeuiller l'Europe. Grâce au renseignement soviétique à l'étranger, le Kremlin est parfaitement informé du déroulement des opérations en Occident. Mais Staline reste sourd à toute mise en garde. Sur ce point, des archives soviétiques tendraient même à prouver qu'il aurait été «consciemment désinformé» par Beria en personne. Nous y reviendrons.

Comme à l'ordinaire, Staline n'en fait qu'à sa tête, refusant d'écouter les conseils de son entourage. Toutes les têtes pensantes du Parti (et de l'État) ayant été liquidées, ses proches s'en tiennent aux diktats du chef charismatique sans oser le contrarier. Tremblant pour sa vie et ses fonctions, chacun s'empresse de flatter sa vanité. Quant à Staline, sans illusion sur la vraie valeur de ses compagnons de route, il les méprise, les humilie mais les supporte car il les suppose inoffensifs.

Cet aveuglement lui coûtera cher. Certes, l'historiographie mondiale, unanime, souligne le rôle décisif de Staline dans la victoire alliée du 9 mai 1945. Mais elle tait que le 22 juin 1941, au matin, le Père des peuples restera longtemps prostré, incapable d'admettre que son allié Adolf Hitler ait osé le trahir, *lui*, en ordonnant à ses troupes d'envahir l'URSS. Jusqu'au dernier moment, au péril de leur vie, les agents du NKVD avaient pourtant tenté d'alerter le Kremlin des intentions et des préparatifs allemands, annonçant l'invasion imminente de l'empire communiste. Ils fournissaient des informations précises, indiquant les noms de code des manœuvres, les effectifs massés aux frontières soviétiques, et précisaient même le jour J.

Fort heureusement, depuis le mois de novembre 1938, Beria était parvenu à stopper l'hémorragie saignant à blanc l'armée et la défense du pays. Avec l'accord tacite de Staline, il avait fait libérer des camps les officiers survivants, classant également sans suite nombre de dossiers en cours, dont la majorité concernait des militaires. Ce qui permit sans doute de sauver une partie de l'Armée rouge.

En 1941, seule la parfaite coordination de l'immense toile d'araignée du NKVD réussit à mobiliser, en un temps record, le vaste empire contre un ennemi terriblement puissant. D'ailleurs, avant la fin juin 1941, Staline a nommé Beria commissaire général à la Sécurité d'État et au Comité d'État à la Défense. L'« autre Géorgien » cumule désormais plusieurs titres prestigieux : vice-président du Conseil des commissaires du peuple de l'URSS, fonction qu'il conservera jusqu'en 1946, année où il deviendra premier vice-président du Conseil des ministres de l'URSS, ce qu'il restera jusqu'à sa mort.

En 1942, Beria passe les rênes du NKVD à Vsevolod Merkoulov. Bientôt, Staline lui confie la création, au sein du complexe militaro-industriel, d'un département ultrasecret chargé de concevoir une nouvelle arme. C'est donc sous la direction de Beria et avec sa participation directe que l'équipe du grand physicien nucléaire Igor Kourtchatov produira la première bombe atomique soviétique (expérimentation réussie le 29 août 1949). Sacré « héros du travail socialiste » en 1943, Beria sera également promu maréchal deux ans plus tard pour ses « bons et loyaux services ».

Mais toute médaille a son revers. Plus le maître du Kremlin apprécie Beria, plus son entourage le redoute ou le déteste. Cette haine viscérale n'a d'égale que la peur sans limites que leur inspire le leader soviétique. Dans ses *Mémoires*, Nikita Khrouchtchev le confirme : « Chacun redoutait sa puissance. » Or, si tel avait été le cas, rien ni personne n'aurait pu empêcher Beria de s'installer, à la mort de Staline, dans son fauteuil. En effet, après la disparition du pharaon rouge, Beria coiffe seulement le ministère fusionnant l'Intérieur et la Sécurité d'État tout en siégeant au Politburo. Au lieu de s'approprier le pouvoir absolu et la gouvernance de l'URSS, il opte pour l'ouverture, un dégel progressif qui humaniserait le régime sans détruire l'empire pour autant. En un mot, il semble avoir eu la volonté de déstaliniser le pays tout en le « civilisant ». Erreur fatale. Seule explication à son action suicidaire : avoir sous-estimé les penchants d'un entourage meurtrier. Qui, cette fois-ci, allait tuer pour se défendre.

Le programme de Beria

Alors qu'il ne survivra que quatre mois à peine à Staline, la liste des mesures phares planifiées par Beria – publiées ici pour la première fois en France – s'avère stupéfiante. Mais il aura fallu attendre un demi-siècle pour apprendre enfin une partie de l'incroyable vérité. En effet, à l'occasion du cinquantième anniversaire (officiel) de sa mort, le 23 décembre 2003, les *Izvestia* du 26 publient des révélations fracassantes sur Beria à partir d'archives commentées par l'annaliste Nikolaï Dobrioukha, qui dévoile une série de réformes inédites.

L'histoire s'y exprime en direct. Une histoire jusque-là singulièrement muette.

Beria ordonne de classer les dossiers des « médecins saboteurs », une affaire connue sous le nom des « Blouses blanches », et d'autres, plus obscures. Il annule les déportations des Juifs dans des zones inhabitables du pays, tel le Birobidjan, à la frontière russo-chinoise. Il envisage de supprimer le système de *propiska*, autrement dit l'obligation, pour les citoyens, de résider à l'endroit où ils ont été enregistrés, ce qui leur interdisait de s'installer dans une autre ville et par là même de circuler librement. Il met fin à la coutume imposant aux citoyens d'acheter des « obligations d'État » – un vol manifeste – afin de rééquilibrer le budget annuel de l'URSS ; le Géorgien voulait en outre réduire sensiblement les dépenses militaires et geler les chantiers dispendieux non indispensables.

Beria suggère de réécrire l'histoire de la Seconde Guerre mondiale sans « pages blanches », de façon plus conforme à la vérité historique. Il pense s'attaquer au fléau d'une bureaucratie déjà corrompue, tâche prioritaire à ses yeux. Il aurait osé proposer la séparation des pouvoirs : au Parti de s'occuper de l'idéologie et de la propagande, et au gouvernement de diriger l'économie. Ainsi, plus de Parti-État ou d'État-Parti, confusion des genres des plus nocives selon lui. De ce fait, il propose le retour au pouvoir des Soviets créés, on s'en souvient, après la révolution de février 1917 (et où les bolcheviks étaient minoritaires).

Il interdit qu'aucune sorte de *troïka* ne prononce désormais des condamnations à vingt-cinq ans de prison ou à la peine de mort sans procès ni jugement. Le 9 mai 1953, Beria décrète d'ailleurs une large amnistie ; ainsi, environ un million deux cent mille condamnés pour délits mineurs sont libérés. Il tient également à remettre en liberté et à réhabiliter certains hauts responsables du Parti, des secteurs économiques, militaires, scientifiques et culturels, emprisonnés injustement. Comme par exemple l'épouse de Molotov, prétendument impliquée dans l'affaire des « Blouses blanches ». De même, il classe quatre cent mille dossiers « criminels » en cours.

Il insiste sur la nécessité d'accroître le rôle des cadres nationaux dans les républiques de l'URSS afin que les envoyés russes ne soient plus seuls à prendre des décisions vitales pour ces pays. Il fait donc envoyer aux intéressés des missives condamnant une politique de russification brutale qu'il juge infondée. En outre, Beria estime que chaque république doit pouvoir décerner des décorations frappées aux armoiries nationales.

Concernant les manifestations et les défilés de masse, il met fin à l'obligation des citoyens de porter les portraits géants de dirigeants vivants. Estimant indispensable, dès la mort de « l'Homme de fer », de dénoncer le culte de la personnalité de Staline à l'intérieur du Parti, il fait tout pour que son nom disparaisse, peu à peu, des moyens d'information. Ce qui revient à une déstalinisation effective mais douce de la société.

En matière de politique étrangère, Beria remet à l'ordre du jour la restitution des îles Kouriles, revendiquées par le Japon. Il entame par ailleurs des pourparlers de paix avec la Corée et tente de rétablir des relations diplomatiques avec la Yougoslavie. Il décide de ne plus imposer les kolkhozes à l'Allemagne orientale, et de cesser d'y implanter le socialisme. De plus (en 1953 !), il se prononce en faveur de la réunification des deux Allemagnes, fût-elle basée sur les principes d'une démocratie « bourgeoise ». Cependant, afin d'éradiquer tout risque de guerre, il préconise de signer avec l'Allemagne réunifiée un accord lui interdisant d'appartenir à quelque bloc militaire que ce soit.

Il juge également indispensable de réduire notablement les effectifs du renseignement soviétique dans les pays capitalistes. Enfin, il propose de cesser la publication des œuvres complètes de Staline [1]...

Certes, la liste non exhaustive de ces mesures avant-gardistes n'éclaire pas les multiples facettes de Beria, initiateur d'un dégel embryonnaire après le rigoureux hiver stalinien, mais elle paraît confirmer que celui-ci voulut bel et bien amorcer une libéralisation de l'URSS. Présent sur tous les fronts, son train de réformes, cohérent, rationnel, préfigure une tentative de Perestroïka avant la lettre, sans instaurer toutefois le flou juridique et le chaos gorbatchéviens.

Le lynchage

L'étoile géorgienne montante semble en passe de remplacer le Père des peuples et fait terriblement peur à la direction du Parti. Mais l'histoire réserve des surprises. Il faudra le soulèvement des ouvriers est-allemands pour que, le 26 juin 1953, horrifié, le Politburo sorte enfin de sa léthargie pour se réunir à huis clos dans l'enceinte du Kremlin, à l'insu de son ennemi juré.

Ce plénum clandestin rassemble le gratin du pouvoir soviétique. Et nous fait pénétrer, pour la première fois, dans les arcanes de la direction collégiale de l'Union soviétique. Nous en connaissons aujourd'hui le déroulement. C'est l'Arménien Anastase Mikoyan qui ouvre les hostilités. Membre du Politburo depuis 1935, il deviendra, sous Khrouchtchev, président du Præsidium du Soviet suprême de l'URSS : « Dernièrement, le camarade Staline ne faisait plus confiance à Beria. L'affaire de Mingrélie [2] a été montée de toutes

1. D'après les *Izvestia* du 26 décembre 2003.

2. En 1949-1950, la région géorgienne de Mingrélie se situait à l'avant-garde du nationalisme. Beria, membre de l'ethnie mingrelle, fut accusé d'un prétendu complot par l'entourage de Staline.

pièces pour faire arrêter Beria. Dans les premiers jours suivant la mort du camarade Staline, Beria a combattu le culte de la personnalité. Mais il s'est avéré qu'il voulait détruire le culte du camarade Staline afin d'instaurer le sien propre ! »

Puis le maréchal Kliment Vorochilov, bolchevik de la première heure, président du Præsidium du Soviet suprême de l'URSS, accuse à son tour : « Beria s'est particulièrement déchaîné au moment de la maladie et après le décès du camarade Staline. Inconscient, le camarade Staline était encore en vie qu'il avait déjà commencé à agir. [...] L'unité, telle est la voie désignée par le grand Lénine et le grand Staline. Or, cet individu pensait qu'on ne le verrait pas se faufiler. Voilà comment s'explique son ascension et qu'il nous ait imposé ses décisions, y compris celles dont nous ne voulions pas ! »

Quant au camarade Andreï Andréev, vice-président du Conseil des ministres devenu, la même année, président du Soviet suprême de l'URSS, il s'exprime sans détour : « Beria a mis au point un plan conçu pour liquider le système soviétique en commençant par discréditer le nom du camarade Staline et jeter une ombre sur le plus grand homme après Lénine. Je ne doute pas que c'est à cause de ses pressions, peu après la mort du camarade Staline, que le nom du camarade Staline s'est mis à disparaître de la presse. C'est une honte pour le Parti ! Avant, on faisait trop de zèle : dans chaque article, son nom revenait des centaines de fois, et puis, tout à coup, il disparaît. Qu'est-ce que ça veut dire ? J'estime que c'est la main de Beria, son influence. Et surgit, on ne sait d'où, la question du culte de la personnalité. Quel est le problème ? Ce sujet fut résolu il y a bien longtemps dans la littérature marxiste, et voilà qu'il resurgit de nulle part. Ce sont les fourberies de Beria ! »

Le camarade maréchal Vorochilov, du Præsidium, approuve bruyamment et Andréev poursuit : « Je considère que c'est sous l'influence de Beria que fut adoptée la résolution d'organiser les manifestations de masse sans portraits, sans images. Mais pourquoi ? De quel droit ? Le peuple doit connaître ses leaders d'après leurs portraits, leurs discours. Cette résolution était injuste. »

À nouveau, Vorochilov martèle : « Résolution injuste ! » Ivan Tevossian, ministre de la Sidérurgie et membre du Præsidium du Comité central, ardent défenseur de la réputation du bien-aimé

Joseph Staline, saisit la balle au bond : « Je voulais attirer votre attention sur le point abordé par le camarade Andréev. Après la mort du camarade Staline, son nom a peu à peu commencé à disparaître de la presse. C'est avec une douleur au cœur que j'ai eu l'occasion de lire les écrits du camarade Staline sans référence à l'auteur. Cette canaille de Beria s'oppose à ce que le nom du camarade Staline soit mentionné au même titre que ceux de Marx, Engels, Lénine ! »

C'est au tour de Nikolaï Baïbakov, ministre de l'Industrie pétrolière, membre du Comité central du PCUS et futur patron du Gosplan – la planification d'État : « Cette année, Beria m'a convoqué en février pour me charger d'explorer et d'exploiter des gisements de pétrole au nord de la mer Caspienne, en affirmant qu'il s'agissait d'une mission très importante à laquelle le camarade Staline veillait personnellement. Pourtant, à peine cinq ou six jours après la mort du camarade Staline, je reçois un coup de téléphone. D'une voix rageuse, Beria hurle littéralement : "Au diable, le plan aventureux de Staline ! Jette ou brûle tous les documents concernant les explorations pétrolières dans la mer Caspienne." Et il raccroche. Du vivant du camarade Staline, Beria, cet homme au double visage, avait peur de lui, il se courbait devant lui, recherchait ses faveurs sans rien objecter quand il n'était pas d'accord. »

Une belle unanimité que celle d'individus qui, en réalité, se détestent cordialement. Mais, dans ce cas précis, chacun doit défendre sa position, et plus encore sa vie. La haine les unit le temps d'un complot en ces tragiques années 1950, où Beria est condamné avant d'être jugé.

Le réquisitoire à huis clos suit son cours. Le maréchal Nikolaï Boulganine, nouveau ministre de la Défense, membre du Politburo et du Præsidium du Comité central qui, en 1955, succédera à Malenkov à la présidence du Conseil des ministres, prend la parole : « J'ai eu l'occasion d'entendre parler du prétendu rôle positif de Beria dans les affaires où des médecins furent remis en liberté, dans le classement de "l'affaire géorgienne", etc. Là aussi, il faut le détrôner. Il n'a joué aucun rôle positif dans ces affaires. Au contraire. Il a fait tout cela pour se fabriquer une apparence de popularité. Du vivant du camarade Staline, nous, membres du Præsidium, du Comité central, disions, entre nous, il faut bien l'avouer, que l'affaire des médecins était bidon, sans fondement. Ai-je raison, camarades ? »

Une voix du Præsidium tonne : « C'est la vérité ! »

« Nous disions donc que l'affaire géorgienne est truquée, du bluff, reprend le prestigieux militaire. Que l'affaire Chakhourine et Novikov est une honte pour nous. Le disions-nous ? Nous le disions ! Que l'affaire du maréchal Yakovlev est ignominieuse. Le disions-nous ? Nous le disions ! Beria était au courant de ces discussions. Je vous le demande : que lui restait-il à faire après la mort du camarade Staline, quand il a occupé le poste de ministre de l'Intérieur ? Bien sûr qu'il devait classer ces affaires ! Il n'avait pas le choix : ce sont les circonstances qui ont contraint Beria. »

Viatcheslav Molotov, successivement membre du Politburo, président du Komintern, est en 1953 commissaire du peuple aux Affaires étrangères. Ce jour-là, aussi peu diplomate que possible, il écume de rage : « Durant les débats au Præsidium du Conseil des ministres concernant le problème allemand, on a découvert que Beria... adopte des positions résolument étrangères au Parti. Il s'est mis à affirmer que construire le socialisme en Allemagne de l'Est ne valait pas la peine. Et qu'il suffirait que les deux Allemagnes, de l'Est et de l'Ouest, se réunissent en tant qu'État bourgeois démocrate pacifiste. »

Puis l'Ukrainien Nikita Khrouchtchev, membre du Politburo et futur premier secrétaire du Parti communiste de l'URSS, énumère ses propres griefs : « Beria ne faisait pas seulement libérer ces individus. Une fois libérés, une fois sortis, il leur apprenait que c'est lui qui leur a sauvé la vie, pas le Parti, ni le gouvernement, mais lui, Beria. Démagogie bon marché ! Il disait : "Je peux forcer n'importe quel homme à avouer qu'il est en liaison directe avec le roi d'Angleterre." Et il le faisait. Beria étale son indissociable, son indissoluble amitié avec le camarade Malenkov. Impossible d'en supporter davantage : il n'y a plus de lait, peu de viande. On a annoncé la transition du socialisme au communisme, mais on ne trouve plus de farine. De quel communisme s'agit-il, pour parler crûment, sans farine ni eau pour faire une galette ? »

Une voix du Præsidium proteste : « Il y a pénurie de pommes de terre ! »

« Il n'y a plus de pommes de terre, reprend Khrouchtchev. Cela a été fait pour en rejeter la faute sur d'autres, en vue de s'emparer du pouvoir. Certains disent : "Comment se fait-il que Malenkov se promène toujours bras dessus, bras dessous avec Beria, ils ont l'air de bien s'entendre", voilà ce qu'on me dit à moi, mais, à d'autres, on raconte à coup sûr que Khrouchtchev se promène aussi avec Beria. Et c'est vrai. On marchait, moi aussi, j'ai marché. Parfois il se tenait au milieu, tandis que Malenkov marchait à sa droite et moi à sa gauche. Un jour, Viatcheslav Mikhaïlovitch a même observé : "Vous vous promenez en discutant sans arrêt de certains sujets." Je lui ai répondu : "Rien qui vaille la peine, nous parlions d'un tas d'atrocités, nous étions écœurés de l'écouter, mais nous marchions !" [1] »

Un tel cocktail de mégalomanie et de paranoïa a-t-il suffi à Staline pour tenir ces hiérarques en laisse et passer pour un génie ? Il lui suffisait de lever un sourcil pour qu'ils s'entre-tuent afin de gagner ses bonnes grâces.

La mystérieuse fin de Beria

Depuis longtemps, la date officielle de l'exécution de Beria, le 23 décembre 1953, était contestée à voix basse par certains experts. À en croire les rumeurs, certains participants à ce plénum extraordinaire auraient convoqué le Géorgien d'urgence, l'attirant dans un guet-apens puisque des hommes de confiance devaient l'assassiner la même nuit dans les sous-sols du Kremlin. Ces puissants dirigeants de l'URSS auraient craint, pendant quelque temps, que les fidèles de Beria ne cherchent à le venger. Ce qui risquait d'entraîner de nouvelles violences. D'autres évoquent, avec force détails, les milliers de chars qui avaient quadrillé la capitale avant de disparaître sans laisser de traces.

Le triomphe modeste, Khrouchtchev racontait volontiers quant à lui son geste héroïque : il s'était précipité pour frapper le bras de Beria quand celui-ci, entendant l'ordre « Haut les mains ! », avait voulu saisir l'arme cachée dans sa mallette. Or, tombée sur le sol, celle-ci s'était révélée vide…

Concernant cet épisode, le témoignage de Sergo Beria, auteur

1. *Izvestia, op. cit.*

de *Mon père, Lavrenti Beria, au cœur du pouvoir stalinien*[1] paraît cependant des plus crédibles. En réponse aux rumeurs du Kremlin, prétendant qu'au cours de l'été et de l'automne 1953 Beria aurait bombardé Khrouchtchev de lettres larmoyantes, implorant sa grâce en se repentant de ses crimes, Beria fils fait une révélation surprenante : « Mon père était dans l'impossibilité d'écrire quoi que ce soit en novembre, octobre ou juillet pour la bonne raison qu'il a été tué le 26 juin, à la mi-journée, chez lui, rue Malonikitskaya, à Moscou. »

Ce jour-là, Sergo Beria, lui-même scientifique de renom, expert incontesté dans l'élaboration d'armements militaires de pointe, colonel décoré pour ses exploits et non en tant que « fils de », se trouvait au Kremlin. Il rédigeait un rapport à l'intention du gouvernement dans le bureau de son supérieur hiérarchique, le général Boris Vannikov, témoin digne de foi. Tous deux devaient se rendre chez Beria père à seize heures. Un rendez-vous qui n'a jamais eu lieu puisque, vers midi, des militaires, dont le pilote d'essai Sergueï Anokhine, héros de l'URSS, l'ont averti d'une fusillade survenue dans sa maison. Une fois sur place, accompagné de Vannikov, ils tombèrent dans la cour sur deux blindés et des soldats peu loquaces. Les fenêtres du bureau paternel avaient volé en éclats et des militaires transportaient, sur une civière, un cadavre recouvert d'une toile. De retour au Kremlin, en présence de Kourtchatov venu aux nouvelles, le général appela aussitôt Khrouchtchev qui conseilla : « Que Sergo ne s'inquiète pas. Qu'il parte rejoindre sa famille à la datcha. » Beria fils fut donc envoyé à la campagne *manu militari*. Là aussi, des blindés encerclaient la modeste bâtisse. Il trouva, regroupées dans une pièce sous escorte, sa mère, Nina, sa femme, Marfa, et leurs filles de trois et six ans. Sergo Beria les informa qu'il n'avait pas pu voir son père « qui n'est plus en vie ». Calmement, sa mère lui dit alors : « Ne crains rien. L'être humain ne meurt qu'une fois. Mais, quelles que soient les circonstances, il faut garder sa dignité. On ne touchera ni à vous ni aux enfants. L'intelligentsia russe ne le permettra pas. »

Par la suite, officiellement arrêtés à la mi-août, Sergo et sa mère furent incarcérés dans les prisons de Lefortovo puis de la Boutyrka.

1. Moscou, Sovremennik, 1994.

Ils y restèrent quinze mois. À l'automne 1954, obligée d'assister au simulacre de l'exécution de son fils, Nina Beria se vit proposer un marché : elle signait ses « aveux » et on renvoyait le peloton d'exécution. Elle refusa catégoriquement. Quand elle entendit l'ordre de tirer, elle perdit connaissance. Quant à Sergo, il cria à ceux qui devaient le fusiller : « Tirez, tas d'imbéciles ! Après, c'est vous qui serez liquidés ! » Aucune balle ne fut tirée. Long moment de silence. De retour dans sa cellule, ses camarades d'infortune, effarés, virent qu'en quelques minutes les cheveux noirs de Sergo Beria étaient devenus entièrement blancs.

Libéré le 6 novembre 1954, Sergo Beria reçut un passeport établi au nom de jeune fille de sa mère : Sergueï Alexeïevitch Gueguetchkori. Faveur suprême, on lui permit de choisir le lieu de relégation où il poursuivrait ses travaux. Moscou et Leningrad étant exclues, il opta pour Sverdlovsk, une ville fermée qui produisait déjà des armements de son invention.

Avant son départ, Roman Roudenko, procureur général de l'URSS qui représenta l'accusation soviétique au procès de Nuremberg, lui annonça sa grâce dans le bureau d'Ivan Serov, patron du KGB.

« Pour quel crime ? », s'insurgea Sergo.

Roudenko se mit à bafouiller à propos d'un « complot de Beria et de sa famille », mais Serov l'interrompit brutalement : « Quel complot ? Cessez vos conneries. Assez de mensonges ! Allez à l'essentiel : la décision du gouvernement ! » Ce dernier autorisait Sergo Beria à accéder à toutes les recherches sans exception, même les plus secrètes. En revanche, il était déchu de ses titres et décorations. Dégradé, il se retrouvait simple soldat et ingénieur… supérieur.

Dans son livre, signé de son véritable nom, Sergueï Lavrentievitch Beria, l'auteur rend hommage à des collègues prestigieux tels Tupolev, Lavotchkine, Korolev, Kourtchatov. Interrogés à maintes reprises par le KGB, on avait voulu les faire témoigner contre lui. Mais, courageusement, ces hommes d'honneur avaient tenu bon. Il rappelle aussi que, dès le 26 juin 1953, ses camarades pilotes lui avaient proposé de l'aider à fuir en Finlande ou en Suède. Il refusa, car cela aurait signifié reconnaître la culpabilité de son père et de sa famille. Les proches de Beria ne savaient qu'une chose : il voulait organiser un Congrès ou, du moins, un plénum élargi du Comité central, pour dénoncer les crimes du Parti, de l'État et de l'ensemble des dirigeants contre leur peuple. Inquiète, Nina, sa femme, l'avait mis en garde : « Là, tu signes ton arrêt de mort ! »

Sergo Beria affirme avec véhémence : « Jamais mon père n'a voulu être un dictateur. Il s'est simplement battu pour que l'État quitte les rails du totalitarisme. » Bien que, conformément à la sentence de la cour, l'exécution officielle de « Beria et sa clique » soit intervenue le 23 décembre 1953, le juge d'instruction Nikolaï Chvernik, qui assista à la dernière audience du procès, assura à Beria junior : « Je n'ai pas vu ton père. » Probablement voulait-il dire « vivant »...

Les hauts personnages de la « clique » Beria, dont les dossiers sont toujours conservés aux archives, se nomment Vsevolod Merkoulov, Bogdan Koboulov, Vladimir Dekanozov, Pavel Mechnik et Lev Vlodzimirski. Mais aucune trace du meneur qui, s'il faut en croire le verdict, « forma un groupe de traîtres, de comploteurs voulant utiliser les organes de l'Intérieur de l'URSS contre le Parti communiste et l'État soviétique, placer l'Intérieur au-dessus du Parti et de l'État afin de s'emparer du pouvoir et d'anéantir le régime soviétique, en restaurant le capitalisme et en rétablissant la dame bourgeoisie... Leurs projets criminels, soutenus par un complot des forces réactionnaires de l'étranger, ont été mis sur pied en liaison avec des services secrets étrangers. »

Curieusement, à l'heure actuelle, les archives regorgent de documents sur cette période. On y trouve, par exemple, une lettre du 21 juin 1941 où Beria conseille à Staline de ne pas se préoccuper des dépêches d'agents annonçant une guerre imminente. Par la même occasion, il exigeait la convocation à Moscou, et même l'exécution de « V. Dekanozov, ce traître [alors ambassadeur soviétique en Allemagne] qui sème le trouble ». Certaines archives ne sont pas encore expertisées. En revanche, aucun document n'évoque son premier vrai désaccord avec Staline, car Beria s'était farouchement opposé à l'ordre de liquider les officiers polonais à Katyn. Pourtant, le maréchal Gueorgui Joukov en avait eu connaissance. En pleine campagne contre le traître Beria, ce grand militaire avait confié à son fils : « Si ton père était encore en vie, je serais à ses côtés. »

Rarement homme politique fut autant couvert de boue aux yeux du monde. La seule chose qu'on n'ait jamais reproché à l'odieux personnage fut de dévorer tout crus les nouveau-nés. Comme si la réputation de Ejov, multipliée à la puissance *n*, s'était reportée sur son successeur. Car on ne peut que s'interroger sur les raisons qui conduisirent cet « alcoolique dépravé », « coureur de jupons », « violeur de femmes » et « pédophile dégénéré » de surcroît, à faire verser des fleuves de sang. La mémoire collective a néanmoins relégué son nom dans les oubliettes de l'histoire. Car Beria et NKVD sont devenus à tel point indissociables que, en comparaison, les Yagoda et Ejov font bien pâle figure.

La déstalinisation

En 1956, le monde découvre soudain le fameux « rapport secret » au XXe Congrès du PCUS. Avant de lire son discours fleuve, Nikita Khrouchtchev harangue la salle : « Camarades ! Dans le rapport du Comité central du Parti au XXe Congrès, dans une série de discours des délégués à ce Congrès, comme auparavant lors des plénums du Comité central du PCUS, nous avons déjà beaucoup parlé du culte de la personnalité et de ses conséquences nocives. »

Entre-temps, promu premier secrétaire du Parti, l'Ukrainien Nikita Khrouchtchev est devenu le nouveau dirigeant de l'URSS. C'est donc lui qui ouvre officiellement la boîte de Pandore. Devant une assistance médusée, il prononce un long réquisitoire demeuré célèbre, dévoilant au grand jour les crimes de Joseph Staline. Khrouchtchev dénonce ainsi les purges au sein du Parti et de l'armée, le culte de la personnalité « étranger à l'esprit du marxisme-léninisme », les dérives et dysfonctionnements de l'État, le manque de préparation à la veille de la Seconde Guerre mondiale. Il révèle également les arrestations arbitraires, les faux procès montés de toutes pièces, les déportations massives de peuples entiers et les millions de victimes innocentes. Khrouchtchev affirme en outre que le culte de la personnalité est la cause fondamentale du non-respect des « normes léninistes ». Toutefois, concernant les dirigeants du Parti exécutés lors des purges, il opère une sélection entre ceux qui méritent leur réhabilitation et ceux qu'il préfère passer sous silence.

Ainsi, le futur « Monsieur K. » donne-t-il le coup d'envoi de ce que l'Occident désignera comme la *déstalinisation*. Au début, affolés, certains dirigeants des partis communistes occidentaux doutent de l'authenticité du rapport, car ils ne peuvent se résoudre à brûler celui qu'ils ont adoré. Et que le monde entier continue de pleurer. Ils cachent donc le sulfureux document à leurs militants dont, à l'époque, la plupart ignorent tout des répressions à grande échelle. Quant à ceux qui savent, ils se taisent. En 1956, comme assommés par une onde de choc sans précédent, les communistes européens parlent de « prétendu rapport » ou encore de « rapport attribué à Khrouchtchev ». Ils finiront tout de même par se rendre à l'évidence...

Le 5 mars 1953, à Moscou, les funérailles nationales du maréchal Joseph Staline avaient été pharaoniques. En France, ce jour des adieux au « Guide éclairé » fut décrété jour de deuil national. Et, le 6, *L'Humanité* sort une édition spéciale titrant à la une : « Deuil pour tous les peuples qui expriment, dans le recueillement, leur immense amour pour le Grand Staline. »

Le dissident Vladimir Boukovski n'a pas oublié que la mort de Staline lui a fait prendre conscience, très tôt, des réalités du régime soviétique. Il nous livre ses souvenirs :

> J'avais dix ans à la mort de Staline, et je me souviens parfaitement de cette époque. Pour notre génération, c'était un Dieu. Pas au sens figuré, mais au sens propre du terme. Et sa disparition soudaine fut pour nous tous un choc épouvantable : *Dieu est mort !*
>
> J'ai réalisé alors la grave erreur, incroyablement stupide, de la propagande soviétique : déifier un simple mortel ? Ridicule ! Impossible ! Je me rappelle la foule immense qui attendait, les gens qui se piétinaient, s'écrasaient pour apercevoir quelques secondes la dépouille de Staline dans la salle des Colonnes. Nous, les gamins délurés de l'après-guerre, avons été assez malins pour ne pas nous retrouver au milieu de cette foule. Nous faufilant par les greniers, par les toits, nous nous sommes installés en face, au sommet de l'hôtel National près de la place Rouge. À dominer cette marée humaine, plusieurs idées me traversèrent l'esprit.
>
> D'abord, je devais graver ce moment dans ma mémoire, car il était capital. Le pays prenait un tournant à partir duquel tout serait différent. Ensuite, si Dieu est mort, il n'y a plus de pouvoir suprême. Alors, je reste seul, libre, mais désormais, je réponds de moi, de

mes actes. À cet instant, j'ai senti un immense soulagement, comme si on ôtait un énorme poids de mes épaules. Et surgit un questionnement : qu'allais-je faire, qu'allais-je devenir ? Le sentiment de vivre un moment décisif pour l'avenir m'envahit.

Je ressentis aussi un mépris sans nom pour ces masses qui s'entretuaient presque pour le droit d'apercevoir le défunt – leur Dieu mort. Une impression surréaliste, digne du théâtre de l'absurde, dominait en moi : Dieu ne peut pas mourir ou alors il n'est pas Dieu. Soit il n'est pas divin, soit il n'est pas mort. Donc, tous ces gens mentent et se mentent à eux-mêmes. Et s'étouffent au nom de ce mensonge...

Sur ce toit, j'ai compris à dix ans que la majorité écrasante pouvait avoir tort, se tromper. Ce fut un moment clé, fondateur de mes idées, de ma vision du monde, de mes analyses et de toute ma vie. Ce fut là que naquit en moi le « dissident », comme vous nous nommez, qui détermina mon existence.

Or, à quatorze ans, j'appris de la bouche de son successeur, Nikita Khrouchtchev, qu'en plus d'être un faux dieu, Staline se révélait d'abord un grand criminel...

[Après un silence, Boukovski poursuit :]

Bien sûr, pas plus que les autres, je n'ai jamais lu ce fameux rapport, mais tout le monde en parlait à voix basse. C'est ainsi que le pays apprit que Staline avait personnellement ordonné des massacres de masse. Nous, les gamins, en restâmes pétrifiés non seulement par rapport à nous-mêmes, mais par rapport aux adultes, la génération de nos aînés. Car, même pour les adolescents de quatorze-quinze ans que nous étions à l'époque, il était évident qu'un homme n'était pas capable, à lui seul, d'en exécuter soixante millions. C'était impensable, impossible ! Nous avons donc compris que l'ensemble des adultes, chaque passant anonyme dans la rue, tous, d'une manière ou d'une autre, avaient pris part à ce génocide. Par leurs actes ou leur silence. Cette terrifiante prise de conscience a, très tôt, marqué notre génération d'un sceau indélébile, nous faisant perdre toute confiance dans les générations précédentes.

On raconte – je m'en souviens très bien – qu'après le discours fleuve de Khrouchtchev au XXe Congrès du Parti, accusant Staline de tous les crimes de masse, de la salle, quelqu'un lui fit passer un petit papier posant une question : « Et vous, camarade Khrouchtchev, où étiez-vous pendant que se perpétraient tous ces crimes ? »

Il paraît qu'après avoir lu la question au micro, le premier secrétaire a demandé : « Lequel d'entre vous m'a écrit ce mot ? » Silence de mort. Dans la salle on aurait pu entendre une mouche voler. L'auteur ne s'est pas levé, personne n'a bronché. Alors Khrouchtchev a répondu : « Eh bien, j'étais exactement à la place où vous êtes assis en ce moment. »

Voilà sans doute une justification claire et suffisante pour beaucoup, mais totalement scandaleuse pour notre génération. Comment ? Personne d'assez courageux pour se lever et lancer à Khrouchtchev : « Alors, pourquoi être dans cette salle ? Pourquoi avoir consacré votre vie à arriver à cette place, tout en haut ? De quel droit vous y trouvez-vous alors que vous n'avez pas eu le courage d'exprimer vos idées ? Vous, qui avez pris part aux purges, à la Terreur ? Qui avez laissé faire ? »

Par la suite, en 1956, les événements de Hongrie, quand l'armée soviétique écrasa le soulèvement de Budapest, complétèrent le tableau. Il va sans dire que la jeunesse était majoritairement du côté des Hongrois. Mais cela prouvait bien qu'en dépit de la « déstalinisation », le système stalinien, toujours bien vivant, poursuivait ses crimes. Une fois de plus, nous avons vécu des heures intenses, qui influencèrent nos vies de manière décisive...

C'est pour toutes ces raisons que jamais je ne me suis considéré comme un Soviétique. Du plus loin que je m'en souvienne, mes relations avec ce système, ce pouvoir, ont toujours reposé sur un antagonisme. Russe, oui. Soviétique, non. Ce pouvoir était mon ennemi. J'ai compris qu'aucune cohabitation avec lui, aucun compromis n'étaient possibles. Ou bien il finirait par me tuer ou bien, moi, je devais tout faire pour le détruire. Une fois ma décision prise, ce but allait régir toute ma vie...

Dans la nuit du 12 au 13 août 1961, sous Khrouchtchev, fut érigé le tristement célèbre mur de Berlin (en allemand *Berliner Mauer*), encore appelé le « mur de la honte ». Du jamais vu ! À l'époque, hormis quelques protestations indignées, dont celle du président américain J. F. Kennedy, le monde occidental laissa faire. En 1962, en dépit d'une déstalinisation apparente, après quelques bras de fer, plongé dans la crise de Cuba, le monde frôlera également la guerre nucléaire.

Autre bémol à cette soudaine pseudo-transparence de Nikita Khrouchtchev : son rapport reste le premier « document » à démontrer que, sans la funeste influence de Beria, jamais Staline ne se serait mué en despote sanguinaire... Ainsi, en choisissant Lavrenti Beria comme bouc émissaire, les dirigeants du PC bolchevique réussissaient à s'exonérer de toute responsabilité dans les purges qui avaient saigné le pays à blanc. Et à disculper Staline. Une fois le danger passé, ils l'avoueront d'ailleurs sans le moindre scrupule.

Dans la biographie de son père, Sergo Beria cite Khrouchtchev: « Même après avoir appris nombre de choses lors du procès de Beria, nous avons fourni des explications mensongères au Parti et au peuple, en déchargeant tout sur Beria. Comme il nous paraissait être la personnalité la plus adéquate, nous l'avons chargé au maximum, faisant tout pour qu'il serve de rempart à Staline [1]. »

Jusqu'aux années 1990, l'historiographie officielle présentait Lavrenti Beria comme l'âme damnée de Staline, le symbole honni de la terreur sanglante, l'un des plus grands criminels du XXe siècle. Voilà pourquoi, voir ce personnage sulfureux resurgir soudain du néant, tout auréolé de gloire, laisse pantois.

Que cache la réhabilitation de Beria ?

Dans les années 2000, on mesure mieux toute la complexité du personnage à la virulence des controverses entre historiens de Russie et d'ailleurs. Pour les uns, il s'agit d'un être froid, manipulateur, rusé, impitoyable ; pour les autres, il ferait presque figure de réformateur du système, voire de libérateur. Mais quel que soit le verdict définitif de l'Histoire, une chose semble acquise : homme instruit et cultivé, Beria avait peu en commun avec un barbare fanatique comme Ejov. Sauf l'obligation de faire les quatre volontés de Staline. Même s'il osait parfois lui tenir tête, le subalterne qu'il était savait fort bien qu'un ordre doit être exécuté. Avec plus ou moins de rigueur, mais sa marge de manœuvre était infime. Tel est le faible bénéfice de doute que l'on pourrait lui accorder.

Sans minimiser l'affectueuse admiration de Sergo Beria, qui a cherché à réhabiliter la mémoire de son père, sa biographie contient tout de même quelques révélations qui rendent perplexe. Celui que Staline présentait, sans ambiguïté aucune, au président Roosevelt comme « notre Himmler », aurait été « lucide sur tout ».

1. *Ibidem.*

Beria fils va jusqu'à certifier: «Mon père n'a jamais été léniniste, ni même marxiste.» Troublant, n'est-ce pas? Et si c'était vrai? De fait, en 1953, après une terreur instrumentalisée et la disparition d'un chef charismatique, peut-être était-il encore temps, pour le nouveau pouvoir, de couper à la racine les fleurs du mal d'une bureaucratie aussi véreuse que magouilleuse et d'une corruption endémique. Chacun sait qu'au fil des décennies, dans l'espace post-soviétique, cette corruption a prospéré au point de devenir un moyen de gestion politico-économique, un instrument universel, une sorte de phénomène structurel.

Un oukase de Poutine?

Il aura donc fallu cinquante ans – délai légal d'ouverture de certains fonds d'archives, d'autres étant condamnés au mutismc, à la réécriture ou à l'«autodestruction» –, pour que Moscou reconnaisse enfin une première tentative de déstalinisation véritable dans les hautes sphères du pouvoir soviétique. Des observateurs bien informés y voient la volonté personnelle de Poutine. Or, rien n'est anodin ou gratuit au Kremlin. Alors, quel est l'intérêt de faire revivre ce fantôme du passé? Pourquoi cette réhabilitation soudaine d'un personnage aussi effroyable?

On peut accuser les actuels prédateurs du Kremlin de bien des choses, sauf de vouloir dénigrer le grand camarade Staline. Dans ce cas précis, l'hypothèse la plus plausible est que l'on veut réhabiliter un Beria qui, dans la mémoire collective, demeure indissociable du NKVD. Une manière de rendre les services secrets soviéto-russes beaucoup plus présentables, plus «humains», voire victimes des dirigeants de l'époque. De nos jours, ces organes font mine de suivre la «tradition» Beria pour le plus grand bien du pays. Donc, personne ne s'étonnera qu'on les retrouve en constructeurs d'une «démocratie souveraine».

Cette démarche illustre une fois encore le fait que le terme de démocratisation n'a pas le même sens en Occident qu'en Russie. Aujourd'hui comme hier, une contradiction énorme, proche de la schizophrénie, guide les actions des dirigeants. Ces purs produits du système souhaitent peut-être vaguement démocratiser la société en réhabilitant l'individu, mais toujours dans le cadre d'un système qu'ils n'ont jamais eu l'intention de détruire, tout au plus d'adapter à des conditions nouvelles, et ce au profit du clan aux commandes.

Autre explication : réhabiliter Beria, glorifier Andropov, c'est rétablir la filiation entre hier et aujourd'hui, de Lénine-Dzerjinski à Poutine-Medvedev. Une manière de légitimer un pouvoir dénoncé comme illégitime par l'opposition politique.

Réhabiliter Beria, l'inventeur de la force de frappe soviétique, c'est aussi rappeler au pays qu'il est une puissance nucléaire qui n'a rien à redouter dans un monde encore unipolaire. Ce qui flatte les ultranationalistes, les militaires, une certaine jeunesse formatée et, bien sûr, les agents des services spéciaux russes. C'est aussi envoyer un message subliminal à l'Occident. C'est enfin redonner aux Russes des motifs de fierté patriotique…

Chapitre IV

Soviétisme et dissidences

Principalement utilisé à partir des années 1950-1960 pour désigner tout opposant aux totalitarismes de l'URSS et de ses satellites, le terme « dissident » a fini par désigner les ennemis du pouvoir soviétique. Pierre Rosanvallon, professeur au Collège de France, comprend ainsi cette forme particulière d'opposition [1]. Selon lui, « le dissident exprime [...] le fait d'une souveraineté critique. Si le mot est là aussi ancien [...], il a dorénavant un sens plus directement politique [...] pour qualifier les opposants intellectuels dans les régimes communistes. Le dissident est celui qui témoigne des failles de l'entreprise totalitaire. Il ne pouvait prétendre résister et inverser le cours des choses dans des régimes policiers qui régentaient les corps et les esprits. Mais il était un signe, un grain de sable dont la seule existence témoignait de l'échec du pouvoir à imposer à tous son mensonge ».

Quand on parle des dissidents, on se réfère généralement à tous ceux qui tentèrent d'éclairer leur pays et l'Occident sur la véritable nature des régimes ancrés à l'est de l'Europe. Et l'historien de préciser : « Le dissident était l'homme en trop, celui dont la présence disqualifiait silencieusement le pouvoir, celui qui introduisait un coin dans le grand agencement de l'idéologie. [...] Qu'il ait été le témoin des œuvres cachées du régime (Soljenitsyne), la voix devenue discordante de l'appareil (Sakharov), le romancier ou le dramaturge ironique du système (Havel ou Zinoviev), le dissident a été celui qui introduisait le doute. D'où le danger qu'il représentait. [...] Le dissident ne pouvait être que le héraut d'une anti-politique, exprimant une force morale à côté du système, appelant

1. P. Rosanvallon, *La Contre-démocratie*, Le Seuil, 2006.

la société civile à se désintoxiquer et à se penser dans sa consistance propre [1]. »

Pour ce faire, l'action demeurait malgré tout le meilleur des remèdes. S'opposant à la démarche inégalitaire d'une société « égalitaire par excellence », nombre de dissidents de l'ère soviétique ont ainsi connu les prisons, les camps et les hôpitaux psychiatriques. La plupart d'entre eux ignoraient d'ailleurs les termes « dissidence » et « dissidents », qui allaient voir le jour en Occident. Tout simplement révoltés par l'arbitraire et l'injustice d'un régime ayant perdu toute humanité, ces hommes et femmes de tous âges et de toutes conditions entrèrent en résistance par respect d'eux-mêmes.

Certains, comme le général Piotr Grigorenko, venaient de l'armée. D'autres étaient ingénieurs, médecins, avocats ou encore prêtres. Quant à la dissidence slave, la plus importante et la plus connue, elle n'était pas homogène pour autant. Rostropovitch et Soljenitsyne, par exemple, représentaient la culture nationaliste. Siniavski était un produit de la grande littérature russe. Sakharov, Boukovski, Guinzbourg, Kovalev, et tant d'autres, non nationalistes mais profondément démocrates, défendaient les libertés et les droits de l'Homme tout en exigeant l'application de la Constitution soviétique. Etkind ou Chtcharanski, pour leur part, incarnaient la tradition juive. Quant à Pliouchtch, il illustrait le marxisme édulcoré par la culture ukrainienne. Évidemment, les femmes n'étaient pas absentes. Beaucoup, comme Natalia Gorbanevskaïa, écrivaient de la poésie. Mais cette résistance disparate était cimentée par une même volonté de lutte contre l'oppression soviétique.

Machiavel, en son temps, n'a-t-il pas observé que « la meilleure forteresse des dictateurs est l'inertie du peuple » ? En vérité, si la dissidence renvoie à un état qui peut se traduire en actes, il s'agit d'abord d'un mode de pensée différent face à la pensée unique. La dissidence, qu'elle soit le fait d'intellectuels (écrivains, artistes) ou de simples citoyens, plus lucides ou plus exigeants que d'autres, est donc une manière de rejeter le système et ses errements.

Évoquer la dissidence en URSS ou dans les « pays frères » conduit aussi à se pencher sur la fonction du créateur, artiste ou intellectuel,

1. *Ibidem.*

dans le système soviétique. Ce dernier, otage du régime, se voit obligé de se muer en militant, vecteur de propagande. Selon Lénine, chaque situation devait être analysée dans l'esprit du marxisme, autrement dit « d'abord historiquement, ensuite relativement à d'autres situations, enfin en rapport avec l'expérience concrète de l'histoire ».

Et aussi longtemps qu'existerait l'Union soviétique, cette méthode d'approche des phénomènes sociaux demeurerait en vigueur dans les sciences, la littérature, l'histoire, comme en politique. Il s'agissait d'une position doctrinaire permettant de transformer en « dissident » tout créateur original, non inféodé au régime. Dès lors, toutes les oppositions furent systématiquement poursuivies, réprimées, éliminées.

Lucide, l'ex-communiste Alexandre Yakovlev le déplorait : « La force de tous les totalitarismes réside dans leur dogme, rendu invulnérable par la force. Dans notre pays, cela se déroula exactement ainsi. [...] Le bolchevisme a totalement rejeté toute possibilité d'organisation démocratique et toute dissidence [1]. »

Une question s'impose : y a-t-il eu de réelles oppositions au bolchevisme ? Certes. Car après l'intermède Khrouchtchev, à partir de 1964, avec Brejnev, la répression se durcit. Les procès truqués contre les « contestataires déviationnistes » se multiplient, tels ceux de Iossif Brodsky, condamné pour « parasitisme » à cinq ans ferme en 1964 (et devenu, en 1987, Prix Nobel de littérature) ou encore, en 1966, de Youli Daniel et Andreï Siniavski, restés dans les annales.

En réaction, l'action dissidente clandestine s'intensifie et se propage dans tout le pays, notamment grâce au *samizdat* (reproduction et circulation clandestines de textes interdits, une sorte d'autoédition artisanale) et au *magnitizdat* (même procédé appliqué aux documents sonores enregistrés sur des cassettes repiquées à l'infini). Fait significatif, les auteurs du *samizdat* ont abandonné le réalisme socialiste imposé aux créateurs par le régime pour revenir au réel de la vie, ce qui explique qu'ils aient été considérés comme des « dissidents » [2].

1. *Du passé faisons table rase*, sous la dir. de S. Courtois, Robert Laffont, 2002.

2. Voir Hélène Blanc, *Les Auteurs du printemps russe*, Noir sur Blanc, 1991.

Pourtant, ceux qui faisaient circuler les œuvres censurées, comme celles des bardes russes Boulat Okoudjava, Alexandre Galitch ou Vladimir Vyssotski – dont les chansons furent interdites de 1955 à 1985 mais que chacun, même les dignitaires communistes, connaissait par cœur –, n'étaient pas que des intellectuels. Il pouvait tout aussi bien s'agir de simples citoyens, conscients des risques encourus : la relégation, la prison, l'asile psychiatrique, les camps de travail ou le tristement célèbre Goulag, immortalisé par Alexandre Soljenitsyne…

Ces intrépides volontaires reproduisaient (à la main ou à la machine à écrire), souvent la nuit pour ne pas attirer l'attention, des manuscrits entiers, tous genres littéraires confondus : manifestes, pamphlets, essais politiques, poésies, romans, pièces de théâtre, en plusieurs exemplaires. Ils les faisaient ensuite circuler à l'intérieur de l'URSS ou parvenir à l'étranger par le biais de réseaux secrets. Cette reproduction sous le manteau d'œuvres interdites par le pouvoir était due à une minorité extrêmement active. Elle fut l'un des moyens de résister à la propagande et à la désinformation soviétiques, ces mensonges d'État instrumentalisant tout un peuple.

Il faut également associer à la dissidence soviétique les *refuzniks*, ces Juifs qui tentaient d'émigrer en Israël mais auxquels le gouvernement refusait obstinément des visas d'émigration, accordés finalement au compte-gouttes sous la pression occidentale. L'émigré le plus connu fut le poète Iossif Brodsky qui, en 1972, quitta l'URSS pour Israël.

Enfin, n'oublions pas les croyants persécutés pour leur foi. À la suite du relatif « dégel » de l'ère Khrouchtchev, comme en témoignent les interventions soviétiques en Hongrie (1956) et en Tchécoslovaquie (1968), la politique ultrarépressive est officiellement de retour avec Brejnev et Andropov, notamment après que les troupes du pacte de Varsovie eurent réprimé le Printemps de Prague. Des centaines de dissidents accusés d'« activités subversives » sont alors emprisonnés ou internés en asile psychiatrique comme « malades mentaux ».

Pour Zinoviy Antoniouk, ex-dissident ukrainien, le terme « dissident » ne sera pourtant jamais utilisé en Union soviétique. En Ukraine, par exemple, on les désignait comme *inakodumets* (ceux qui pensent autrement). Ailleurs, on parlait simplement d'*antisovietchik* (individu antisoviétique). D'après lui, si l'on transpose le vocabulaire religieux dans le domaine politique, les termes les plus adéquats pour qualifier un dissident seraient ceux d'*hérétique* ou d'*apostat*. Même si l'URSS fut l'État-Parti ou le Parti-État de l'athéisme combattant.

En 1969, en dépit des répressions, le Groupe Helsinki des droits de l'Homme parvient à regrouper plusieurs de ces « apostats ». L'Ukrainien Leonid Pliouchtch, l'un des quinze fondateurs du Groupe, libéré après des années d'hôpital psychiatrique grâce à la mobilisation des Occidentaux et autorisé à émigrer en 1976, nous relate comment la dissidence a bouleversé sa vie :

> La quintessence de notre mouvement de défense des Droits de l'Homme n'était pas politique, mais une résistance à caractère éthique de personnalités en éclosion se détachant ainsi de la masse des esclaves, d'un peuple mi-victime, mi-bourreau. Nous résistions au mensonge absolu et au lavage de cerveau, à l'uniformisation, à la négation des droits fondamentaux, à l'arbitraire total, policier, bureaucratique, etc. Par la suite, dans le contexte d'une crise économique et militaro-politique (Berlin, Budapest, Prague, Kaboul), cette résistance se mit à œuvrer à la démocratisation du pays et pour l'ensemble des droits de l'Homme : politiques, religieux, sociaux, nationaux. Un combat apolitique puisque l'opposition politique implique un État de droit et une société civile. Or, le Parti unique – le PCUS (Parti communiste de l'Union soviétique) – n'était qu'un simple mécanisme faisant fonctionner les rouages, petits et grands, de l'immense machinerie de l'empire.
>
> Ce qui a déclenché ma dissidence ? Une lente libéralisation de la conscience face à la magie ou à l'hypnose du dressage total que subissait tout être humain. Bien que d'origine sociale modeste, ayant constaté la non-conformité du quotidien avec la propagande, j'acceptais docilement les explications fournies à l'école (menaces impérialistes, Juifs et autres ennemis de l'intérieur). La première brèche dans cette chape de plomb d'ignorance fut le rapport Khrouchtchev dénonçant les crimes de Staline. En même temps que l'image de

ce « dieu », s'effondra aussi celle du Parti. Dès lors, je n'ai eu que mépris à son égard.

En revanche, j'ai ressenti le désir aigu du droit à la vérité. La brutale répression de la Révolution hongroise m'a fait douter des informations de la presse écrite. Impossible de concilier la logique des sciences mathématiques et l'absurdité d'une société bâtie sur le mensonge et la corruption généralisés. Telle est d'ailleurs l'explication du nombre élevé de mathématiciens, de physiciens et de champions d'échecs devenus dissidents.

L'antisémitisme de l'État et du Parti m'a fait réfléchir à l'idée nationale. Au début, j'ai été révolté par la déportation massive de certains peuples (Tchétchènes, Tatars de Crimée, etc.) Plus tard, cela m'a ouvert les yeux sur le nationalisme ukrainien. J'ai mis des années à l'assimiler, car il était moins évident que le problème tchétchène ou tatar.

Ne voyant aucun moyen de lutter, je me suis replié sur ma vie professionnelle. J'ai compris alors qu'il était impossible de ne pas mentir, impossible de travailler honnêtement dans ce pays. À l'Institut de cybernétique, j'ai pris conscience que l'économie étatique courait à la catastrophe. En pratique, la vie dans les usines et les kolkhozes [exploitations agricoles collectives, *NdA*] le démontrait en permanence.

Voilà ce qui motiva ma protestation sociale : la situation des travailleurs et le krach économique. Car la raison première, ancrée au fond de moi, était mon refus éthique de l'esclavage. Je veux jouir du droit d'être une personne à part entière, user du droit à la libre pensée, à la libre parole, à un travail sensé. Je refuse de mentir. Cette motivation d'« être une personne » a fédéré toutes les autres.

Cette prise de conscience du facteur humain a entraîné celle du facteur national. Mon Ukraine natale n'était qu'une colonie. L'Empire soviétique était l'ennemi de la liberté, de l'humanité, de toutes les nations, peuple russe y compris. Le *samizdat* domina peu à peu toutes les sphères de ma vie et de ma pensée. En m'y insinuant, je devins non seulement un lecteur de littérature interdite, mais aussi un diffuseur et un auteur. En tant que marxiste, j'ai tenté de résoudre les contradictions entre théorie et pratique en analysant, dans mes articles, la théorie marxiste, l'éthique, le problème nationaliste. Mes débats avec les proches du *samizdat*, marxistes ou antimarxistes, m'ont mené à la conclusion que nous vivions un capitalisme féodal employant des esclaves d'État…

Ce témoignage de Leonid Pliouchtch est caractéristique des motivations fondamentales de bon nombre de dissidents. Face à une société du non-sens, ils éprouvent une révolte organique, instinctive, quasi viscérale, avant même de passer les faits au prisme de la raison et de l'intellect.

S'agissant de la dissidence ukrainienne, l'historien Jacques Chevchenko nous en souligne la spécificité : « Le cas des dissidents ukrainiens est particulier car leur action s'inscrivait, comme en Irlande, dans le refus de reconnaître le pouvoir central soviétique, pouvoir qu'ils considéraient comme étranger. Il s'agit donc bien plus de résistance que de dissidence, même si elle n'était pas armée. La dissidence russe (Sakharov et surtout Soljenitsyne) ne comprend pas cette attitude car pour elle, représentant la nation dominante, la question se posait autrement… Quant à la nouvelle génération, elle a de plus en plus tendance à oublier le passé soviétique. Les persécutions des dissidents lui apparaissent comme une histoire ancienne. Ils n'y attachent pas la même réalité, la même dimension de souffrance et même de mort que la génération précédente », énonce Chevchenko, tout en nuançant : « La crise économique se révèle un moyen efficace de lutte contre ce qui a été la dissidence en tant que révélateur de la conscience nationale et simplement humaine. Cependant, affirmer de nos jours que les dissidents (et les anciens résistants) n'ont aucun poids, serait faux. Au bout du compte, ce qu'il faut retenir du passé c'est que l'idée de droits de l'Homme est entrée en Ukraine sous une formulation occidentale à Helsinki et que ce Groupe a su brillamment appliquer la tactique de la dissidence pure : rechercher (voire exiger) l'application des lois inscrites dans la Constitution soviétique, ainsi que dans les divers accords signés par l'URSS. En un mot, obliger cet État à devenir cohérent. Tactique qui se révélera fatale pour ce pays… »

À l'époque, nombre d'intellectuels ou de simples Soviétiques, de peur d'être étiquetés comme « dissidents », et donc marginalisés ou traqués par le pouvoir, ont dû trouver refuge dans la « religion » la mieux adaptée à ces temps troublés : celle du *silence* face à l'arbitraire du régime. Dès les années 1960, en référence au long hiver stalinien, le barde Alexandre Galitch, par exemple, stigmatise le mutisme des lâches et des arrivistes dans sa fameuse *Valse des chercheurs d'or*. Pour lui, ce silence obstiné des ambitieux ou des poltrons est devenu connivence. Se définissant lui-même, avec l'ironie mordante qui le caractérise, comme la «jauge à merde» (*gavnomer*) de son pays, Galitch ne craint pas d'affirmer que rester bouche cousue revient à se rendre complice des abus, des injustices et même des crimes [1]...

Et aujourd'hui, que nous sommes les premiers,
Nous voilà accablés de discours épuisants...
Mais sous les perles de l'éloquence
Se profile, telle une tache, le mutisme.
Que les autres hurlent de désespoir,
De vexation, de douleur, de faim...
Nous savons tous que le silence rapporte davantage
Car le silence est d'or.
Il est si simple de devenir riche,
Si simple de devenir le premier,
Si simple de devenir bourreau:
Tais-toi, tais-toi, tais-toi!

En quelques phrases lapidaires, le barde fait le bilan de santé de la société soviétique. Diagnostic lucide et terrible. Endoctrinée, privée de tout critère de comparaison, la grande majorité du peuple préfère se réfugier dans des rêves illusoires, le fatalisme ou l'indifférence.

Bien entendu, le poète extrapole et caricature quelque peu une situation complexe. Il n'en reste pas moins qu'en URSS les voix protestataires se font rares, dispersées, et donc faciles à étouffer. La dissidence soviétique, qui exige un courage exceptionnel et une abnégation totale, relève plutôt du sacrifice d'un individu ou d'un petit groupe. Certes, on retrouvera beaucoup de ces contestataires dans les camps et les asiles psychiatriques, mais sur la place Rouge ils n'étaient que huit en août 1968. Et si l'on compare l'impact du Groupe Helsinki de Moscou (quinze personnes!) à celui de la Charte 77 tchécoslovaque [2], on s'aperçoit que cette dernière ras-

1. *Les Auteurs du printemps russe, op. cit.*
2. Document dans lequel les militants socialistes tchèques réclament à leur gouvernement le respect des droits de l'Homme, de la Constitution et des lois.

semble deux cent soixante signataires prestigieux, alors que la population du pays représente à peine un vingtième de celle de l'URSS.

Au sujet de cette Charte 77, symbole de la résistance tchécoslovaque au totalitarisme, Alexandra Laignel-Lavastine, philosophe et journaliste au *Monde*, met en évidence le lien direct entre « accepter de mettre sa vie en péril, et préserver la possibilité même d'une vie proprement humaine » : « Je voudrais éclairer cette idée à partir d'une phrase du philosophe tchèque Jan Patocka, qui résonne au cœur de la pensée dissidente en général : "Une vie qui n'est pas disposée à se sacrifier elle-même à son sens ne mérite pas d'être vécue." Cette phrase suggère que, pour un individu qui ne dispose de rien sauf de sa propre vie, "son pouvoir" selon l'expression de Havel, l'acte de renoncer à une part de sa prospérité quotidienne, demeure le seul moyen de témoigner de l'existence de valeurs qui nous dépassent, évidemment universelles, comme la liberté, la dignité, la vérité ou la justice, valeurs sur lesquelles on ne transige pas parce qu'elles ne sont pas *facultatives* [1]. »

Le cas de l'Empire soviétique, toutefois, est autrement plus complexe. Car les Soviétiques ne formaient pas un peuple classique. Une nation suppose par définition des origines, des racines, des traditions historiques et culturelles, une langue, une religion, une identité, un héritage communs. Or, l'URSS n'a jamais été autre chose qu'une sorte de mosaïque créée artificiellement à base de populations des plus hétéroclites, matériaux soigneusement amputés de leur passé et de leur mémoire génétique.

Dans le système soviéto-communiste, l'idéologie, doublée d'un messianisme planétaire par les bolcheviks, prime en effet sur toute considération ethnique, linguistique ou culturelle. D'emblée, il s'est affirmé comme un régime totalitaire parce qu'il exige une mobilisation permanente, un état de guerre même en temps de paix, un Parti unique, la personnification du pouvoir. Les symboles du pouvoir, dès lors, s'imposent d'eux-mêmes : drapeau couleur rouge sang, faucille et marteau, hymne au rythme militaire, slogans du parti unique, code moral de « l'Homme nouveau, constructeur du communisme ».

1. Colloque CERI, 25 janvier 2007.

En outre, il n'est pas question d'un État minuscule, mais d'un empire enserré dans un système pénitentiaire aux ramifications tentaculaires, s'étendant sur onze fuseaux horaires, et sur lequel règnent armée, KGB, complexe militaro-industriel. Un système où peut se donner libre cours la paranoïa de ses dirigeants : élimination systématique des opposants, règlements de comptes internes, parades militaires pharaoniques, secrets d'État protégés de l'ennemi par une confidentialité absolue confinant au grotesque. On se souvient, à cet égard, de la formule utilisée – qui plus est, dans un régime athée – pour classer le moindre dossier sensible : « À classer pour l'éternité ! » Mais, combien de temps pouvait durer l'éternité dans les Goulags de Staline ? Car celui qui n'adhérait pas corps et âme à ces préceptes marchait sur le fil du rasoir. En somme, un espace gigantesque encerclé de barbelés et surplombé de miradors.

Une langue unique dans cette Babel moderne ? Évidemment ! Pour cimenter l'empire, on proclame le russe langue d'État dans toutes les colonies, remplaçant même les différents alphabets par le cyrillique. C'est ainsi que les Moldaves, roumanophones par excellence, sommés du jour au lendemain d'écrire leur langue latine en caractères cyrilliques – créant ainsi un hybride appelé « langue moldave » – perdront à la fois leurs repères et leur identité.

Cette création *ex nihilo* d'un « peuple soviétique » est la quintessence même du communisme totalitaire. Parmi plus de cent peuples et ethnies précipités dans le même creuset, acculés au double rôle pernicieux de maître et d'esclave, aussi craints que haïs, les Russes constituent les premières victimes. En effet, les bolcheviks architectes de ce surréaliste chantier humain, formatés par leur propre doctrine, n'ont jamais pris en compte les lois de la nature, ni la force des valeurs universelles, lesquelles, foulées au pied, finissent un jour ou l'autre par devenir un ferment de révolte. Faute d'évangiles et d'écrits religieux, les Soviétiques vont donc se mettre à éplucher les manuels de l'athéisme militant. En lisant la presse entre les lignes, ils vont de même tenter de reconstituer l'actualité mondiale.

Peu à peu, l'esprit critique et la lucidité regagnent du terrain. En témoigne cette blague bon enfant qui vise à démystifier l'idéologie : à la maternelle, une institutrice demande à ses jeunes élèves de composer une phrase comportant le mot « communiste ». La petite Macha lève la main: « Notre chatte vient de mettre au monde cinq chatons, ils sont tous communistes. » « Très bien, Machenka, excellent exemple ! » Peu après, un inspecteur assiste à la leçon. L'institutrice formule la même demande à la même fillette. « Il y a quelques jours, notre chatte a mis au monde cinq chatons. Un seul reste encore communiste », déclare celle-ci en toute innocence. « Comment ? Mais la semaine dernière, ils étaient tous communistes ? », s'exclame la maîtresse, horrifiée. « C'est vrai, mais depuis quatre de nos chatons ont ouvert les yeux ! »

Ces blagues, extrêmement nombreuses, témoignent d'une forme de résistance par l'humour des Soviétiques au régime de l'URSS. De fait, pour la dissidence en général, « incarnation de la conscience » précipitée dans le néant, choisir cette voie signifiait payer un tribut bien plus lourd que le monde libre ne l'imagine. Comment chacun a-t-il vécu cette prise de conscience, et qu'en a-t-il fait ? Décider de sacrifier sa vie personnelle donnait-il au dissident le droit moral de condamner aussi son proche entourage ?

Telles sont les questions qui taraudent encore les philosophes. « En théorie, souligne encore Alexandra Laignel-Lavastine, pour Vaclav Havel, l'individu est responsable parce qu'il se rapporte à quelque chose au-dessus de lui et qu'il se montre capable de sacrifier certaines choses, allant jusqu'à sacrifier sa vie privée pour que la vie ait un sens. Et en faisant valoir que la vie n'est pas tout, le dissident jette en quelque sorte à la face du monde qu'il existe des limites, que tout n'est pas possible [1]. »

En janvier 2007, trentième anniversaire de la Charte 77, la réflexion philosophique nourrit les débats des chercheurs. Et l'historien Jacques Rupnik, spécialiste de l'Europe centrale et orientale, se demande quel est, aujourd'hui, l'héritage politique de la dissidence: « Comment définir l'impact de la dissidence sur la chute du régime communiste et les transitions vers la démocratie qui s'ensuivirent ? Le débat se réduit-il à la pertinence de son message, au passage de l'utopie à la réalité, de la politique symbolique à la logique du pouvoir ? D'une posture de résistance, dans des circonstances exceptionnelles, à la normalité politique marquée par l'institutionnalisation du nouveau régime démocratique ? Ou s'agit-il simplement

1. *Ibidem.*

d'une révolution "qui dévore ses enfants" ou plutôt ses parents ? Il existe deux thèses sur l'expérience politique de la Charte 77. La première affirme que la Charte était un "ghetto intellectuel", courageux, passionnant par son apport philosophique et intellectuel, mais isolé d'une société atomisée par la peur et les modestes avantages de la société de consommation socialiste. L'autre thèse dit l'inverse : la Charte était le sommet de l'iceberg, c'était l'articulation, par une minorité courageuse, des aspirations d'une majorité de la société. Bien entendu, c'est cette seconde thèse qui est brièvement imposée au lendemain des révolutions de velours de 1989 : Havel dissident, Havel président, de la Charte 77 au Forum civique, le schéma était tout tracé [1]... » Or, l'implosion soudaine des systèmes totalitaires a démontré que la dissidence fut d'abord une résistance épidermique de la conscience humaine face à un système déshumanisé et déshumanisant. Sans prétention aucune d'élaborer un programme idéal pour l'après-communisme.

À une question de Karel Hvizd'ala, l'ex-président tchèque Vaclav Havel répond d'ailleurs : « Le Forum civique ne s'est pas formé pour prendre le pouvoir mais pour articuler la volonté collective de procéder aux changements. Personne parmi nous n'a été un politique professionnel ; où d'ailleurs aurait-on pu trouver des hommes politiques démocrates dans un système totalitaire ? Personne ne savait, et ne pouvait savoir, que le système allait s'effondrer aussi rapidement et que le régime allait nous proposer le pouvoir presque sur un plateau doré. Et même si nous avions su tout cela, la proclamation de l'intention d'une prise de pouvoir dans notre pays nous aurait rendus ridicules ; au lieu de nous soutenir, la société se serait détournée de nous. [...] Tout a changé en quelques jours. On peut dire que l'histoire s'est mise en marche avec une telle vitesse qu'on avait du mal à la suivre. [...] Je ne crois pas que nous ayons été les seuls qui soient arrivés au pouvoir sans y avoir pensé. Des chercheurs, des artistes ou des journalistes acceptèrent alors des fonctions politiques dans beaucoup de pays communistes ; il n'existait nulle part une réserve politique alternative, prête et bien formée [2]. »

1. *Ibidem.*
2. Vaclav Havel, *À vrai dire. Livre de l'après-pouvoir*, Éditions de l'Aube, 2007.

S'agissant de la dissidence soviétique au sens large, le député russe Konstantin Borovoï, patron de la première Bourse russe de Moscou, rappelle que le KGB, bras armé d'un pouvoir policier, actif dans les quinze républiques de l'URSS sans compter l'ensemble du bloc communiste, a mis en œuvre un implacable système de répression basé sur les faiblesses humaines : ultranationalisme, arrivisme, cupidité, jalousie, peur, haine, lâcheté. Ce qui lui permit d'instaurer délation et mouchardage généralisés. Le KGB utilisait alors, dans tout le pays, les services d'un mouchard sur dix adultes, et d'un enfant sur quatorze. Un état de fait qui fit du camp soviétique un gigantesque pénitencier, métamorphosant la moitié de la population en victime et l'autre en bourreau.

Tel est d'ailleurs le sens profond du fil rouge qui sous-tend *L'Archipel du Goulag* d'Alexandre Soljenitsyne. L'ouvrage, d'abord publié en langue russe par un éditeur français, devenu l'un des succès les plus retentissants de la littérature mondiale, eut sur les consciences et les esprits occidentaux l'effet d'une véritable bombe. « Dans *L'Archipel*, Soljenitsyne a connecté le phénomène concentrationnaire soviétique à l'ensemble du système communiste », nous précise l'historien Pierre Rigoulot.

Selon la légende officielle, ce manuscrit explosif (dont plusieurs exemplaires étaient cachés chez des amis sûrs), avait réussi à franchir le Rideau de fer sur microfilm. À Paris, l'éditeur Ymca-Press n'attendait plus que le feu vert de l'écrivain pour lancer l'impression. Or, ce dernier, soucieux de protéger des témoins encore vivants, ne se décidait pas à le faire publier. Ce n'est qu'en 1973, lorsque ses écrits tombèrent aux mains du KGB, chargé de la surveillance et de la censure, que Soljenitsyne n'eut plus le choix.

Elisaveta Voronianskaïa, qui avait dactylographié le manuscrit, fut arrêtée en août 1973. Après cinq jours d'interrogatoires poussés, à soixante-dix ans passés, malade, épuisée, cette fidèle parmi les fidèles finit par craquer, révélant la cachette du manuscrit de Soljenitsyne, exemplaire qu'il lui avait pourtant fait jurer de détruire. Une fois relâchée, bourrelée de honte et de remords, Elisaveta se pendit. À ce moment précis, les témoignages divergent. Soljenitsyne, sous l'empire de la colère, se serait alors exclamé : « Elle m'a trahi. Elle a eu ce qu'elle méritait ! » D'autres témoins, tout aussi dignes de foi, assurent que, bouleversé, l'auteur donna enfin à l'éditeur parisien le signal tant attendu.

La première version de *L'Archipel du* Goulag, témoignage à charge contre le totalitarisme soviétique, paraît en France le 28 décembre 1973. Aussitôt, les autorités brejnéviennes se déchaînent contre le « renégat ». Avec avidité, les Soviétiques dévorent les rares exemplaires qui ont réussi à franchir les frontières de l'URSS, se les transmettent sous le manteau, les photographient. Les conversations des intellectuels se focalisent autour de l'ouvrage, à la fois peinture sans concession du régime et histoire du système répressif créé dès l'accession de Lénine au pouvoir. Sans surprise, arrêté par le KGB début 1974, Soljenitsyne est expulsé vers la Suisse. En dépit de la Perestroïka et de la Glasnost, il faudra attendre 1990 pour que *L'Archipel du Goulag* soit enfin publié en Union soviétique.

On doit à la vérité de rappeler que, chronologiquement, Soljenitsyne ne fut pas le premier ni le seul à décrire la réalité des camps. Parmi ses prédécesseurs, on peut signaler notamment *Un bagne en Russie rouge* de Raymond Duguet, publié par Tallandier dès 1927. Pour sa part, le transfuge Viktor Kravtchenko, traîné dans la boue, fut diffamé pour ses terribles révélations dans *J'ai choisi la liberté* (1947). S'est-il réellement suicidé en 1966 à New York ou l'a-t-on aidé à mourir ? Le mystère reste entier. Sans oublier les *Mémoires* d'Anatoli Martchenko, qui restituent ses souvenirs de la vie des camps (1967). Malgré la démocratisation gorbatchévienne, Martchenko mourra en prison, le 8 décembre 1986, dans des circonstances jamais élucidées. Il avait quarante-huit ans. Qui se souvient de ces irréductibles aujourd'hui ? Par bonheur, il nous reste le testament littéraire d'Alexandre Soljenitsyne, qui éclaira le monde.

Entre-temps, le KGB, qui ne renonce jamais, avait continué d'infiltrer la dissidence. L'ex-dissident ukrainien Leonid Pliouchtch, dont nous avons recueilli le témoignage, se souvient : « La communauté des militants pour les droits fut infiltrée en douceur par les agents du KGB. Résultat, des dissidents authentiques côtoyaient, à leur insu, de faux dissidents. On ne l'a compris que beaucoup plus tard. Avec le temps, certains se sont démasqués d'eux-mêmes. De nos jours, Gleb Pavlovski, faux dissident mais vrai kagébiste, devenu conseiller de Vladimir Poutine, échoua dans la préparation du coup d'État en Ukraine, de Yanoukovitch contre Youchtchenko en 2004... »

Mais comment distinguer vrais et faux dissidents ? Dans ce domaine, les rumeurs n'épargnent personne, égratignant les icônes les plus orthodoxes. Les uns s'interrogent. D'autres accusent. On dissèque des documents, des lettres, on scrute des photos. On remet en question. On doute. Mais, comme d'habitude, les preuves brillent par leur absence. Et ceux qui savent dansent toujours la *Valse des chercheurs d'or* stigmatisés par Galitch. Car, de nos jours comme hier, trop parler peut nuire gravement à la santé. Les exemples sont légion.

Depuis lors, d'autres faits éclairant les zones d'ombre de l'histoire du soviétisme ont été mis en lumière. Des faits troublants...

Tout commence en 1990 quand Soljenitsyne, lauréat du Nobel de littérature (1970), refuse le Prix d'État que veut lui décerner Mikhaïl Gorbatchev. Était-il en désaccord avec la Perestroïka et la Glasnost ? Par la suite, il expliquera qu'à l'époque ce n'était pas Gorbatchev mais le Conseil des ministres de la Russie soviétique, composante de l'URSS, qui voulait couronner *L'Archipel du Goulag* : « Si j'ai refusé, dira-t-il, c'est parce que je ne pouvais pas assumer personnellement les honneurs pour un livre écrit avec le sang de millions d'hommes. »

Perestroïka ou pas, Gorbatchev présidait l'Union soviétique. Or, Soljenitsyne a toujours refusé d'avoir quoi que ce soit en commun avec l'URSS. Dans ses écrits, il n'a cessé de se référer à la Russie éternelle, ancrée dans le peuple souffrant les affres du Goulag, une Russie malmenée, impunément violentée par le soviétisme.

Expulsé d'URSS en 1974, sous Brejnev, Soljenitsyne revient cependant en 1994 dans la Russie d'Eltsine. Il est accueilli en patriarche incontesté : traversant onze fuseaux horaires de l'Extrême-Orient jusqu'à Moscou, le géant littéraire est officiellement vénéré à chaque escale. À cette époque, l'URSS n'est plus qu'un mauvais souvenir en proie à la lutte entre clans et mafias divers. Un embryon de démocratie tente désespérément de survivre et ses partisans jubilent : la haute autorité morale qu'est Soljenitsyne va leur prêter main-forte pour que triomphent les valeurs du Bien. N'est-ce pas lui qui leur avait appris à « ne pas vivre dans le mensonge » ? Dans son appel du 12 février 1974, par exemple,

Soljenitsyne ne clamait-il pas : « Nous sommes capables de tout, mais nous nous mentons à nous-mêmes pour nous consoler » ?

2007 est une année peu ordinaire pour la Russie, puisqu'elle marque trois anniversaires capitaux : les quatre-vingt-dix ans du coup d'État bolchevique connu sous le nom de révolution d'Octobre, les quatre-vingt-dix ans de la TchéKa, ancêtre du KGB, sans oublier les soixante-dix ans de la Grande Terreur stalinienne, qui décima les élites politiques, militaires et intellectuelles du pays.

Pour les Ukrainiens, membres obligés de la grande « famille soviétique », c'est aussi le soixante-quinzième anniversaire du Holodomor, cette tragique famine génocidaire des années 1930, artificiellement orchestrée par Staline. L'objectif était alors d'éradiquer l'idée nationale ukrainienne en exterminant les élites du pays et de briser, une bonne fois, cette paysannerie éprise de liberté qui refusait le processus de collectivisation des terres.

2007, c'est aussi l'année où Soljenitsyne accepte enfin d'être honoré par Vladimir Poutine, qui se glorifie d'avoir brillamment servi le KGB. À quatre-vingt-huit ans, le « méga-écrivain », comme l'ont surnommé les Russes, accorde une interview au quotidien allemand *Der Spiegel*[1]. Le journaliste lui pose cette question :

« – Alexandre Issaïevitch, il y a treize ans, quand vous êtes rentré d'exil, vous avez été déçu par la Russie nouvelle. Vous avez refusé le Prix d'État sous Gorbatchev, comme d'être décoré par Eltsine. Or, voilà que vous acceptez le Prix de l'État russe décerné par Poutine, jadis à la tête de services secrets qui vous ont si durement persécuté et tourmenté. Tout cela vous semble-t-il cohérent ?

– En 1998, répond l'écrivain [année de la terrible crise financière qui ébranla la Russie, *NdA*], quand j'ai publié mon livre *La Russie en ruine*, Boris Eltsine en personne a ordonné de me remettre la plus haute distinction de l'État. J'ai répondu que je ne pouvais pas recevoir une décoration du pouvoir suprême qui avait conduit la Russie à ce désastre. Aujourd'hui, le Prix d'État m'est remis non par le président lui-même, mais par une communauté des plus grands experts. Le Haut Conseil scientifique, composé des personnalités les plus honorées dans leurs domaines, dignes

1. *Der Spiegel*, 23 juillet 2007.

du plus profond respect, a avancé ma candidature, soutenue par le Conseil à la culture. En sa qualité de premier homme de l'État, le président remet ce prix le jour de la Fête nationale. En l'acceptant, j'ai exprimé l'espoir que l'amère expérience russe, que j'ai étudiée et décrite ma vie durant, nous préservera à l'avenir de bouleversements funestes. Il est vrai que Vladimir Poutine a été officier des services secrets, mais il ne fut ni juge d'instruction du KGB, ni chef des camps du Goulag. Alors qu'au niveau international aucun pays ne blâme les services "extérieurs", au contraire, ils sont même encensés. Par exemple, personne n'a jamais reproché à George Bush père d'avoir été le patron de la CIA.

– Toute votre vie, reprend le journaliste, vous avez appelé les autorités à faire repentance pour les millions de victimes du Goulag et de la terreur communiste. Votre appel a-t-il réellement été entendu ?

– Je me suis accoutumé à ce que, pour les hommes politiques – et ce, partout dans le monde contemporain –, le repentir public constitue le plus inacceptable des actes. »

Stupéfiante conversion de l'auteur de *L'Archipel du Goulag* qui semble désormais comprendre, voire excuser, les anciens bourreaux du pays installés au sommet de l'État russe. Ira-t-il jusqu'à les exonérer de toute responsabilité dans les crimes d'un régime coupable de dizaines de millions de morts et de disparus ?

« L'actuel président de la Russie, reprend le journaliste, a qualifié l'effondrement de l'Union soviétique de "plus grande catastrophe géopolitique du XXe siècle". Il affirme qu'il est temps de cesser de s'autodétruire en "fouillant dans le passé", surtout quand, de l'extérieur, on essaye de susciter chez les Russes un sentiment infondé de culpabilité. N'est-ce pas là une perche tendue à ceux qui veulent que tout ce qui s'est passé dans le pays du temps des Soviets soit oublié ? »

Prenant son interlocuteur à témoin de l'inquiétude grandissante du monde face à la manière dont les États-Unis, "devenus l'unique surperpuissance à la suite des changements géopolitiques", assumeront leur nouveau rôle, Alexandre Soljenitsyne adopte un langage diplomatique qui ne lui ressemble guère : « Quant à "fouiller dans le passé", hélas, on n'a toujours pas mis fin à la confusion entre "soviétique" et "russe" que j'ai tant de fois combattu dès les années 1970. Cette identification perdure en Occident, dans les États de l'ancien camp socialiste, ainsi que dans les anciennes Républiques de l'URSS. La vieille génération politique des pays communistes n'est certes pas décidée à se repentir ; en revanche, la nouvelle génération est fin prête à formuler des griefs et des accusations. Et sa cible la plus adéquate devient l'actuelle Moscou. Comme si "la vieille génération politique" s'était héroïquement libérée elle-même, la voilà déjà en train de vivre une nouvelle vie, alors que, pour elle, Moscou demeure communiste. »

Étrange réflexion là encore, surtout venant de celui qui ébranla jadis le régime soviétique en révélant ses crimes. Suffirait-il de remplacer le mot "soviétique" par "russe" pour que le nouveau régime se refasse une virginité ? Poutine ne cesse pourtant de répéter que la Russie est l'unique héritière de l'URSS. De son patrimoine comme de ses dettes. Dettes financières d'ailleurs ponctuellement honorées par l'État russe, contrairement à sa dette morale.

Au moins Soljenitsyne a-t-il raison sur un point : la Russie de Poutine s'est muée en un modèle étatique unique au monde que l'écrivain se refuse à nommer. Pour l'heure, suivons les cheminements tortueux de sa pensée : « J'ose espérer que ce stade malsain passera vite et que tous les peuples qui expérimentèrent le communisme vont prendre conscience que c'est à lui qu'incombe la responsabilité de la tache si amère inscrite dans leur histoire. »

Ainsi donc, le sang de millions d'individus – *L'Archipel* en comptabilise au bas mot soixante millions – se serait transformé en banale « tache de l'histoire » ? Soljenitsyne oublierait-il que les taches peuvent disparaître ? Notamment grâce au lavage de cerveaux pratiqué à l'échelle du monde ? À la question du journaliste du *Spiegel*, désireux de savoir si cette prise de conscience vaut également pour le peuple russe, Soljenitsyne rétorque, laconique : « Si nous pouvions examiner notre passé en gardant la tête froide, alors, dans notre pays, la nostalgie du régime soviétique que nourrit la partie de la société qui a le moins souffert s'estomperait ; les pays d'Europe de l'Est et les anciennes Républiques soviétiques, eux aussi, perdraient le désir de considérer la voie historique de la Russie comme la source de tous leurs maux. Il ne faut jamais rejeter les atrocités personnelles de certains dirigeants ou régimes politiques sur le peuple russe ou l'État et encore moins les attribuer au "psychisme malade" de ce peuple, comme cela se fait fréquemment en Occident. Ces régimes n'ont pu se maintenir en Russie qu'en s'appuyant sur une terreur sanglante. Il paraît évident que seul un sentiment de culpabilité, exprimé de bonne foi, peut redresser la nation. En revanche, les reproches incessants provenant de l'extérieur sont plutôt contre-productifs. »

On croirait presque entendre Poutine, surtout depuis son discours belliqueux de Munich, en février 2007. Il faut en effet distinguer soigneusement aveu de culpabilité et acte de repentance. Or, jamais une « langue tchékiste » n'exprimera de *mea culpa*. D'autant que le résident russe, nous le savons désormais, vit en réalité un drame personnel : « Je suis un démocrate pur et absolu. La tragédie c'est que je suis le seul démocrate pur au monde. Depuis la mort de Gandhi, je n'ai personne à qui parler [1]. »

Étrange rapprochement, quand on sait que Poutine est né en 1952, soit quatre ans après la mort de Gandhi. Une profession de foi qui illustre le parfait cynisme de ce démocrate exemplaire…

Le 27 février 2007, le quotidien progouvernemental *Rossiïskaya Gazeta* (tirant à cinq cent mille exemplaires) publiait *Réflexions sur la révolution de Février* (1917), un essai de Soljenitsyne datant du début des années 1980. Selon le rédacteur en chef, Viatcheslav Fronine, ce document « d'une brûlante actualité » serait envoyé à tous les gouverneurs, pour sortir ensuite sous forme de brochure tirée à quatre millions cinq cent mille exemplaires. L'écrivain y laissait entendre que ces événements vieux de quatre-vingt-dix ans devaient servir d'exemple à la ligne politique de 2007.

Rien d'étonnant à cela. Qualifiant la chute de la monarchie russe de tragédie, l'auteur y accuse le tsar de ne pas avoir écrasé l'opposition dans l'œuf et de s'être trop éloigné du peuple. Il critique en bloc le parlementarisme, les libéraux, les Russes qui « avaient oublié Dieu », tout en soulignant que ce cataclysme planétaire, cosmique, qui bouleversa le début d'un siècle sanglant, était dû à l'abdication d'un tsar excessivement faible qui avait trahi son pays.

Republier ce texte, vieux d'un quart de siècle, un an avant la présidentielle russe de 2008, ressemble, à s'y méprendre, à une énorme opération publicitaire, une sorte de *satisfecit* décerné à

1. *Le Figaro*, 4 juin 2007.

un Poutine que Soljenitsyne tient « en très haute estime » puisque c'est grâce à lui que « la Russie a retrouvé un certain poids dans le monde ». Ce qui est exact, mais à quel prix ! Soljenitsyne n'oublie pas non plus de souligner, en maintes occasions, que « prenant en compte notre situation et nos possibilités, la politique étrangère est menée de manière raisonnable, avec une perspicacité croissante ». L'ouvrage prodigue enfin quelques conseils judicieux : par exemple, écraser ceux qui osent répliquer ou encore demeurer fort, implacable. Toutes choses dans lesquelles Poutine excelle déjà.

Que Soljenitsyne ait enfin accepté, à la troisième reprise, une distinction « pour sa remarquable contribution aux activités humanitaires », cette fois offerte et remise par le président en personne, a suscité en Russie un tollé général. Le fait qu'il soit également la seconde personnalité à recevoir ce nouveau prix (d'un montant de 5 à 7 millions de roubles) – le premier bénéficiaire étant le patriarche Alexis II, auxiliaire de longue date du KGB sous le nom de code de « Drozdov » – n'a fait qu'aggraver le malaise général. (En 2008, le troisième récipiendaire de ce prestigieux Prix d'État pour « accomplissements exceptionnels dans le domaine humaniste » fut l'ancien président français Jacques Chirac, un fidèle ami de la Russie et de Poutine.)

Concernant Soljenitsyne, les uns, tolérants comme la célèbre actrice Faïna Ranevskaya, n'ont pas manqué d'observer que « vu son grand âge, à l'instar de Mona Lisa, il a le droit de sourire et de plaire à qui bon lui semble ». D'autres, plus intransigeants, et tout en exprimant la reconnaissance qu'on lui devait pour le combat de toute une vie, ont considéré en revanche que « le pain reçu d'un assassin a un goût amer »... tout comme « les éloges de l'ennemi ».

Et le journaliste Viktor Chenderovitch, créateur des *Koukly* – la version russe des Guignols de Canal+, émission interdite sous Poutine à l'instar de NTV, la chaîne privée qui la diffusait –, de conclure : « Soljenitsyne n'est pas Mona Lisa ! Un personnage public l'est justement parce que le public commente ses paroles. Ou son silence, parfois plus significatif que ses propos. »

Effectivement, le silence de Soljenitsyne, après quelque neuf ans de pouvoir tchékiste en Russie, était devenu assourdissant. Après avoir dit ce qu'il voulait à Poutine en jetant un voile pudique sur le passé, tous deux pouvaient être très satisfaits l'un de l'autre. Mais le géant de la littérature mondiale du XXe siècle comme le président n'étaient-ils pas fidèles aux valeurs antilibérales ?

Libre à Soljenitsyne de choisir ses interlocuteurs, de même que les thèmes abordés. Mais les spécialistes ont aussi le droit de commenter ses entretiens avec le président de la Russie au moment où ce dernier lui décernait le Prix d'État. « Quand la tragédie de Beslan est occultée par un quidam, c'est regrettable. Mais quand celui qui garde le silence est Soljenitsyne, c'est que ça va vraiment très mal. [...] Sa bienveillance publique a aidé Poutine à approfondir la “fracture sociale” », constate Chenderovitch au micro de *Ekho Moskvy*, dernière radio encore libre de la capitale.

Il est vrai que le premier écrivain de Russie s'est tu à propos du sous-marin *Koursk*, comme des douteuses prises d'otages de la Doubrovka et de Beslan. Il n'a pas non plus réagi aux autres tragédies qui endeuillèrent le pays. Il semble aussi avoir approuvé la guerre de Tchétchénie.

Lorsqu'on analyse la pensée de Soljenitsyne au fil des dernières années, on est frappé par sa curieuse ambiguïté à l'égard du pouvoir actuel. Comment cet intellectuel qui joua un rôle si déterminant dans l'anticommunisme pouvait-il encore soutenir ses anciens persécuteurs et geôliers du Goulag ? Comment a-t-il pu garder le silence quand on a assassiné des hommes politiques, des journalistes, des banquiers, des sportifs ? Son mutisme n'a-t-il pas cautionné, en quelque sorte, à la fois l'empoisonnement à la dioxine de Viktor Youchtchenko, en 2004, et les meurtres récents de l'admirable journaliste Anna Politkovskaïa, abattue par balles, ou encore d'Alexandre Litvinenko, éliminé au polonium 210, à l'automne 2006 ? Parmi tant d'autres, car la liste est encore longue...

Pourquoi ce silence obstiné ? Parce que celui qui joua un rôle déterminant dans la prise de conscience mondiale des crimes de l'URSS contre ses peuples, celui qui entreprit de réhabiliter la langue russe en l'épurant des apports bolcheviques dans son fameux dictionnaire – œuvre colossale laissée inachevée –, ce chantre de la grande culture russe qui célébra aussi la grandeur de la Russie durant la Seconde Guerre mondiale, cette statue du commandeur dénonçant le totalitarisme qui créa un Fonds d'aide aux prisonniers politiques avec ses droits d'auteur, est également un militant de l'ultranationalisme, voire de l'impérialisme russes. Or, contrairement à Gorbatchev et à Eltsine, depuis 1999, Poutine, maniant la carotte et le bâton, surfe avec brio sur la fierté ultranationale, la grandeur restaurée de la Russie.

Mais l'ultranationalisme exonère-t-il pour autant l'ancien régime de sa barbarie ? Et le régime actuel de l'arbitraire, du mensonge et du terrorisme d'État ?

CHAPITRE V

L'énigme Andropov

L'histoire des services secrets soviéto-russes, qui s'étend sur neuf décennies, évoque le loup qui change de poil mais pas de nature. Si l'on ignore les VRK bolcheviques d'avant la Révolution, hormis une foule de structures apparentées à la même famille comme le GRU (le renseignement militaire), le SVR (renseignement à l'étranger), l'ex-FAPSI (Liaisons et informations gouvernementales), le NAK (Comité national antiterroriste), le FPS (les gardes-frontières) et tant d'autres, l'arbre généalogique de cette « vieille aristocratie » de la répression se présente ainsi : TchéKa-GPOu-OGPOu-NKVD-NKGB-MGB-MVD-KGB-MSB-AFB-MB-FSK-FSB. Les cinq derniers sigles s'étant succédé en moins de six ans durant la décennie 1990. À peine parvenus à leur treizième appellation, les *efesbechniki* (ou *eFeSBistes*) poutiniens revendiquent déjà haut et fort leur nom de baptême – les tchékistes –, comme s'il s'agissait d'un titre nobiliaire. Depuis toujours, ces agents se prennent pour les gardiens du Temple, l'élite de la nation.

On remarque en outre que seules deux structures se distinguent par une longévité exceptionnelle : le NKVD, principalement lié au nom de Beria, et le KGB qui bat tous les records avec trente-cinq ans d'existence. Tout comme le prestigieux patron de cet organisme, Youri Andropov, qui présida aux destinées du KGB quinze ans d'affilée. En effet, aussi puissants soient-ils à l'origine, les dirigeants des services spéciaux soviétiques n'étaient que des subalternes, le bras armé du pouvoir politique chargé des basses besognes. En conséquence, la direction du PC bolchevique, puis du PCUS, leur restait inaccessible. Tout agent du KGB avait le droit et même l'obligation d'entrer au Parti, surtout quand il était officier supérieur. Mais de là à occuper de hautes fonctions politiques, pas question !

Jusqu'à Vladimir Poutine, Youri Andropov constitue donc l'exception qui confirme la règle. Même Beria, en dépit de ses débordantes activités de 1953, n'occupa que des fonctions ministérielles tout en restant au Politburo, mais sans jamais devenir chef suprême du Parti et de l'État.

En novembre 1982, la disparition de Brejnev permet à Andropov, qui régnait sans partage sur le KGB depuis 1967, de s'emparer du pouvoir absolu. À l'annonce de sa nomination, la grande majorité des Soviétiques en reste stupéfaite. Quant aux Occidentaux, ils considèrent l'homme comme un « libéral plutôt sympa parce que cet anglophone porte des jeans et boit du whisky »... « Andropov avait la réputation d'être l'un des personnages les plus sensés du Bureau politique », relate Arkadi Chevtchenko, ex-officiel soviétique ayant choisi la liberté [1]. « Ses collaborateurs reconnaissaient qu'il était d'une grande intelligence, subtil, cultivé. L'ayant observé attentivement à plusieurs occasions, je ne pouvais m'empêcher d'admirer l'habileté avec laquelle il se présentait sous des dehors à la fois insaisissables et joviaux. [...] De fait, son impitoyable abolition de la dissidence et son opposition forcenée à toute forme de pluralisme politique en URSS opposent un démenti à cette image d'un homme policé, grand amateur d'art doublé d'un intellectuel. Les opérations du KGB, dont aucune n'aurait pu avoir lieu sans son approbation, reprenaient d'anciennes méthodes cruelles, grossières, et se poursuivirent à un rythme soutenu pendant toute la durée de son mandat. »

Pour mieux se replacer dans le contexte de l'époque, il est bon de se souvenir que « depuis Brejnev, le PCUS était devenu une gigantesque association de malfaiteurs. Au fil des ans, le KGB, seul organisme à fonctionner encore, s'est tout bonnement substitué à l'État. Projets et stratégies étaient élaborés au KGB ; le Politburo les entérinait avant de les retourner au KGB pour application. Le vrai pouvoir, c'était le KGB [2] ».

De 1982, année décisive, on doit donc retenir que, sous l'impulsion d'Andropov, s'est produite une formidable « révolution de palais » : de bras armé du régime, par personne interposée, le

1. Voir *Rupture avec Moscou*, A. Chevtchenko, Payot, 1985.
2. *Ibidem*.

KGB se promeut alors au même niveau que le mythique PCUS. L'OPA d'Andropov sur le pouvoir officialise quasiment le fait que les services soviétiques sont en train d'arracher le pouvoir au Parti. Dès lors, il devient évident que, tôt ou tard, l'un des deux doit disparaître.

Parfaitement informé, Arkadi Chevtchenko en témoigne : « Pour protéger et étendre son pouvoir, le gouvernement soviétique dut abandonner une large part de son autorité au profit du KGB. Si cette police secrète ne gère pas tout le pays, elle s'est acquis un contrôle considérable sur les dirigeants en place [1]. »

Précisons quelques points importants. Andropov n'a rien de commun avec Poutine. D'abord, contrairement à ce dernier, l'apparatchik n'a pas coiffé les services secrets soviétiques par vocation. Ensuite, il n'a reçu, pour ce faire, aucune formation spéciale dans les écoles du KGB. En outre, sa nomination à la tête des services secrets résulte d'une décision politique. Il faut signaler enfin qu'Andropov avait quitté la Loubianka en mai 1982 avant de s'installer au Kremlin en novembre de la même année. Impossible, donc, de considérer Youri Andropov comme le fondateur de la dynastie KGB qui règne sur la Russie contemporaine, puisqu'il ne représentait plus cette caste au moment d'accéder à la fonction suprême. D'autant qu'il ne témoignait pas non plus de l'esprit corporatiste cher à Poutine. L'idée même de répartir l'essentiel du pouvoir et des richesses entre ses anciens subalternes ne semble pas l'avoir effleuré. Que Poutine revendique sa succession est donc une imposture flagrante. En réalité, jamais Andropov n'a été un agent du KGB, ni même un espion au vrai sens du terme. Il fut simplement un apparatchik, un dignitaire politique qui ambitionnait de redonner un second souffle au pays en dépoussiérant le système.

Une fois au sommet, l'homme le mieux informé d'URSS doit se rendre à l'évidence : il hérite d'une industrie stagnante, d'une agriculture à l'agonie, d'arts et d'une culture coiffés par l'idéologie, manifestement à court d'inspiration. Le tout sur fond de corruption généralisée gangrenant tous les niveaux du pouvoir. Ce bilan catastrophique n'était d'ailleurs pas une nouveauté, car le KGB en avait conscience depuis des années. Mais, à la fin 1982,

1. *Ibidem.*

mesurant l'ampleur vertigineuse du phénomène, Andropov se retrouve confronté à un choix décisif : laisser les choses en l'état, au risque de graves conséquences possibles, ou prendre l'initiative d'un changement radical tout en le contrôlant.

En homme d'action, Andropov opte résolument pour de grands coups de balai sans précédents. Pourtant, si spectaculaires soient-elles, les mesures appliquées alors ne suffisent pas à ranimer une vie socioéconomique asphyxiée, ni à restaurer l'image d'une justice corrompue à l'instar de la bureaucratie, du Parti et de l'État. Malgré des initiatives médiatisées, la population demeure résignée, apathique. La corruption et l'injustice généralisées la démoralisent tout autant que la pénurie. Le régime ayant l'air éternel, le désespoir, le besoin de fuir la réalité poussent les Soviétiques vers les paradis artificiels : l'alcool et la drogue. En déclarant la guerre à la corruption, Youri Andropov restera le premier dirigeant soviétique à en avoir officialisé l'existence. Ce faisant, il donna un violent coup de pied dans la fourmilière mafieuse d'un empire en décadence.

Bien qu'il n'ait dirigé l'Union soviétique que quinze mois, l'homme demeure une véritable légende. Voire un mythe. Son rôle dans l'évolution d'un régime communiste qui ne tarderait pas à s'effondrer revêt incontestablement une importance de premier plan, contrairement à la parenthèse Tchernenko, ultime convulsion d'un système à l'agonie. Est-ce le moment qui boosta Andropov ou bien l'homme qui donna une accélération aux événements, pour se retrouver à la croisée des chemins de l'Histoire, entre passé moribond et avenir chaotique ?

Essayer de déchiffrer ce brillant personnage, plus complexe qu'il n'y paraît, ses mobiles et ses objectifs réels, permettrait sans doute d'éclairer quelques zones d'ombre des coulisses d'un pouvoir soviétique qui a longtemps tenu le monde en alerte. Et surtout de mieux décrypter ce qui se passe aujourd'hui à la tête de la Russie. De nos jours, l'opinion russe professe toujours la théorie selon laquelle seul Andropov aurait été capable de réformer l'URSS sans la détruire. Évidemment, sur ce point, les avis sont partagés, les scénarios hypothétiques ne manquent pas.

En matière de popularité, les sondages réalisés ces dernières années par Romir Monitoring s'avèrent très significatifs. Ainsi, en mars 1991, Andropov arrivait en tête des hommes les plus importants de Russie avec 27 % d'opinions favorables, reléguant derrière lui, aux deuxième et troisième rangs, Gorbatchev et Lénine, avec, respectivement, 14 et 13 %. En mars 2000, l'opinion évolue : Lénine et Staline dépassent Andropov, qui ne recueille plus que 15 % d'opinions positives. En 2003, la question posée est formulée différemment : « De quel homme du XXe siècle vous sentez-vous le plus proche ? » On retrouve alors, dans l'ordre d'arrivée : Poutine, Brejnev, Lénine, Staline, Andropov. Disqualifiés, Gorbatchev et Eltsine, que l'on retrouve en queue de peloton. Désormais, dans le cœur des Russes, Poutine surpasse tous les prédateurs du Kremlin.

L'angélique étiquette de « libéral » que lui colla l'Occident ne permet pas de cerner le mystère Andropov, un homme que les Soviétiques, eux, n'ont jamais vu en jeans, mais toujours en chemise blanche et costume sobre, couvert d'un long manteau, même en été. Souffrant d'une grave maladie rénale, il suivait un régime sans sel et semblait le seul Moscovite au régime sec.

Andropov, un libéral ? Curieux libéral en effet, qui invente la méthode de « psychiatrie répressive » qu'il a largement appliquée aux dissidents.

La légende officielle

En fait, d'Andropov, on sait beaucoup et peu de choses. Officiellement, il naquit le 15 juin 1914, dans la région de Stavropol (celle-là même dont, par un heureux hasard, Mikhaïl Gorbatchev deviendra le patron politique, des années plus tard). À en croire ses biographes, en 1919, à cinq ans, le petit Youri vit son premier drame. Sa mère, Evguénia Karlovna Filschtein ou Finkelstein divorce de son père (de son nom véritable Vladimir Liberman) pour épouser aussitôt un certain Fédorov. Peu après, son géniteur meurt du typhus, suivi, quelques mois plus tard, par Evguénia. Orphelin très tôt, le jeune Youri devient donc une sorte de pièce rapportée dans sa belle-famille, car son beau-père ne tarde pas à se remarier. Au cours de son adolescence, il fait mille petits boulots avant d'entrer à l'école technique navale de la région de Iaroslavl', sur la Volga, où il travaille quelque temps comme matelot. C'est dans cette école qu'il fait, en 1936, ses premiers pas en politique, après son élection comme secrétaire du Komsomol [1] de l'établissement. Remarqué deux ans après, Andropov est promu premier secrétaire du VLKSM [2] de la même région. En 1940, il est nommé à un poste politique dans la RSS carélo-finnoise. Durant la guerre, il met sur pied des détachements de partisans, dirige, organise, mobilise. En un mot, il lutte. Il faut croire que son combat contre les nazis est apprécié puisque, dès septembre 1944, il gravit les échelons jusqu'au grade de deuxième secrétaire du PC de la République. Parallèlement, il suit des cours de littérature et d'histoire à l'université de Pétrozavodsk, la capitale de la Carélie, publiant même un recueil de poèmes sous un pseudonyme. Mais, lyrique ou pas, Andropov est avant tout un esprit intelligent qui a très vite saisi qu'en URSS la carte du Parti constituait le sésame ouvrant toutes les portes.

Le ciel s'assombrit en 1951, quand éclate l'« affaire de Leningrad » (1948-1953), de celles que les bolcheviks savent mettre en scène avec tant de brio. Obsédés par l'existence d'un complot « judéo-anglo-américain », les dirigeants du Kremlin accusèrent ceux de Leningrad et de la Carélie voisine d'abus de pouvoir dans la politique des cadres et de conspiration durant la guerre. Impliqué à tort ou à raison, Andropov parvient néanmoins à sauver sa peau en faisant son autocritique : « Je n'ai pas fait preuve de la clairvoyance, de la vigilance nécessaires ; je me suis laissé abuser. Au début, les faits et gestes de mes supérieurs me paraissaient justes et adéquats. À présent, je comprends que lutter contre les défauts de la République, c'est combattre Kouprianov [3]. » Moins chanceux, son chef hiérarchique, le fameux Guennadi Kouprianov, arrêté en mars 1951, sera condamné à vingt-cinq ans de travaux forcés et cinq ans de privation de droits. Une fois libéré, il récupérera sa carte du Parti en 1957, l'année où il reverra Andropov. Jusqu'à sa mort, Kouprianov dirigea les musées et parcs de la résidence des tsars de Pouchkino. Dans son autobiographie, jamais publiée, il précisait qu'Andropov avait bien connu Beria et que les deux hommes éprouvaient une sympathie mutuelle. Chose étrange, comme le confirme la presse

1. *Komsomol* : les Jeunesses communistes.
2. Sigle officiel des Jeunesses communistes soviétiques.
3. *Novaya Gazeta*, 16 février 2004.

russe, les pages reproduisant les entretiens privés de Kouprianov avec Andropov, en 1957, avaient disparu du manuscrit[1]...

À l'époque, Kouprianov aurait été le premier « cadavre » du placard personnel de Youri Andropov. Ce qui, semble-t-il, n'est pas pour déplaire au Kremlin, où l'on apprécie les silencieux aux mains sales. On constate, en tout cas, que cet « incident de parcours » favorise notablement sa carrière. Appelé à Moscou la même année, on lui propose un poste au sein de l'appareil du Comité central du PCUS. Grâce à l'appui d'Otto Kuüsinen[2], alors président du Soviet suprême de la RSS carélo-finnoise, sa carrière s'accélère encore. Dès 1953, on le retrouve au ministère des Affaires étrangères qui l'expédie la même année à Budapest comme ambassadeur plénipotentiaire extraordinaire d'URSS en Hongrie.

Si l'on se fie à la version officielle, flairant l'insurrection à venir, le diplomate Andropov en aurait averti le Kremlin plusieurs mois à l'avance. Envoyés en éclaireurs, Mikoyan et Souslov feront à leur retour un rapport apaisant : « Pas de danger. L'ambassadeur est simplement trop nerveux. »

Quel qu'ait été le rôle d'Andropov dans la sanglante répression de la Révolution hongroise, le voilà rentré à Moscou tout auréolé de sa « prophétie » et propulsé à la tête du département chargé des pays du bloc socialiste. De 1962 à 1967, ce secrétaire du Comité central du PCUS devient pratiquement le second personnage politique de l'URSS, après Khrouchtchev, puis Brejnev. En 1967, l'idéologue Souslov exige de Brejnev la peau d'Andropov : qu'on le colle dans le « trou aux ours » du KGB afin qu'il ne revienne plus jamais au Kremlin ! Alors, à l'instar de Salomon, le secrétaire général coupe la poire en deux : d'accord, Andropov coiffera les « organes ». Mais il promet également à ce dernier de le faire entrer au Politburo à la première occasion. Parole tenue le 27 avril 1973. Avec le temps, Souslov aurait fini, dit-on, par apprécier Andropov à sa juste valeur...

Même chose pour Leonid Brejnev qui ressent le besoin, auprès

1. *Ibidem.*

2. D'origine finlandaise, ce bolchevik de la première heure, leader du Parti social-démocrate finlandais, sera l'un des principaux meneurs de la révolution de 1918 en Finlande. Il deviendra par la suite vice-président du Soviet suprême de l'URSS et secrétaire du Comité central du PCUS.

de lui, d'un homme à la fois compétent, intransigeant et honnête. Lequel, de surcroît, allait devenir l'individu le mieux informé du pays, donc le plus puissant, et capable, le cas échéant, de le protéger de la meute. Andropov veillera donc à ce que Brejnev ne finisse pas comme Nikita Khrouchtchev. Donnant-donnant. Mais cet homme, qui joue plusieurs jeux, ronge son frein.

Andropov, successeur de Brejnev

Une chose est sûre : plus que tout au monde, Andropov veut le poste de Brejnev. Pour quoi faire ? Là est toute la question... Fédor Bourlatski, historien de renom et homme politique, est l'un de ceux qui travailla longtemps dans l'ombre d'Andropov. Il se souvient qu'au début des années 1960, après une réunion du Præsidium du Comité central, son patron se montra aussi consterné que découragé : « Khrouchtchev a examiné l'éventualité que de jeunes hommes politiques lui succèdent à la tête du pays. Il a aussi mentionné mon nom, tout en regrettant ma méconnaissance de l'économie. [...] Cela veut dire que, dès 1963, You. V – ainsi qu'on l'appelait dans le service – visait sérieusement la magistrature suprême de l'État-Parti », constate Bourlatski. Qui précise par ailleurs que, lors du limogeage de « Monsieur K. », Andropov lâcha : « Dès à présent, nous suivrons la voie tracée par le XXe Congrès avec une fermeté accrue[1]. » Comprenne qui pourra... Car, à ce moment précis, le « dégel » a cessé et plus personne ne s'est souvenu de la déstalinisation.

Bourlatski aurait également entendu dire qu'en 1967, nommé président du KGB, Andropov avait déclaré à ses anciens collaborateurs, avec une imprudence inaccoutumée : « Je ne pars pas pour toujours. Je reviendrai au Comité central ! » Il est vrai qu'à la même époque beaucoup de Soviétiques faisaient tout leur possible pour obtenir leur carte du PCUS tout en expliquant : « Ce n'est que de l'intérieur qu'on pourra faire bouger les choses... » Ne savaient-ils pas que, dans une dictature, changer quoi que ce soit « de l'intérieur » est tout bonnement impossible ? Pour imposer sa volonté au Parti,

1. *Izvestia Naouki* (Nouvelles de la science), 21 octobre 2002.

il fallait d'abord atteindre les sommets du pouvoir. Et encore... En apparence, c'est précisément ce que visait le nouveau président du KGB, œuvrant à mettre tous les atouts de son côté.

À l'origine, Andropov s'était entouré d'une équipe de conseillers chargés d'évaluer les transformations des pays socialistes, à commencer par l'Union soviétique, ainsi que de reconsidérer les relations entre l'URSS et les États-Unis. Au début des années 1960, dirigés par Bourlatski, faisaient partie de l'équipe Gueorgui Chakhnazarov, Alexandre Bovin, Gueorgui Arbatov, Oleg Bogomolov et d'autres devenus, par la suite, d'éminents scientifiques, journalistes ou politiques. On retrouvera d'ailleurs certains d'entre eux dans l'entourage de Gorbatchev, mais aucun dans le cercle rapproché d'Eltsine. Bourlatski décrit ces personnalités comme ouvertement pro-occidentales, une nouvelle espèce d'« opposants-novateurs » au service du système, jugeant que les idées de démocratie et de marché pouvaient facilement s'implanter en territoire soviétique. Leur collaboration avec Andropov passa par des hauts et des bas : soudés lors de la crise de Cuba (où les conseillers jouèrent un rôle important), ils furent en désaccord, voire en rupture totale avec leur patron, concernant le Printemps de Prague et l'entrée des Soviétiques en Afghanistan. Pour mieux se rapprocher de nouveau après la disparition de Brejnev. Ainsi, dès sa première fonction importante au sein du Parti, Andropov demandait à ses experts de planifier les transformations s'imposant d'urgence dans les pays du bloc, et surtout en URSS.

Ce programme innovant comportait cinq points : 1. Démocratisation de la société (non pas *développer la démocratie*, mais introduire une légère *démocratisation* rendant le système plus supportable. Ce qui impliquait que le Parti se chargerait en priorité du travail idéologique). 2. Réforme de l'économie en mettant à profit les avancées technologiques. 3. Gestion scientifique et combat antibureaucratique. 4. Lutte anticorruption. 5. Coexistence pacifique avec l'Occident.

Ce programme a comme un goût de réchauffé car on y retrouve déjà, parmi tant d'autres, les mêmes concepts que dans le plan Beria. On connaît la fin de l'histoire. Une question se pose néanmoins : de simples conseillers ont-ils eu accès à des dossiers classés ultrasecrets, ou ne s'agissait-il que de suggestions de bon sens, s'inscrivant dans l'air du temps et concordant avec le concept de démocratie ? Car, aussi surréaliste que cela paraisse, jamais les camarades du Kremlin n'ont appelé autrement que « démocratie » le totalitarisme qu'ils imposèrent à tant de nations. Une seule précision désignait les satellites du bloc : la mention de démocraties « populaires ». Quant à l'URSS elle-même, sa « démocratie » était déjà « socialiste », donc beaucoup plus évoluée que celle des « petits frères » qu'il fallait tirer vers le haut afin qu'ils rejoignent, un grand soir, la « fraternelle démocratie communiste » à venir…

Fin 1964, dans le train qui les ramène d'une visite officielle en Pologne, Andropov propose à Brejnev et Kossyguine d'étudier son projet réformiste. Comme il fallait s'y attendre, il se heurte à un refus catégorique. Bourlatski souligne par ailleurs que plus il connaissait Andropov, et plus il constatait combien ce dernier était soucieux de s'entourer de gens compétents, libéraux, capables d'accoucher d'idées nouvelles, car il envisageait de réformer le système en profondeur en se donnant les moyens de réussir. Plus tard, après sa mort, ces réformes seront connues du monde entier sous l'appellation de Perestroïka… gorbatchévienne.

L'ambiguïté du personnage demeure malgré tout. À la direction des structures territoriales, Andropov choisissait des cadres parmi les fonctionnaires bornés du Komsomol. Se souvenait-il de son expérience personnelle ? Comptait-il sur l'émulation des plus jeunes ? Ou cela témoignait-il de son dédoublement en matière d'idéologie ?

Le commando Alpha

Au nombre de ses réalisations les plus notables à la tête du KGB, il faut retenir la création, en juillet 1974, du commando Alpha présenté comme « beaucoup plus performant que le Delta américain ». Ses trente premiers membres – d'authentiques James Bond, surentraînés et équipés des gadgets les plus sophistiqués – avaient pour mission de libérer les otages dans les transports, les appartements, et sur les sites « présentant un danger écologique majeur ». Leur devise : « On surgit doucement, on les saisit en douceur, et on repart doucement. » Comme garantie de succès, le secret total. « Mais avant tout, au groupe "A", on apprenait à préserver la vie d'autrui. Car il fallait, de préférence, capturer les terroristes vivants », relate Konyakhine, un auteur qui, en 2000, occupait un grade élevé au FSB [1]. C'est pourtant ce groupe qui intervint lors de la prise d'otages au théâtre de la Doubrovka, au cours de laquelle plus de quarante terroristes, paralysés par les gaz de combat, furent néanmoins abattus d'une balle dans le front [2].

Au début, on conclut à un incroyable manque de curiosité doublé d'une énorme faute professionnelle. Pourquoi éliminer tous les terroristes ? Comment pouvait-on ne pas en laisser un seul en vie pour le faire parler ? Par la suite, la journaliste Anna Politkovskaïa, qui avait servi d'intermédiaire entre forces spéciales et terroristes, confiait au cinéaste Andreï Nekrassov que l'un de ces « terroristes », Khanpach Terkibaev, bien vivant puisqu'il avait quitté le théâtre avant l'assaut, travaillait dans l'administration présidentielle. « Il est entré dans le bâtiment avec les terroristes. En tant que membre du groupe. » À ses yeux, il s'agissait d'une information capitale – le scoop du siècle ! – qui éclairait d'un jour nouveau les actions terroristes des dernières années. C'était la preuve concrète que le terrorisme en Russie était bel et bien programmé, mis en œuvre et téléguidé par le pouvoir [3]. En somme, à l'instar du crime du même nom, il s'agissait bien de terrorisme organisé, mais un terrorisme d'État !

L'article ne suscita aucune réaction. Les lecteurs étaient comme anesthésiés. Ou résignés. D'ailleurs, chaque fois que les Russes semblaient las de la guerre de Tchétchénie, un nouvel attentat survenait très opportunément. Endeuillée, l'opinion russe recommençait alors à soutenir massivement l'intervention militaire.

Voilà qui peut expliquer l'étrange méthode de libération des otages qui provoqua cent vingt-neuf morts parmi les spectateurs. À l'époque, Vladimir Poutine avait confié aux journalistes occidentaux

1. *Nezavissimoyé Voyennoé Obozreniïé* (Revue militaire indépendante), 26 mai 2000.

2. Voir Hélène Blanc, *T comme Tchétchénie*, Ginkgo Éditions, 2005.

3. *Litvinenko, empoisonnement d'un ex-agent du KGB*, film réalisé par Andreï Nekrassov, sélection officielle du Festival de Cannes 2007, est sorti en France en 2008.

qu'ils furent « victimes d'une série de circonstances » telles que la déshydratation et trois jours d'immobilisation à l'intérieur du théâtre. Il insista sur le fait que le gaz utilisé par les « sauveteurs » russes « était absolument inoffensif »...

Tatiana Karpova, présidente de l'association des familles de victimes, dément formellement cette version : « Mensonge ! Nous sommes en possession de documents du parquet de Moscou qui confirment l'emploi d'un gaz à base de fénotonil, aux propriétés narcotiques [1]. »

En mars 2004, l'association Nord-Ost portera plainte contre le président Vladimir Poutine en l'accusant d'avoir menti délibérément sur la nature du gaz utilisé lors de l'assaut. En outre, conformément aux pratiques européennes, plainte a été déposée auprès de la Cour constitutionnelle en 2005. Affaire à suivre ?

Sans oublier les enfants-otages de Beslan, victimes en septembre 2004 d'un épouvantable carnage qui, comme le prouvent des documents vidéo découverts par la suite, fut déclenché non pas dans l'enceinte de l'école, mais de l'extérieur. Et sur ordre direct de Poutine, comme la logique l'exige. Fulgurante décadence de l'esprit des chefs d'Alpha qui, au lieu d'entraîner leurs hommes à sauver les otages, leur ont appris à les supprimer.

À l'été 2005, à Vladikavkaz, on jugeait Nourpacha Koulaev, le « rescapé » de ce groupe terroriste. Avant cela, les mères de Beslan avaient été reçues par Vladimir Poutine qui leur avait promis que « toute la lumière serait faite ». Un procès auquel les familles des victimes purent témoigner et où nombre de questions se posèrent. Pourquoi certains terroristes se sont-ils révélés être d'anciens prisonniers des forces russes ? Pourquoi, au dire des rescapés eux-mêmes, ces terroristes islamistes n'ont-ils jamais fait la moindre prière (rite incontournable chez les musulmans) ? Pourquoi avoir annoncé trois cent cinquante-quatre otages alors qu'ils étaient près de mille cinq cents ? Comment les terroristes ont-ils réussi à stocker autant d'armes dans l'école ? Grâce à des complicités locales ? Comment expliquer les révélations de témoins oculaires qui disent avoir vu non pas *un* mais *trois* commandos, dont un formé de Slaves dirigés par un homme roux, au russe parfait, dont

1. Voir *T comme Tchétchénie, op. cit.*

le chef des preneurs d'otages, Khoutchbarov, suivait les ordres à la lettre ? Or, là encore, leurs cadavres n'ont pas été retrouvés. Et nul ne sait quand et comment ils ont quitté l'école. Enfin, pourquoi le pouvoir russe n'a-t-il tenté de négocier ni avec le chef terroriste Chamil Bassaev, ni avec l'ex-président tchétchène Aslan Maskhadov, qui avait proposé sa médiation ? Autant de questions auxquelles les débats n'ont apporté aucune réponse. En définitive, cette mascarade judiciaire ne visait qu'à calmer les ex-otages et leurs familles tout en se conciliant l'opinion internationale.

Légalement, la mission de « liquider » des individus en dehors de l'URSS et de la Russie incombe au commando Vympel (Fanion), fondé par Andropov à la fin des années 1970. Hormis les assassinats, ses membres préparent des actions terroristes – soigneusement sans nul doute – et des opérations subversives en territoire ennemi, dévoilent deux transfuges du KGB, Boris Volodarski et Oleg Gordievski.

Autre beau succès d'Andropov quand, en 1978, il réussit à hisser les services secrets soviétiques au même niveau que le Parti : d'organisme délégué auprès du Conseil des ministres de l'URSS, il devint le KGB de l'URSS. Terminées les relations de maître à exécutant. S'instaurait alors un partenariat KGB-PCUS sur un pied d'égalité.

Un poète au KGB

Quant aux motivations qui poussèrent Andropov à utiliser la psychiatrie comme instrument de répression politique, les avis de ses anciens collaborateurs divergent. Mikhaïl Lioubimov, par exemple, haut gradé du KGB « reconverti en écrivain », officiant alors à l'étranger, rapporte qu'Andropov disait parfois : « Vous savez, camarades, la plupart des dissidents sont de vrais malades mentaux [1] ! » Comme s'il avait inventé cette psychiatrie punitive par pure bonté d'âme, dans le but de les soigner. Bientôt les Soviétiques se mirent à brocarder ouvertement le pouvoir en qualifiant l'URSS de gigantesque *dourdom* (maison d'aliénés).

1. *Izvestia*, 8 février 2004.

Un autre ponte du renseignement soviétique, Viktor Charapov, diplomate et journaliste, persiste et signe : « Même en étant chef du KGB, Andropov n'était pas seul à décider. Quand on prenait la décision d'expulser quelqu'un ou de l'envoyer en prison, elle n'émanait pas du KGB, mais de la direction du Politburo. Il estimait que ces processus devaient devenir aussi rares que possible, affirmant que travailler avec les gens relevait des instances du Parti, et non du KGB. Le fait qu'il préférait expulser les gens au lieu de les enfermer en dit long. Quel est l'avantage de les faire croupir en prison [1] ? »

Concernant l'exil d'Andreï Sakharov et d'Elena Bonner dans la ville fermée de Gorki, en 1980, Charapov précise : « Andropov répétait souvent que l'*inakomyslié* [penser autrement] est propre à l'être humain et qu'il n'y a rien de plus normal. En revanche, on rencontre aussi de l'*inakodeïstvié* [agir autrement], disait-il, auquel il faut mettre fin. Quand Sakharov appela l'Occident à faire pression sur l'URSS grâce à son potentiel militaire, Andropov considéra cela comme de l'*inakodeïstvié*. Par la suite, quand il devint secrétaire général, il était prêt à permettre le retour d'exil de Sakharov, à condition que l'académicien reconnaisse son erreur. Ce dernier refusa net ; il jugeait plus profitable de demeurer dans la dissidence. »

Ces observateurs tombent néanmoins d'accord sur un seul et unique point : Andropov était un homme brillant, très intelligent, cultivé, amateur de musique, de littérature, de théâtre, ayant même, comme on l'a vu, commis des poèmes. En voici un spécimen éloquent :

Molva id'iot sredi naroda,
Tchto vsekh lioudeï vmig portit vlast'.
I vsio j opasnéé napast',
Tcho tchiachtché lioudi portiat vlast'.

La rumeur court parmi le peuple
Que le pouvoir corrompt les individus en un éclair.
Pourtant, chose beaucoup plus dangereuse :
Très souvent, ce sont les individus qui corrompent le pouvoir !

1. *Izvestia*, 24 janvier 2002.

On sait bien que le pouvoir corrompt et que le pouvoir absolu corrompt absolument. Dommage que cet émouvant poète du KGB ne soit plus parmi nous pour qu'on puisse lui demander : en Union soviétique, lequel a dépravé l'autre ? Comme dans ce cas précis, relaté par l'Américain Milton Bearden, légende vivante de l'espionnage contemporain : « Quand, le jour de Noël 1991, le drapeau rouge frappé de la faucille et du marteau qui flottait sur le Kremlin fut amené pour la dernière fois, marquant ainsi la fin de l'URSS, la SE Division [Soviet and East European Division, *NdA*] disparut elle aussi. Elle fut remplacée à Langley [siège de la CIA, *NdA*] par la Central Eurasian Task Force, qui devint par la suite la Central Eurasian Division dont le nouveau rôle consistait à contrôler et à surveiller un Empire soviétique en pleine désagrégation plutôt qu'à l'agresser de toutes parts. Des pays Baltes jusqu'au Caucase et à l'Asie centrale, la CIA se hâta de nouer de nouveaux liens avec les services de sécurité et de renseignement des nations qui naissaient des cendres de l'Union soviétique. »

En partie pour contrebalancer le pouvoir des services de renseignement soviétiques, nombre de ces pays nouvellement indépendants étaient très désireux d'établir des relations avec la CIA. John MacGaffin, qui prit la direction de la CE Division en janvier 1992, fut pour le moins surpris lors de sa première entrevue avec le nouveau président du Turkménistan. Ce dernier se montra très heureux de recevoir la visite d'un dirigeant de la CIA capable de l'informer sur les tentatives de Moscou d'espionner son nouveau gouvernement. À peine étaient-ils installés dans le bureau du président que celui-ci murmura à l'oreille de MacGaffin : « Dites-moi : pouvons-nous parler librement sans risquer d'être espionnés ? [1] » Ce qui prouve à quel point les présidents des anciennes Républiques soviétiques étaient eux-mêmes contaminés par l'espionnite aiguë provenant de Moscou.

Autre échantillon de la veine poétique d'Andropov :

My brenny v ètom miré pod lounoï,
jizn'-tol'ko mig. Nébytié-naveki.

1. Voir M. Bearden et J. Risen, *CIA-KGB, le dernier combat*, Albin Michel, 2004.

Kroujitsa vo Vsélennoï char zemnoï,
Jivout i istchézaïout tchélovéki.

En ce monde, sous la lune, nous sommes bien peu de chose.
La vie n'est qu'un instant, le néant, éternel.
Le globe terrestre tourne dans l'Univers.
Les petits hommes vivent, et puis s'en vont.

Dès l'arrivée d'Andropov au pouvoir, le peuple se mit à broder sur les mêmes thèmes en inventant des histoires inspirées de l'époque. Comme celle-ci : nous sommes dans une institution d'État, il est déjà huit heures cinquante-cinq, et la journée de travail commence à neuf heures précises. Or, un spécialiste manque à l'appel. Terrifiés, ses collègues appellent son domicile. Son épouse décroche. « Allô, allô ! Ici les collègues de Sacha. » À l'autre bout du fil, la femme éclate en sanglots : « Il vient juste de mourir… » « Dieu soit loué ! Ce n'est que ça…, s'exclame le chœur des bons collègues soulagés. Nous avions peur qu'il soit en retard ! »

La vérité est qu'Andropov n'a pas su réveiller les Soviétiques, toucher l'âme de la population, gagner sa confiance. Ses appels incessants à la « Discipline-Ordre-Accélération » glissaient sur les individus sans les imprégner, telle l'eau sur les plumes du canard. Resteront aussi dans les annales de l'andropovisme des *tchastouchki*, ces chansons populaires, souvent d'origine paysanne, dont la naissance se perd dans la nuit des temps. Ces brefs quatrains rimés, au rythme alerte, très gai, expriment le fatalisme propre aux Slaves dans un cocktail subtil où dominent l'ironie, l'humour, la dérision, le bon sens, mais jouant aussi sur toute la gamme des sentiments.

Provérial Andropov v bané
Stovérénya litchnosti.
Nitchégo ne pokazali`
Kromé néprilitchnosti.

Au sauna, Androp' faisait
Un contrôle d'identité.
On n'a pu lui exhiber
Que d'obscènes nudités !

Ces chansonnettes sans prétention reflètent l'exacte réalité, celle d'un peuple lucide sur sa situation. Apathique, fatigué, déçu, revenu de tout, sans illusions, il ne lui restait que la volupté de l'autodérision pour supporter l'existence absurde imposée par le régime, marquée par d'interminables files d'attente devant les magasins et une pénurie chronique des biens de consommation. La majorité tirait le diable par la queue tandis qu'une poignée de milliardaires clandestins, ne trouvant rien à acheter, ne pouvait dépenser son argent.

Tel un poisson hors de l'eau, la population s'asphyxiait lentement mais sûrement, prisonnière du carcan de la pensée unique, avec châtiment à la clé pour les « fortes têtes ». Morne vie que celle du citoyen soviétique dont on exigeait abnégation, sacrifices pour la Patrie et le Parti. Et une vigilance de tous les instants puisqu'il se trouvait constamment « entouré d'ennemis intérieurs comme extérieurs ». Une paranoïa toujours d'actualité.

De nos jours, Andropov symbolise le chef mythique qui sut restaurer le formidable pouvoir arachnéen du KGB, augmenter sensiblement ses effectifs et multiplier par deux, trois ou plus, sa gigantesque toile de réseaux à l'étranger. Depuis lors, cette police secrète, experte dans l'impitoyable, est toujours demeurée à côté, voire au-dessus du pouvoir politique. Dépassé, agonisant, le PCUS a laissé faire…

La contradiction incarnée…

Néanmoins, il n'est pas impossible qu'un beau jour les Russes découvrent dans leur passé récent l'existence d'un singulier personnage ambivalent qui, en dépit des apparences, consacra une bonne partie de sa vie à combattre un régime bolchevique criminel dont le spectre, s'abritant derrière les notions de « socialisme », « communisme », « démocratie populaire », continue de hanter les esprits.

De son vivant comme après sa mort, Youri Andropov n'a jamais laissé personne indifférent. Les uns le haïssaient aveuglément, tandis que d'autres espéraient en ce précurseur. Dès qu'on essayait de le comprendre, on se heurtait inexorablement à un mur. Sans doute avait-il ses raisons. Souvenons-nous qu'en ces temps malsains chacun portait un masque. Espionnés, écoutés, mouchardés, les Soviétiques se méfiaient globalement de tout le monde. Comme ils le rappellent eux-mêmes : « Nous disions une chose, en faisions une autre, mais en pensions une troisième. » Plus on montait haut dans la hiérarchie, et plus on se devait d'être vigilant. Et secret. D'ailleurs, à tort ou à raison, la fin rapide d'Andropov, certes atteint d'une grave maladie rénale, demeure équivoque…

Ceux qui côtoyèrent Andropov dévoilent ses principaux traits de caractère : impénétrable, introverti, hermétique à l'excès, observateur attentif, à l'écoute des autres et sachant les faire parler, doté d'une colossale capacité de travail, exigeant envers son entourage comme envers lui-même… Andropov ? La contradiction incarnée. Rien d'un despote, mais terriblement autoritaire, parfois cassant, voulant tout contrôler, mesurer, calculer, décider. Mais aussi romantique, l'âme d'un poète. Ce qui semble témoigner d'une sensibilité, d'une profondeur et, souvent, de blessures cachées.

Personne ne s'est jamais risqué à explorer cet aspect de sa personnalité. Un adage russe préconise : « Aime-moi pauvre et malade, car riche et en bonne santé, tout le monde m'aimera… » La question reste posée : pourrait-on imaginer que la rigide façade d'Andropov ait dissimulé douleur et pitié pour son pays plongé dans la pire misère morale et matérielle ? Une blessure supplémentaire pour un homme meurtri depuis l'enfance. On ignore comment il voyait les Soviétiques. Pourtant, à sa manière, il semblait aimer sa patrie.

Chacun a eu vent du rôle officiel d'Andropov durant l'insurrection hongroise, mais nul ne connaît ses pensées profondes lors de son premier contact avec l'une des plus anciennes nations d'Europe livrée à Staline grâce au tour de passe-passe de Yalta. Lui, qui, caché dans les forêts touffues de Carélie, n'a guère aperçu de soldats allemands au cours de la Seconde Guerre mondiale, qui n'a jamais connu d'autre pays que le sien, a dû ressentir un brutal choc culturel, politique, idéologique, en un mot, existentiel. Quoi qu'il en soit, par obligation ou par plaisir, il en profita pour apprendre le hongrois. Comment alors interpréter ses appels insistants à Moscou – des mois avant l'insurrection –, réclamant des mesures de prévention ? Voulait-il éviter le bain de sang qui s'ensuivit ? Hélas, les émissaires du Kremlin n'ont rien compris.

On se souviendra qu'en tant que responsable du département du Comité central chargé des satellites du bloc socialiste, Andropov avait demandé à ses conseillers de préparer des réformes « en commençant par l'URSS » et que son programme en cinq points ressemblait à s'y méprendre à celui qui coûta la vie à Beria. Connaissait-il le programme du Géorgien et les conditions exactes de sa fin ? C'est plus que probable. Or, entre-temps, les assassins de Beria étaient devenus ses collègues, Khrouchtchev, puis Brejnev en tête.

Youri Andropov ambitionnait le pouvoir à tout prix. Pourtant, il demeura le seul « corbeau blanc » des sommets de l'État à n'avoir pas joui des privilèges que le système lui offrait sur un plateau. Ni pour lui ni pour sa famille. « Dégradé », nommé à la tête du KGB, il en tire un profit substantiel. Libre d'agir à sa guise, il met tout ce beau monde sur écoute. Un jour, dans un accès de sincérité, il confesse prendre en pitié ces jeunes femmes dont la mission consiste à écouter vingt-quatre heures sur vingt-quatre et sept jours sur sept « ce que ces gens se racontent ». Mais les dossiers ainsi constitués commencent à peser lourd, lui servant de bouclier.

Selon l'historien Sergueï Semanov, tel un chasseur à l'affût, Andropov profitait de sa liberté totale pour rechercher, dénicher, observer et former de jeunes cadres, entièrement dévoués à leur chef. Le même historien relate que Gueorgui Arbatov, directeur de l'Institut d'études des États-Unis et du Canada, se rappelle une conversation avec Andropov, au printemps 1977. Déjà académicien, le scientifique s'exprimait avec brutalité, faisant remarquer au patron du KGB et membre du Politburo que le pays allait droit dans le mur et que, partout, on ne voyait que des individus faibles, douteux, aux convictions chancelantes, qui se préparaient à occuper les places vacantes. « As-tu déjà entendu parler de Gorbatchev ? », s'enflamma soudain Andropov. « Non », reconnut Arbatov. « Alors, tu vois, des gens nouveaux ont grandi entre-temps et on peut fonder sur eux de grands espoirs pour l'avenir [1] ! »

En 1978 mourait Fedor Koulakov, secrétaire du Comité central chargé de l'agriculture. Mikhaïl Gorbatchev fut nommé à son poste. Peu avant cela, toujours d'après Semanov, Youri Tchourbanov,

1. S. Semanov, *Andropov. Les Vies d'hommes remarquables*, Seattle, 1999.

gendre de Brejnev fraîchement nommé général et vice-ministre de l'Intérieur, venait en vacances, avec son épouse Galina, au bord de la mer Noire où Gorbatchev régnait en maître depuis 1970. Selon l'usage, le couple provincial reçut à dîner celui de Moscou. Au cours du repas copieusement arrosé, Tchourbanov se vanta que son beau-père, aspirant à une retraite bien méritée, allait lui confier le secrétariat général du PCUS. Faussement admiratif, Gorbatchev réclama des détails. Il apprit que cette fonction suprême avait été promise par Brejnev à son gendre, lors de sa fête d'anniversaire, en présence d'une bonne moitié du Politburo… Dès le lendemain, le patron politique de la région de Stavropol s'envolait pour Moscou. Mikhaïl Gorbatchev, « futur promoteur de la Perestroïka », se précipita au rapport [1]. Un compte rendu généreusement récompensé ?

Fidèle à son habitude de réunir autour de lui bureaucrates et libéraux, Andropov facilitera également l'ascension d'un autre futur occupant du Kremlin, un certain Boris Eltsine, surnommé l'Ours de l'Oural. Par la suite, l'historien Sergueï Semanov, par ailleurs ex-rédacteur en chef du mensuel *Tchelovek i Zakon* (L'Homme et la Loi), auquel la fille d'Andropov, Irina, collabora comme simple correctrice, observe : « D'aspect, Andropov était sévère et dur. Ce qui ne l'empêcha pas de tendre la main au poète libre-penseur Evguéni Evtouchenko, de patronner le futur héraut de la Perestroïka, le journaliste Len Karpinski, et d'autres libéraux. C'est précisément sous Andropov que la frontière vers l'Ouest s'ouvrit pour de nombreux dissidents [2]. »

Rappelons que, du temps de Brejnev, la porte en question ne s'entrouvrait pas pour n'importe quel contestataire. Loin de là. Plus tard, observant les activités de certains d'entre eux, les côtoyant de près durant de longues années, force est de reconnaître combien les mots prémonitoires d'une grande poétesse russe leur collaient à la peau : « Nous ne sommes pas des exilés, nous sommes des envoyés… »

1. *Ibidem.*
2. *Ibidem.*

Une idée de génie

Avoir passé au crible les révélations des biographes d'Andropov et de ceux qui travaillèrent des décennies à ses côtés, sans avoir jamais réussi à percer sa carapace, permet d'émettre une hypothèse à contre-pied des idées reçues, et qui risque de heurter ou de choquer pas mal de monde. Tout bien pesé, on se rend compte que Youri Andropov avait de bonnes raisons de garder le secret même vis-à-vis de ses proches. L'explication est simple : avec le temps, sans doute a-t-il compris à quel point le régime bolchevique était criminel, malgré son paravent de noblesse idéologique. Sans doute avait-il également conscience que toute tentative de le combattre ouvertement était vouée à l'échec. Il devait donc impérativement trouver un moyen sans précédent dans l'histoire des services secrets du monde communiste. Et de ce fait, infaillible. « L'un de ses proches collaborateurs au KGB, Viatcheslav Kevorkov, qui occupa un rang élevé dans le contre-espionnage, livre quelques traits du personnage. Selon ses dires, Andropov réfléchissait à la possibilité de passer un accord avec l'intelligentsia pour qu'elle l'aide à réformer le système. Son modèle était visiblement Anatoli Lounatcharsky, qui, sous Lénine, avait su communiquer et coopérer avec ce groupe social. Andropov avait parfaitement compris que la principale infirmité du Parti était la faiblesse intellectuelle de ses hauts dirigeants et ses cadres », révèle par ailleurs Moshe Lewin [1].

Or, diplômé en lettres et histoire, Youri Andropov connaissait personnellement certains dissidents. Il avait étudié leur personnalité, leur vie, lu et souvent apprécié leurs écrits. L'homme semble avoir élaboré un plan. Pour atteindre son objectif, pourquoi ne pas s'associer avec ceux-là mêmes que le régime, patron du KGB en tête, combattait impitoyablement ? Pourquoi ne pas utiliser des sommités qui détestaient le système au point de le défier ? Tout donne à croire qu'Andropov décida de se servir de ces contestataires célèbres, probablement à leur insu, l'impact n'en devenant que plus fort. Encore fallait-il les trier sur le volet. Que ces personnages soient intègres et patriotes lui paraissait fondamental.

1. M. Lewin, *Le Siècle soviétique*, Fayard-Le Monde diplomatique, 2003.

Les « auxiliaires » choisis – hommes et femmes – devaient être de grands noms du monde culturel et artistique, afin de pouvoir influencer aussi bien les peuples occidentaux que leurs dirigeants. Il fallait que ces derniers soient contents de les avoir avec eux pendant la Guerre froide, que les pays du monde, succombant à leur charme slave, se les disputent. En un mot, que chacun de ces héros modernes soit sacré icône internationale par l'Ouest, tout en demeurant de fidèles patriotes de la Russie. Cela leur ouvrirait l'accès aux médias et à de larges auditoires, qui, peu à peu, adhéreraient à leurs idées.

Cela changerait, en outre, de ces délégations soviétiques officielles dont chacun savait, en Occident, qu'elles étaient escortées et étroitement surveillées par le KGB. Ce que l'on savait moins en revanche c'est que, de retour au pays, chaque Soviétique devait rédiger un rapport concernant le comportement de ses collègues à l'étranger. Ce rapport n'omettait pas le moindre détail, rapportant paroles, faits et gestes, contacts, rencontres ou sentiments des membres de ces délégations. Il s'agissait de la condition *sine qua non* de tout déplacement à l'étranger. Ainsi, tout Soviétique quittant le pays savait à quoi il s'engageait. Rien d'étonnant, dans ces conditions, si les citoyens, dont les familles restaient otages du régime, vantaient l'Union soviétique aux Occidentaux. Il était urgent de changer tout cela. Au lieu de les interner en asile psychiatrique, il valait mieux expulser les contestataires les plus connus qui partiraient rejoindre leurs compatriotes. Rien ne devait être laissé au hasard. Par exemple, le fait que ces gens risquaient de se retrouver au micro des « voix ennemies » (les radios étrangères comme la BBC, Deutsche Welle, Radio Liberty ou Voice of America), diffusant sur ondes courtes vers l'URSS, vingt-quatre heures sur vingt-quatre. Ces émissions poursuivaient deux objectifs : informer les Soviétiques sur l'actualité occidentale et leur ouvrir les yeux sur leur régime. Il fallait donc expulser des personnages authentiques, crédibles, à la réputation pure et sans tache.

Simple en apparence, le choix s'avérait difficile puisque la méthode de prédilection du KGB consistait à discréditer les fortes têtes. En règle générale, ayant efficacement infiltré les milieux disparates de la dissidence et de la création artistique, agents et mouchards étaient obsédés par une seule idée : retourner, recruter ou discréditer ces « ennemis du peuple ». Comment ? Il suffisait d'une convocation au siège du KGB pour un « entretien » et le tour était joué. Surtout si, après la « discussion », les rumeurs les plus folles, provenant de « sources sûres », commençaient à se répandre dans le pays, comme à l'étranger. Un « discrédit sans frontières » insinuant le mouchardage ou la collaboration des personnes convoquées.

Pour les prisonniers libérés avant terme, c'était encore plus simple. L'usage voulait, dans ce cas, que le KGB propose leur libération en échange d'un repentir public à la télévision, par exemple, ou dans les colonnes de journaux. Certains craquaient. À l'instar du prêtre orthodoxe Dmitri Doudko (qui s'est « repenti » à la télévision à l'été 1980) ou encore du dissident Zviad Gamsakhourdia (par la suite, premier président élu au suffrage universel de la Géorgie ex-soviétique), auxquels nombre de gens ont reproché leur « trahison » jusqu'à leur dernier jour. D'autres tenaient bon, mais leur réputation s'en trouvait ternie à jamais. Et ils vivaient avec, au-dessus de la tête, comme un terrible point d'interrogation en guise d'épée de Damoclès. Tel Andreï Siniavski (*alias* Abram Terts, jugé lors du fameux procès de Daniel et Siniavski, en 1966), dont la veuve, Maria Rozanova, défend toujours la mémoire.

Une sélection s'imposait. Ainsi, après avoir passé au crible des milliers de candidats potentiels, on en retint une petite dizaine. Ce qui n'empêcha pas Andropov de faire interner par ailleurs des centaines de « petits » dissidents en hôpital psychiatrique. Probablement afin que nul ne soupçonne son grand projet.

Il semble que la proposition d'Andropov d'utiliser la psychiatrie comme arme de répression souleva un tel enthousiasme au Politburo qu'il fut décidé, à l'unanimité, de l'y coopter dès qu'une place se libérerait. Et ce, malgré le poste « ingrat » (à la tête du KGB) auquel on venait de le nommer. Désormais, on ne pouvait rien lui refuser. Même les demandes d'expulsion les plus étranges.

Andropov, disciple de Beria ?

En somme, l'action d'Andropov semble montrer qu'il entendait suivre la voie ouverte par Beria en adaptant les idées du Géorgien aux nouveaux contextes national et international. Par exemple, on lui reprocha souvent d'avoir soutenu l'intervention des troupes du pacte de Varsovie en Tchécoslovaquie, puis celle de l'URSS en Afghanistan. Or, en 1968, après une année à la tête du KGB (alors subordonné au Conseil des ministres), non seulement résister aux faucons du Parti qui voulaient écraser le Printemps de Prague n'aurait servi à rien, mais se serait avéré suicidaire. Au printemps 1979, la situation militaire n'étant plus sous contrôle, Andreï Gromyko (« Monsieur Niet ») décréta que l'URSS ne pouvait en aucun cas « perdre l'Afghanistan ». Le 12 décembre 1979, après le feu vert du Politburo, Oustinov, ministre de la Défense, Gromyko, ministre des Affaires étrangères, et Andropov, président du KGB, signèrent l'ordre d'envoyer des troupes en Afghanistan. Chose faite quelques jours plus tard, dans la nuit du 26 au 27 décembre.

Fin 1979, après six ans au Politburo, si Andropov voulait réformer le régime, il devait propager l'idée, grâce à ses envoyés, qu'en entrant en Afghanistan l'armée soviétique avait envahi un pays n'appartenant pas au bloc. Et faire savoir que, cette fois, les dirigeants de l'URSS avaient dépassé les bornes. Alors, pensait-il, désavoué, affaibli sur le plan international, le système se fragiliserait de l'intérieur. Aux yeux de la communauté internationale, cette invasion prouverait une fois de plus que l'empire devait être réformé d'urgence en l'amputant d'abord de sa cime gangrenée : l'idéologie. En outre, à force de financer d'innombrables partis frères et groupuscules anticolonialistes ou anti-impérialistes, tout en se lançant dans une guerre absurde, le PCUS ruinait le budget de l'État, un État qui, visant la conquête du monde, assurait tout juste la reproduction de main-d'œuvre dans le pays.

Andropov savait aussi ce que les autres n'apprendraient que plus tard, grâce aux témoignages et aux archives : les faucons du Parti et des structures de force programmaient sérieusement une occupation militaire de l'Occident. Il allait de soi que les sympathisants du PCUS leur prêteraient main-forte. Pragmatique, lucide, conscient des changements mondiaux depuis 1917 et des nouveaux rapports de forces, Andropov envisageait, pour sa part, une coopération internationale. Il avait l'air convaincu que l'URSS devait converger avec l'Occident et cesser de le menacer. En ce temps-là, lancé par Andreï Sakharov, le terme « convergence » fit le tour du pays...

Ainsi, bien avant l'Afghanistan, l'opération « Expulsion » cherchait à diffuser, hors du bloc communiste, une propagande subtile, authentique, passionnée, destinée à réveiller l'opinion la plus large et à la préparer à des changements radicaux à l'Est – en URSS comme dans les satellites. Pour ce faire, des témoins dignes de foi allaient décrire, sans exagération, la réalité soviétique afin de montrer à quel point le pays devait se libéraliser. On sait aujourd'hui que ce plan machiavélique a bel et bien existé, et que les dissidents *made in Andropov* étaient chargés d'apporter à ce hardi réformateur le soutien inconditionnel de l'Occident.

Une chose est sûre : en cette matière, sans scénario ni modèle, Andropov innovait. Il lui fallait se fier à son intuition, tout inventer, louvoyer, éviter les écueils pour concrétiser une idée nouvelle, audacieuse, invraisemblable, mais, pour toutes ces raisons, aisément réalisable. À ce propos, l'une des plus longues notes d'Andropov, rédigée de sa main le 4 août 1969 à l'adresse du Comité central du PCUS, concerne un cas dont il s'est occupé personnellement : « Le 24 juillet 1969, Kouznetsov Anatoli Vassilievitch, né en 1929, originaire de la ville de Kiev, membre du PCUS depuis 1955, secrétaire du département de l'Union des écrivains de la RSFSR pour la ville de Toula, secrétaire adjoint de l'organisation du Parti du département, membre du comité de rédaction de la revue *Younost'* depuis juin 1969, s'est rendu en Angleterre pour consulter la documentation destinée à un nouvel ouvrage sur V. I. Lénine. Selon les informations de l'ambassade d'URSS en Angleterre, le 28 juillet au soir, Kouznetsov quitta son hôtel et, comme l'annonça par la suite le ministère britannique des Affaires étrangères, formula la requête de demeurer dans ce pays. La demande de Kouznetsov fut acceptée. Notre consulat a aussitôt exigé du ministère que le consul soviétique puisse rencontrer Kouznetsov sans délai. Or, se référant aux déclarations de l'Intérieur, le MAE britannique a prétendu que Kouznetsov refusait de rencontrer nos représentants. Il a été établi qu'après son arrivée à Londres Kouznetsov s'est rendu à deux reprises dans un night-club et que, le jour de sa disparition, il entendait y retourner pour rencontrer une Anglaise. Il n'est pas exclu que les services spéciaux de l'adversaire aient profité des circonstances pour compromettre Kouznetsov et le persuader de ne pas regagner sa patrie... »

Suit le parcours professionnel de Kouznetsov, enrichi de détails délirants sur l'écrivain, son épouse, son enfant, ses proches, illustration parfaite du surréalisme soviétique, sans oublier les représailles à exercer contre la Grande-Bretagne.

L'exemple ne manque pas d'intérêt, car il a parfaitement pu donner à Andropov l'idée d'instrumentaliser l'intelligentsia contestataire, déclarée ou en puissance. Et l'aider à peaufiner son projet. D'une manière générale, il avait constaté que les noms de ceux qui choisissaient la liberté tombaient souvent dans le néant. Que de vies, de talents gâchés ! Les génies comme Noureïev ou Barychnikov, mondialement célèbres, ne servirent que leur art, la danse. Alors qu'un Viktor Kravtchenko, qui s'évertua à crier la vérité à l'Europe, s'était fait descendre en flammes par les communistes français. Car tous ces partis, engendrés et financés par le Kremlin un peu partout dans le monde, voulaient se montrer plus bolcheviques que Staline ou Lénine eux-mêmes... Mais les dissidents *made in* Andropov sauraient rester de marbre face aux attaques. Ces preuves vivantes de la schizophrénie mégalomaniaque du système n'auraient rien à prouver. Il suffirait de les savoir persécutés, traqués, condamnés par un régime qui leur interdisait d'exercer leur métier. En somme, d'en faire les martyrs du soviétisme afin d'ouvrir les yeux des Occidentaux engourdis dans leur douillet bien-être. De les conquérir en rayonnant de charme slave, de nostalgie romantique et d'amour blessé pour une patrie à jamais perdue. Sauf si... un jour, la roue politique se mettait à tourner.

En guise de hors-d'œuvre, Andropov frappe fort : Alexandre Soljenitsyne atterrit à Genève en 1974. L'auteur de *L'Archipel du Goulag* ! L'Occident en reste abasourdi. Or, Soljenitsyne était en mesure d'attirer l'attention d'Andropov pour avoir osé critiquer Staline pendant la guerre, l'accusant de déformer les principes du léninisme en rétablissant un esclavage pire qu'au temps des tsars. Et ce, tout en sachant que la censure militaire veillait ! Certes, en détention, Soljenitsyne collabora avec les autorités carcérales sous le nom de code de « Vetrov » (un fait que le futur prix Nobel confessera publiquement beaucoup plus tard, tout en niant formellement avoir jamais dénoncé quiconque). Mais lui avait-on laissé le choix ? Et peut-on le lui reprocher ? Compte tenu des terribles conditions de détention, tout un chacun aurait pu en faire autant, voire pis encore.

Le fait que la première œuvre de Soljenitsyne, *Une journée d'Ivan Denissovitch* [1], ait été publiée grâce au soutien de Khrouchtchev, en dit assez long. Car on pouvait accuser Nikita Sergueïevitch de bien des choses, sauf de lire des livres. L'ouvrage tombait à un moment des plus opportuns : en pleine déstalinisation ! Il franchit donc la censure. Par ailleurs, ceux qui suggèrent, dans ce cas précis, l'aide discrète mais efficace d'Andropov ont peut-être raison. Il n'est pas impossible que ce soit aussi *via* le canal du patron du KGB que *L'Archipel*, tel que le monde le connaît, ait pu voir le jour. Certes, l'écrivain a toujours affirmé que son œuvre reposait sur d'innombrables témoignages, qu'il notait sur des bouts de papier pour les mémoriser, avant de les détruire. Mais cela suffisait-il ? Des matériaux supplémentaires, destinés à renforcer l'impact de l'ouvrage, n'auraient-ils pas été les bienvenus ? On en remit donc une couche.

L'histoire est officielle. En 1965, lors d'une perquisition, le manuscrit de *L'Archipel* est confisqué par le KGB. Connaissant, respectant même, son auteur, Andropov, déjà haut placé dans la hiérarchie, le dévore d'un trait. Sans doute apprécie-t-il le courage de Soljenitsyne. Mais peut-être regrette-t-il aussi que ce qui pourrait devenir un formidable témoignage sur les crimes du bolchevisme pêche par insuffisance de documentation… Que se passe-t-il ensuite ? On en est réduit à des suppositions. Andropov se débrouille-t-il pour « piocher » les documents indispensables dans le dédale des archives du KGB ? Charge-t-il quelqu'un de confiance de renseigner l'auteur et de lui transmettre des documents originaux dans le plus grand secret ? Tout est possible. Rien n'est certain.

Difficile aujourd'hui de répondre à ces questions, car Andropov n'a évidemment laissé aucune trace écrite sur son rôle exact dans cette grandiose opération d'« intox positive ». Quant à Soljenitsyne, il est resté muet sur ce chapitre de sa vie… Peut-être le temps n'était-il pas venu de révéler la vérité ? Connaîtra-t-on jamais ses relations exactes avec Andropov qui, en Russie, suscitent encore la curiosité ? Disparu le 3 août 2008, Alexandre Soljenitsyne a emporté ses secrets dans la tombe.

1. C'est Pierre Daix, premier traducteur de l'ouvrage, qui fit connaître Soljenitsyne aux Français.

Quoi qu'il en soit, la même année, le Rideau de fer se souleva à nouveau, pour l'expulsion d'URSS de sommités comme Mstislav Rostropovitch et son épouse, la pugnace Galina Vichnevskaya – autre preuve de l'incurable démence du système soviétique. Depuis 1969, dans sa datcha de la banlieue moscovite, le couple avait hébergé Alexandre Soljenitsyne, en disgrâce déjà. Il avait même adressé à Brejnev une lettre ouverte en sa faveur. Peu à peu, le grand violoncelliste devait se voir privé de concerts et de tournées, n'enregistrant plus de disques jusqu'à son expulsion du pays. Quelque trois ans plus tard, lui et sa famille étaient déchus de la citoyenneté soviétique. Quelle folie avait gagné le Kremlin ? Rostropovitch, artiste du peuple de l'URSS, lauréat des prix Lénine, Staline, des Prix d'État de la RSFSR, de l'URSS, était un musicien et chef d'orchestre mondialement connu. Le plus grand violoncelliste du siècle ! En février 2007, peu avant sa mort, il recevra un nouveau prix des mains de Poutine, à la veille de son quatre-vingtième anniversaire, pour « mérite envers la Patrie ». Peut-être le kagébiste du Kremlin a-t-il été sensible aux sentiments que lui témoigna ce citoyen du monde, ambassadeur de bonne volonté auprès de l'Unesco, citoyen d'honneur de dizaines de villes mondiales, membre d'innombrables académies et fondations d'art (États-Unis, Grande-Bretagne, Italie, Autriche, Japon, etc.), docteur *deshonoris causa* d'une bonne cinquantaine d'universités du monde. De retour en Russie, Rostropovitch confiait : « J'aime Poutine. J'ai une attitude extrêmement positive à l'égard de cet homme. Bien que nous ne nous soyons jamais rencontrés, ce qu'il dit et ce qu'il fait est parfaitement clair pour moi. Et je pense qu'il suit la bonne voie. Alors que toutes ces balivernes à propos de la prétendue liberté de parole ne sont que de la roupie de sansonnet. Le concept de la liberté de parole est utilisé de façon ignoble. Ceux qui le brandissent parlent de liberté de parole tout en commercialisant la vérité, en faisant des vilenies à beaucoup de gens, même au président. C'est un manque de culture. Avec la liberté de parole, nous avons perdu la responsabilité de la parole. Lorsque nous retrouverons notre conscience et la responsabilité de la parole, alors tout se remettra en place [1]. »

1. *Izvestia*, 25 janvier 2002.

Également décoré par Poutine, au moment de l'adieu à son grand ami disparu, Soljenitsyne déclare au printemps 2007 : « La mort de Mstislav Rostropovitch est un rude coup pour notre culture. On a essayé de le séparer d'elle par la force, le privant de sa citoyenneté voilà trente ans. Je suis témoin de la douleur qu'il en éprouva. Et pourtant, il n'a eu de cesse de glorifier la culture russe dans le monde entier[1]. »

C'est tout à son honneur. La Russie devrait lui en vouer une reconnaissance éternelle. Car à quoi bon enfermer un tel talent derrière le Rideau de fer, dans un pays où le ministère soviétique de la Culture aurait été le seul à s'enrichir sur son dos et celui de son épouse, ne leur laissant que des miettes de leurs fabuleux cachets ? Au lieu de cela, grâce à sa formidable carrière internationale d'un quart de siècle, le couple Rostropovitch (auquel la citoyenneté soviétique fut rendue en 1990) a rassemblé une collection d'art à faire pâlir de jalousie les milliardaires russes actuels. Ce trésor fut racheté par le richissime Alicher Ousmanov, un pilier de Gazprom, pour la modique somme de soixante millions d'euros, afin d'éviter sa mise aux enchères. Il fallait le garder en Russie.

Les déçus de la Perestroïka

Revenons brièvement aux années 1970, une décennie qui provoqua une véritable hémorragie dans le monde soviétique des arts, des lettres et des sciences. Parmi les expulsés célèbres, on trouve une pléiade d'artistes peintres non conformistes comme Oskar Rabine, et leur impresario à tous, Alexandre Glezer. Mais il y a surtout des écrivains comme Andreï Siniavski et Maria Rozanova, Anatoli Gladiline, Vassili Aksionov, Vladimir Voïnovitch, Viktor Nekrassov, Vladimir Maximov, le barde Alexandre Galitch. Et beaucoup d'autres encore, tel Édouard Kouznetsov, emprisonné puis expulsé pour tentative de détournement d'avion.

Vladimir Maximov débarque à Orly le 1er mars 1974. La même année, il est contacté par le magnat de la presse allemande Axel Springer, qui lui propose de fonder et de diriger la revue trimestrielle

1. *Échos de Moscou*, 27 avril 2007.

Continent, qu'il financera généreusement. Par la suite, le Russe confiera à la *Pravda* que, selon des rumeurs insistantes, son généreux mécène percevait des sommes colossales… provenant d'*ailleurs*. En assurant qu'au fond l'origine de ces subsides lui importait peu car cette revue lui avait permis d'offrir une tribune non seulement aux opposants des systèmes communistes de l'URSS et des pays du bloc, mais également à nombre d'intellectuels occidentaux, voilà l'important. Qui d'autre que Moscou pouvait bien être l'*ailleurs* en question ? Qui, sinon Andropov, avait intérêt à financer secrètement une telle revue ? Car, au cœur de la Guerre froide, aucun autre pays ou organisme n'avait de raison de dissimuler ce financement, qui prit fin au milieu de l'ère Gorbatchev. Certains de ses proches prétendent pourtant que Maximov fut également financé par la CIA. Possibilité impossible à vérifier.

Véritable fédérateur des voix contestataires et des personnalités rebelles au soviétisme, Maximov est aussi un grand auteur qui s'est surtout illustré en dénonçant la tyrannie communiste par le biais d'une structure typiquement occidentale : l'Internationale de la Résistance, qui appelait à « stopper l'expansion du totalitarisme soviétique dans le monde ». « Pour moi, le mot "communisme" a été et reste synonyme de termes comme "réaction", "obscurantisme", "fascisme". De ma part, il s'agit d'une accusation responsable car, durant le siècle dernier, sont liés à ces mots une boue et un sang tels que, comparés à eux, tous les crimes hitlériens pâlissent pour avoir l'air désormais de vaines tentatives de pasticheurs hystériques. »

Et Maximov de souligner avec passion que « tout le monde a participé à créer le criminel régime stalinien » et que « le totalitarisme actuel n'est pas seulement soviétique, mais également est-européen ». Il écrit aussi que « la situation mondiale est catastrophique : violence et mensonge submergent l'humanité. [...] Le communisme est la forme la plus abominable et hypocrite du fascisme dans le monde contemporain ». Il lui arrive aussi d'ironiser par désespoir : « À l'avenir, l'encyclopédie universelle désignera Hitler comme "un tyranneau insignifiant ayant vécu à l'ère de Staline". »

Quel destin prédisait-on à l'URSS ? « Hélas, prophétisait Maximov, dans les conditions du totalitarisme, des changements tectoniques pourraient s'avérer terriblement sanglants, et même se solder par la destruction [1].»

Une fois au moins, il lui est arrivé de confier en privé ces paroles sibyllines : « Je suis investi d'une telle responsabilité que j'ai parfois l'impression de porter le globe terrestre sur mes épaules... »

En 1990, Vladimir Maximov cumulait la reconnaissance et les remerciements de Mikhaïl Gorbatchev. Le 25 mars 1995, à la veille de sa mort, la *Pravda* publiait sa dernière interview, dans trois numéros consécutifs. Maximov y affirmait : « Vous pouvez passer l'ensemble de mon œuvre au crible, jamais je n'ai levé le petit doigt contre la Russie. Je n'ai jamais combattu que l'idéologie. Je considérais qu'elle était le seul poids qui empêchait la Russie de se développer, de devenir un pays de plus en plus épanoui et puissant. Ce fut là ma grande tragédie, une erreur fatale. Et j'en éprouve des regrets [2]... » Et de certifier : « Si on nous avait tendu une main à temps, nous aurions pu éviter cette perte [de l'empire, *NdA*]. La Russie se trouve comme au centre d'un cercle vicieux, constatait-il encore, amer. Même "matériel" humain. Des slogans qui se ressemblent étrangement : "Celui qui n'est pas avec nous est contre nous !" Et voilà qu'on brandit l'épouvantail du fascisme. Staline instrumentalisait la terreur. Lénine aussi... »

Concernant l'Occident et l'attitude de la Russie à son égard, on croirait entendre, à peu de chose près, les discours belliqueux des chefs du Kremlin : « Quand vous avez vingt-cinq mille têtes nucléaires en poche, vous pouvez parler haut et fort. Pourquoi les Occidentaux se préoccupent-ils tant de quelques bombes en Inde ou au Pakistan, pourquoi s'inquiètent-ils à propos des recherches nucléaires de la Corée du Nord ? Parce qu'ils savent que si ceux-là possèdent l'arme nucléaire, ils adopteront un autre ton avec l'Occident. Pourquoi la France s'est-elle acharnée à créer un arsenal nucléaire, qu'elle continue à perfectionner ? Mais parce qu'elle sait pertinemment que, sinon, personne ne la prendrait en considération ! Si un jour la Russie tapait du poing sur

1. Citations de son pamphlet *La Saga des rhinocéros*, publié en russe par les éditions Possev, Francfort-sur-le-Main (1981), et dédié à Eugène Ionesco. Ouvrage non traduit en français à notre connaissance.

2. *Pravda*, 25-26-27 mars 1995.

la table, l'Occident lui prêterait l'oreille. En pareil cas, il redevient vite très docile, très poli, et se met à discuter de manière humaine. Mais si vous leur cédez, n'attendez nul merci de la part de ces gens civilisés. »

De telles déclarations devaient, à l'époque, réjouir les patrons des services secrets russes...

C'est durant la décennie 1970 que l'URSS expulsa ses dissidents les plus connus, comme l'indomptable Vladimir Boukovski, cet irrécupérable qu'on échangera contre l'ami communiste chilien Luis Corvalán, si cher aux vieillards du Kremlin. D'autant que, mêlé à des intellectuels contestataires, ce dissident authentique et passionné ne leur donnera que plus de crédibilité. Boukovski fut en outre président honoraire de l'Internationale de la Résistance, qui rassembla la fine fleur de l'intelligentsia mondiale. On expulsa aussi un Leonid Pliouchtch s'obstinant à chercher la vérité « dans le marxisme », au grand étonnement des « vrais marxistes » occidentaux. Ou encore Alexandre et Arina Guinsbourg, Natalia Gorbanevskaïa, Viktor Faïnberg et quelques autres. Certains de ces intrépides reposent désormais en terre française...

Quoi qu'il en soit, la fin de l'ère Gorbatchev provoqua une nette fracture au sein des expulsés soviétiques des années 1970. D'un côté, on trouvait les optimistes, tel Boukovski, saluant la présidence de Boris Eltsine, liée à leurs yeux à l'espoir d'une démocratisation et d'une décommunisation réelles du pays et des ex-Républiques de l'URSS défunte. De l'autre, il y avait les pessimistes, les déçus de la politique du premier et dernier président soviétique. Loin d'être des inconditionnels de la valse-hésitation de Gorbatchev, ils avaient néanmoins espéré qu'il redresserait la barre au dernier moment. Or, les changements en œuvre ne correspondirent pas du tout à leur attente. Réformer le système, le purger de l'idéologie communiste, soit. Instaurer un « socialisme à visage humain » ? À la rigueur. Mais laisser imploser l'empire ? Ça, jamais ! Étrangement, comme on a pu le constater, ces personnalités virèrent de cent quatre-vingts degrés du jour au lendemain. Alexandre Zinoviev, connu comme l'auteur des *Hauteurs béantes* et d'*Homo sovieticus*, sera l'un des premiers à réagir. Après avoir stigmatisé le soviétisme pour célébrer les attraits de l'Occident, il retourne sans transition sa plume vengeresse contre ce dernier, le décrétant seul coupable de tous les maux qui se sont abattus sur son pays.

Son expulsion d'URSS, en 1978, allie la cocasserie à l'incohérence. Le premier livre de ce professeur de philosophie paraît en Occident, en 1976, sous le titre *Les Hauteurs béantes*[1]. À cinquante-quatre ans, lucide, l'auteur s'attend à être arrêté, persuadé que sa famille sera ensuite expulsée de Moscou. En réalité, il s'en sort plutôt bien : déchu de ses titres universitaires, il sera rétrogradé sur le plan professionnel. Alors que l'idéologue du PCUS, Mikhaïl Souslov, exige qu'il subisse la peine capitale, Andropov préconise son exil du pays.

Zinoviev n'a jamais dissimulé ses bonnes relations avec ce dernier : « Andropov avait adoré mon livre. Du coup, il m'a proposé d'enseigner en Occident. » En définitive, Brejnev décida son expulsion assortie d'une privation de citoyenneté de douze ans, au terme de laquelle l'exilé pourrait rentrer au pays. Ainsi fut fait. En 1990, un décret présidentiel rendit la citoyenneté soviétique à Zinoviev, en dépit de ses pamphlets *Katastroïka* et *Gorbatchévisme*.

Zinoviev dénonce alors les contradictions du nouveau régime : « Jadis, on m'a expulsé pour antisoviétisme. À présent, on critique mes convictions communistes ! » Et d'accuser vertement l'Occident d'avoir réussi à détruire l'URSS, le système de gestion et l'idéologie soviétiques, pour propulser Gorbatchev au pouvoir. On sait que Zinoviev n'a admiré que deux grands personnages historiques : « Le XIXe siècle fut celui de Napoléon, le XXe celui de Staline, qui se situe à cent coudées au-dessus de l'empereur des Français[2] ! » Le 10 mai 2006, Alexandre Zinoviev mourait à Moscou, emportant dans la tombe les mystères de son ambivalente et géniale excentricité.

La même année, les éditions Algorithme-Exmo de Moscou publiaient *L'Ordre russe au sein du PCUS : le conseiller de Souslov se souvient*. L'auteur, un certain Oleg Khlobystov, qui se présente comme un « vrai nationaliste russe », paraît contaminé par l'antisémitisme ambiant ; il révèle ainsi que, dans les hautes sphères du pouvoir soviétique, personne ne fut dupe des manigances d'Andropov

1. A. Zinoviev, *Les Hauteurs béantes*, L'Âge d'homme, 1976.
2. Interview par le quotidien nationaliste *Zavtra* (Demain), 22 juin 1999.

qui caressait, paraît-il, « le rêve de transformer le Parti en réservoir de la "race juive" » ! Certes, l'historien Semanov a déjà démontré que les origines d'Andropov préoccupaient pas mal de monde en Union soviétique. Il citait ainsi l'écrivain Vadim Kojinov, qui s'en était étonné : « C'est vrai, Andropov avait le type juif, ce qui semble étrange puisque sa carrière a débuté en 1951, au moment où l'on persécutait les Juifs en leur imposant des restrictions. »

Par ailleurs, l'historien Dmitri Volkogonov soulignait : « En Occident, on a écrit à maintes reprises que la mère d'Andropov était juive. Ce qui n'intéresse personne dans une société normale prenait, en URSS, un sens magique et sinistre. »

Mais Oleg Khlobystov, ex-conseiller de l'idéologue du Parti, se montre encore plus direct : « Nous avons vu clair dans le jeu d'Andropov [...]. Mais, aussi puissant fût-il, il comprenait qu'il ne pouvait réussir que grâce à une trahison secrète du pays par le Comité de sécurité d'État [le KGB, *NdA*]. »

Ce faux procès a un air de déjà-vu. On croirait relire à peu de chose près l'acte d'accusation de Beria et sa « clique », où l'on aurait remplacé l'Intérieur par le KGB. Le tout émaillé d'un antisémitisme qui remonte, en Russie, à la nuit des temps. Dans la Russie post-soviétique, le Juif sert toujours de bouc émissaire. À telle enseigne que bien des oligarques ou des hommes politiques d'origine juive ont adopté des pseudonymes russes. À commencer par Lev Davidovitch Bronstein, *alias* Trotski, ou, plus près de nous, Evguéni Primakov, né Kirchblat.

Et Semanov de renchérir : « Secrètement et en silence, sans compagnon de route, mais n'ayant que des complices à double visage comme lui, il s'est enfin propulsé jusqu'aux cieux du Kremlin. Apparemment, dans toute l'histoire mondiale, Andropov reste et restera le chef le plus hermétique d'une police politique secrète. Il combattait le mode de vie bourgeois, mais dans son for intérieur il l'adorait ! Cet homme reste à jamais une énigme... »

L'énigme Andropov est peut-être moins indéchiffrable qu'on pourrait le supposer. Les recherches progressent, la science infuse. Les vieilles analyses manichéennes sont aujourd'hui dépassées. Et quelles qu'aient été les vraies motivations du patron du KGB, à l'instar de Beria en son temps il avait compris, avant les autres, que les choses ne pouvaient continuer de la sorte.

Pour y voir plus clair, peut-être faudrait-il décrypter le formidable aveu d'Igor Andropov, un fils pour lequel son père n'avait aucun secret et qui, comme en écho à Sergo Beria, lâcha un jour en public : « Mon père a toujours détesté le communisme ! »

CHAPITRE VI

Lustration, « dékagébisation »…

Le 9 novembre 1989, les Allemands ouvrent une brèche dans le mur de Berlin, précipitant ainsi des élections libres en RDA, puis la réunification des deux Allemagnes le 3 octobre 1990. Car, très vite, la seule solution qui s'impose au chancelier Helmut Kohl, c'est l'absorption de la RDA par la RFA. Mikhaïl Gorbatchev, on s'en doute, en est fort mécontent. S'il prônait à l'époque un rapprochement de la RFA et de la RDA, jamais il n'avait envisagé une réunification, car la scission de l'Europe en deux blocs antagonistes était une réalité bien établie. Mais, stimulé par quelques concessions de Kohl et un « prêt » de cinq milliards de marks, Gorbatchev ne s'est pas opposé à la réunification allemande. Le 3 octobre est aujourd'hui la fête nationale allemande (*Tag der Deutschen Einheit*, « jour de l'Unité allemande »).

À partir de la chute du Mur, comme par un effet domino, les régimes des pays de l'Est s'effondrent l'un après l'autre, chacun trouvant sa propre voie de sortie du communisme. Tous ces délitements en chaîne se déroulent de manière pacifique. Mais, une fois ces régimes abrogés constitutionnellement, de nouvelles difficultés surgissent. Un demi-siècle de communisme a en effet façonné ces pays, au point d'en modeler les organismes étatiques, l'économie, mais aussi l'histoire, la culture et jusqu'aux structures mentales des habitants.

Dans ces conditions, comment opérer la transition vers l'État de droit et l'économie de marché ? Comment organiser une décommunisation efficace ? Comment réussir une démocratisation réelle, une moralisation sans esprit de revanche ni chasse aux sorcières ? Et surtout, comment épurer les polices politiques, ces États dans l'État, généralement créées sur le modèle du NKVD soviétique pour devenir un puissant instrument entre les mains du Parti ? De quelle façon éliminer ces métastases qui ont gangrené tous les pores des sociétés communistes ? Enfin, comment concilier le devoir de mémoire – le souvenir du communisme dont les nouvelles générations ignorent presque tout – et l'oubli d'un passé totalitaire ? En bref, comment redonner à la vie sociopolitique une conscience morale excluant rigidité et désir de vengeance ?

S'agissant des polices politiques, dont l'existence ne se justifiait plus, les populations n'avaient en principe plus rien à redouter d'elles. Le temps où le moindre chercheur partant à l'étranger devait donner des gages de sa bonne foi au régime semblait révolu. Que restait-il concrètement de ces bras armés tant redoutés du communisme prosoviétique ? Une masse immense d'archives secrètes comportant notamment les listes de ceux qui, de gré ou de force, avaient servi les régimes en place. Et les noms des marchands. À l'évidence, ces documents représentaient la seule manière de séparer le bon grain de l'ivraie. Autrement dit de dépister, sans risque d'erreur, les individus liés aux services secrets nationaux ou soviétiques. En outre, ces structures occultes conservaient avec soin les multiples dossiers des victimes du régime. Cette possibilité donnée à tout citoyen de consulter son dossier personnel entérinait une nouvelle moralité de gouvernance. L'adoption des lois dites de lustration et l'ouverture des archives de la répression politique – l'un des critères d'une démocratisation bien comprise s'étalant sur des années – procédèrent donc de la même démarche : moraliser la vie publique. Dès lors, légitimés par des élections pluralistes, les nouveaux pouvoirs entreprendront de décommuniser la société à leur rythme et selon des modalités spécifiques.

Décommunisation et *lustration* renvoient donc à des notions différentes. Les confondre revient à mélanger deux démarches distinctes. Or, hommes politiques et intellectuels occidentaux les amalgament ou les inversent sans même s'en rendre compte, occultant ainsi l'héritage des nouveaux États membres de l'Union européenne et ses répercussions sur la vie sociopolitique.

Décommuniser consiste à réformer le système politique des pays désireux de rompre avec l'ancien régime afin de se démocratiser. La *lustration* (du latin *lustratio*, purification rituelle mais aussi réconciliation), elle, met en lumière le passé d'individus occupant ou susceptibles d'occuper des fonctions importantes au sein du nouvel État en cours de démocratisation. Elle épure donc la société des auteurs des persécutions et des crimes de l'ancien régime, en les suspendant ou les excluant de leurs nouvelles fonctions politiques. Il s'agit là non pas de débusquer les mouchards de base, mais plutôt de passer au crible la haute hiérarchie politique, diplomatique et militaire, ayant servi à la fois la police politique nationale et le KGB, afin de lui interdire quelque temps toute responsabilité. À l'Est, ces lois de lustration ont suscité des remous ; à l'Ouest, l'incompréhension.

Le cas polonais

En Pologne, au mois de mars 2007, le débat est relancé par Bronislaw Geremek, qui refuse publiquement de se soumettre à la nouvelle loi de lustration élargissant le champ d'application de celle votée dix ans plus tôt.

Cofondateur de Solidarnosc, ancien conseiller de Lech Walesa, ex-ministre des Affaires étrangères, Geremek, prématurément disparu en juillet 2008, était également un historien médiéviste mondialement respecté. Jusqu'à sa mort soudaine, et bien qu'il fût eurodéputé, il devait rester le seul des cinquante et un députés polonais à avoir refusé de signer la déclaration, exigée de tout responsable public, certifiant sa non-collaboration avec la police politique de la Pologne communiste. Cet ancien militant du Parti, devenu par la suite l'un de ses plus farouches adversaires, reconnu comme une haute autorité intellectuelle et morale de l'Europe, s'affirmait depuis longtemps comme un idéaliste gravement déçu par le communisme.

Lors d'un entretien passionnant, Bronislaw Geremek nous a clairement expliqué son itinéraire : « Enfant de la guerre, j'ai été éduqué, formé par elle sur le plan mental, émotionnel, sentimental. Alors j'ai pensé que cette guerre, qui était celle du régime totalitaire, représentait la fin d'un monde, et qu'il fallait chercher le moyen de changer les institutions, la sphère sociale, l'organisation économique, afin de les modifier en profondeur.

J'ai cru aussi un temps que le communisme était non seulement la “jeunesse du monde”, mais encore une idéologie capable de tout bouleverser. Il m’a fallu l’expérience pour réaliser que c’était tout le contraire : elle ne visait pas à transformer le monde, mais simplement à le dominer. L’expérience m’a prouvé que ce système, irréformable, était impossible à améliorer.

En 1956, au moment des événements de Budapest, m’éloignant de mes amis engagés politiquement, je suis devenu historien du Moyen Âge pour quitter cette époque, m’en aller le plus loin possible du présent. Mais elle m’a rattrapé à certains moments, pendant une longue période. Alors 1956, Budapest, fut ma première prise de conscience, la preuve que le révisionnisme, loin derrière le mouvement communiste, est épuisant, que le système dévore, même si je croyais encore possible de le réformer.

Ensuite 1968, Prague, fut comme un dernier signal qui m’a convaincu que jamais on ne pourrait perfectionner ce système. Je me rappelle encore mes jours et mes nuits passés à écouter la radio tchèque pour comprendre les événements. Je me souviens de cette attente épuisante quand l’armée de mon pays a pris part à la “pacification” de la Tchécoslovaquie par les troupes du pacte de Varsovie.

Ainsi, il fallait donc accumuler des expériences tout en menant une réflexion critique. Mais commencer par l’expérience. Ma conclusion, après l’intervention des armées du pacte de Varsovie en Tchécoslovaquie, était un sentiment de totale impuissance, avec la volonté de me retirer dans un monde à moi, celui des livres que j’écrivais ou voulais écrire, et des livres à lire. Il a fallu encore des années pour que je me pose la question : mais comment abandonner le monde autour de moi ? Ma première formation politique provient de mes lectures françaises des années d’après 1945, comportant la notion d’engagement. Alors, j’ai compris qu’il me fallait agir. Le monde dans lequel j’ai trouvé ma place fut le renseignement clandestin. J’ai vécu en dehors des systèmes idéologiques imposés, et c’est ainsi que mon aventure a commencé. Il fallait que se produise le rejet complet de l’espérance que ce régime pourrait un jour sortir de sa dimension bolchevique pour devenir un socialisme à visage humain. Cette illusion devait se dissiper totalement pour que je m’engage à faire mon possible afin de détruire à jamais ce système.

Aujourd'hui, je crois à deux choses. D'abord, il existe un héritage mental du communisme. Héritage que l'on retrouve dans tous les pays d'Europe centrale. Y compris dans le comportement des gouvernements, des partis politiques qui n'ont rien eu à voir avec le système, l'exercice du pouvoir, mais qui s'en sont imprégnés. Une tentation autoritaire est inscrite dans la politique de tous les pays, mais celle des pays post-totalitaires semble être une conséquence logique. Alors, apparaît ce qu'Adamczic appelle "l'anticommunisme bolchevique" ; tout à coup, de l'anticommunisme émergent les mêmes discours et pratiques que nous pensions spécifiques à la nomenklatura communiste.

Les opposants ? Des hommes, des femmes qui cherchaient juste à retrouver la normalité, à créer un espace de liberté, des choses très naturelles en somme.

Or, après les changements, la coupure, on observe soudain le poids des mentalités anciennes et une reprise, sous un habit neuf, des mêmes idées, des mêmes manières de gouverner. Pas seulement dans mon pays, la Pologne, mais aussi en Hongrie et, d'une certaine façon, en République tchèque. À l'heure actuelle, tout cela est contenu dans le populisme qui, en Europe centrale, devient aussi important qu'en Europe occidentale (voir certains mouvements d'extrême droite en Italie, en France). Ce populisme est également un héritage. Il y a, dans les pays d'Europe centrale, une sorte de tunique de Nessus. Cette tunique, comme celle que Déjanire donna à Héraclès, si on la revêtait, empoisonnerait immédiatement tout le corps. Tunique ou pas, c'est du nationalisme. Et du populisme.

Je crois profondément que ce nationalisme et ce populisme sont deux conséquences, plus ou moins directes, du totalitarisme soviétique. Et je crois que, d'une certaine façon, le cadavre du communisme en décomposition reste présent dans nos pays, dont il empoisonne l'atmosphère. Et s'il est difficile de mettre réellement nazisme et communisme sur un pied d'égalité, il faut comparer ces deux totalitarismes. Car c'est bien en les comparant qu'on peut comprendre le sens – néfaste – du communisme... »

Pourquoi Bronislaw Geremek, bientôt rejoint par Tadeusz Mazowiecki et Wladyslaw Bartoszewski, autres figures légendaires de *Solidarnosc*, a-t-il donc refusé de se soumettre aux obligations de la nouvelle loi de lustration ? Se plaçait-il au-dessus de la loi ? Il s'en est alors clairement expliqué : « Quand je me suis présenté aux élections, il y a trois ans, j'ai rempli toutes les conditions de la loi électorale, notamment en certifiant par écrit que je n'avais jamais collaboré avec la police secrète. [...] Il est vrai que c'est une exigence humiliante et sans fondement, mais ce n'est pas ma raison de refuser de me plier à cette demande. Je cherche à exprimer, par ce refus, une attitude à l'égard de la nouvelle loi. Je la trouve inacceptable dans l'Europe démocratique... Elle veut soumettre de quatre cent mille à sept cent mille individus à ces procédures de lustration. [...] Je crois que la loi de lustration dans sa forme actuelle viole les règles de morale et menace la liberté d'expression, l'indépendance des médias et l'autonomie des universités. Elle engendre une forme de "ministère de la Vérité" et de "police de la mémoire". [...] Je ne plaide pas pour ma cause personnelle. Je plaide pour la Pologne démocratique et européenne », concluait Geremek [1].

Quelques heures plus tard, le site *Nouvelobs.com* titre : « La nouvelle loi de "décommunisation" viole les règles morales et menace la liberté d'expression. » Au même moment, une partie de l'opinion européenne – notamment celle qui n'a jamais goûté au « paradis » totalitaire –, s'indigne haut et fort sans différencier le but poursuivi des moyens employés.

Le 27 avril 2007, un communiqué de la Ligue des droits de l'Homme, par exemple, décrit une « chasse aux sorcières déshonorante en Pologne » : « Les exemples de l'Allemagne d'après le nazisme et de l'Afrique du Sud d'après l'apartheid montrent à quel point la construction d'une mémoire collective de l'histoire nationale est un enjeu essentiel pour la construction d'une démocratie solide et durable reposant sur les valeurs des droits de l'Homme. Le pouvoir polonais n'a rien retenu de ces leçons : il compromet gravement le vivre-ensemble sans servir la cause de la vérité et de la justice. Ce pouvoir, qui s'est appuyé sur les pires réflexes populistes et qui tolère la recrudescence de l'antisémitisme, en vient à priver de leurs droits civiques Bronislaw Geremek et Tadeusz Mazowiecki, figures emblématiques de la lutte pour la liberté, sans lesquels aucune démocratisation n'aurait pu advenir », constate la Ligue.

1. *Le Monde*, 26 avril 2007.

Les termes d'épuration, de purification, de chasse aux sorcières, employés par les Occidentaux pour soutenir Geremek, paraissent quelque peu exagérés car le problème de la lustration dépasse de loin le cas de l'eurodéputé polonais. Il est vrai que, vues de l'Ouest, les lois de lustration, adoptées par la plupart des anciennes « démocraties populaires » qui n'avaient de démocratie que le nom, peuvent paraître excessives, voire réactionnaires. En fait ces lois, destinées à en finir, plus ou moins adroitement, avec une collaboration toujours d'actualité entre élites politiques et services spéciaux, sont affaire de perception et véhiculent une importante charge émotionnelle.

À partir du site *nouvelle-europe.eu*, le portail de l'Europe élargie, Zbigniew Truchlewski tente de calmer les esprits : « Il est difficile de considérer les méthodes de la nouvelle loi sur la lustration comme parfaites, loin s'en faut ; mais, en toute honnêteté intellectuelle, il est encore moins acceptable de les qualifier, comme l'a fait l'eurodéputé Daniel Cohn-Bendit, de méthodes "staliniennes ou fascistes". Et on s'accordera pour dire que la loi de lustration de 2007 pose les problèmes du secret personnel et des convictions, de la liberté professionnelle et de la liberté d'expression. Elle ne les supprime pas pour autant. La presse étrangère a beau jeu de se saisir de la question et de diaboliser le pouvoir polonais : ainsi, *Courrier international* parle de "l'extrême droite des frères K.", *Die Zeit* évoque la "chasse aux sorcières polonaises" et le "maccarthysme des Kaczynski", tandis qu'*El País* fustige la "réalité orwellienne" de la Pologne postcommuniste. Les médias sont suivis en cela par les hommes politiques européens : un eurodéputé allemand du groupe socialiste, Martin Schulz, appelle ainsi à se dresser contre la négation flagrante des valeurs européennes par le gouvernement polonais [1]. »

En fait, quels sont les enjeux de ce débat au sein de l'Europe ? À l'évidence, la démocratie, la morale et la loi. Mais également la mémoire, la justice historique et la sécurité de régimes fraîchement démocratisés.

Sans passion, Truchlewski replace les faits dans leur contexte : « La décommunisation et la lustration sont-elles un mal en soi ?

1. *Nouvelle Europe* (nouvelle-europe.eu), *La Pologne dans le miroir de la lustration*, 15 mai 2007.

Bien plus, peut-on les considérer comme contraires aux valeurs européennes ? S'agit-il là de méthodes fascistes et staliniennes que d'exiger non pas que du passé l'on fasse table rase, mais qu'à l'oubli on préfère le travail de mémoire ? Dissocions donc le problème de la manière dont il est résolu. Geremek et Mazowiecki, tout comme leurs compatriotes, ne sont pas contre la lustration ; ils s'opposent aux moyens qui servent à la mettre en œuvre. »

À l'instar de tous les peuples d'Europe centrale, les Polonais sont conscients que le passé détermine le présent et conditionne l'avenir. Le même Zbigniew Truchlewski analyse la situation actuelle en rappelant certains faits récents : « La décommunisation est en fait la réforme démocratique de la Pologne qui vise à établir un régime sur des bases saines (pas de corruption, pas d'arbitraire du pouvoir, mais droits de l'homme et du citoyen) grâce à la lustration, processus de vérification où l'on "lustre" les responsables en "scannant" leurs dossiers pour voir s'ils n'ont pas collaboré avec le régime communiste ni commis quelque forfait. [...] Dix-huit ans après les premières élections libres en Pologne, la gestion de la mémoire semble plus que cruciale. [...] Le problème n'est cependant pas récent et il revient périodiquement dans la vie politique et sociale polonaise. À la chute du communisme, la question était moins celle de la décommunisation que d'une transition pacifique au sein d'une société unitaire. L'objectif était d'éviter toute confrontation dont la violence aurait scindé la société sortie affaiblie du communisme. »

En somme, l'objectif majeur consisterait à apaiser les esprits, peut-être même à pardonner afin de se tourner résolument vers l'avenir. Mais la voie polonaise de sortie du communisme n'est pas linéaire. En effet, « en 1993, les citoyens polonais ont cependant préféré les anciennes élites aux nouvelles. Avec la réapparition des ex-communistes, disparaît la question de la lustration. Elle refait surface avec le retour au pouvoir de l'opposition, en 1997. La situation a changé puisque les réformes économiques ont donné leurs premiers fruits et que la démocratie s'est stabilisée. [...] Une nouvelle phase commence quand les anciens communistes reviennent au pouvoir en 2001. C'est à l'aune de ces dernières années que l'on doit lire les processus actuels de lustration et de décommunisation. La période de 2001-2005 a été en effet marquée par de nombreux scandales qui ont éclaboussé les dirigeants polonais. En témoignent deux affaires de corruption politico-économique : celle de “PKN Orlen”, d’abord, où l’on voyait des postcommunistes essayer de vendre une raffinerie stratégique polonaise aux Russes ; celle dite “affaire de Lew Rywin”, ensuite, que les Polonais appellent le Rywingate, qui a mis en scène la corruption des dirigeants politiques, lesquels, moyennant espèces sonnantes et trébuchantes, auraient voté une loi permettant à Agora, un consortium médiatique possédant le plus grand quotidien polonais, *Gazeta Wyborcza*, de pouvoir acheter une chaîne de télévision, ce que la loi sur les médias interdisait[1] ».

Quoi qu’il en soit, force est de constater d’après les exemples d’autres pays de l’ex-bloc socialiste, qu’aucune solution, aucune méthode, aucune loi ne trouvera grâce aux yeux des adversaires de l’idée même de lustration des sociétés postcommunistes.

En exposant ces problématiques en pleine lumière, le coup de colère de Geremek avait eu le mérite d’ouvrir enfin ce débat au sein de la Grande Europe.

Le cas roumain

En Roumanie aussi la situation est extrêmement délicate. En décembre 2005, le gouvernement roumain décide de créer un institut pour enquêter sur les crimes du régime communiste. Le problème s’avère particulièrement complexe, ainsi que le montrent divers témoignages.

D’abord, celui de l’universitaire Armand Gosu, enseignant à Bucarest, qui évoque le devenir de la police politique roumaine, la Securitate, dans la Roumanie postcommuniste : « En décembre 1999, dix ans après la révolution qui provoqua la chute du régime communiste en Roumanie et l’exécution des époux Ceausescu, le Parlement de Bucarest vota la loi 187, concernant l’accès aux dossiers personnels établis par la Securitate et l’incrimination de celle-ci comme police politique. Le projet initial visait à rendre accessibles les dossiers de la Securitate. Rien d’autre. Mais ce premier texte de loi subit des

1. *Ibidem.*

modifications substantielles. Notamment concernant la renonciation à la prise en charge des archives de l'ancienne Securitate, logistique et bâtiments compris, l'introduction du syntagme "l'incrimination de la Securitate comme police politique" et la nomination d'un Collège du Conseil national d'étude de ses archives (CNSAS), structuré sur des critères politiques. En dépit des critiques, l'adoption de la loi a été vue comme un grand succès de la société civile [1]. »

Pour autant, le CNSAS a-t-il répondu aux attentes de l'opinion publique ? Absolument pas. En six ans de fonctionnement, c'est à peine si une centaine d'officiers et de sous-officiers appartenant à la police politique ont été identifiés comme tels. Or, on estimerait le nombre de ces policiers et informateurs entre quatre cent mille et sept cent mille ! Comment expliquer l'inefficacité du CNSAS ?

D'abord, par l'opposition de la police politique elle-même. Car les services secrets créés à partir de janvier 1990 sur les ruines du département de la Sécurité d'État n'ont fait que reprendre les structures et les méthodes de ce dernier. Qu'ils se nomment Service roumain de renseignement (SRI), Service du renseignement externe (SIE), Direction générale des renseignements militaires (DGIM) ou Direction générale des renseignements et protection interne auprès du ministère de l'Administration et de l'Intérieur (DGIPI), ne change rien quant au fond.

Ensuite, par les divisions de la classe politique qui, dans son ensemble, n'a eu de cesse de saboter les travaux du CNSAS.

Enfin, par les rivalités et les conflits au sein même de l'organisme : « À l'intérieur du Collège se sont formés deux camps distincts, précise Gosu. Le premier soutenait une attitude tranchante envers le SRI, proposant de traduire ce service en justice pour ne pas avoir restitué les archives de la Securitate et n'avoir pas mis à la disposition du public un maximum de dossiers. L'autre camp, adepte de la politique des "petits pas", était partisan d'une attitude plus retenue. Cette confrontation entre les deux groupes a pratiquement bloqué les activités du CNSAS pendant près d'un an, à partir de l'automne 2002 [2]. »

En fait, des années durant, la question des archives de la Securitate

1. *Transitions & Sociétés*, Roumanie, n° 9, 2005.
2. *Ibidem.*

a paru constituer l'un des principaux débats dans l'opinion publique roumaine. Mais c'est un trompe-l'œil ! En mars 1990, la loi électorale a été votée sans même qu'y soit mentionné le principe de « lustration ». La raison en est simple : les élections venaient d'être gagnées par l'ancienne nomenklatura au pouvoir, qui s'était muée en Front de salut national.

En décembre 2005, le gouvernement roumain décidait néanmoins de créer un Institut pour l'investigation des crimes du régime communiste, dirigé par l'historien Marius Oprea. Auteur de nombreux articles sur ces questions, d'un ouvrage sur la révolte ouvrière de Brasov, et surtout d'un livre important sur la police politique roumaine, la fameuse Securitate de Ceausescu, Marius Oprea est en effet bien placé pour retracer l'évolution de la Roumanie postcommuniste : « Après les événements de décembre 1989, le sentiment anticommuniste était extrêmement fort dans la population. La classe politique a promis d'organiser un procès du communisme, ce qu'elle n'a pas fait. Peu à peu, il est devenu visible que ceux qui se sont installés au pouvoir en Roumanie en 1990 ont, en fait, organisé un coup d'État contre la révolution anticommuniste. Nous avons assisté à la création d'une nouvelle Securitate, l'ancienne police politique, à travers les services secrets créés en 1990 et *via* le levier économique des individus issus de l'ancienne nomenklatura. Ainsi, une nouvelle et très puissante oligarchie s'est installée au pouvoir, à travers un processus que j'ai appelé la "privatisation du communisme". [...] Le changement a eu lieu en 1996, quand la Convention démocratique a gagné les élections. Les choses semblaient avoir pris une bonne direction, surtout après l'été 1997, lorsque le président Emil Constantinescu a présenté des excuses au peuple pour les crimes du régime communiste [1]. »

Quid de la Securitate ? Elle a changé de sigle, se masquant derrière divers services de renseignement avec la complicité de l'ancienne police politique et d'une nouvelle oligarchie financière, héritière de la nomenklatura de Ceausescu. Voilà ce processus qu'Oprea a intitulé la « privatisation du communisme ». Car, dès

1. © 20 avril 2006-Oprea-Portocala / www.diploweb.com, avec leur aimable autorisation.

la fin de l'année 2000, le spectre du communisme réapparaît.

Le moment paraissait pourtant bien choisi pour informer l'opinion sur les crimes du communisme, profitant de la volonté politique affichée par le pouvoir. Or, des années durant, Oprea dut faire face à une bonne centaine de procès intentés contre lui. Telle fut, en effet, la forme d'intimidation adoptée à son égard par les informateurs de la Securitate qu'il persistait à débusquer.

À partir de l'an 2000, se souvient l'historien, « lorsque Ion Iliescu est redevenu président de la République et Adrian Nastase Premier ministre, les menaces visant ceux qui voulaient faire émerger la vérité sur le régime communiste se sont aggravées [1] ».

Oprea sait de quoi il parle, puisqu'il a eu à subir les foudres du nouveau pouvoir. Il est vrai qu'il en faisait trop, comme s'il cherchait les ennuis. D'abord en évoquant la fortune d'Adrian Nastase. Ensuite en découvrant que le conseiller du Premier ministre à la Sécurité nationale (de son vrai nom Ristea Priboi) « avait été l'un des enquêteurs les plus brutaux de la Securitate ».

Cette lucidité se double chez Marius Oprea d'un courage indéniable. Victime de pressions incessantes – n'a-t-on pas été jusqu'à le menacer d'enlever son petit garçon « s'il ne se calmait pas » ? –, Oprea a néanmoins toujours su d'où elles venaient : « de la sphère des services secrets roumains ».

En dépit de tout, il met en garde l'Europe : « Si l'Union européenne, écrit-il, ne veut pas avoir affaire à des responsables roumains corrompus, issus de la Securitate, elle a tout intérêt à nous soutenir. En effet, si cette oligarchie communiste et de la Securitate continue à agir en Roumanie, la corruption de haut niveau sera bientôt le principal produit d'exportation de notre pays. Nos bureaucrates, issus des structures communistes, peuvent très bien enseigner à ceux de Bruxelles les techniques du vol [2]. »

Malgré l'élection à la présidence de Ion Iliescu, force est donc de constater que la redoutable Securitate n'a pas été démantelée. En outre, la loi de lustration, destinée à réveiller la mémoire des Roumains, a du mal à passer.

1. *Ibidem.*
2. *Ibidem.*

Le cas bulgare

En Bulgarie, la situation n'est guère plus brillante. Auteur de nombreux ouvrages sur ce pays, François Frison-Roche, du CNRS (CERSA, Paris-II), rappelle que cela fait maintenant près de vingt ans que la Bulgarie s'efforce d'en terminer avec le lourd héritage du communisme : « Sa transition vers la démocratie et l'économie de marché a été difficile. Globalement, on peut dire qu'elle a pourtant réussi ce passage sans tomber dans les différents pièges tendus par un environnement régional peu favorable. La Bulgarie a su résister aux dérives nationalistes, par exemple en reconnaissant immédiatement l'indépendance de la Macédoine ou en trouvant un compromis politique avec sa principale minorité musulmane. En revanche, les divers conflits en ex-Yougoslavie – et les conséquences de l'embargo décrété par les pays occidentaux – sont largement à l'origine de l'implantation et de l'enracinement d'une criminalité organisée qui touche désormais toute la région des Balkans [1]. »

La Bulgarie, on le voit, est donc loin d'être tirée d'affaire : « Le pays est déchiré intérieurement. Une large frange de la population y vit sous le seuil de pauvreté, notamment les principales minorités. Quant au système économique, il est encore au pouvoir d'associations de captation économique qui minent toujours l'autorité de l'État. En 2005, la majeure partie de la "redistribution des richesses" se fait encore essentiellement au profit d'une petite minorité – exhibitionniste et sans scrupules – largement issue de l'ex-nomenklatura communiste. »

Reste à espérer que les contraintes résultant de l'adhésion du pays à l'Union européenne vont rapidement mettre un terme à ces dérives. Et Frison-Roche de s'interroger : « Un Bulgare peut-il être fier du siècle passé ? »

Difficile, car le « passé ne passe pas ». Pas encore. Après la révolution de palais contre le vieux dictateur Todor Jivkov, il y eut ce que l'on appelle les négociations de la Table ronde, qui légitimèrent l'opposition naissante mais, surtout, disculpèrent largement l'ancien Parti communiste : « Bien sûr, constate Frison-Roche, ce

1. *Transitions & Sociétés*, Bulgarie, n° 8, 2005.

pluralisme naissant a donné lieu à des affrontements entre Parti socialiste bulgare (en fait, les anciens communistes) et l'Union des forces démocratiques (SDS puis ODS). Mais, les premières élections "démocratiques" de juin 1990 ont donné la victoire aux "socialistes". Au début des années 2000, une majorité de Bulgares, totalement désorientée et dégoûtée par de retentissantes affaires de corruption, décida de se tourner vers celui qui – profitant d'une situation politique mal maîtrisée – apparut comme un "sauveur" : l'ancien tsar (1943-1946) Siméon II de Bulgarie [1]. »

Après un demi-siècle de communisme, aucune force sociologique ne permettait de fournir aux nouveaux partis une base électorale solide. Si tant est qu'une bourgeoisie existât avant-guerre, elle avait fui à l'étranger ou disparu dans les camps. Il n'existait pas non plus de « classe moyenne », notion inconnue en Europe de l'Est au lendemain de la chute des régimes communistes. Quant à la « classe ouvrière », elle était divisée et soutenait plutôt les tenants du changement, c'est-à-dire les forces anticommunistes.

« Au début des années 1990, poursuit Frison-Roche, les Bulgares étaient tous, *mutatis mutandis*, des salariés du Parti-État ! D'où une seule division opératoire, "idéologique" pourrait-on dire, entre communistes et anticommunistes, entre "conservateurs" de l'ordre ancien (de ses privilèges pour les "nomenklaturistes", de ses multiples et divers petits avantages pour la majorité des autres adhérents du Parti) et "contestataires" de l'ancien régime aspirant à une certaine revanche, notamment économique. Cette division binaire de la vie politique bulgare produisit des effets dont les plus flagrants furent l'écroulement et la dérive quasi mafieuse de l'économie du pays. Au début de la transition, hélas, dans de nombreux esprits encore imprégnés de la vulgate marxiste, "l'accumulation primitive du capital" était une phase normale dans l'établissement du "capitalisme". Malversations, fraudes et corruption étant perçues par l'opinion, en quelque sorte, comme un "mal nécessaire" [2] ! »

Le passage au pouvoir de Siméon de Saxe-Cobourg, de 2001 à 2005, n'a pourtant pas résolu le problème bulgare. Après quatre ans d'exercice, les institutions financières internationales ont certes

1. *Ibidem.*
2. *Ibidem.*

loué ses résultats économiques. Mais une majorité de Bulgares lui a reproché de ne pas avoir suffisamment élevé le niveau de vie. Le «Premier ministre royal» a donc perdu les élections de 2005, mais son parti politique demeure aujourd'hui encore le second de l'échiquier politique bulgare...

Et Frison-Roche de conclure: «Pour les responsables de l'Union européenne, "le robinet des subventions" – alimenté par l'argent du contribuable européen, il ne faudrait pas l'oublier – sera plus ou moins ouvert (ou fermé!), selon l'engagement des nouveaux acteurs politiques bulgares vers cet objectif d'efficacité. La solidarité européenne peut avoir des limites que les Bulgares – et surtout les dirigeants issus des élections du 25 juin 2005 – devront très vite prendre en compte s'ils ne veulent pas susciter la méfiance, voire l'hostilité, de l'opinion publique européenne et de l'administration de l'Union [1].»

Il faut cependant reconnaître qu'il existe un «cas bulgare». Lors d'un entretien, l'écrivain dissident bulgare Tontcho Karaboulkov nous l'a décrit ainsi: «En Bulgarie, le communisme a été imposé, à l'exemple des autres pays de l'est de l'Europe, par l'Armée rouge, en septembre 1944. Mon engagement politique remonte au lycée... À ce moment-là, le pays, essentiellement agricole, possédait de fortes traditions démocratiques. J'ai donc connu le communisme en Bulgarie dans sa phase initiale: les camps de concentration, la collectivisation forcée, les arrestations brutales, la haine politique. Comme partout ailleurs, les communistes bulgares ne représentaient qu'une minorité isolée disposant pourtant de pouvoirs illimités et des ressources de l'État et de la police; mais, surtout, forte de l'appui inconditionnel de l'URSS, ce qui explique sa longévité au pouvoir. Aujourd'hui, les ex-dirigeants communistes encore en vie et leurs successeurs se portent au mieux! Après l'écroulement des régimes communistes en 1989-1990, ni le communisme ni les dirigeants, responsables de la mort de centaines de milliers de Bulgares, n'eurent à répondre de leurs actes et de leurs crimes. Savez-vous que quelque vingt ans après le début d'une "transition" sans fin, les héritiers de l'ancien Parti communiste bulgare occupent toujours les trois fonctions les plus importantes

1. *Ibidem.*

de la direction du pays : présidence de la République, présidence du Conseil des ministres, présidence de l'Assemblée nationale ? Pourtant j'ai la conviction que la démocratie est le seul régime qui pourrait panser les plaies des Bulgares et leur permettre de progresser vers l'État de droit. C'est vital ! »

À propos de la lustration, Karaboulkov nous précise : « La Bulgarie fait partie des pays de l'ancien bloc communiste où les dossiers de l'ex-Darjavna Sigournost (la Sûreté d'État) continuent à provoquer des polémiques, ainsi que le vote de lois qui ne sont que partiellement ou même jamais appliquées. Ces derniers temps, le problème a resurgi au point de mettre en émoi l'opinion publique, tout comme les partis politiques, une fois de plus divisés sur cette question. D'une part, il y a le Parti socialiste bulgare (héritier du Parti communiste) et ses alliés de la coalition au pouvoir – le parti de l'ancien roi Siméon II et le Parti des droits et libertés – qui ont préparé un embryon de loi pour assurer un accès très relatif aux dossiers. De l'autre, il y a les anticommunistes et tous ceux qui insistent depuis longtemps pour que les membres de la future Commission des dossiers jouissent des pleins pouvoirs et d'une totale liberté d'action. »

Mais, sur le terrain, la réalité est beaucoup plus complexe. À cet égard, l'exemple de M. Konstantinov, ancien réfugié politique en France, est éloquent. Bien qu'il ait officiellement postulé à la Commission des dossiers, il pense que les « services », dont le personnel a peu évolué, ne permettront jamais qu'il en fasse partie. Le prétexte ? Avoir déboulonné la statue de Staline, en 1953, un geste toujours considéré comme une “action terroriste” ! Mieux, les “anciens-nouveaux” services spéciaux lui ont cousu main une légende d'après laquelle il aurait été en contact avec des organisations terroristes occidentales. À ce compte-là, s'indigne Karaboulkov, ceux qui ont détruit la Bastille en 1789 n'étaient-ils pas, eux aussi, de vulgaires “terroristes” ?

Mettant à profit la loi votée en 1997 par le Parlement bulgare, Konstantinov a néanmoins réussi à consulter un quart du dossier le concernant, établi par les services spéciaux pendant des dizaines d'années. Pas moins de quarante mille pages au total !

« De toute façon, nous explique encore Karaboulkov, la nouvelle loi a été confectionnée de telle sorte que même formée, avec ou sans

Konstantinov, la nouvelle Commission ne posséderait aucune liberté d'action. Son rôle se bornerait à "examiner" ce que les "services" voudront bien lui communiquer. Aucune définition de ses droits et prérogatives n'est prévue, ces derniers seront soi-disant définis... plus tard. À vrai dire, on nous prépare une nouvelle comédie avec, à l'affiche, les mêmes vieux acteurs. Et pour couronner le tout, on nous prévient que le siège de la future commission se situera en dehors de la capitale, dans un ancien bâtiment militaire. Mais, qu'étant donné son délabrement, l'ouverture du siège n'aura lieu que dans plusieurs mois, ou même des années. Peut-être jamais. Si seulement cette Commission existe un jour ! »

Parmi les anciens pays du bloc communiste, la Bulgarie, on l'a dit, occupe une place à part. Rappelons qu'elle présentait un intérêt certain aux yeux des Soviétiques. Et ce, pour plusieurs raisons, comme le précise l'historien Henry Bogdan : « C'était d'abord un pays slave de tradition russophile depuis l'époque de son indépendance. En outre, la Bulgarie avait une tradition révolutionnaire qui s'était manifestée en 1919-1920 à la fois dans le cadre du mouvement agraire et par l'existence d'un Parti communiste dont le secrétaire général était Georges Dimitrov [1]. »

S'agissant de l'entrisme de ses services spéciaux en Europe, un politologue bulgare – dont on nous permettra de taire le nom – prétend même que « la Bulgarie n'est autre que le cheval de Troie du KGB au sein de l'UE et de ses institutions ». Information d'ailleurs confirmée par un officiel russe de haut rang : Vladimir Tchijov, ambassadeur de Russie auprès de l'UE. Interrogé par Irina Novakova pour *Kapital*, ce dernier ne lui confiait-il pas à la fin de l'année 2006 : « Sofia ne nous intéresse pas seulement en tant que partenaire économique. La Bulgarie – avec qui la Russie a traditionnellement de bons rapports – est bien placée pour améliorer les relations entre l'UE et la Russie. Nous pensons qu'elle sera un partenaire spécial de Moscou, une sorte de cheval de Troie dans l'UE [2]... »

Et l'éditorialiste de *Kapital* de persifler : « Enfin, c'est dit : le Kremlin considère la Bulgarie comme son cheval de Troie dans l'UE. On ne sait pas encore comment réagira Bruxelles à cet accès

1. Voir H. Bogdan, *Histoire des pays de l'Est*, Perrin, 1991.
2. *Courrier international*, n° 845, 11-17 janvier 2007.

de franchise de l'ambassadeur russe, mais côté bulgare, ce sera le silence. Pas parce que la métaphore a été utilisée à bon escient, mais parce que M. Tchijov a dit tout haut ce que les hommes politiques de Sofia essayaient désespérément de cacher [1]... »

Curieux accès de franchise en effet ! Vrai mensonge, fausse vérité ? En russe, Tchijov est le nom d'un oiseau, le serin, qui signifie par extension "nigaud". Réveil pénible après une nuit arrosée à la russe ? Cynisme démesuré ? Accès de folie douce ? Il est permis de s'interroger sur les raisons de cet aveu si peu diplomatique...

Le cas hongrois

S'agissant de la Hongrie, l'historienne Catherine Horel, du CNRS, nous servira de guide dans son histoire contemporaine depuis la fameuse répression soviétique du soulèvement de Budapest : « Dès le 30 octobre 1956, les Soviétiques décident une intervention militaire, choisissant, parmi les dirigeants hongrois, l'acteur de la reprise en main, Janos Kadar, qui vient de prendre la tête du Parti et de faire l'éloge de la révolution. Malléable, ambitieux, l'homme n'en est pas à sa première trahison ; enlevé par les Soviétiques, il se laisse convaincre, pour réapparaître, le 4 novembre 1956, dans leurs bagages [2]. »

Janos Kadar devait en partie sa nomination à la perspicacité de Youri Andropov qui, ayant proposé son nom au Kremlin, soutint, dit-on, sa candidature.

Le soulèvement hongrois de 1956, signal avant-coureur de la faillite de l'idéologie communiste, allait cependant ébranler à long terme la cohésion interne du bloc soviétique. « Après de prétendues négociations avec Nagy et ses proches, poursuit Catherine Horel, ceux-ci seront jugés par un tribunal hongrois et exécutés, le 16 juin 1958. La révélation du lieu de leur sépulture, puis leur réhabilitation et enfin leurs funérailles officielles, le 16 juin 1989, préfigurent la chute du régime et la transition démocratique. De 1990 à 2002, l'alternance politique a fonctionné en Hongrie de façon

1. *Ibidem.*
2. *Transitions & Sociétés*, Hongrie, n° 6, 2004.

remarquable. [...] Tous ces gouvernements eurent à cœur d'orienter la transition vers l'économie de marché, et surtout de préparer la Hongrie à reprendre sa place en Europe, chacun utilisant des arguments historiques pour justifier de son appartenance européenne. [...] Admise en mars 1999 au sein de l'OTAN, la Hongrie est officiellement membre de l'Union européenne depuis le 1er mai 2004, renouant avec sa vocation d'ouverture vers l'Occident sans renier pour autant son caractère centre-européen [1]. »

François Fejtö, qui se définissait comme un « passager du XXe siècle », portait sa Hongrie natale dans le cœur comme d'autres emportent leur patrie à la semelle de leurs souliers. Peu avant sa disparition, en juin 2008, ce grand intellectuel nous en parlait encore avec passion :

« Je ne veux choquer personne ! Mais, toutes proportions gardées, je trouve que le communisme ressemble beaucoup au christianisme. Si l'on observe l'histoire de l'Église avec ses merveilleuses cathédrales, la richesse des papes, des évêques, du clergé et la pauvreté dans le monde, alors on voit ce qu'est devenu le communisme, après avoir promis l'égalité. Malgré tout, dans ses conquêtes sociales, certaines choses fonctionnaient bien. En dépit de cela, je trouve ridicule de vouloir revenir au communisme aujourd'hui, parce qu'il a montré ce à quoi il peut aboutir. Cela me fait penser à une question que j'ai posée un jour à un dignitaire de l'Église catholique autour d'une tasse de thé : "Pensez-vous que le christianisme puisse être réformé ?" Il a réfléchi un moment, puis il a répondu : "Je l'espère. En revanche, ce dont je suis sûr, c'est que le communisme, lui, est impossible à réformer !" La devise "Liberté, Égalité, Fraternité" demeure l'idéal de l'humanité. Avec ou sans religion, elle reste valable... Je crois en Dieu, pas à un Dieu mythologique, tout en haut, mais au Créateur. Et je pense profondément que la liberté n'existe pas sans la fraternité et l'égalité véritables. Or, les dirigeants – les dignitaires communistes – vivaient comme des patrons de multinationales, comme une élite, une caste sacrée, très haut, loin au-dessus du peuple. Une seule différence notable : les communistes ont promis le paradis sur terre, tandis que l'Église le promet au ciel... Certes, sous le communisme, existaient des

1. *Ibidem.*

avantages sociaux. Il n'y avait pratiquement pas de misère, peu de famines et de désordres. La Hongrie vivait en paix, de l'agriculture, mais sans aucune liberté. Alors, la liberté a fini par agir comme un ferment de changement. En 1956, quand éclate la Révolution hongroise, c'est la toute première fois que la jeunesse choisit la liberté. Finalement, les Soviétiques, qui ne pouvaient pas totalement lâcher la Hongrie, recherchèrent un communisme de compromis. L'homme du compromis fut Kadar qui, bien sûr, n'accordait pas l'indépendance tant désirée par le peuple, mais instaura un communisme beaucoup plus supportable que celui autorisé par Moscou aux autres satellites. En résumé, les Hongrois ont hélas voulu aller trop vite. Et quand la liberté leur est tombée dessus, alors les communistes ont enfin pu se venger… »

Le Monde du 11 juillet 2007 signale qu'en 1989 le PC hongrois « comptait encore huit cent mille adhérents et les Jeunesses communistes un million ». De fait, pour « purger » sa société, la Hongrie a choisi la manière lente : « Contrairement à ses voisins tchèques et allemands, la Hongrie a voulu éviter un grand déballage », rappelle le politologue Pierre Kende. De nombreux membres de la police politique étant toujours en place, il ne s'est donc pas agi de « faire table rase du passé », explique Istvan Papp, jeune historien des Archives de la Sécurité d'État à Budapest. « Une première loi de lustration est adoptée en 1994 : les collaborateurs devaient démissionner, faute de voir publier leur passé inavouable [1]. »

Les ex-communistes étant revenus au pouvoir la même année, tout travail de mémoire est mis en sourdine. Les archives ne sont pas ouvertes avant 1997. Et de nombreux dossiers restent classés "secret d'État".

L'historienne Sarolata Klenjansky dévoile les particularismes de son pays en matière de décommunisation et de lustration : « En Hongrie, l'aspiration à connaître la vérité sur les activités de l'ancienne police secrète a été entravée, dès le début, par deux opérations de désinformation menées par les services secrets eux-mêmes. […] La première a consisté à soutenir que le maintien du régime communiste a reposé entièrement sur le renseignement intérieur

1. *Le Monde*, 11 juillet 2007.

(la fameuse section III/III de la police politique). Elle conforte le point de vue selon lequel “nous sommes tous victimes” du passé, point de vue très répandu en Hongrie où, à la différence d'autres pays, aucun débat collectif sur le passé totalitaire n'a pu être lancé, ni au Parlement ni dans les médias, en raison de divergences politiques. [...] L'autre opération de désinformation affirme la destruction massive des archives fin 1989-début 1990. »

Mais, qu'ils aient été détruits ou “perdus”, la disparition totale d'innombrables dossiers était-elle possible techniquement ?

En définitive, conclut l'historienne, « la lustration s'est trouvée réduite en Hongrie à la seule “question de l'agent” *[ügynökkérdés]*, le terme officiellement utilisé dans les discours politiques [1] ». Aux dépens du respect des droits de l'Homme.

Extrêmement sélective, la loi de lustration en vigueur depuis 1994 ne concerne en effet que les agents de base du renseignement hongrois. Quant aux autres collaborateurs, officiers, communistes, nomenklaturistes, agents de l'ex-KGB, ils ne sont pas inquiétés.

Comment, dans ces conditions, « purger » la haute hiérarchie politique, militaire, etc. ? D'autant qu'une désinformation soigneusement entretenue a fait croire que la quasi-totalité des archives de la police politique avait été détruite en 1989-1990.

Pour le moment, la lustration des principaux collaborateurs de l'ancien régime hongrois semble donc dans l'impasse. À terme, ce processus s'enlisera probablement de lui-même, faute de preuves. Une destruction massive de l'ensemble des dossiers est d'ailleurs sujette à caution, ne serait-ce que sur le plan matériel. Vraisemblablement, les dossiers « les plus sensibles » se trouvent depuis longtemps en lieu sûr, quelque part en Russie. Gageons aussi que les dossiers prétendument « disparus » ou « détruits » concernent majoritairement l'espionnage, autrement dit les agents implantés à l'étranger, et non le renseignement intérieur. Pour quelle raison ? Peut-être parce que les agents hongrois, qui ont déjà fait leurs preuves, sont toujours actifs en Europe et dans le monde, savamment téléguidés depuis Moscou. Les archives évacuées pourraient également contenir des preuves concernant les liens des Soviétiques avec le terrorisme international. Autant de documents par trop compromettants...

1. *Les Cahiers d'histoire sociale*, « Histoire & Liberté », n° 32, 2007.

En dépit de la difficulté d'y accéder, les Archives historiques de la Sécurité d'État (ex-Office de l'Histoire créé en 1997) ont toutefois le mérite d'exister. L'organisme, qui gère une masse de documents, est théoriquement chargé de permettre aux victimes d'accéder à l'information. En pratique, l'accès à ces archives se trouve freiné par la lenteur de classement des dossiers. Aujourd'hui, ces Archives historiques, dirigées par Gyorg Gyarmati, regroupe quatre-vingt-dix historiens et chercheurs officiels. Quant aux autres historiens, ils n'ont pas accès à ce fonds.

L'élite politique en place ne semble donc guère pressée de faciliter l'accès des Hongrois aux archives des services secrets. La société civile ne paraît d'ailleurs pas en faire sa priorité. De son côté, l'Église catholique, contrairement à son homologue protestante, considère « qu'il est trop tard pour éclairer le passé ». L'adoption de la loi de lustration figure néanmoins au programme de l'actuel gouvernement.

Le cas tchèque

Concernant la Tchécoslovaquie et le divorce à l'amiable entre Tchèques et Slovaques, feu l'historien Lubomir Liptak, membre éminent de l'Académie slovaque des sciences, évoque un processus originel identique à celui des autres pays de l'Est : dictature communiste brutale, imprégnation marxiste de toutes les sphères de la société, élimination de toute opposition, utilisation de la terreur, déportations, internements dans les camps, procès truqués, etc.

« La vie publique, écrivait-il, l'économie, la culture furent totalement soumises au parti communiste et à l'idéologie marxiste-léniniste. Après l'étatisation radicale de toutes les sphères de la vie, l'existence de la population dépendit totalement de l'État. Ces changements radicaux modifièrent profondément la structure d'une société vieille de plusieurs siècles, ses coutumes, sa hiérarchie et ses valeurs [1]. »

Il rappelle aussi que « l'occupation, en 1968, par les armées de l'ex-pacte de Varsovie, stoppa net la politique de réformes. Les

1. *Transitions & Sociétés*, Slovaquie, n° 5, 2003.

communistes dogmatiques reprirent le pouvoir. En avril 1969, le communiste réformateur Alexander Dubcek, symbole du "Printemps de Prague", cédait la place à Gustav Husak, qui fit en sorte que la fédération ne voie jamais le jour [1] ».

Dès lors, les réformistes de 1968 vont admettre que le système communiste n'est pas viable et se tourner vers le principe d'une démocratie parlementaire à l'occidentale appuyée sur une économie de marché.

À la fin des années 1980, beaucoup voient leur souhait se réaliser. Le système communiste ne met que quelques mois à s'effondrer, suite aux vagues de manifestations et surtout à la grève générale de novembre 1989 déclenchées contre le régime. Un gouvernement d'entente nationale est formé, comprenant communistes et membres de l'opposition.

Toujours selon Liptak, « Alexander Dubcek fut élu à la tête du Parlement fédéral et l'intellectuel dissident Vaclav Havel à la présidence de la République. Cette révolution dite "de velours" dut résoudre trois problèmes majeurs : créer une démocratie parlementaire, mettre en place une économie de marché, trouver un nouveau mode de coexistence des deux républiques, tchèque et slovaque. [...] De nombreuses négociations sur la forme que devrait prendre la Tchéco-Slovaquie échouèrent à cause de conceptions trop différentes : l'idéal de la partie tchèque était un État unitaire, celui de la partie slovaque une fédération libre, voire une confédération. La "Révolution de velours" fut donc suivie d'un "divorce de velours". En juillet 1992, le Conseil national slovaque vote la Déclaration de la souveraineté de la Slovaquie. Le 25 novembre, à Prague, l'Assemblée fédérale vote à son tour la disparition de la Fédération. Et le 1er janvier 1993, à la suite d'une partition paisible, naissait un nouvel État souverain, peu connu à l'étranger : la République slovaque [2] ».

La question de la lustration se posa dès le début de la « Révolution de velours ». En matière de décommunisation et de justice politique, la Tchécoslovaquie fut un précurseur. Sans doute parce que, sous le communisme, le pays comptait plus de quatre cent

1. *Ibidem.*
2. *Ibidem.*

vingt prisons pour quinze millions d'habitants. À l'époque, le KGB tchèque se nommait *Statni Bezpesnost* (StB).

L'enquête minutieuse de Sylvaine Pasquier, grand reporter à *L'Express*, fournit de précieuses données pour analyser l'histoire de ce sinistre organisme qui laissa de profondes cicatrices dans les sociétés des deux nouveaux États : « L'appareil de sécurité et de répression qui se met en place au lendemain de la victoire de 1945 s'inspire à la fois du NKVD soviétique et de la Gestapo (dont, à ses débuts, il utilisera les fichiers). Parmi les agents les plus agressifs du StB figuraient d'anciens SS [...]. Nombre de gardiens des prisons communistes étaient d'ex-collaborateurs nazis ou des criminels, coupables d'exactions durant l'expulsion des Allemands des Sudètes [1]. »

Orchestrée avec les conseillers soviétiques, une vague de procès politiques déferle alors sur le pays, donnant lieu à des dizaines d'exécutions. C'est la plus terrible opération « jamais organisée par un pouvoir communiste, confie à la journaliste l'historien Karel Kaplan. À l'aune du chiffre global de la population, le nombre de victimes dépasse même la réalité soviétique. Dans ces années noires, marquées par des purges massives, la Sécurité d'État procède à des dizaines de milliers d'arrestations. Ses sbires torturent avec zèle, ne reculant devant aucune atrocité pour arracher des "aveux" ».

Force est de reconnaître qu'au fil des décennies, loin de perdre la main, les agents du StB, perfectionnant leurs méthodes, progressent dans l'insoutenable. En effet, « durant les vingt hivers qui vont suivre, la StB s'évertuera à détruire le moindre îlot de société civile, s'acharnant en priorité sur les signataires de la Charte 77, ce mouvement de revendication des droits de l'Homme lancé, à l'origine, par quelque deux cent soixante opposants et dissidents, en butte à d'incessantes persécutions ».

Un exemple ? Le philosophe Jan Patocka. Ce cofondateur et porte-parole du mouvement au côté de Vaclav Havel succombera à l'âge de soixante-dix ans, en 1977, après treize heures d'interrogatoire.

À la chute du communisme, lors de la transition, les agents du StB s'empressent évidemment de détruire un maximum des archives les plus « sensibles ». En particulier celles qui témoignent

1. *L'Express*, 19 juin 2003.

de leurs activités des dernières années et de leurs liens directs avec le KGB. « Non content d'avoir ses propres "experts" au plus haut niveau de la StB – lesquels "dépendent directement de leur centrale moscovite", souligne l'historien tchèque Karel Kaplan –, le KGB y recrutera des agents à sa solde, et de même au sein de la population, tout en infiltrant ses propres espions sur le territoire de ce "pays frère". »

Sylvaine Pasquier constate encore : « De par sa position géographique et ses capacités industrielles, la Tchécoslovaquie – qui comptait avant la Seconde Guerre mondiale parmi les dix États les plus développés du monde – représente un atout stratégique de premier ordre aux yeux du Kremlin. Certains historiens affirment que Staline avait des préoccupations défensives, mais Karel Kaplan affirme au contraire qu'il ne projetait rien de moins que "l'occupation militaire de toute l'Europe" – objectif assigné par lui en janvier 1951 à l'ensemble des forces du bloc soviétique en prenant appui sur les partis communistes occidentaux [1]. » À cette fin, la Tchécoslovaquie devenant la tête de pont de l'opération, Moscou exige de Prague une soumission à toute épreuve, ce qui expliquerait, avance Kaplan cité par S. Pasquier, la violence des procès politiques qui s'y sont déroulés.

Conclusion affinée à l'automne 2007 par l'historien tchèque Petr Lunak dans un ouvrage intitulé *Planification de l'impensable, Projets de guerre tchécoslovaques, 1950-1990*, qui prouve, archives à l'appui, que Moscou « avait envisagé d'employer ses armes nucléaires sur le territoire des pays occidentaux au cas où la Guerre froide, opposant les blocs Est et Ouest, aurait dégénéré en conflit ouvert ». Son ouvrage publie même les plans détaillés de l'opération accompagnés d'une révélation surprenante : le 17 septembre 2007, l'AFP dévoile que « l'armée tchécoslovaque était chargée par l'URSS de conquérir Lyon (en France) en une semaine dans le cadre d'un plan d'offensive "anti-impérialiste" élaboré pendant la Guerre froide, et resté lettre morte [2] ».

En fait, dans les années 1950-1960, les relations Est-Ouest se tendent dangereusement, ce qui conduit le Kremlin à adopter une

1. *Ibidem.*
2. AFP, 17 septembre 2007.

nouvelle stratégie militaire : en cas de guerre ouverte, les armées tchécoslovaques devront d'abord vaincre en Allemagne de l'Ouest et de là, en sept à huit jours, marcher sur Lyon.

D'après les archives mises au jour par Lunak, « ces plans sont restés valables jusqu'à la Perestroïka du dernier dirigeant communiste soviétique, Mikhaïl Gorbatchev, qui accéda au Kremlin en 1985 [1] ».

Lunak montre que jamais les dirigeants de l'URSS n'ont eu d'intentions pacifiques. Et que les ambitions politiques majeures de pays comme la Tchécoslovaquie consistaient à préparer la guerre. Les missions du KGB et des services spéciaux du bloc soviétique faisaient partie intégrante de ces plans stratégiques.

L'ingéniosité des bourreaux de la StB est tout simplement stupéfiante. En 1968, un transfuge du Renseignement extérieur tchécoslovaque a rapporté que « pour mieux lutter contre les tentatives de fuite à l'Ouest, un certain colonel Prchal inventa, dans la première phase du régime, un tour à sa façon : il fit dresser une pseudo-frontière en Bohême occidentale et forma une équipe de faux passeurs qui menaient tout droit leurs victimes non pas en RFA, comme elles le croyaient, mais dans un piège. Des gardes tchèques, revêtus de l'uniforme ouest-allemand, et de prétendus officiers de l'US Army leur demandaient de rédiger une note sur leurs contacts au sein de la résistance anticommuniste. Au terme du voyage, c'était la prison pour "trahison", voire l'exécution sommaire, d'une rafale de mitraillette [2] ».

Il y avait aussi ces mines d'uranium de Jachymov où les détenus travaillaient sans protection et, parfois, sans remonter à la surface trois jours de suite, comme en témoigne un ancien prisonnier politique : « À l'entrée, il y avait une inscription : "Vous êtes nos ennemis et vous allez crever ici". »

Difficile d'imaginer la frustration de cet homme condamné à deux reprises ; d'abord à dix-sept ans pour espionnage et haute trahison, ensuite à huit ans pour subversion, des peines injustes qu'il a purgées pour l'essentiel dans ces mines : « On nous a réhabilités avec tout le monde, sans distinction entre les véritables résistants

1. *Ibidem.*
2. *L'Express*, *op. cit.*

qui avaient combattu le régime et les ex-communistes victimes des purges ou des caprices du Parti », confie, non sans amertume, ce septuagénaire à Sylvaine Pasquier.

« Peut-on oublier – ou faire oublier – la souffrance provoquée par un système [...], quand cette souffrance a duré des décennies ?, se demande l'historien-dissident tchèque Karel Bartocek, disparu en 2004. Peut-on être généreux et indulgent envers les vaincus lorsqu'il s'agit du bourreau, du tortionnaire ? Que faire, quand on veut instaurer la démocratie et l'État de droit, des maîtres déchus et de leurs aides de camp si nombreux, de l'appareil omniprésent et structuré de l'État, du Parti qui l'a dirigé [1] ? »

Tel est précisément le cœur du problème. Tandis que les victimes font preuve de scrupules délicats, soucieuses de ne pas enfreindre les règles du jeu démocratique, de respecter les droits de l'Homme – y compris ceux de leurs bourreaux d'hier –, ces derniers font peau neuve, mais ne changent pas vraiment de nature. Et la plupart ne manifestent ni regret ni remords.

Ainsi, en 2001, selon le ministre de l'Intérieur, Stanislav Gross, près d'une centaine d'anciens membres de la police secrète occupaient encore des postes officiels dans les années 1990. En mars 2003, alors que la République tchèque, membre de l'OTAN depuis 1999, s'apprêtait à intégrer l'Union européenne le 1er mai 2004, bon nombre d'anciens agents du contre-espionnage communiste, en dépit de quelques limogeages opérés par le ministre de la Défense, Jaroslav Tvrdik, n'avaient toujours pas été inquiétés.

Pourtant, dès 1991, le Parlement fédéral de la République tchèque et slovaque adopte une loi de lustration d'une rigueur absolue. « En substance, quiconque est fiché en tant qu'agent ou collaborateur de la StB ne peut accéder à des fonctions au sein du gouvernement, de la hiérarchie judiciaire, dans la police, l'armée, le renseignement, dans le secteur éducatif, les entreprises et médias publics. [...] De 1991 à 2000, environ deux cent dix mille personnes ont été soumises à cette procédure, précise Pavel Bret. Une lustration positive vaut d'être aussitôt révoqué ou muté à un poste moins sensible. On a débusqué des ex-agents de la StB jusque sous l'uniforme de la

1. *Le Livre noir du communisme*, Robert Laffont, 1997.

garde présidentielle[1] ! » Donc, dans l'entourage même du président Vaclav Havel.

Ainsi, lustration ou pas, comme le rappelle l'historien Jacques Rupnik lors d'un colloque, « la République tchèque est le seul pays de la région abritant un Parti communiste non réformé, qui n'a même pas pris la peine de changer de nom[2] ».

Tout bien pesé, peut-être vaut-il mieux que les communistes demeurent fidèles à eux-mêmes. Ainsi, on sait à qui on a affaire. Pour les autres, comme le répète volontiers Jiri Stransky, président du Pen Club tchèque : « J'en connais beaucoup qui ont collaboré ; aujourd'hui, ils sont tous "démocrates". » Voilà sans doute l'une des raisons qui expliquent pourquoi en Tchécoslovaquie, premier pays à formuler le terme de « lustration » et à voter une loi en 1991, au point d'être accusée de « maccarthysme », on dut attendre plus d'une décennie pour obtenir, enfin, un libre accès aux archives.

Pavel Bert, directeur adjoint de l'Office de documentation et d'enquête sur les crimes du communisme (UDV) affirme que la plupart des « preuves irréfutables » se trouvent toujours à Moscou entre les mains du FSB.

Des mesures et certains arrêtés – tel celui du 2 avril 1990 – ordonnent que soient retirés des archives les matériaux rassemblés sur le président, les membres du gouvernement, les députés du Parlement fédéral, ceux du Conseil national tchèque et slovaque – c'était avant la partition – et les dirigeants des partis politiques. Ainsi « on a subtilisé les dossiers et fiches des personnalités les plus en vue, proteste l'universitaire Zdenek Zboril. Malgré la loi d'ouverture, ils restent inaccessibles[3] ».

Gageons que ces documents compromettants n'ont pas été perdus pour tout le monde. Parions aussi que leurs détenteurs ont dû en user, voire en abuser pour « convaincre » leurs cibles, en exerçant pressions et chantages.

Le problème demeure néanmoins complexe. Car décommunisation et lustration dépendent, en grande partie, de la volonté des gouvernements successifs. Le processus n'est donc pas linéaire. Il

1. *L'Express*, *op. cit.*
2. Colloque du CERI, 25 janvier 2007.
3. *L'Express*, *op. cit.*

s'apparenterait davantage à celui des montagnes russes. Soumise à l'alternance au pouvoir de différents partis, la lustration progresse, stagne ou régresse selon les cas.

Le devoir de mémoire tendrait-il malgré tout à s'affirmer ? Le 8 juin 2007, la République tchèque s'est dotée de l'Institut pour l'étude du totalitarisme, qui devait être inauguré courant 2008. Quant au politologue Bohumil Dolezal, il estime, lui, que « le Parti démocratique civique (ODS), principale formation de la droite libérale conservatrice – dont l'ancien dirigeant Vaclav Klaus est le successeur de Havel au Château –, chercherait à refermer définitivement la boîte de Pandore. En son temps, il fut un ardent défenseur de la loi de lustration. Aujourd'hui, son département idéologique désigne comme "ennemis de la nation" ceux, dont je suis, qui expriment une vision critique du passé [1] ».

Est-ce en raison d'un passé trouble qui évoque aussi le « terrorisme », expression hélas trop souvent employée de nos jours ? Un terrorisme international, y compris moyen-oriental, qui fut entraîné, équipé et financé par le KGB et ses petits frères, notamment en Tchécoslovaquie ?

François Géré, président de l'Institut français d'analyses stratégiques, le confirme volontiers au cours d'un de nos entretiens : « Quand on fait l'analyse du terrorisme récent, moderne, l'existence des régimes communistes dans les pays de l'Europe de l'Est fut un soutien systématique aux groupes terroristes qui se sont développés et qui agissaient en Europe occidentale. L'ouverture des archives de la Stasi a montré à quel point toute une série de mouvements comme la Fraction armée rouge, les Brigades rouges et d'autres furent en réalité financés, équipés, bien entendu par la RDA, qui a joué un rôle considérable, mais aussi par des pays comme la Tchécoslovaquie qui leur fournissaient une bonne partie de la logistique et des armes. »

On le sait, le terrorisme des années 1970 fut sans conteste à la fois manipulé, programmé, entraîné et approvisionné par des États communistes, ce qui fait que leur effondrement a eu des conséquences tout à fait considérables sur l'évolution du phénomène terroriste...

1. *Le Monde*, 11 juillet 2007.

Des faits sans nul doute confirmés par les archives tchèques, aussi « allégées » soient-elles. Et donc autant de pièces compromettantes que nul ne souhaite voir remonter à la surface…

L'Allemagne de l'Est

Dans l'URSS de Khrouchtchev et Brejnev, rares étaient ceux qui connaissaient l'existence du mur de Berlin. Les ouvriers et les techniciens périodiquement envoyés en renfort pour aider la RDA à « construire le socialisme », ainsi que ceux – soldats et officiers – qui faisaient leur service militaire dans la ZGV (l'armée soviétique occidentale) stationnée en Allemagne de l'Est, s'engageaient par écrit à ne rien divulguer de retour au pays. Rien ne devait filtrer : le KGB veillait à ce que chacun tienne sa langue, même après avoir ingurgité une bouteille de vodka de trop. On savait seulement que les camarades Walter Ulbricht, puis Erich Honecker dirigeaient le pays d'une main de fer. Là-bas tout paraissait aller mieux qu'ailleurs.

L'Allemagne présente la particularité d'avoir connu les deux grands totalitarismes du XXe siècle, le nazisme et le communisme.

« En revanche, précise l'historienne Magali Gravier, l'Allemagne est sans doute le seul État à avoir connu deux transitions démocratiques ainsi que deux politiques d'épuration visant à établir une démocratie libérale. S'il est difficile de prouver que la politique de dénazification a directement servi de modèle à celle de décommunisation, il est néanmoins possible d'établir des ressemblances entre elles [1]. »

L'historien allemand Clemens Vollnhals définit l'épuration dans son pays comme « un instrument de pouvoir politique en vue de former une nouvelle couche dirigeante, dont l'objectif est d'écarter les représentants de l'ancien régime et de placer aux positions clés des personnes politiquement fiables et de la même couleur politique [2] ».

Pour renforcer son arsenal répressif, la RDA s'était dotée d'une redoutable machine de guerre : le ministère pour la Sécurité (MfS),

1. *Les Cahiers d'histoire sociale*, « Histoire & Liberté », n° 32, *op. cit.*
2. *Ibidem.*

baptisé Stasi et dirigé d'une main de fer par un disciple des tchékistes, le légendaire Markus Wolf. Ces services secrets très spéciaux comptaient officiellement quatre-vingt-dix mille permanents et environ cent quarante mille informateurs, des chiffres qui semblent notoirement sous-estimés. C'est dire si décommunisation et lustration s'imposaient !

Entamée dans le contexte de la réunification allemande, la décommunisation fait l'objet d'une loi donnant libre accès aux archives de la RDA et d'une autre créant un centre d'archives, l'« Institut Gauck », aujourd'hui « Institut Birthler », du nom de leurs deux directeurs.

L'historien Ilios Yannakakis nous précise quelques points : « Dès l'automne 1989, redoutant une transformation radicale de la RDA, les auxiliaires de la Stasi se mettent à détruire leurs dossiers. De leur côté, dès les premières semaines de la Révolution allemande, en septembre-octobre 1989, les manifestants n'ont cessé de s'attaquer à la pieuvre de la Stasi. Enfin, le 15 janvier 1990, ils prirent d'assaut le quartier général de la police politique. Des archives sont tombées entre leurs mains, d'autres ont été emportées par les services ouest-allemands ; certains dossiers, probablement les plus compromettants, ont été "sauvés" par les Soviétiques. »

Les Allemands de l'Est, comme d'ailleurs l'opinion publique occidentale, découvrirent alors avec stupeur le nombre impressionnant d'agents et de collaborateurs de leur police politique. Dans les entreprises, les écoles, les institutions, des milliers de personnes servaient d'indicateurs à la Stasi, des membres d'une même famille espionnaient leurs proches. Un tentaculaire réseau d'informateurs couvrait tout le pays.

Les fiches découvertes dans les archives de la Stasi ont permis d'écarter de la vie politique des agents et des collaborateurs de la police politique. Les journaux ont publié de longues listes de personnes travaillant pour elle. Aujourd'hui en Allemagne, les citoyens de l'ex-RDA ont le droit de consulter leurs propres fiches conservées par l'organisme gestionnaire de ces archives. Leur ouverture a constitué un acte fondamental de l'après-communisme, contribuant ainsi à l'unification morale des deux Allemagnes.

Pourtant, *Le Monde* du 11 juillet 2007 révèle que « de bien curieuses pratiques » persistent au sein de l'Institut Gauck.

À l'automne 2006, ayant appris que, dès sa création, cette structure employait beaucoup d'anciens agents de la Stasi, la presse allemande a ouvert un vif débat qui a entraîné l'ouverture d'une enquête. Ses conclusions sont allées jusqu'à évoquer la présence de quatre cents anciens fonctionnaires et responsables est-allemands (sur un total de deux mille deux cent cinq employés de l'Institut) « soupçonnés de nuire à l'atmosphère de travail, voire de paralyser les travaux de recherche ». En fait, leur présence au sein de l'Institut Gauck s'explique aisément : on a besoin de leur expérience pour former les nouveaux venus. Dont acte !

En revanche, il ne faut pas exclure que des anciens de la Stasi, qui collaboraient hier avec le KGB, puissent poursuivre cette coopération avec le nouveau FSB russe de Poutine-Medvedev. De fait, plus puissants, riches, cyniques et arrogants que l'ont jamais été leurs prédécesseurs, les services secrets post-soviétiques recrutent des éléments jeunes (de vingt à quarante ans), pour renouveler leurs cadres afin d'infiltrer et manipuler le continent de plus belle.

Tandis que l'Occident raisonne encore selon de vieux schémas dépassés, la dynastie internationale tchékiste, elle, se refait une virginité et continue à s'insinuer partout, en priorité dans les endroits stratégiques. Inexorablement. Qui d'autre aurait intérêt à saboter les travaux de l'Institut Gauck ? Ou d'autres organismes européens ?

Les pays Baltes : Estonie, Lettonie, Lituanie

La signature du pacte Ribbentrop-Molotov, le 23 août 1939, permit aux Soviétiques de réaliser le vieux rêve des bolcheviks : s'approprier une Estonie tant convoitée et qui leur avait échappé trop longtemps. Les troupes soviétiques ayant investi le pays, débutent alors les déportations massives, les pillages, les exécutions sommaires. Au point que, à l'intérieur du Goulag, les détenus apprennent même l'estonien, une langue prétendument appelée à disparaître.

Pour couvrir ces agissements d'une apparente légalité, les législatives, organisées par l'occupant soviétique le 21 juillet 1940, donnent lieu à la formation d'un Parlement soumis aux nouveaux maîtres. Ces derniers s'empressent de proclamer la création de la République socialiste soviétique d'Estonie. Dès le 6 août, la russification du pays est lancée. Le russe, érigé en langue d'État, devient obligatoire, tandis que l'enseignement est réorganisé. Il va sans dire que l'historiographie soviétique donne une version bien différente des événements: «En juin 1940, les travailleurs d'Estonie ont renversé le gouvernement fasciste en place, rétablissant le pouvoir soviétique.» Un pouvoir qui semblait pourtant éternel.

Mais, quelque cinquante ans après, le 16 novembre 1988, encouragé par la Perestroïka gorbatchévienne, le Soviet suprême de la RSS d'Estonie vote l'indépendance souveraine du pays. Puis, en dépit de la désapprobation de Moscou, en janvier 1989, l'estonien est rétabli comme langue officielle.

Le 23 août 1989, pour dénoncer le cinquantième anniversaire du pacte Ribbentrop-Molotov aux yeux de l'opinion mondiale, une impressionnante chaîne humaine s'étire à travers les trois États baltes, du Nord estonien au Sud lituanien. Se tenant par la main, six cent mille hommes, femmes, enfants et personnes âgées manifestent sur six cents kilomètres. Leur message est reçu fort et clair. Aussi, le 9 février 1991, quand 77,6 % des Estoniens (russophones compris) votent en faveur de l'indépendance, le Kremlin ne réagit pas. Et il faudra attendre le 6 septembre 1991 pour que Moscou reconnaisse enfin l'indépendance de l'Estonie, qui intègre l'ONU le même mois.

Dès 1992, l'Estonie reprend la couronne comme monnaie nationale et engage des réformes économiques afin de sortir au plus tôt du communisme. L'État instaure de vastes privatisations, décrète une fiscalité avantageuse pour attirer les investisseurs étrangers, adoptant la modernisation comme priorité. La décommunisation économique est en marche.

À l'époque, se réjouir de l'indépendance des pays Baltes était malgré tout prématuré. Un simple exemple en dit long sur l'atmosphère qui y régnait. Le 26 septembre 1995, le contre-amiral russe A. Olkhovikov remet à l'Estonie la base sous-marine de la Baltique. Deux cents experts y démantèlent deux réacteurs nucléaires à usage militaire. Quelques semaines plus tard éclate un scandale qui oblige Tiit Bahi, Premier ministre de la coalition de centre gauche, à démissionner. La raison ? Son ministre de l'Intérieur, Edgar Saavisar, avait fait installer des écoutes téléphoniques dans les bureaux du gouvernement *via* une agence privée, la SIA. De plus, la presse internationale rapportait que son directeur, Kalle Klandorf, était encore, peu de temps auparavant, l'un des chefs de la police de Tallinn… et qu'à l'arrière-plan se profilaient sans nul doute des groupes mafieux. Or, Kalle Klandorf n'était pas le premier policier venu. Cet ancien sous-préfet de police, propriétaire à 80 % de la SIA, était surtout un cadre du KGB en Estonie. Son associé, Veiko Lulla, détenteur de 15 % des parts, était lui aussi membre du KGB. Enfin, Edgar Saavisar, quarante-cinq ans, de père russe, avait été avant 1989 l'idéologue principal du PC estonien. En 1990, il avait inspiré la création de la SIA, dont les informations atterrissaient dans les bureaux moscovites de deux destinataires identifiés : le KGB et le SVR.

En 2007, en apprenant que « les archives du KGB sont conservées aux Archives nationales estoniennes [1] », on peut aisément en conclure qu'elles ont été préalablement triées et « désamorcées ». En effet, lors de l'implosion de l'URSS, l'ensemble des services secrets implantés dans chacune des quinze républiques étaient d'abord soviétiques. Aussi exécutaient-ils, en premier lieu, les ordres du commandement central, la Loubianka. Dans ces conditions, il n'est guère difficile d'imaginer que la majeure partie des archives compromettantes a dû être « rapatriée » à Moscou par souci de sécurité.

Contrairement aux Allemands de l'Est, les Russes n'avaient aucune raison objective de détruire les documents « sensibles », ceux-ci pouvant encore leur être très utiles. Voilà pourquoi l'hypothèse la plus plausible est que cette « masse explosive » a été acheminée en Russie et stockée quelque part. Voilà pourquoi également un citoyen balte, tadjik ou arménien, désirant consulter son dossier ou celui de proches jadis déportés, doit faire preuve d'une patience infinie tout en espérant qu'un beau jour on le retrouvera dans les archives de la Fédération de Russie, héritière de l'Empire soviétique.

Un tel contexte complique singulièrement le travail de lustration entrepris par les services secrets estoniens. Une loi de 1994 accepte les déclarations sur l'honneur. En cas de collaboration clairement établie, celle-ci n'est pas rendue publique. D'où le nombre extrêmement restreint de personnalités prises en flagrant délit de

1. *Le Monde*, 11 juillet 2007.

mensonge. En effet, depuis décembre 1999, la police politique estonienne a rendu publics les noms de seize ex-agents du KGB, précisant leurs responsabilités et missions passées, tout comme leurs fonctions actuelles.

Parmi les agents ainsi démasqués, figure un certain Kaïdo Taïm, âgé de trente-six ans, lequel, avant l'été 1999, dirigeait la filiale estonienne de la firme irlandaise Avon International Investment. Par la suite, ledit Taïm sera accusé de contrebande d'armes et de munitions en provenance de Pologne.

La législation estonienne oblige également la police de sécurité du pays à publier les données sur les anciens collaborateurs et agents du KGB, au cas où ils ne se signaleraient pas d'eux-mêmes aux autorités d'Estonie. Dans un premier temps, on avait déjà communiqué des informations sur cinquante agents du KGB, dont le plus connu était l'écrivain estonien Uno Laht. À l'été 2005, on apprend que le rapport annuel de la Kapo (la police estonienne) a suscité de nombreux articles concernant un regain d'activités hostiles à l'égard de l'État estonien de la part des services secrets et des autorités russes : « Les tentatives d'enrôlement de citoyens estoniens – hommes d'affaires, fonctionnaires, étudiants – dans les services spéciaux sont de plus en plus fréquentes en territoire russe. Toujours d'après la Kapo, le chantage, les pressions psychologiques et les violences physiques constituent la majorité des méthodes utilisées à ces fins. »

Dans la mesure où l'Estonie a intégré l'OTAN et l'Union européenne en 2004, ces agissements ne visent pas seulement ce pays, mais peuvent être considérés comme une ingérence dans les affaires intérieures de ces deux organismes. La diplomatie russe a d'ailleurs montré son vrai visage au printemps 2007, lors des graves troubles survenus pendant trois jours à Tallinn, et que l'on peut raisonnablement attribuer à la haine et l'intolérance des autorités russes. Le ministre russe des Affaires étrangères, Sergueï Lavrov, ne s'en est-il pas pris alors ouvertement à l'OTAN et à l'UE pour leur soutien solidaire à l'Estonie ? Les effluves du pétrole n'auraient-ils pas fini par griser la raison des tchékistes ?

Rappelons les faits. Il s'agissait de transférer le Soldat de bronze, érigé en 1947 sur ordre de Staline au cœur de la capitale estonienne, dans l'un des quatre cent cinquante cimetières militaires du pays, où se trouvent déjà inhumés quelque cinquante mille combattants soviétiques. Rien de plus normal puisque, sous les pieds du Soldat en question, reposent les dépouilles de treize militaires (dont une femme) susceptibles de recevoir une sépulture décente par leur famille. En outre la colline Tonismagi, où se dresse le monument, n'a rien de commun avec la place Rouge, dont le luxueux mausolée ne conserve plus que le cadavre momifié de Lénine.

Ce transfert du monument du Soldat soviétique, symbole de la présence d'une puissance étrangère au cœur du pays, prévu pour le soixantième anniversaire de son édification, semblait parfaitement légitime aux Estoniens.

Le 8 mai 2007, Toomas Hendrik Ilves, président de l'Estonie, faisait cette mise au point à l'usage de l'Occident : « Beaucoup ignorent l'histoire de l'Estonie. Nous refusions d'intégrer l'URSS. Nous avons subi l'occupation. Figurez-vous que ce mémorial était le lieu de rassemblement des sympathisants de l'Union soviétique. Leurs slogans nous offensaient. Et je peux en dire autant des fêtes communistes. Chaque année, on célébrait même la "Journée du tchékiste". Pouvez-vous imaginer ce qui se passerait si l'Allemagne commémorait la "Journée de la Gestapo" ? »

Comme souvent, la réaction russe fut disproportionnée. Immédiatement, le vice-Premier ministre Sergueï Ivanov demanda aux Russes de cesser « toute consommation des produits estoniens », instaurant un blocus économique assorti d'une cyber-attaque en force des sites Web afin d'abattre l'État high-tech estonien, pionnier de l'e-gouvernance.

Et pourtant, le président Toomas Hendrik Ilves, issu de l'émigration estonienne aux États-Unis, pratique une variante particulièrement douce de la lustration.

Au cours du XXe siècle, à l'instar de l'Estonie et en dépit d'une histoire, de langues, de cultures spécifiques, la Lettonie et la Lituanie ont traversé les mêmes épreuves. Ainsi, « durant près de cinquante ans, l'Estonie, la Lettonie et la Lituanie, coupées de l'Europe, ont été maintenues au sein de l'URSS principalement grâce aux efforts du KGB », rappellent les historiens David Wolff et Gaël Moullec [1].

1. D. Wolff et G. Moullec, *Le KGB et les pays Baltes*, Belin, 2005.

En Lettonie, les législatives d'octobre 1995 se déroulèrent dans un contexte de scandale : faillite d'une dizaine d'établissements bancaires due à la spéculation et à des pratiques mafieuses, démission de cinq ministres en 1994 après la révélation de leur appartenance au KGB, enfin division des partis politiques en neuf formations rivales. Ces divers éléments ne pouvaient que profiter aux intrigues des services secrets russes, et mettre en évidence que le terrain des pays Baltes était presque entièrement miné.

Ce même mois d'octobre 1995, le quotidien russe *Ségodnya* (Aujourd'hui) publia une étude de l'Institut de recherche de la Défense dont les auteurs se montraient catégoriques : personne n'irait se battre contre la Fédération de Russie dans l'hypothèse où, pour neutraliser les États baltes et protéger ses intérêts, l'armée russe reviendrait les occuper[1]... Tout au plus, l'Occident répondrait-il peut-être par quelques remontrances assorties de sanctions économiques, les membres de l'Union européenne ayant d'ailleurs tout intérêt à continuer d'acheter en Russie les matières premières répondant à leurs besoins.

En outre, clamaient ces stratèges, les régimes d'Estonie et de Lettonie sont « antidémocratiques et aussi illégaux que l'ont été ceux de Rhodésie et d'Afrique du Sud. [...] Une partie de leurs citoyens (les non-natifs) ont donc l'autorisation de constituer des structures parallèles, qui auraient le droit, en cas de violence contre elles, d'en appeler à l'aide armée de la Russie[2] ».

Le même rapport s'en prenait enfin à la Lituanie qui, ayant condamné le pacte de non-agression Molotov-Ribbentrop, concédait, de ce fait, le droit à la Russie et à la Biélorussie de revendiquer les régions de Klaipéda et de Vilnius.

De toute manière, concluaient les auteurs de l'article, la Baltique est une région où l'on vit essentiellement d'activités mafieuses. Or, « si l'on se réfère au précédent de l'invasion du Panama par l'armée américaine et de l'arrestation du général Noriega, la Russie a aussi toute latitude d'arrêter et de faire juger des personnalités baltes par les tribunaux russes[3] ». Dont acte !

Autre point capital : l'acharnement des services secrets russes

1. *Ségodnya*, 21 octobre 1995.
2. *Ibidem.*
3. *Ibidem.*

à cultiver les mafias locales, les propulsant même au rang de premiers exportateurs mondiaux de matières premières inexistantes sur place. Quels intérêts dissimule cette stratégie ? Nul ne doutait que les maîtres d'hier n'abandonneraient pas sans résistance l'enjeu primordial que représente cette région. Mais miner, dès le début, la politique future par l'économie mafieuse se révèle une démarche particulièrement perverse.

Quelque dix ans plus tard, en 2004, les États baltes intégraient l'Union européenne. Aux côtés de Vaira Viké-Freiberga, présidente de Lettonie jusqu'à l'été 2007, une autre femme y avait également œuvré : la diplomate Sandra Kalniete. Cet expert en relations internationales a été, en 1988, membre fondatrice du Front populaire de Lettonie, mouvement de lutte contre l'occupant soviétique. Elle fut donc à la fois témoin et actrice du retour à l'indépendance de son pays, en 1991. Successivement ambassadrice auprès des Nations unies (Genève) de 1993 à 1997, puis ambassadrice en France de 1997 à 2002, elle est ministre des Affaires étrangères de 2002 à 2004. Brièvement commissaire européen (1er mai-20 novembre 2004), depuis mars 2005 elle est ambassadrice et conseillère spéciale du commissaire européen à l'Énergie, Andris Piebalgs.

Se réjouissant de la réunification de l'Europe, elle explique les séquelles de cette longue séparation qui sacrifia deux générations : « Il n'y a pas eu une seule manifestation publique en Lettonie, en Lituanie ou en Estonie, et j'ai participé à de nombreuses d'entre elles, où des questions sur la grande trahison des Occidentaux ne m'aient été posées. De même, il n'est pas une seule rencontre où il ne me soit reproché que les hommes politiques baltes n'aient pas réussi à convaincre la communauté internationale de condamner le régime communiste. Les conséquences de la décision prise à Yalta en 1945, scellant le pacte Molotov-Ribbentrop du 23 août 1939 et laissant l'Estonie, la Lettonie et la Lituanie à l'Union soviétique, se font sentir encore aujourd'hui sous forme d'un traumatisme permanent. Il marque notre vision des relations internationales, notre perception de la géopolitique et détermine nos choix stratégiques en matière de politique de sécurité et d'économie [1]. »

1. *Regards croisés sur l'Europe*, sous la dir. de M. Albert, Académie des sciences morales et politiques-PUF, 2005.

Pour sa part, Richard Backis, ambassadeur honoraire de Lituanie en France, compagnon de route de Vitautas Lansbergis, premier président élu de la Lituanie indépendante, évoque pour nous, dans un entretien récent, le fruit de sa propre expérience : « Les trois Républiques baltes furent non seulement occupées par les Soviétiques, mais annexées par l'URSS en 1941. Et elles furent aussi les premières à réclamer et retrouver leur indépendance. De retour en Europe, nous avons adhéré à l'OTAN et à l'Union européenne. Comme vous voyez, contrairement aux "brillantes prédictions" d'Hélène Carrère d'Encausse, les Baltes sont toujours là et bien là ! Le temps a passé, mais nous n'avons rien oublié... En réalité, cette politique de "colonisation" menée par les Soviétiques a seulement fait émerger des problèmes de cohabitation ; surtout en Estonie, avec ses 33 % de population russe et en Lettonie, avec près de 50 % ! Annoncer notre disparition avant l'heure, c'était vraiment mal connaître les Baltes et tout ignorer de leur histoire comme de leur capacité de résistance ! »

Grave, Richard Backis nous rappelle aussi l'héritage du communisme : « Pour les Baltes, la seule épreuve véritable fut le communisme. Une expérience qui pèse encore sur tous les pays de l'Est. Nous en sommes sortis, mais il ne faut pas oublier ce que fut cette idéologie : un bel idéal aux apparences trompeuses – un miroir aux alouettes – impliquant une persécution chronique et un lavage collectif de cerveaux. C'est de ce système sociopolitique totalitaire que les Baltes sont en train de se dégager. Sur le plan économique, à mon avis, c'est fait, même s'il reste des progrès à accomplir. Pour le reste, ce n'est qu'une question de temps et de générations : il nous faut passer de l'*Homo sovieticus* à la "normalité". Or, un matraquage idéologique de cinquante ans laisse des séquelles. Le communisme fut le pire des héritages légués à l'Europe, une grande illusion. S'en dégager est d'abord un problème psychologique, une priorité qui devance le facteur économique. Pourquoi ? Parce que le communisme modifie les structures mentales ! Cette terrible réalité constitue l'une de ses noires séquelles. Regardez le temps qu'il a fallu à l'Allemagne pour évacuer le nazisme. À l'Est, nous avons tous été terriblement, durablement marqués. Il faut donc nous laisser le temps d'en sortir, de nous adapter sans rien nous imposer. Mais les Occidentaux ont tendance à l'oublier. De même qu'ils semblent oublier leur devoir de solidarité à l'égard de la partie orientale de l'Europe, si méconnue. Ensemble, notre devoir est aussi d'éduquer les jeunes, de les informer en douceur sur les réalités du communisme, sans rien leur cacher, par intégrité intellectuelle et historique. Dans le cas contraire, nous risquons de retomber, nous aussi, dans le non-dit, les tabous et le mensonge d'État, en somme tout ce que nous reprochons au totalitarisme... Notre chance, à nous autres Baltes, c'est d'être des peuples européens. Car c'est précisément notre "européanité" qui nous aidera à sortir du communisme. J'insiste sur ce point : ce sont bien des pays européens depuis des siècles que l'UE a accueillis en son sein. Notre civilisation, notre culture, notre histoire, tout démontre que nous sommes citoyens de l'Europe. En Lituanie, la religion dominante est le catholicisme ; la Lettonie et l'Estonie sont davantage protestantes. Ces deux grandes religions appartiennent au patrimoine commun de l'Europe ; au même titre que la culture, elles en délimitent les frontières. En voyageant dans les pays Baltes, on découvre les architectures gothique et baroque. Toute notre culture est européenne, contrairement à celle du monde slave que, pour ma part, je considère non comme européen, mais eurasiatique... »

Comme beaucoup de Lituaniens, Richard Backis s'implique totalement dans la construction de l'Europe : « Pourtant, il ne faut jamais perdre de vue le but ultime : construire l'Europe est une nécessité stratégique. Beaucoup de facteurs en découlent, comme le désir de protéger ou de défendre notre culture, nos valeurs, nos sociétés. Si l'on observe l'ex-URSS, malgré de prétendues élections (en réalité de maladroits simulacres de scrutins impunément truqués), la démocratie est loin d'être acquise. Le président de la Biélorussie, par exemple, est l'un des derniers dictateurs d'Europe. Mais non le seul... Or, l'Union européenne peut-elle tolérer des dictatures à sa porte ? À l'avenir, je pense qu'il est vital pour l'UE de ne pas intégrer n'importe quel pays, n'importe comment. Nous devons avant tout préserver notre spécificité d'Européens, nos valeurs, nos libertés. En revanche, aider la démocratie et les démocraties à se développer et à s'étendre à l'Est tout entier est notre devoir sacré. Sans amertume ni esprit de revanche. En 1941 ou 1945, selon les États, les pays de l'Est se sont sentis abandonnés par l'Ouest égoïste, indifférent à la tragédie qu'on les a forcés à vivre. Or, si nous n'en voulons pas à l'Europe, nous ne la dispensons pas du devoir de mémoire... »

S'agissant de lustration, il faut en effet se reporter au contexte de l'époque. Coiffant les quinze Républiques soviétiques – kagébisées à outrance –, les services et le Parti formaient les deux armatures indéfectibles du système, les piliers sur lesquels s'appuyait la construction étatique. Mais si supprimer la verticale politique visible du Parti avec ses drapeaux, ses cellules locales, ses slogans et autres attributs idéologiques ne présentait pas de difficulté majeure, se débarrasser du KGB, occulte, quasi invisible, imbriqué dans toutes les structures de la société, s'avérait une tache complexe, voire impossible. D'autant qu'à la première alerte celui-ci, ayant radicalement muté, s'adaptait tel un caméléon au nouveau contexte sociopolitique, infiltrant tous les étages des nouveaux édifices étatiques en chantier.

Ainsi, les Lituaniens auront comme premier chef de gouvernement Kazimira Prunskiene, l'une des personnalités les plus actives du Front populaire (mouvements nationaux formés des opposants au pouvoir soviétique qui militaient pour l'indépendance de leurs pays). Par la suite, accusée d'avoir collaboré avec le KGB sous le nom de code « Chatria » [1], elle s'en sortira tête haute car personne ne fut en mesure d'en produire la moindre preuve [2]. Et pour cause. La Kontora (l'Officine, autre surnom du KGB) ne laisse jamais de traces. Elle peut exhumer des preuves, en fabriquer au besoin afin de discréditer un personnage influent, un gêneur. Mais laisser derrière elle des documents nuisibles aux "siens", jamais. Comme à l'ordinaire, les réseaux de la galaxie kagébiste des Républiques soviétiques ont donc eu tout le temps nécessaire pour mettre à l'abri les documents compromettants.

Détail cocasse : sans doute faute de pouvoir être décorée officiellement pour ses bons et loyaux services, Mme Prunskiene revint des festivités du sept cent cinquantième anniversaire de Kaliningrad – auxquelles elle assista sans l'aval de Vilnius –, parée du

1. Du lituanien Satrija, une colline de Samogitie peuplée de sorcières.
2. *Lietuvos rytas* (Le Matin de Lituanie), août 2007.

titre prestigieux de « princesse russe ». Quelle instance soviéto-russe s'était donc arrogé le droit de décerner, aujourd'hui, un titre de noblesse tsariste ? Princière récompense, en effet. Mais pour quels services rendus, s'interrogèrent les Lituaniens. Perplexes, ils finirent tout de même par en rire.

Même partie d'échecs pour Rolandas Paksas, arrivé, lui, à la présidence de la Lituanie, puis obligé de démissionner pour collusion avec la pègre russe. Détail intéressant : à la présidentielle de 2004, Kazimira Prunskiene, dirigeante du Parti des paysans, arriva en seconde position avec environ 22 % des suffrages. Considérée au départ comme une candidate marginale, elle obtint l'appui de Paksas en promettant à ce dernier de l'autoriser à se représenter aux élections si elle-même était élue. Qui deviendra président de la Lituanie le 17 mai 2009 ? Un candidat prorusse ou pro-occidental ? Pour le pays, l'enjeu est capital.

Ainsi chaque pays balte a-t-il instauré un mécanisme de lustration *soft*, se réduisant à une confession personnelle du « coupable ». En échange, ce dernier obtient la confidentialité de l'État tout en s'ouvrant l'accès à de hautes fonctions politiques.

De fait, en Lettonie, les collaborateurs de l'État doivent se présenter à l'Office national de la mémoire historique. Depuis 1994, la loi instaure une enquête obligatoire sur les candidats aux élections et les fonctionnaires, candidats à de nouveaux postes. Mais le KGB ayant procédé à la destruction ou au transfert de nombreux documents secrets, la plupart des dossiers sont conservés à Moscou.

Dès l'indépendance des États baltes, une loi prévoyait l'assainissement de la vie publique, l'ouverture des archives, l'exclusion des anciens collaborateurs et le procès des agents du KGB. L'accès des archives est ouvert à tout citoyen excepté en Lituanie, où seules peuvent y accéder les victimes ou les personnes autorisées.

Une loi de 1999 demande aux Lituaniens ayant travaillé pour le KGB de se présenter devant une commission spéciale. Mais le dispositif comporte des failles, car des individus ont échappé au système sous prétexte qu'ils n'étaient que des officiers de « réserve ». À propos de ces « réservistes » d'un genre spécial, les Lituaniens ne décolèrent d'ailleurs pas.

L'historien Arvydas Anusauskas, qui dirige le Département

d'investigation sur le génocide et la résistance, « déplore l'inefficacité de la loi en question parce qu'elle privilégie la chasse aux collaborateurs épisodiques des services de sécurité, alors que seuls 25 % des auxiliaires réguliers du KGB ont été identifiés à ce jour ». Il précise par ailleurs « qu'avant d'être recrutés comme "réservistes" du KGB, les gens étaient convoqués pour savoir s'ils y consentaient. Ceux qui refusaient n'étaient pas incorporés dans la "réserve", alors que les enrôlés devaient suivre une formation spécifique [1] ». Pour mener les activités adéquates.

Début 2007, l'Europe n'a pas encore intégré ces problèmes lorsque tombe une dépêche inattendue : « Le Conseil de l'Europe a recommandé à la Lituanie de laisser en paix les agents réservistes du KGB. » Apparemment inquiet de leur sort, le Conseil de l'Europe a vivement conseillé à la Lituanie de ne pas restreindre le droit des agents du KGB soviétique en « réserve » à travailler au sein des institutions d'État. Citant le député lituanien Aldon Stanonkene, *Novonews* affirme : « Si les autorités de Vilnius ne prêtent pas une oreille attentive à cette recommandation, cela pourrait entraîner des sanctions à l'égard de cette République [2]. »

Peu avant cela, la Cour européenne des droits de l'Homme n'avait pas appuyé les restrictions appliquées au travail des anciens cadres du KGB. Pourtant, le Seimas (Parlement lituanien) examine des amendements à la loi prévoyant lesdites restrictions. Sans doute à cause du scandale de février 2005, qui suivit la publication de la liste des « agents de réserve » du KGB, parmi lesquels on trouvait les noms de l'ancien ministre des Affaires étrangères, Antanas Valionis, et du directeur par intérim du département de la Sécurité d'État, Arvidas Potsius.

En dépit du fait que le Parlement lituanien avait déjà adopté des lois limitant les droits de ces « réservistes », la décision définitive fut repoussée jusqu'au moment où un projet alternatif, en cours d'élaboration par les juristes parlementaires, serait présenté. Projet d'autant plus d'actualité que, en 2000, mille quatre cents citoyens de Lituanie avaient déjà volontairement reconnu, devant

1. *Lenta.ru*, 1er février 2005.
2. *Lenta.ru,* 29 janvier 2007.

le gouvernement, leur passé d'agents ou d'informateurs du KGB. Conformément à la loi de février 2007, les personnes concernées ont bénéficié d'un délai de six mois pour se faire connaître... Ceux qui, durant ce laps de temps, ont avoué leur passé à la commission spécialement créée à cet effet se sont vu appliquer une clause de confidentialité. Toutes ces déclarations sont conservées dans une banque de données ultrasecrète.

Les autres Lituaniens ex-collaborateurs des services secrets qui refusèrent de témoigner risquaient de perdre leur emploi dans le cas où ces faits occultés deviendraient avérés, la loi interdisant aux anciens auxiliaires du KGB d'occuper des fonctions d'État et limitant leur engagement à des sociétés privées. En outre, l'information de leurs liens avec le KGB serait rendue publique. D'après Alguirdas Kaktus, qui préside la commission parlementaire de la Sécurité, la plupart des anciens agents attendaient le tout dernier jour pour se « repentir », « comme des étudiants avant l'examen », a-t-il précisé dans une interview à l'agence Associated Press. Par ailleurs, Kaktus a annoncé que le délai fixé ne serait pas prolongé : « Six mois suffisent largement pour reconnaître ses erreurs », a-t-il conclu.

Mais avoir fidèlement servi le KGB au détriment de la population peut-il être vraiment considéré comme une erreur ?... Pas quand on sait que la Cour européenne des droits de l'Homme a estimé, le 28 juillet 2004, que deux citoyens lituaniens, Sidabras et Dziautas, ex-agents du KGB, avaient été victimes de discrimination, créant ainsi un fâcheux précédent. En effet, les juges de la CEDH ont jugé, par cinq voix contre deux, que leur interdiction professionnelle de dix ans constituait une violation de l'article 14 de la Convention européenne des droits de l'Homme. Stupeur des Lituaniens !

Comme pour en rajouter, l'Église lituanienne fit à son tour des excuses publiques au nom des prêtres qui collaborèrent avec le KGB à l'époque où le pays faisait partie de l'Union soviétique, révèle la BBC. Seul l'archevêque Chrysostome a avoué, en 1990, sa collaboration de dix-huit ans avec le KGB sous le nom de code de « Restavrator »[1]. La Conférence des évêques lituaniens qui prit cette décision exhorta vivement les prélats collaborationnistes à dire la vérité, les menaçant même de sanctions. En outre, l'Église

1. Voir H. Blanc et R. Lesnik, *Le Mal russe*, L'Archipel, 2000.

envisage également de présenter des excuses pour la participation des catholiques lituaniens au génocide des Juifs perpétré par les nazis.

Compte tenu de ces éléments, une question s'impose : les clandestins non recensés ont-ils cessé toute collaboration avec l'ex-KGB russe ou sont-ils toujours en activité ?

Géorgie et Ukraine

S'agissant de décommuniser sans faillir au devoir de mémoire, le 26 mai 2006, lors de la commémoration de l'indépendance de la Géorgie, le président Mikhaïl Saakachvili a inauguré à Tbilissi un musée de l'Occupation soviétique. La république de Géorgie suivait en cela l'exemple de la Lettonie et de la Lituanie, où de tels lieux du souvenir existaient déjà. Le visiteur y découvre nombre de documents prouvant notamment l'extermination de l'élite intellectuelle du pays, qui perdit 10 % de sa population durant les purges staliniennes. Il peut aussi voir des reliques d'époque, tel un wagon criblé de balles en 1924, lors d'un soulèvement indépendantiste à Tbilissi, sauvagement réprimé par le NKVD. Incohérente, la politique soviétique visait tantôt à caser les peuples du Caucase dans une seule et même République transcaucasienne, tantôt à morceler chaque État en régions autonomes. Quand on ne déportait pas purement et simplement des ethnies entières, catalysant ainsi d'incessantes rébellions réprimées dans le sang. Le musée expose également les grenades lacrymogènes, les matraques et pelles de sapeur utilisées par les Soviétiques pour « disperser » une manifestation pacifique indépendantiste dans la capitale géorgienne en 1989 – sous Gorbatchev –, faisant une bonne vingtaine de victimes.

En créant ce musée, les Géorgiens le concevaient comme une porte que l'on referme sur un passé douloureux, et que l'on entrouvre seulement pour entretenir la mémoire, l'âme de la nation. Résolument tourné vers un avenir librement choisi, le peuple géorgien n'osait pas croire que ce passé pouvait de nouveau faire irruption dans toute sa cruauté.

Lors d'une rencontre, l'historien Nodar Gabachvili, ancien vice-ministre géorgien des Affaires étrangères, nous exprimait néanmoins ses craintes : « Les crises de ces dernières années entre la Géorgie et la Russie ont suscité l'intérêt de la communauté internationale, ce qui démontre bien l'importance géopolitique croissante de ce pays et du Sud-Caucase en général. Le manque de connaissances de l'histoire de la Géorgie, qui concerne surtout les circonstances exactes de la dissolution de l'URSS au début des années 1990, et l'amnésie générale quant au communisme et totalitarisme soviétiques empêchent de comprendre la situation actuelle de la Géorgie et les motifs réels de ses problèmes avec la Russie. Comme dans d'autres pays post-soviétiques, la présence, dans la vie politique et économique géorgienne d'anciens apparatchiks du PCUS et de membres du KGB demeure tangible car, à ma connaissance, nous n'avons pas encore voté de loi de lustration. Cette situation nuit à la démocratie et donne des armes à la Russie pour exercer son influence politique. Elle lui fournit aussi un formidable instrument qui, en cas de nécessité, lui permettrait de déstabiliser gravement la Géorgie. D'autant que l'Église géorgienne, anticatholique et prorusse, très influente dans le pays, soutiendrait probablement la Russie. Il est important que l'Europe et les États-Unis assimilent une bonne fois ces réalités [1]... »

En dépit de sa lucidité, Gabachvili avait l'impression de prêcher dans le désert. Comme il fallait s'y attendre, Moscou jugea intolérable ce projet de musée, qu'elle qualifia de « pure provocation ». En revanche, le président ukrainien Viktor Youchtchenko, ayant trouvé l'idée excellente, inaugurait lui aussi, le 26 mai 2006, à Kiev, un musée de l'Occupation soviétique de l'Ukraine (1917-1991).

Au cours de l'entretien qu'il nous accorda, son directeur, Roman Kroutsik, président de l'association ukrainienne Mémorial, évoque l'éventualité d'une lustration en Ukraine : « L'Institut ukrainien de la mémoire nationale (UINP) fut fondé en 2006, au moment où, en Europe, quelques instituts semblables travaillaient déjà. Les Polonais, par exemple, ont longtemps joué à la démocratie sans se poser la question de la lustration. C'est seulement douze ans après leur sortie du pacte de Varsovie qu'ils s'en sont préoccupés. Les

1. Cet entretien est intégralement reproduit dans la revue *Transition & Sociétés*, Géorgie, n° 11, 2007.

événements politiques se déroulant actuellement dans l'Ukraine post-soviétique découlent de l'histoire ukrainienne récente. Dans notre pays, la "cinquième colonne" est beaucoup plus puissante qu'elle ne l'a été en Allemagne, en Pologne et dans les pays Baltes. En vérité, nos fréquentes crises politiques résultent en grande partie des agissements de cette "cinquième colonne", qui défend les intérêts d'un État voisin. Un jour ou l'autre, le développement futur de la démocratie ukrainienne débouchera sur l'instauration d'une lustration inévitable. Vitale. Il est vraiment regrettable qu'elle ne soit pas en vigueur aujourd'hui car plus tard elle interviendra, et plus sa mise en œuvre s'avérera difficile... »

Roman Kroutsik saurait-il lire les augures ? D'abord, c'est l'ambassadeur russe en Ukraine – fondateur de Gazprom et ancien Premier ministre d'Eltsine –, Viktor Tchernomyrdine, qui pousse un cri de colère : « Créer ce musée, c'est insulter le peuple russe et le peuple ukrainien ! » Les dirigeants russes ont en effet une fâcheuse tendance à confondre pouvoir soviétique et peuple russe lorsque ça les arrange. Mais pour se faire une idée de l'atmosphère de la capitale ukrainienne à l'été 2007, il suffit de comparer deux prises de position radicalement contraires.

La première émane d'Olga Gainsbourg, responsable du Comité d'État aux archives d'Ukraine, qui préconise d'interdire l'accès aux archives relatives aux répressions communistes : « Un musée consacré aux pages noires de l'histoire soviétique est inutile. Je suis totalement opposée à cette démarche. Qui a besoin d'entendre parler des crimes du communisme ? Sûrement pas ma génération ! »

Le 13 juin 2007, le président ukrainien Viktor Youchtchenko, qui soutient vivement la création de ce musée consacré aux répressions politiques, répondait à ces critiques au micro de la BBC diffusant en Ukraine : « Pourquoi devrions-nous occulter l'histoire des répressions ? [...] Comment évaluer les pages de notre histoire qui nous furent dissimulées tant d'années ? Nous deviendrons une nation sans avenir si nous ignorons la vérité sur notre histoire. »

Effectivement, le devoir de mémoire recouvre aussi une quête d'identité. Pour Alexandre Smolar, « le communisme détruisait la mémoire des nations [1] ». Or, à l'instar des Ukrainiens, les autres

1. *Le Figaro*, 3 janvier 2005.

peuples est-européens indépendants veulent simplement se reconstruire en retrouvant leur mémoire perdue. Pour sa part, Roman Kroutsik, dont le musée a subi bien des déboires – attaques diverses, effractions, vols de documents –, précise qu'en dépit des appels des forces de gauche à sa fermeture le musée n'en continuera pas moins de remplir sa mission d'organisme public en œuvrant pour la manifestation de la vérité. Attristé par cette polémique, il nous confie que la position d'Olga Gainsbourg est « typique de l'idéologie communiste consistant à dissimuler ses crimes à tout prix ».

En définitive, n'en déplaise à certains, les pays d'Europe centrale et orientale conduisent la décommunisation et la lustration de manière plutôt modérée, civilisée, sans esprit de vengeance. Au fond, que réclament de l'UE ces « oubliés de l'Histoire » ? Qu'elle condamne sans équivoque les crimes du communisme. Est-ce trop demander ?

Mais, situation paradoxale s'il en est, tandis que l'est de l'Europe tente de « dékagébiser » ses sociétés, l'Ouest se laisse « kagébiser » en douceur…

Pour clore ce débat majeur sur décommunisation, lustration et « dékagébisation », qui, espérons-le, aura ouvert quelques pistes de réflexions à l'« ouest de l'Europe », l'ancien président français Valéry Giscard d'Estaing, européen convaincu, a accepté de nous recevoir. Il donne ainsi son sentiment personnel sur la lustration : « D'abord, à mon avis, la lustration est une question importante. Il me semble qu'il eût été utile qu'une méditation soit engagée pendant la longue période d'adhésion car elle méritait réflexion. J'ai toujours pensé que ce problème était sérieux, que les intéressés avaient le droit de se le poser. J'ai été, par exemple, très choqué par ce qui s'est passé en Roumanie, victime d'une espèce de duperie collective lorsqu'on a exécuté les Ceausescu – il faut le dire, bien que je ne porte aucune estime aux personnages – dans des conditions scandaleuses. Car, à l'époque, ils n'ont pas gouverné seuls, en despotes, mais en réalité avec toute une équipe. Et la vérité c'est que l'on a retrouvé dans les gouvernements roumains de la période suivante beaucoup de ces gens qui avaient travaillé avec Ceausescu. De même, lorsqu'on se penche sur l'histoire de la Pologne, le pays d'Europe qui a peut-être le plus souffert à la fois à cause de la conquête allemande, de l'extermination de la population juive et ensuite du communisme, c'est là où le régime communiste a été l'un des plus durs. Pour ma part, je croyais que le régime communiste tel qu'il s'était installé avait prévu une gestion soviétique de la société, or ce fut un système politique et policier très fort et singulièrement dur. Je pense qu'il est normal que ces pays songent à rechercher les culpabilités et à punir les coupables. C'est normal. Alors, pourquoi cela a-t-il attendu ? Pourquoi y a-t-il eu ces allers-retours, puisqu'en effet certains des personnages qui ont dirigé récemment la Pologne étaient ceux que j'ai moi-même rencontrés, comme président de la France, dans l'équipe de Jaruzelski, au temps de la présence militaire soviétique, et ainsi de suite.

Décommunisation, lustration...

On peut comprendre ce désir de clarifier, de situer les responsabilités, de les cerner, et je trouve que l'Europe, l'Union européenne n'a pas à y intervenir. Elle aurait été à même de le faire si elle avait conduit sa propre réflexion au moment de l'adhésion, par exemple, mais elle ne l'a pas fait. Le Conseil européen, au lieu de disserter des heures sur des sujets parfois marginaux, n'a certainement pas eu – et c'est d'ailleurs difficile d'en débattre à vingt-sept personnes – une réflexion de fond en disant : devons-nous ou pas souhaiter ces lois de lustration et devons-nous intervenir ou ne pas intervenir ?

Dès lors qu'elle s'en est abstenue, l'Union doit simplement souhaiter que nos partenaires agissent dans le cadre qu'ils ont eux-mêmes choisi : un système démocratique et un État de droit. Mais c'est à eux d'en préciser les modalités. Voilà ma position. »

La voix de cette grande conscience européenne n'est-elle pas celle de la sagesse et du bon sens ?

CHAPITRE VII

Le bolchevisme au tribunal de l'Histoire ?

Pour nombre d'intellectuels, le communisme, à l'instar du nazisme, doit répondre de ses crimes. Il faut, insistent-ils, démonter pièce par pièce les mécanismes de ce système totalitaire pour, à défaut d'en juger les responsables aujourd'hui disparus, étaler au grand jour toute sa monstruosité.

À leurs yeux, seule cette forme de catharsis permettrait d'exorciser les vieux démons de peuples désormais en quête de démocratie. Ce procès représenterait en quelque sorte le point culminant d'une véritable décommunisation.

« Voilà dix ans, s'effondrait le régime soviétique [...] sous l'effet de sa propre putréfaction, constatait le regretté Jean-François Revel à l'aube des années 2000. Beaucoup pensèrent tout naturellement que cet échec d'un système politique dans l'histoire humaine allait susciter au sein de la gauche internationale une réflexion critique sur la validité du socialisme. Ce fut tout le contraire ! » Et Revel de poser clairement le problème : « Une irrévocable absolution est donc accordée à la criminalité communiste [1]. »

Certes, en ce début de XXIe siècle, les configurations européenne et internationale s'avèrent différentes, mais peut-on oublier si facilement à la fois Munich et Yalta ?

Certains intellectuels militent en faveur d'un « nécessaire procès du communisme », tel l'écrivain roumain Radu Portocala qui écrivit une lettre ouverte au président de l'Assemblée nationale française, Jean-Louis Debré, sollicitant « un hommage officiel à la mémoire des victimes de cette idéologie criminogène ». En voici les extraits principaux :

1. Jean-François Revel, *La Grande Parade*, Plon, 2000.

« Monsieur le Président,

« À l'automne 1987, en plein débat sur les propos tenus par Jean-Marie Le Pen au sujet des chambres à gaz, qu'il considérait n'être qu'un "détail" de l'histoire, l'Assemblée nationale a ouvert ses travaux en observant une minute de silence à la mémoire des victimes du nazisme. Belle – quoique tardive ! – initiative, écrivais-je alors à votre prédécesseur, Jacques Chaban-Delmas. J'attirais, toutefois, son attention sur le fait que le siècle avait connu non pas une, mais deux abominations, et que le communisme était la deuxième, parallèle au nazisme et jouissant d'une triste antériorité dans la mise en œuvre d'une politique systématisée de meurtres. Je lui proposais donc de demander aux députés français de se recueillir une minute supplémentaire, cette fois-ci à la mémoire des victimes de la terreur rouge. Mais ma lettre demeura sans réponse et – vous l'avez sûrement remarqué – sans suite. [...] Aujourd'hui, alors que l'on proclame partout la mort du communisme, je m'adresse à vous avec la même requête. [...] Depuis 1945, avec l'aide efficace des gouvernements occidentaux, la chasse aux criminels nazis n'a jamais cessé. Et ce n'est que justice, car chacun doit payer pour ses méfaits. Nulle sentence n'a, en revanche, été prononcée contre un criminel communiste. Ni à l'Est ni à l'Ouest. Bien au contraire ! Discrètement, mais efficacement, l'Occident a montré aux pays sortis du camp soviétique son opposition à l'idée que des poursuites judiciaires soient engagées à l'encontre des anciens responsables communistes. [...] Devant l'ampleur historique et humaine de cette tragédie que le monde politique occidental s'efforce désormais d'oublier, je vous prie, Monsieur le Président, de demander aux élus français d'inaugurer, cet automne 2002, la session parlementaire en observant une minute de silence à la mémoire des victimes du communisme [1]. »

Cette lettre de Portocala fut adressée le 22 juillet 2002 au président de l'Assemblée nationale française et à tous les députés de la majorité présidentielle. Mais la rentrée parlementaire 2002 s'est effectuée normalement, sans minute de silence.

1. © 20 avril 2006-Oprea-Portocala / www.diploweb.com, avec leur aimable autorisation.

Or, Radu Portocala n'avait pas demandé l'adoption d'une loi nouvelle, comme le lui répondit Jean-Louis Debré le 7 octobre suivant, mais une simple minute de silence à la mémoire des victimes du communisme.

En effet, pour l'écrivain, « un peuple dont on laisse la mémoire se vider de sa substance risque de découvrir que son destin s'est métamorphosé en agonie ». Et, plus encore, « un peuple qui finit par comprendre qu'il n'a plus rien à attendre de la justice est condamné à survivre dans la défiance et le désespoir [1] ».

De ce point de vue, le calvaire de son compatriote Paul Goma, écrivain exilé à Paris, a commencé dès sa naissance en Bessarabie (l'actuelle Moldavie), alors province roumaine. Conformément au pacte Ribbentrop-Molotov, l'URSS en prend possession en 1940. En 1944, les Soviétiques reprennent la Bessarabie à la Roumanie et Paul a neuf ans lorsque ses parents parviennent à se réfugier en Roumanie. Or, le gouvernement prosoviétique commence la chasse aux natifs bessarabiens. Dès qu'on annonce l'arrivée de patrouilles, les réfugiés s'enfuient dans la forêt…

Au fil des années, Goma cumule deux ans de détention et quatre de relégation. Son ami, l'écrivain roumain Virgil Tanase, évoque cette période : « En 1960, un vif débat – que les chars russes ne pouvaient résoudre qu'en franchissant la frontière – oppose Ceausescu à Khrouchtchev : l'Union soviétique propose, par le biais d'articles de presse, une suppression des frontières à l'intérieur du camp socialiste en vue d'une répartition plus judicieuse des territoires nationaux selon des critères économiques. Une façon à peine déguisée de transformer les pays d'Europe de l'Est en "Républiques soviétiques". Voilà, paraît-il, la raison pour laquelle Bucarest, exploitant le conflit sino-soviétique, s'éloigne de Moscou pour lancer sa politique de la "voie indépendante". S'ensuit alors une légère amélioration de l'atmosphère intérieure. Lorsque, en août 1968, il ose condamner l'invasion de la Tchécoslovaquie – défendant en fait son totalitarisme mis en péril par l'ingérence soviétique dans les pays amis –, tout le peuple roumain suit Ceausescu et le Parti, sans s'apercevoir que dans les discours officiels il n'est question que du droit à une voie nationale et jamais des

1. *Ibidem.*

libertés et des transformations qui caractérisèrent le Printemps de Prague[1]. »

Et Tanase de conclure : « Le Roumain Ceausescu a vite compris quel serait l'enjeu de l'expérience tchèque et, avec une habileté politique qu'on doit lui reconnaître, s'est vite employé à instaurer ce qu'on pourrait nommer, paradoxalement, un stalinisme à visage humain. Or, Paul Goma, défenseur du Printemps de 1968, a placé le pouvoir devant un choix essentiel, l'obligeant à se dénoncer en tant que stalinisme incapable d'adopter un visage humain[2]. »

Interdit dans son pays, l'écrivain en est réduit à faire publier ses œuvres à l'étranger, un crime en soi. Comme pour aggraver son cas, le 26 janvier 1977, il rend publique – en la communiquant à l'Occident – une lettre ouverte à Pavel Kohout et ses camarades, les auteurs de la Charte 77. Il sera l'unique signataire roumain de cette lettre, dont voici quelques extraits :

« À Pavel Kohout et ses camarades,

Je me déclare solidaire de votre action. Votre situation est aussi la mienne ; l'état de la Tchécoslovaquie – à peu de chose près – est celui de la Roumanie. Nous vivons, nous survivons dans le même Camp, le même Biafra (capitale Moscou). Vous, les Tchèques et les Slovaques, vous avez eu 1968 ; les Hongrois ont eu 1956 ; les Polonais, un 1956, un 1971 et d'autres dates mémorables… sans trêve. Les Allemands de l'Est ont eu Berlin et aujourd'hui, ils ont Biermann. Nous, les Roumains, nous manquons de repères comparables. Mais la souffrance n'est pas toujours proportionnelle à l'intensité du cri de révolte. […] Nous vivons tous sous le talon de la même botte. La même absence de droits élémentaires, le même mépris de l'homme, le même mensonge éhonté – partout. Partout : la pauvreté, le chaos économique, la démagogie, l'incertitude, la terreur. Gourdin-Bâillon-Corruption, voilà les trois leviers qui ont permis de précipiter nos concitoyens mille ans en arrière[3]. »

Arrêté fin avril 1977, puis relâché, Paul Goma est mis sous surveillance policière. Il souffre de graves problèmes de santé dus aux

1. *Le Dossier Paul Goma. L'Écrivain face au socialisme du silence*, Albatros, 1977.

2. *Ibidem.*

3. *Ibidem.*

« interrogatoires » poussés dont il a été l'objet. Ses proches, ses parents, même éloignés, sont limogés de leur travail. Cet écrivain fidèle à ses principes finira par émigrer en France – où il vit toujours – et par y publier de nombreux livres.

La Roumanie postcommuniste

Marius Oprea, historien roumain déjà cité, livre les raisons qui rendent indispensable, selon lui, la décommunisation réelle de la Roumanie : « Nous sommes partis de l'idée que les communistes ont agi contre les Roumains par les moyens de la terreur et que le terrorisme d'État est un crime imprescriptible. Le communisme est non seulement un régime criminel mais un régime qui pratiqua le terrorisme d'État. Un tel crime peut être accidentel, or le régime communiste l'a instauré en système, planifiant les abus et la violence de manière scientifique. Depuis le début et jusqu'à la fin, il s'est manifesté comme un régime d'occupation en soumettant les "occupés" à la terreur. Je considère donc ce processus de décommunisation, similaire à celui de dénazification, comme parfaitement légitime. Le Code pénal roumain sanctionne "l'initiation et la participation à des actes terroristes". Pour une fois, nous allons utiliser à notre avantage ce côté vague de la loi [1]. »

Mais voici que les communistes reviennent au pouvoir en 2000. Diplômé d'archéologie, Oprea voit alors les portes de l'Université se fermer devant lui. « J'ai ainsi découvert, explique-t-il, que les anciens de la Securitate et du Parti communiste avaient conquis l'Université roumaine. Les structures de cette oligarchie ont même créé un Institut censé étudier le totalitarisme, dirigé par un représentant du Parti de la Grande Roumanie, parti extrémiste qui a des origines communistes. Il est devenu évident que seule l'installation d'un nouveau pouvoir était en mesure de donner une chance à l'idée de commencer un procès du communisme. Malheureusement, on en est resté au niveau déclaratif. Il n'y a eu aucune condamnation de la Securitate et des dirigeants communistes. Lorsque les anciens

1. © juillet 2002-Oprea/Portocala/www.diploweb.com, *op. cit.* Mis en ligne en novembre 2002.

communistes sont revenus au pouvoir, il est redevenu impossible de penser à un procès du communisme [1]. »

Plus optimiste, le Bulgare Tontcho Karaboulkov nous affirme garder encore espoir : « Peu importe le nom qui sera donné à une telle condamnation, le principal est qu'elle ait lieu. Évidemment, la différence entre 1945 et 1989-1991 est capitale. Le nazisme a été vaincu militairement, le communisme, lui, s'est effondré, victime de ses propres incohérences, sans aucune invasion extérieure, sans bombe atomique ni révolutions intérieures. N'oublions pas que la lutte incessante des peuples qui l'ont subi y est pour beaucoup. Nous nous sommes toujours battus pour une condamnation au moins morale de ce régime totalitaire responsable de la mort de dizaines de millions de personnes dans le monde. Oui, il fallait condamner les coupables, les décideurs, pas le simple possesseur d'une carte qui, pour subsister, était tenu de s'inscrire au Parti. La démocratie aussi est obligée d'être forte, car la morale est indispensable en politique. »

En substance, condamner le totalitarisme communiste prouvera aux générations futures que la démocratie peut s'imposer moralement.

S'agissant de la Géorgie, la diplomate Salomé Zourabichvili constate : « Sortir du totalitarisme est une expérience que personne n'avait faite avant nous dans toute son étendue : les Polonais, Tchèques, Lituaniens ou Lettons n'ont pas eu ni subi l'immersion totale et durable qui a été le lot de la Géorgie. C'est à elle qu'il appartient de prouver que l'on peut, après quatre-vingts ans de totalitarisme sortir, non pas indemne, mais en sortir tout de même, en sortir pour de bon. Pour que ce ne soit plus réversible. Pour que les derniers gènes soient expurgés. Pour que, demain, quels que soient les dirigeants, les choix politiques, la Géorgie soit elle-même [2]. »

Consciente du lourd passé des pays postcommunistes, elle se proclame en faveur d'un « Nuremberg du communisme », pour la simple raison qu'il est impossible de construire la démocratie sur un mensonge. « Il ne s'agit ni de revanche ni de punition, mais de

1. *Ibidem.*
2. S. Zourabichvili, *Une femme pour deux pays*, Grasset, 2006.

vérité et de démystification, afin de s'extraire définitivement du carcan totalitaire et de faire place nette dans les têtes. Tandis que le silence, le refus de juger, le non-dit dans la vie des États comme dans celle des individus est sans doute ce qui est le plus destructeur, mal insidieux qui ronge avant de pourrir [1]... »

De son côté, l'eurodéputée lettone Sandra Kalniete plaide sans relâche pour une révision objective de l'histoire est-européenne : « Je voudrais souligner que la nécessité d'avoir une évaluation objective de l'histoire ne signifie pas une revendication voilée de la réécrire, comme on le reproche à la Lettonie, ainsi qu'à d'autres peuples de l'Europe de l'Est. En réalité, cette histoire n'a jamais été écrite car, jusqu'à la fin de la Guerre froide, l'histoire, derrière le Rideau de fer, a été mise au service de l'idéologie communiste et de la lutte des classes. L'URSS a éclaté en 1991, mais à ce jour, son successeur de droit, la Russie, nie toute responsabilité dans les crimes du régime stalinien et brejnévien commis contre des millions de personnes innocentes et des peuples entiers. C'est le seul pays qui ne reconnaît pas le fait de l'occupation des États baltes. »

Et d'exprimer des regrets mêlés d'espoirs : « Je suis chagrinée par le fait que, depuis la chute du mur de Berlin, le régime communiste et son idéologie ne soient pas encore condamnés par la communauté internationale. Par une inertie inexplicable, la sanglante terreur stalinienne ne provoque pas, dans la conscience des Européens, la même révolte viscérale que les crimes commis par Hitler. [...] Ma plus profonde conviction est que la réunification de l'Europe ne sera réellement réussie que lorsque les dernières traces de cet ancien clivage seront effacées dans notre for intérieur [2]. »

Ces interventions publiques sont également complétées par des écrits tout aussi catégoriques. Dans ses Mémoires, celle qui n'oublie pas qu'elle est « née au Goulag », milite en faveur d'une condamnation au moins morale du totalitarisme : « Les crimes perpétrés en Lettonie sont le fait de deux régimes d'occupation. Les coupables et leurs collaborateurs, accusés de crime contre les populations civiles, qu'ils aient agi au nom de la doctrine nazie ou de

1. *Ibidem.*
2. *Regards croisés sur l'Europe*, sous la dir. de M. Albert, *op. cit.*

la doctrine communiste, doivent répondre de leurs actes. Le crime contre l'humanité est imprescriptible [1] ! »

À la chute de l'URSS, Alexandre Yakovlev en appelait également à une authentique « débolchévisation » – modérée mais générale – de la société russe : « Je suis contre "une chasse aux sorcières" d'autant plus que les criminels les plus importants ne sont plus de ce monde. Et il faut encore ajouter ceci : nous tous – volontairement ou non, directement ou indirectement – avons collaboré ou étions les témoins silencieux des œuvres du mal. Et, tôt ou tard, nous aurons à nous en repentir… » Ses appels n'ont guère été entendus. À l'exception des communistes qui ont déposé une plainte contre lui « pour atteinte à la liberté de parole » [2].

La question qui finit par s'imposer à bien des victimes ou des observateurs du système communiste devient donc celle-ci : que peut-on décemment sauver de ce système, comporte-t-il des aspects positifs qu'il faudrait retenir objectivement au regard de l'histoire ?

Interrogé, l'historien Jacques Chevchenko nous fournit une réponse claire : « Pour moi, le bilan du communisme est entièrement négatif sur tous les plans : politique, social, économique, démographique, culturel, etc. Je n'y vois hélas aucun aspect positif dans la mesure où ce qui aurait pu passer pour tel au niveau du développement ne l'a pas été pour des raisons compréhensibles de coût humain, de conditionnement idéologique et d'absence des libertés fondamentales (éducation, développement industriel, vie politique, presse écrite, médias, etc.). »

Quant à un éventuel procès du communisme, Chevchenko s'affirme résolument en sa faveur, et ce, en dépit du temps écoulé depuis la chute de l'URSS et la disparition des responsables de l'époque. « Car, au-delà du symbole, il permettrait de rejeter, entre autres, la thèse-alibi du XXIe siècle du "dévoiement stalinien" qui innocente en bloc Lénine, marxisme et communisme… La mise en parallèle du nazisme et du communisme me semble également essentielle dans la mesure où ces deux totalitarismes, usant des

1. S. Kalniete, *En escarpins dans les neiges de Sibérie*, Éditions des Syrtes, 2003.

2. *Du passé faisons table rase*, *op.cit.*

mêmes procédés, furent également impérialistes et même si l'un a fini par écraser l'autre, ce qui lui de respectabilité par l'exploitation sans limites d tiques. Enfin, un procès du communisme permettrait l'Europe de considérer différemment l'actuel régime politique de la Russie, *via* lequel Poutine est en train de "réhabiliter" Staline. À quelles fins ? Il faut le voir comme un danger pour la démocratie russe et la paix dans le monde. »

Dans son dernier livre, Vladimir Boukovski, qui s'est toujours, lui aussi, prononcé en faveur d'un « Nuremberg du communisme », redoute un retour toujours possible des « vieux démons » dans l'État-KGB russe de Vladimir Poutine et de ses successeurs. Et vitupère contre la faiblesse des Occidentaux qui veulent enterrer le communisme sans l'avoir jugé, contre ceux aussi qui refusent d'admettre sa survivance et le danger qu'il représente pour l'avenir de l'Europe : « Les anciens collabos des Soviétiques, écrit-il, leurs sympathisants, militants ou thuriféraires, leurs compagnons de route prêts à les défendre sont-ils désavoués, critiqués ? Ont-ils été mis à la retraite ? Au contraire ! Dans nombre de pays européens, loin de subir l'opprobre, ils demeurent des personnages respectés et fréquentables. Loin d'être discrédités par leurs errements, qui auraient suffi à jeter l'opprobre sur n'importe qui d'autre, ils ont été élevés au rang d'experts incontestés de l'analyse du communisme, des sciences sociales et politiques. Certains sont même devenus des conseillers influents de chefs d'État ou de gouvernement qui n'avaient, du temps de l'URSS, aucune sympathie particulière pour le régime de Moscou. Bien plus, ceux qui faisaient carrière dans la politique ont si bien réussi qu'on les trouve installés dans les plus hautes sphères du pouvoir de nombreux pays. Et c'est sous leur influence déplorable que se développe la difficile construction européenne [1]… »

1. V. Boukovski, *L'Union européenne, une nouvelle URSS ?*, Éditions du Rocher, 2005.

Un procès avorté...

Mais ce jugement réclamé par tant d'intellectuels et de simples citoyens n'aura sans doute jamais lieu. L'ex-président Boris Eltsine, disparu au printemps 2007, ne le considérait d'ailleurs pas comme souhaitable. Boukovski nous confie qu'il s'agit là non pas d'une erreur mais d'une faute politique : « Après le putsch de 1991 à Moscou, en réponse à ma proposition de juger le régime soviétique et ses crimes, confirme Vladimir Boukovski, Eltsine a hésité quelque temps. En définitive, il a fini par renoncer... sous la forte pression des Occidentaux ! »

Des Occidentaux dont l'historienne Françoise Thom déplore également l'aveuglement car, selon elle, « ils ont eu une approche technocratique de la décommunisation. Ils ont vu ce processus en termes de libération des prix, de réduction du budget, etc. C'était une lecture de la décommunisation purement "FMI", sans voir qu'il ne pouvait pas y avoir d'économie saine s'il n'y avait pas de société possédant un minimum de moralité et de respect du droit, notamment du droit de propriété. Il y a donc eu, de la part des Occidentaux et des Russes, qui étaient intellectuellement dépendants des conceptions occidentales, une sous-estimation du facteur moral et juridique. [...] Encore aujourd'hui, les Occidentaux continuent à ne pas comprendre ce qui se passe en Russie, parce qu'ils ont cette approche technocratique qui les aveugle totalement sur les réalités [1] ».

À ses yeux, l'une des principales erreurs commises « était l'absence d'une décommunisation symbolique, car une décommunisation totale de la société était très difficile à réaliser, étant donné le nombre de gens qui adhéraient au Parti [2]. Mais il fallait se démarquer beaucoup plus nettement du communisme, comme cela a été fait en Allemagne avec le nazisme. Personne n'aurait eu l'idée de se présenter à des élections quelconques sous une étiquette national-socialiste dans un pays occidental, y compris en Allemagne. Donc,

1. *De la dissidence à la démocratie*, Éditions du Rocher, 1996.

2. Le Parti (PCUS) comprenait 19 millions de membres sur quelque 279 millions de Soviétiques

on se souvient encore maintenant, tant d'années plus tard, que le Parti nazi était un parti criminel. Pour le Parti communiste, visiblement ce ne serait pas le cas. On trouve les communistes partout. Naturellement, la Russie n'est pas seule en cause. C'est vrai aussi en Occident, où les partis communistes ne sont pas considérés comme criminels. Le travail dans les esprits n'a pas été accompli [1] ».

Globalement, Thierry Wolton nous donne le même avis : « Le procès Eichmann a permis la prise de conscience de ce que fut l'Holocauste. Or, il n'y a pas eu de "Nuremberg du communisme", et peut-être n'y en aura-t-il jamais. On a la nette impression que l'Occident se moque éperdument de savoir comment vit la société russe. Pourtant, mon côté optimiste m'incline à penser que le monde ne peut pas faire l'économie du drame sans précédent qu'a représenté le communisme durant le XXe siècle. C'est impensable, impossible ! Donc, à un moment donné, une prise de conscience va se produire et viendra enfin le temps des bilans. »

Cet optimisme se double d'une lucidité qui risque de déplaire fortement à ceux pour lesquels placer nazisme et communisme sur le même plan demeure impossible. Et Wolton de conclure : « Gardons-nous d'oublier un fait capital : les complicités occidentales vis-à-vis du communisme sont cent fois supérieures à celles qui existèrent à l'égard du nazisme. En conséquence, faire le procès du communisme, prendre conscience des crimes du système, c'est non seulement juger les horreurs du passé, mais remettre en cause le comportement des Occidentaux. Épineuse affaire ! Car sans eux, sans leur soutien, comme leur financement depuis les années 1920, jamais le régime soviétique n'aurait pu subsister aussi longtemps… »

Pour l'historien Stéphane Courtois, les crimes du communisme semblent voués à se putréfier dans les « poubelles de l'Histoire ». « Le mouvement communiste, qui s'est emparé du pouvoir en novembre 1917, est mort en 1991, observe-t-il, mais les communistes sont toujours là, reconvertis en sociaux-démocrates, en sociaux-libéraux ou en ultranationalistes. Aucun processus juridique sérieux n'a été engagé pour condamner les bourreaux.

1. *De la dissidence à la démocratie*, *op. cit.*

[...] Il faut, pour cela, avoir le courage intellectuel, moral et politique de regarder en face les crimes du communisme [1]. »

L'historienne Alexandra Viatteau, elle, nous déclare être en faveur d'un « procès de La Haye des crimes du communisme ». Pourquoi ? Parce que ce processus pourrait établir un lien capital entre l'histoire et l'actualité politique de l'Europe : « Prenons le cas si particulier du dossier Katyn. Le Kremlin veut "classer sans suite" le massacre commis par l'URSS en 1940 sur des prisonniers de guerre polonais. Après un demi-siècle de mensonge et de blocage, Moscou a avoué en 1990, sous Eltsine, ce crime de guerre et tous ceux qui coûtèrent la vie à plus d'un million et demi de déportés civils polonais au Goulag. Ce "classement sans suite", c'est-à-dire sans procès et sans bruit, la réactivation, à l'Est comme à l'Ouest, des groupes de pression du Kremlin, même au sein des instances de l'Europe et du Parlement européen, tous ces lobbies, donc, y sont extrêmement attachés. Pourquoi ? Parce que les Soviétiques avaient exigé du Tribunal international de Nuremberg que Katyn fût jugé dans la catégorie des crimes de guerre, crimes contre l'humanité et génocides, alors qu'ils en chargeaient mensongèrement les criminels nazis allemands. Katyn est donc le point précis où le bât blesse. Car, dans ce cas, le pouvoir soviétique et Moscou ont eux-mêmes établi l'identité des crimes des régimes nazi et communiste. Le pouvoir de ceux qui imposent encore la négation ou l'occultation des crimes communistes s'exerce de façons diverses, y compris par la mode ou la "manipulation des symboles". On constate au quotidien à quel point les symboles, les souvenirs et les gadgets staliniens ou maoïstes sont présents chez de jeunes étudiants, chez les intellectuels, artistes ou écrivains – tous ces "ingénieurs des âmes", comme les appelait Staline. Or, les régimes communistes ont continué de perpétrer leurs crimes politiques bien après 1946, année de clôture du procès de Nuremberg. En annexe de ce procès historique, je pense qu'on devrait juger à titre posthume les crimes soviétiques datant de la collusion soviéto-germanique de 1939 à 1941, tel le crime de Katyn et les crimes contre les Polonais et les autres peuples. Mais, après 1945-1946, comme il s'agit de crimes relevant du droit international de l'après-guerre, ils relèvent donc du tribunal de La Haye... »

1. *L'Histoire*, n° 247, octobre 2000.

Les difficultés d'une telle entreprise, fût-elle symbolique, n'échappent à personne. Et l'idée d'un procès du communisme ne fait pas l'unanimité. L'historien français Ilios Yannakakis nous avoue son scepticisme : « Un Nuremberg du communisme... Mais de quel communisme faire le procès ? Celui de l'URSS ? Ou des communismes du monde ? » La condamnation pénale du communisme demeure-t-elle un sujet tabou ? En réponse, Ilios Yannakakis nous relate un épisode récent : « Le 25 janvier 2006, les parlementaires du Conseil de l'Europe ont entamé un débat sur le rapport présenté par le député suédois Göran Lindblad, qui prônait l'urgente nécessité d'un débat public sur les crimes du communisme et leur condamnation au niveau international. Dans le projet de résolution, il était dit que la chute des régimes communistes en Europe n'avait été suivie ni d'une enquête internationale exhaustive et approfondie ni d'un débat sur les crimes commis par le régime dans ces pays. Ces crimes n'ont pas été condamnés par la communauté internationale, comme cela a été le cas pour les horribles crimes commis au nom du national-socialisme... Il reste toujours, de par le monde, des régimes communistes, totalitaires, où l'on continue à commettre des crimes. Après de vives discussions, les parlementaires ont adopté à la majorité simple une résolution qui "condamne avec vigueur les violations massives des droits de l'homme" commises par ces régimes et "rend hommage aux victimes". Cependant, Göran Lindblad n'a pas réussi à faire voter un projet de recommandation adressée au Comité des ministres, l'exécutif du Conseil, invitant les gouvernements des quarante-six États membres à condamner officiellement les crimes des régimes communistes, à lancer des campagnes de sensibilisation, à ériger des monuments commémoratifs aux victimes et à réviser les manuels scolaires. Ce projet de recommandation réclamait aussi la tenue d'une conférence internationale qui aurait donné à la condamnation officielle des crimes du communisme une dimension publique dépassant de loin les frontières de l'Europe. Ainsi l'éventuel "Nuremberg du communisme" reste-t-il un vœu pieux, irréalisable en dépit de crimes basés sur des faits irrécusables et reconnus. Bien sûr, il n'est plus possible d'envoyer sur le banc des accusés Marx, Lénine, Staline, les dirigeants morts du NKVD, les tortionnaires de la Loubianka, les dirigeants communistes des pays de l'Est de l'époque dite "stalinienne" et leurs acolytes, leurs descendants. Mais, hier comme aujourd'hui et comme demain, la lutte inlassable contre ce communisme-là et ses différentes résurgences totalitaires doit mobiliser toute l'énergie des démocrates. Car le communisme n'est pas mort, loin de là ! »

Lors de notre dernier entretien, François Fejtö se montrait encore plus sceptique : « Un "Nuremberg du communisme" ? Je n'y crois pas une seconde. Ceux qui le réclament sont des utopistes, de doux rêveurs. Ça n'arrivera jamais ! »

Il n'était d'ailleurs pas le seul à douter. Répondant à nos questions, l'archiduc Otto de Habsbourg, autre grand Européen, exprime des réserves : « Je ne crois pas que le système de Nuremberg ait été un succès. Au contraire. On donne une importance permanente au crime. Aujourd'hui, nous sommes déjà trop loin de ces événements pour raviver quelque chose qui ranimerait les hostilités du passé. À mon avis, une solution objective ne pourra être trouvée qu'après un laps de temps relativement long, basée sur des jugements issus d'études historiques et non passionnels. »

Quant à Alain Terrenoire, qui préside l'association PanEurope Internationale, il nous propose, lors d'un échange, une manière de compromis : « Sans complaisance aucune à l'égard du communisme qu'il repoussait comme contraire à ses valeurs spirituelles et humanistes, quand Charles de Gaulle évoquait "l'Europe de l'Atlantique à l'Oural", il ne se référait pas à une union d'États en devenir, mais à une future entente entre des peuples partageant, sur un même continent, une histoire et une culture communes. Près de vingt ans après leur libération du système communiste, les pays d'Europe centrale et orientale se devaient de purger leur mémoire collective d'un passé d'oppression, de domination politique et culturelle et d'une honteuse collaboration. D'où ces lois de lustration, assez mal comprises à l'Ouest. Ce jugement, cette indispensable condamnation du communisme sur lesquels les États et les peuples auraient déjà dû statuer, leur fera apparaître, plus nettement qu'ils ne l'admettent généralement, les fautes tragiques des vainqueurs de 1918, et, vingt-sept ans après, des accords de Yalta. C'est à ce prix que les rescapés du totalitarisme soviétique et de ses affidés pourront, enfin, se sentir européens et fiers de l'être. Seule cette nécessaire introspection, s'inspirant de la commission Vérité et Réconciliation des Sud-Africains après la fin de l'apartheid, permettra de s'engager dans la construction commune d'une Europe puissante, solidaire, indépendante et souveraine. »

Ce qui, de nos jours, frappe l'observateur, c'est qu'en faisant « table rase du passé » on supprime allègrement le souvenir des millions d'innocents dont tous ces peuples de cobayes n'ont pas encore fait le deuil. Ne serait-il pas temps, pour les intellectuels qui expriment leur avis sur tout, de faire preuve de maturité et de courage politique et de regarder, enfin, les faits bien en face ? Or, aujourd'hui, parmi les chercheurs, historiens, sociologues, politologues, tous spécialistes du grand Est, la guerre idéologique bat son plein. Un état de fait que l'historien Marc Lazar, expert du communisme, déplore vivement :

« À l'heure actuelle, face au communisme, je constate une formidable régression. Dans l'univers scientifique, dans le monde académique, quelle est aujourd'hui la tendance dominante de ceux qui se penchent sur les pays communistes et européens ? Je suis frappé par le nombre d'historiens, de sociologues, qui passent leur temps à critiquer la pertinence de la notion de totalitarisme appliquée au communisme. Passer son temps à démontrer que ce concept n'a aucun sens, aucune pertinence, aucune valeur heuristique pour comprendre le communisme, signifie qu'il faut plutôt essayer de montrer la diversité, la vitalité des sociétés, les usages sociaux du communisme, les modalités multiples et variées de la répression communiste, etc. Il serait plus pertinent, en somme, de parler beaucoup plus de l'unité des communismes, plutôt que de leur diversité. En revanche, ces mêmes historiens n'ont aucun problème pour appliquer la notion de totalitarisme au fascisme et au nazisme. Dans ce domaine, les controverses sont particulièrement rudes, en particulier en France. Il existe tout un courant très puissant qui s'oppose à cette interprétation. Par conséquent, sur le passé, subsistent énormément d'interrogations… Aujourd'hui, une grande question – et là je rejoins Bronislaw Geremek – s'impose clairement : comment construire l'Europe, comment construire un vivre-ensemble européen alors que nous butons sur une histoire différenciée, notamment par rapport au drame du communisme ? Geremek a dit : “1956, Budapest, devrait être une date pour l'Histoire de l'Europe.” Dès 1989, au moment où le mur de Berlin s'effondrait, François Furet pour sa part avait eu, lui aussi, cette profonde réflexion. En célébrant l'unité retrouvée de l'Europe, que tout le monde fêtait à chaud, il s'interrogeait en considérant qu'elle ne pourrait pas s'opérer tant que n'aurait pas été réalisée l'unité de l'histoire de l'Europe. Nous nous trouvons donc face à un double impératif. D'une part, nous ne devons pas seulement commémorer, mais faire de l'histoire, c'est-à-dire comprendre. D'autre part, démarche encore plus difficile, il s'agit de transmettre l'expérience aux plus jeunes générations. C'est là l'un des enjeux majeurs, car la mémoire s'efface rapidement. Il en va donc de notre responsabilité de transmettre à la fois les leçons de l'histoire, comme on dit, mais aussi cette expérience de l'histoire [1]... »

Les leçons de l'histoire

Question délicate, car rarement discipline semble avoir été autant manipulée, instrumentalisée, falsifiée que l'histoire contemporaine, surtout quand elle englobe politique et idéologie.

Depuis la réunification de l'Allemagne, choc sans précédent pour tout citoyen de ce pays, son histoire en constitue la preuve évidente. À partir de 1989-1990, les manuels de l'ex-RDA furent interdits en tant que reflets idéologiques d'un régime déchu. En revanche, ceux de l'ex-RFA se focalisaient trop sur le système répressif du régime communiste et l'intégration de la RDA au système soviétique. En moins d'un an, les enseignants durent se mettre à professer une histoire radicalement différente : « Nombre d'entre eux n'ont pas su expliquer à leurs élèves pourquoi la vérité d'hier n'était plus celle d'aujourd'hui. Ceux-là ont perdu toute crédibilité, et ont dû se résigner à quitter l'enseignement », relate le journaliste berlinois Thomas Schnee [2].

1. Colloque CERI-Sciences politiques, novembre 2006.
2. *Courrier de l'Unesco*, « Allemagne, deux histoires réunifiées », novembre 2001.

En effet, des auteurs originaires des deux Allemagnes ont passé près de dix ans à réviser les programmes d'histoire : « Il n'était pas question de rédiger un manuel d'histoire pour nostalgiques de la RDA, mais de présenter, de manière plus nuancée qu'auparavant, toutes les facettes de la société est-allemande au travers de biographies individuelles. [...] La place accordée à certains thèmes comme la vie quotidienne en RDA, la période nazie et l'Holocauste, la comparaison entre stalinisme et nazisme, ou encore le rôle des mouvements citoyens dans la chute du régime est-allemand, a été largement accrue. »

Et Falk Pingel, directeur de l'Institut Georg-Eckert pour l'étude internationale des manuels scolaires, de rappeler : « En RDA, le national-socialisme était présenté comme une perversion du système capitaliste. On ne le comparait évidemment pas au régime stalinien et l'on parlait très peu du système concentrationnaire et de ses victimes. De même, l'existence de mouvements dissidents était passée sous silence [1]. »

Une chose est claire : en histoire, l'enseignement allemand, apparemment plus objectif, aborde désormais tous les sujets – même ceux qui fâchent –, ne professant plus une vérité unique, mais proposant différents points de vue. Et ce, dans le but méritoire d'ouvrir un débat dans les établissements scolaires.

« En France, l'enseignement de l'histoire paraît infiniment plus complexe, nous confie l'historienne Alexandra Viatteau. L'univers concentrationnaire communiste semble devoir rester quasi ignoré des élèves et, parmi eux, des futurs collaborateurs des médias. Cela s'impose d'autant plus que le texte officiel, présenté à Paris le 20 juillet 2001, affirme, je cite : "La notion de régime totalitaire est de celles qui font problème. Elle a été un instrument de Guerre froide qui impliquait une identité de nature entre les régimes fascistes et le communisme stalinien, affirmation qui ne résiste pas à l'analyse historique." Autrement dit, la Guerre froide était une agression mensongère des démocraties occidentales contre l'Union soviétique, qui, elle, ne fut jamais totalitaire, même sous Staline. À ce point de l'histoire, apparaît une divergence – ou peut-être une omission –, car on peut lire dans les Annexes au programme

1. *Ibidem.*

que les régimes totalitaires sont "le fascisme, le nazisme, le stalinisme", sans préciser que le stalinisme fut l'apogée du communisme triomphant !

Pour reprendre les expressions de ces documents officiels de l'Éducation nationale, le programme d'histoire "organise les connaissances", mais "à l'exclusion de toute approche événementielle". Il ne faut pas "noyer les élèves sous un flot de détails" ; on n'entend évidemment introduire "aucun jugement de valeur" et, bien entendu, "il ne s'agit en aucun cas de juxtaposer les histoires nationales des États, mais de montrer [...] la convergence de leurs choix..." Afin d'aboutir à la construction européenne.

Mais peut-on construire une Europe résolument morale, libre, consciente, responsable et instruite si ses citoyens reçoivent une instruction proche de la propagande et amputée de la connaissance de faits ou d'événements de base ? Un mensonge programmé sur le passé, même par omission, se venge toujours dans l'avenir. Un lecteur habitué à repérer la propagande, à lire entre les lignes, précaution qui s'impose lorsque la liberté de pensée et d'expression diminue, ne peut que s'arrêter à la définition que le directeur des programmes de l'enseignement d'histoire au ministère français de l'Éducation nationale donne du totalitarisme : "Le totalitarisme n'est pas une doctrine, mais une pratique d'encadrement de la société au sein de structures qui ont pour objectif de 'transformer l'homme' en le modelant sur l'objectif idéologique que s'assigne le régime, et donner à la masse de la population une volonté collective, absorber l'homme sous tous ses aspects dans le tout idéologique (national, racial ou social), faire que, non seulement ses idées politiques ou son rôle social, mais également sa vie professionnelle et familiale, ses croyances, ses valeurs, ses goûts esthétiques, etc., soient mis au service de l'idéologie..."

Juste définition. Or, il en résulte que le totalitarisme ne se réfère pas seulement au passé criminel des régimes mis en cause, mais qu'il peut aussi s'approprier un présent, un avenir, pourtant théoriquement destinés à devenir meilleurs. »

Et Alexandra Viatteau de conclure : « N'est-il pas révoltant que des nations dénient leur propre vérité historique à cause d'une volonté aveugle et sourde, révisionniste voire négationniste, d'aboutir à une *Pax globalistica* ? »

De son côté, l'historien Jacques Chevchenko précise : « Démontrer le caractère néfaste et d'abord criminel du marxisme dans son ensemble pour en finir – peut-être – est fondamental. Il faut décrédibiliser le mythe qui persiste au sein de nos sociétés occidentales, particulièrement française (de l'Université aux médias en passant par la politique), dont les exemples ne manquent pas. »

Stéphane Courtois déplore, pour sa part, « cette ignorance totale des jeunes générations concernant le communisme au XXe siècle ». D'où la parution, en octobre 2007, d'un *Dictionnaire du communisme*, une œuvre collective élaborée sous sa direction, qui retrace le phénomène, des origines au postcommunisme du XXIe siècle [1].

L'histoire selon Poutine

Mais, dans l'enseignement de l'histoire, c'est toujours le Kremlin qui remporte la palme grâce à une récente opération spéciale fulgurante. En effet, l'été 2007 a vu d'éminents et fort dociles spécialistes concocter, en deux mois, sous la houlette de l'idéologue Vladislav Sourkov, un nouveau manuel d'« histoire patriotique »... à l'usage exclusif des enseignants [2]. Car, de l'avis même du président Poutine, « ceux-ci n'ont que de la bouillie dans la tête » !

On y apprend des nouveautés surprenantes. Par exemple : « L'Union soviétique ne fut pas une démocratie, mais un repère et un exemple de société meilleure et plus juste pour des millions de gens dans le monde. »

On y retrouve les résultats d'un sondage réalisé par la fondation Opinion publique à propos du rôle de Staline dans l'histoire de la Russie : 47 % des personnes interrogées jugent son action « positive », tandis que seulement 29 % la qualifient de « négative ».

D'où ce constat des auteurs : « Ainsi, les évaluations contradictoires du rôle historique de Staline possèdent des fondements évidents. D'un côté, on le considère comme le dirigeant de l'URSS

1. *Dictionnaire du communisme*, Larousse, 2007.

2. A. V. Filippov, *Noveïchaya Istoriïa Rossiï, 1945-2006, kniga dla outchitélia* (L'Histoire la plus récente de la Russie, 1945-2006, Le manuel de l'enseignant), Moscou, Prosvechtchénié, 2007.

ayant obtenu les résultats les plus probants. C'est précisément sous sa gestion que s'est agrandi le territoire du pays, élargissant notablement les frontières de l'ancien Empire russe (les dépassant même par endroits) ; c'est également sous son autorité que fut gagné un terrible conflit mondial – la Grande Guerre patriotique –, que furent réalisées l'industrialisation de l'économie et la révolution culturelle favorisant et augmentant l'accès de la population aux études supérieures, de même que la création du meilleur système mondial d'enseignement. Et, enfin, que l'URSS devint un pays à l'avant-garde des sciences, où le chômage fut pratiquement éradiqué... »

On y apprend par ailleurs que « Nikita S. Khrouchtchev fut le plus grand des utopistes ». Et que « Leonid I. Brejnev joua un rôle positif dans l'histoire de la Russie ». Il semble que l'on ait « égaré » l'URSS quelque part en chemin. On découvre enfin que « Youri Andropov lança, dans le pays, une campagne pour durcir la discipline au travail ».

Heureusement, tout finit pour le mieux dans le meilleur des mondes puisque, grâce à Vladimir Poutine, « la Russie a enfin émergé d'une longue crise économique, résolu le problème de sa dette extérieure et profité de la croissance pour s'attaquer aux problèmes sociaux les plus urgents. [...] La plupart des actions décisives sont étroitement liées au nom et à l'action du président V. V. Poutine [1] ».

Ayant invité, dans sa datcha, des scientifiques peu enthousiasmés par ce guide « éclairé », Poutine leur prodigua une magistrale leçon de patriotisme historique : si quelqu'un n'aime pas les voitures russes, libre à lui d'acheter un véhicule fabriqué en Occident. Mais quand il est question de l'histoire, celle-ci doit demeurer un produit local, intérieur, patriotique ! Un point c'est tout. Les manuels récents ayant été financés par l'étranger, il devient évident que leurs auteurs ont « dansé » sur la partition musicale interprétée pour eux.

Le professeur Evguéni Serguéev, auteur d'un *Manuel d'histoire des pays étrangers*, remarque non sans scepticisme que cette histoire selon Poutine comporte des défauts majeurs. D'abord, les périodes historiques se basent sur les activités des secrétaires généraux et des présidents : « Il ne s'agit donc pas d'une approche historique,

1. *Ibidem.*

mais plutôt d'une histoire des dynasties [1]. » Ensuite, il en ressort que les principales causes des échecs découlent des erreurs personnelles des seuls dirigeants. Gorbatchev est présenté de manière si négative qu'une question s'impose d'elle-même : que fut donc la Perestroïka ? Et a-t-elle seulement existé ?

À ses risques et périls, l'historien Alexandre Choubine ose s'inscrire en faux : « Ce manuel vise à glorifier l'État au détriment de la société. L'étatisme est présenté comme la source de tous les intérêts du pays, or ce dernier ne se résume pas à l'État. Sans compter que certaines pages encensent ouvertement les méthodes staliniennes destinées à "augmenter l'efficacité de l'appareil" [2]. »

Courageuse prise de position étant donné qu'il est devenu extrêmement dangereux, en Russie, de s'opposer au pouvoir. Fin septembre 2007, pour toute réponse à ces réserves, le blog Leteha enfonce le clou sans ménagement : « Vous allez enseigner aux enfants avec les manuels qu'on vous fournira et sous l'angle dont la Russie a besoin. Quant aux satanées inepties dont regorgent vos minables cervelles barbichues, soit elles disparaissent, soit c'est vous qui disparaîtrez de l'enseignement ! »

Bien sûr, un blog n'est qu'un blog ; mais il est intéressant de savoir qui se cache derrière Leteha : un certain Pavel Daniline, leader de la Jeune Garde de Russie unie, rédacteur en chef du site *Kremlin.org* et, par ailleurs, l'un des conseillers du fameux manuel, remercié par l'auteur, Alexandre Filippov, instrument de propagande au service de l'État.

Ludmila Rybina, consœur d'Anna Politkovskaïa, se souvient dans le même numéro de la *Novaya Gazeta* que le comte Alexandre Beckendorf, chef de la police politique et de la garde de Nicolas Ier, professait jadis : « Le passé de la Russie est étonnant, son présent plus que magnifique, quant à son avenir, il sera à cent coudées au-dessus de tout ce que peut concevoir l'imagination la plus fertile. Voilà, mon cher ami, de quel point de vue doit être exposée et écrite l'histoire russe [3]. » Déjà…

1. *Novaya Gazeta*, n° 73, 2007.
2. *Ibidem.*
3. *Ibidem.*

La « Grande Guerre patriotique »

À l'automne 2007, l'historien Youri Afanassiev, ancien recteur de l'université des Humanités de Moscou, ne cachait pas son opposition à ces grossières falsifications de l'histoire soviétique : « Au lieu de prononcer des sentences idéologiques, si l'on se préoccupe de rechercher la vérité, alors les thèmes tabous et les "vaches sacrées" n'ont plus aucune raison d'exister, bien que ceux qui ne partagent pas cet avis soient – et de loin – très nombreux. Pour beaucoup de gens, par ailleurs bien sous tous rapports, une règle demeure immuable : on peut remettre en question tout ce que l'on veut, excepté la Guerre et surtout la Victoire. La mémoire des victimes est sacrée, interdiction d'y toucher ! [...] Si l'on parvient, néanmoins, à comprendre les causes de la guerre, enfouies au plus profond, alors on prendra peu à peu conscience que, lors de cette guerre, se sont heurtés de front deux régimes despotiques totalitaires. En matière de cruauté, de barbarie, de leur ardeur insensée à dominer le monde, rien ne les différencie l'un de l'autre. Et pour avoir des raisons d'affirmer : "Nous ne leur ressemblons pas, c'est tout de même eux qui nous ont attaqués", il fallut inventer tout exprès la notion de "Grande Guerre patriotique". Grâce à elle, il devint possible de tourner le dos aux souvenirs et aux réflexions sur la Seconde Guerre mondiale, désagréables pour nous. L'histoire mal comprise enseigne que nous sommes entrés en guerre le 22 juin 1941 et non le 17 septembre 1939. En réalité, nous étions en guerre depuis 1939. Du même côté qu'Hitler. Comme alliés d'Hitler. Quand on évoque la victoire, on se réfère par omission à la victoire sur l'Allemagne, tandis que le thème du nazisme résonne en sourdine. Une fois de plus, ce n'est pas un hasard : si nous avons vaincu le nazisme, alors sous quel régime vivons-nous, nous les vainqueurs [1] ? »

Concernant le procès de Nuremberg, la sténographie *in extenso* de la procédure n'a pas encore été rendue publique en Russie. Comme par hasard, les passages se rapportant à la période 1939-1941, où

1. *Novaya Gazeta*, n°s 81, 83, 86, 2007.

l'Union soviétique était alliée à l'Allemagne nazie, sont toujours censurés.

Et Afanassiev de s'insurger : « Vaincre l'ennemi et donner aux peuples liberté et bonheur sont une chose ; mais vaincre et, de ce fait, renforcer la puissance du stalinisme en tant que variante du national-socialisme, l'approfondir encore, et prolonger son existence durant des périodes indéfinies, en sont une tout autre. »

Amer, l'historien en revenait à la Russie actuelle : « Deux mandats de Poutine arrivent à terme. Il faut montrer que ce fut une belle réussite sur tous les plans. Mais comment faire quand on a créé un État sans séparation de pouvoirs, sans élections, sans justice, avec des coquilles vides à la place des ONG ? L'économie s'appuie directement sur les matières premières, et non sur la production. Reste une seule issue : recouvrir le tout de la même idéologie mensongère qu'aux temps staliniens. »

Comme en écho, un internaute russe s'insurge : « Là-bas, en Occident, personne n'a rien oublié. Alors qu'ici on n'entend que des appels à l'oubli. Nous devons tout effacer excepté l'essentiel. Voilà pourquoi, si les Hummer ont remplacé les Tchaïki [limousines du gouvernement soviétique, *NdA*], les cerveaux de l'écrasante majorité du peuple restent les mêmes. Pourquoi l'argumentation distillant que "la vie est devenue meilleure" ne fait-elle rougir personne ? Nous perdons plus d'un million d'habitants par an ! Signe que la vie est meilleure aujourd'hui [1] ? »

Telle est la différence majeure entre la Russie de Vladimir Poutine et la plupart des autres États postcommunistes de l'est de l'Europe. Le tchékiste-président œuvre en effet pour rendre aux Russes la continuité de leur histoire, en y insérant sans états d'âme les soixante-quatorze ans de soviétisme. Ainsi, loin de remettre en cause le passé totalitaire de l'URSS, il le réhabilite, n'hésitant pas, par la même occasion, à blanchir le KGB.

Visiblement fier de son passé tchékiste, Vladimir Poutine le revendique, allant jusqu'à s'en glorifier. Jamais il n'a exprimé le moindre doute, l'ombre d'un regret sur ses activités au sein du FSB, l'ex-KGB. Au contraire, il affirme que ce dernier lui a inculqué

1. *Novaya Gazeta*, n° 68, 2007.

l'amour de la patrie et qu'il a « toujours défendu les intérêts du peuple », occultant la période des années 1920 à 1950, lorsque cette même police politique liquidait des millions de Soviétiques innocents.

La récente biographie de Vladimir Poutine témoigne au demeurant de sa parfaite bonne conscience quand il jure : « Je suis absolument persuadé de n'avoir jamais rien fait de mal. J'ai travaillé comme un fou pour les intérêts du pays [1]. »

Faire l'impasse sur l'histoire du XXe siècle permet aussi de mieux ressusciter le mythe de Staline, le « tyran-phénix », et d'honorer la mémoire de ses grands modèles, Dzerjinski et... Andropov. Une réhabilitation inséparable de celle des services spéciaux, si chers au cœur de Poutine.

Or, ne pas remettre en question le communisme soviétique empêche tout processus de lustration, donc de démocratisation. Et ce, à très long terme.

Un deuil impossible

Dans ces conditions, à l'aube du XXIe siècle, comment les Russes pourraient-ils faire leur « deuil » des séquelles du soviétisme ? Car soixante-quatorze ans de ce régime ont évidemment laissé des plaies qui ne sont pas près de cicatriser. À l'heure actuelle, si l'intelligentsia ne combat plus un totalitarisme officiellement disparu, elle s'engage en faveur d'une « repentance nationale » de la part des nouvelles autorités russes. En pure perte.

La résistance existe malgré tout. Sous Poutine, l'omnipotent président tchékiste, un collectif d'intellectuels russes de Moscou déclare sous couvert d'anonymat : « Il faut choisir. » Et dénonce les « fossoyeurs et les bourreaux sanguinaires du peuple russe » dans un manifeste qui livre un terrible constat : « Le XXe siècle, tragique pour la Russie, vient de s'écouler. Aucun autre pays n'aura connu le totalitarisme aussi longtemps. Nous sommes seuls au monde à avoir renié si longuement et avec autant d'obstination le divin, le sacré, la justice et la dignité humaine. Rares sont les peuples qui

1. *Libération*, 7 octobre 2002.

auront autant souffert que nous. [...] Les crimes des bolcheviks n'ont pas été condamnés et il n'y a pas eu de repentir national quant à la participation directe ou indirecte à ceux-ci. Manque donc la purification, soit la condition *sine qua non* d'une renaissance spirituelle et morale. [...] L'actuel État russe a oublié ces dizaines de millions de gens qui pendant le communisme, victimes d'une violence directe, ont été obligés, pour trois kopecks, voire gratuitement, de construire des usines, des réseaux et des ponts. Ni eux ni leurs descendants n'ont reçu de compensation financière. En cela, le régime ne rend pas justice à ceux dont les droits ont été bafoués et continue de gérer à sa guise le produit du travail forcé et sous-payé de millions de personnes [1]... »

Alors, que faire ? s'interrogent ces intellectuels. Il existe peut-être une solution : « Reconnaître que la législation de l'Union soviétique était *ab initio vitiosa*, c'est-à-dire corrompue dès l'origine, donc non conforme à l'État de droit. Nous ne sommes pas, loin s'en faut, affranchis du droit communiste. Alors que les pays d'Europe centrale et orientale y sont, eux, parfaitement parvenus avant nous.

[...] La Constitution en vigueur depuis 1993 peut, à juste titre, fournir une bonne transition du pseudo-droit communiste à un droit russe. [...] Il nous faut un repentir national semblable à celui du peuple allemand devant les crimes nazis ; c'est à ce prix que nous pourrons vraiment nous libérer de ceux du communisme. Semblable repentir relèvera plus des citoyens eux-mêmes que de l'instauration d'un rite. Il suppose que soient reconnues comme criminelles l'idéologie et l'action des bolcheviks. Nous y gagnerons le respect et la gratitude des générations futures [2]. »

En août 2007, au moment où une partie de la Russie honorait la mémoire des dizaines de millions de victimes du régime bolchevique, le président Poutine gardait un silence éloquent. Mais l'économiste Grigori Yavlinski, alors leader réputé intègre du parti démocrate Yabloko, s'interrogeait non sans gravité : pourquoi la nation commence-t-elle à oublier ces terribles purges, préférant évoquer le « capitalisme à visage stalinien » ?

1. *Outre-Terre*, « La roulette russe », O.G.R.E.-Érès, n° IV, 2003.
2. *Ibidem.*

Répertoriant les dates les plus marquantes du génocide des peuples de l'Empire soviétique de 1917 au début des années 1950, il constate que ces événements ont blessé si grièvement la Russie que, si elle n'est pas soignée de toute urgence – en paroles comme en actes –, cette plaie pourrait s'avérer mortelle des décennies plus tard. Or, le pouvoir en place, le président Poutine en tête, refuse de critiquer le mode bolchevique de gestion du pays qui, s'appuyant sur la violence, impliqua une majorité de Soviétiques, les victimes comme leurs bourreaux.

« À l'heure actuelle, constate Yavlinski, on parle beaucoup de l'extrémisme, du terrorisme international, de la nécessité de mener des actions antiterroristes. Mais le terrorisme d'État est un phénomène particulier. C'est une action orientée, planifiée et exercée méthodiquement afin de détruire ses concitoyens. À commencer par les meilleurs d'entre eux. Pour que de tels crimes ne puissent jamais se reproduire, la majorité des citoyens, l'ensemble du pays, doit condamner sans équivoque les crimes de masse de l'État, puis en analyser les causes et les retombées politiques. De ce point de vue, l'état actuel de la société russe suscite l'inquiétude la plus vive », souligne encore Yavlinski en martelant qu'il juge inacceptable que de nombreux Russes de moins de trente ans estiment « l'action de Staline plus positive que négative [1] ».

Par ailleurs, un quart des adultes déclarent qu'ils auraient « sûrement ou probablement » voté pour Staline, s'il était en vie et candidat à la présidentielle. Alors que moins de 40 % se déclarent catégoriquement contre.

Ces sondages, réalisés par le centre Levada en 2003 et 2004 sur un échantillon de quatre mille sept cents Russes de plus de seize ans, puis en 2005 sur un échantillon de deux mille jeunes de seize à vingt-neuf ans, sont à prendre très au sérieux. Faut-il en conclure que dès le début du second mandat de Vladimir Poutine, plus d'une moitié des Russes sont devenus ouvertement prostaliniens ?

Pourquoi cette résurgence si vivace du stalinisme dans la Russie du XXIe siècle ? Résulterait-elle de ce « gène de l'autoritarisme » prétendument inscrit dans l'ADN du peuple russe ? De ce manque traditionnel et persistant de culture politique que certains Occidentaux lui

1. *Novaya Gazeta*, n° 68, 8 août 2007.

reprochent ? En réalité, cet état d'esprit résulte de la carence morale des pouvoirs poststaliniens, passés et présents, et de leur incapacité à tirer les leçons de l'histoire. Voilà pourquoi personne dans le pays n'a jamais mené de déstalinisation ni de débolchévisation réelles.

Une « lustration des esprits » aurait pourtant pu supprimer le leitmotiv des dirigeants russes, plus que jamais persuadés que « la fin justifie les moyens ». « Les manuels d'histoire manquent d'analyses objectives exposant la "politique des répressions staliniennes" et le "rôle véritable de ce leader". En revanche, les mythes et les illusions concernant Staline, soigneusement préservés, sont inculqués dès les premières années d'école », déplore le même Yavlinski.

Cet état de choses est évidemment dangereux, mais il semble cher au cœur des dirigeants actuels. On ne voit dans leur comportement ni réserve, ni refus quant à l'héritage stalinien. Cet anniversaire de la Terreur ne fut marqué par aucune réaction officielle, pas le moindre mot de regret ou de réconfort. Poutine, devenu chef charismatique, se tait, se refusant à évoquer Staline, les purges, le Goulag… Au XXIe siècle, le pouvoir russe continue à pratiquer avec succès propagande et désinformation d'État.

En vérité, bien des principes clés du système soviéto-stalinien sont toujours d'actualité. En Russie, aujourd'hui comme hier, la vie humaine ne vaut rien, elle ne représente que de la chair à canon et de la poussière sous les bottes de l'État. « Et si les formes du stalinisme ont subi quelques modifications, le fond demeure le même. En tant que système de gestion étatique, le stalinisme a muté et survécu jusqu'à nos jours », conclut Grigori Yavlinski [1].

Paroles d'internautes…

En août 2007, en publiant ces réflexions, la *Novaya Gazeta* proposait en même temps un débat sur Internet. Les mails des internautes russes nous renseignent sur leur état d'esprit :

« Les bolcheviks ont disparu vers 1937, le camarade Staline, lui aussi, est mort depuis longtemps… Mais Yavlinski, lui, continue à se détacher de la réalité. »

1. *Ibidem*.

« Il n'y a pas le moindre espoir que le régime actuel s'éteigne un jour de lui-même, car il a construit sa stabilité sur l'indigence de la pensée de la masse de ses sujets éduqués sous la stagnation brejnévienne et l'immaturité de la jeunesse diluée d'un cynisme moralisateur. »

« Je m'intéresse à une question que Yavlinski n'a pas abordée. Il a dit la vérité à propos des "analogies" d'un procès de Nuremberg qui n'a pas eu lieu, condamnant ceux qui se sont si longtemps livrés à des excès, qui continuent de le faire, et qui renaissent... Seulement où trouver, en Russie, des citoyens qui mettraient fin une bonne fois pour toutes à l'arbitraire de l'État et résoudraient le problème des droits de l'Homme, de la priorité des personnes ? [...] Prenez le principal démocrate, Eltsine. À quelle source pouvait-il se référer pour la démocratisation ? Son passé personnel ? On voudrait bien proclamer l'Homme comme valeur suprême (comme inscrit dans la Constitution), mais où le chercher ? Et qui pourrait le retrouver ? »

« Si Yavlinski a le feu à l'âme, qu'il commence par lui-même, en avouant qu'en tant qu'ancien membre du PCUS, il n'a pas sa place en politique. »

« J'ai une question, disons rhétorique : admettons qu'on enterre le cadavre de Lénine (peut-être selon le rite orthodoxe), que l'on incinère Staline et disperse ses cendres, qu'est-ce que cela changerait ? Récemment, avec une amie, nous sommes entrées dans une parfumerie du quartier Sokol et là, dans une pièce, trônait un portrait de Staline d'environ un mètre cinquante sur deux. Cela signifie quelque chose ! »

« Aussi longtemps que l'écrasante majorité de notre société ne prendra pas la mesure des événements et personnalités de 1917 à 2007, que l'information sur cette période nous sera distillée avec parcimonie et de manière préconçue, nous marcherons sur les mêmes râteaux, et les dirigeants "élus par nous" se comporteront à notre égard comme envers du bétail. D'ailleurs... Peut-être ne méritons-nous pas autre chose ? »

« À mon avis, Yavlinski ne dit pas que nous devons tous sortir dans les rues, tomber à genoux, et pleurer en maudissant nos ancêtres. Simplement, chacun de nous doit réaliser qu'il est un être humain et n'est donc pas obligé de supporter les humiliations infligées par des fonctionnaires à la noix. Tandis que les bureaucrates, au contraire, en poursuivant l'œuvre du grand Staline (peut-être par ignorance et incompétence professionnelle), inventent des lois corrompues par excellence pour mieux humilier les simples gens. J'entends souvent dire que Staline n'était pas si mauvais que cela. Cela tient au fait que la restauration du stalinisme vient d'en haut. Possible que, pour le moment, la terreur n'atteigne pas encore celle de jadis, mais nous sommes sur la bonne voie… »

« Je constate que beaucoup de gens écrivent ici : “Je ne vois pas de quoi je devrais me repentir. À l'époque, je n'étais pas né, je ne suis donc coupable de rien.” C'est vrai. Mais moi, même ne me considérant pas “coupable” au sens propre, je ne peux néanmoins lire sans réagir les justifications des purges de masse ou des opinions affirmant que Staline n'était pas si mal (pis encore, qu'il était grandiose, génial !), que ce qu'il fit à l'époque était nécessaire, etc. Entendre tout cela m'est physiquement insupportable. Cela pourrait-il être un sentiment subliminal de culpabilité ?

Voilà pourquoi j'estime qu'on a simplement besoin de vérité, de l'entière vérité sur notre histoire et, autant que possible, expurgée de la conjoncture politique [1] ! »

L'historien russe Nikita Petrov, vice-président de l'ONG Mémorial, tire pour sa part une leçon plus rationnelle qu'émotionnelle du communisme à l'Est. Il nous en fait part : « Après avoir compris la tragédie historique vécue par ces pays durant la période soviétique et constaté que l'emprise de Moscou sur eux ne faiblit pas, les Européens doivent en parler sans crainte de froisser des sentiments ni de vexer quiconque. Ne croyez-vous pas qu'il est temps de se dire enfin la vérité ? La formidable leçon de ces peuples, c'est que jamais ils n'ont perdu la foi, ni leur identité, à commencer par leurs racines. Et pourtant, là aussi, le Kremlin s'est battu : il a recruté des agents, envoyé des espions, réactivé ses relais de désinformation… La Russie souffre d'un incurable complexe impérial, par conséquent, pardonner à ses satellites d'avoir choisi la liberté, est au-dessus de ses forces. Au lieu de reconnaître, avec calme et sérénité, la souffrance, les maux que nous avons infligés

1. *Ibidem.*

à ces populations, leur “soviétisation” forcée, les répressions, les famines, les massacres, le GOULAG – tout ce qui pèse sur notre conscience –, Moscou s'accroche au déni de la réalité, s'acharnant à comploter contre ces pays, notamment les États baltes. Objectivement, que représentent la Lettonie, l'Estonie, la Lituanie face à l'immense Russie ? Ou encore la Géorgie, l'Ukraine, la Moldavie, les petits États du Caucase ? Au lieu de s'obstiner à régler des comptes, comment la Russie ne comprend-elle pas tout le mal qu'elle a causé, par exemple en déportant par milliers les Baltes et tant d'ethnies ou de peuples ? »

Un double aveuglement

Effectivement, les pays postcommunistes sont victimes d'un double aveuglement : celui du Kremlin, qui ne rêve que revanche et vengeance, et celui de l'Union européenne qui, redoutant des représailles énergétiques, craint de mécontenter la Russie. L'Europe doit enfin prendre conscience que ces derniers venus dans l'Union européenne sont arrivés avec de lourds bagages. En particulier, de vieux démons non exorcisés.

Quant à la Russie, comme le répétait souvent la courageuse Anna Politkovskaïa, « lorsqu'elle étouffe la vérité, elle se couvre elle-même d'opprobre ».

L'Europe en a-t-elle conscience ? Dans le cas contraire, elle devrait enfin admettre ces faits dans leur cruelle réalité. Soudain, une chape de plomb s'est abattue sur l'Europe centrale et orientale. Le communisme soviétique a éprouvé durement tous ces peuples en sonnant le glas de leurs libertés. Le bloc soviétique s'est mué en une gigantesque prison, un camp de concentration géant d'ethnies, de peuples entiers, leurs gardiens exceptés. Cela n'est plus un secret, reste à le faire connaître et reconnaître. Des millions d'exemples existent : destins brisés, élimination de familles entières, de générations, d'ethnies, de dynasties. Sans parler des monstrueux crimes de guerre de l'URSS perpétrés sur des innocents, souvent civils. Or, la Russie se refuse toujours à reconnaître ses crimes en les qualifiant de simples « abus de pouvoir » de quelques fonctionnaires.

Et Nikita Petrov conclut ainsi : « En définitive, le communisme soviétique, système concentrationnaire d'un régime policier, a essuyé un cinglant échec car nul n'a réussi à stopper ou à réformer les dérives de ses dirigeants. Aujourd'hui, la paranoïa stalinienne du complot reste toujours aussi vivace. Et c'est encore plus évident sous Vladimir Poutine. Certes, l'Ouest a jadis abandonné à Staline tous ces pays victimes. On peut même dire que l'Empire soviétique, le bloc communiste ont existé grâce à Yalta. Mais il faut aussi se souvenir qu'à l'époque l'Europe affaiblie n'était que décombres. En outre, les décisions de Yalta étaient politiques. En ce temps-là, refuser quelque chose à Staline, vainqueur d'Hitler, après l'héroïque résistance de Stalingrad et l'avancée de l'Armée rouge en Allemagne, était presque impossible. »

C'est pour toutes ces raisons que l'économiste Jacques Lesourne « justifie » la conversion des intellectuels occidentaux : « Faut-il rappeler ce que fut le communisme entre les deux guerres, son romantisme, son messianisme, sa lueur aveuglante ? Ce rêve d'une génération qui méprisait la démocratie bourgeoise ? [...] Aussi ne faut-il pas s'étonner si, après les combats de la Résistance stimulée par la lutte héroïque de l'Armée rouge à Stalingrad, le communisme apparut à la majorité de l'intelligentsia d'après-guerre comme une idéologie victorieuse et indépassable. Quarante-cinq ans plus tard, l'Histoire a asséné quelques évidences qui rendent dérisoires, même si elles furent parfois généreuses, les convictions de jadis [1]. »

Certes, mais nous ne sommes plus dans l'Europe de Yalta. À l'époque, par faiblesse ou aveuglement, l'Ouest a laissé les mains libres à Staline. Aujourd'hui, l'Union européenne ne doit pas laisser les mains libres à Poutine et ses clones. Désormais, entre l'« Europe des Quinze » et ces pays rescapés du communisme, un dialogue s'est instauré, une volonté d'union se fait jour. Mais, pour qu'ils aboutissent, encore faudrait-il nous affranchir d'une forme de cécité – volontaire ou non – qui nous rend inaptes à une juste appréciation des situations, nous condamnant à des vues à court terme.

Cette position est malheureusement loin de faire l'unanimité parmi les trois cent quinze députés de l'Assemblée parlementaire du Conseil de l'Europe (l'APCE). En principe, la morale leur fait obligation de se préoccuper des droits de l'Homme – droits

1. J. Lesourne et B. Lecomte, *L'Après-communisme*, Robert Laffont, 1990.

fondamentaux, universels –, ainsi définis par Bernard-Henri Lévy : « Il y a des concepts qui sont plus grands que ceux qui les ont portés. Il y a des catégories de l'entendement qui transcendent à l'infini [...] les circonstances de leur avènement. Les droits de l'Homme sont dans ce cas [1]. »

Mais force est de constater l'embarras, les réticences des parlementaires européens. À l'ordre du jour de la séance de fin janvier 2006, ils étaient invités à débattre des crimes du communisme, comme l'a rapporté l'historien Ilios Yannakakis. Information annoncée à grand renfort de publicité par certains organes de presse : « Le Conseil de l'Europe entame un débat marathon sur les crimes du communisme. »

Vaste programme... que l'Assemblée expédia en un après-midi et soixante-trois orateurs. Sans « précipitation », paraît-il, étant donné la gravité du sujet. Effectivement, les cent cinquante-trois parlementaires présents (sur trois cent quinze) ont pris leur temps : une heure et demie passée à saluer la présence de la délégation mexicaine ou à examiner la validité de la représentation de l'Azerbaïdjan. N'importait-il pas avant tout de respecter règlement et procédures ? Après tout, cela ne fait que seize ans que l'URSS et le bloc communiste ont implosé. Les victimes n'ont-elles pas l'éternité devant elles ?

Avant la fin de la séance, une résolution a toutefois été votée, condamnant avec vigueur les violations massives des droits de l'Homme commises par les régimes communistes totalitaires et rendant hommage aux victimes de ces crimes (par quatre-vingt-dix-neuf voix pour, quarante-deux contre et douze abstentions). Difficile de faire moins. Les députés ont ensuite examiné les conclusions du rapport du député suédois Göran Lindblad, qui recommande « une campagne nationale de sensibilisation aux crimes commis au nom de l'idéologie communiste, incluant une révision des manuels scolaires, l'instauration d'une journée commémorative des victimes et l'ouverture de musées ». Et proposant en outre « d'encourager les collectivités locales de l'Europe à ériger des monuments en hommage aux millions de victimes du totalitarisme soviétique ». Or, ces propositions n'ont été votées qu'à la

1. Bernard-Henri Lévy, *Ce grand cadavre à la renverse*, Grasset, 2007.

majorité relative (cette fois, par quatre-vingt-cinq voix pour, cinquante contre et onze abstentions)[1].

Au moment de lever la séance, la conclusion s'est donc imposée d'elle-même : en l'absence d'une majorité des deux tiers, ces recommandations ne furent pas adoptées. La « vigoureuse » condamnation morale du communisme ne fut donc pas suivie d'effet. Et les manuels scolaires continuent à véhiculer les mêmes demi-vérités...

Mémoire ukrainienne

Le vote de Vladimir Jirinovski, sulfureux membre de la délégation russe, mais digne représentant de la Russie « poutchékiste », n'a pas dû aider à cette condamnation. Dans le passé, à Strasbourg, il avait déjà laissé exploser sa colère en arrachant un grand parterre de fleurs (avec terre et racines) pour les projeter dans tous les sens. Réaction d'ailleurs modérée au regard de ses fréquents et violents pugilats au sein de la Douma !

Pour ceux qui ne connaîtraient pas le personnage, précisons qu'il préside le Parti « libéral-démocrate » (créé début 1991 avec l'argent du KGB pour prouver aux Occidentaux et aux Soviétiques la fin du monopole du PCUS). Ainsi, vu de très loin, l'URSS gorbatchévienne était-elle censée instaurer le pluralisme politique. Du jour au lendemain, ce bateleur surgi du néant et l'un des pires produits *made in USSR*, arriva troisième à la première présidentielle russe de 1991, après Boris Eltsine et Nikolaï Ryjkov, avec plus de six millions de suffrages exprimés.

Extravagant et fier de l'être, ce clown imprévisible qui sait faire se tordre de rire des foules entières, n'a pas hésité à faire « œuvre littéraire ». Son premier livre espère ainsi que « les soldats russes laveront bientôt leurs bottes dans l'océan Indien » – promesse explicite de conquête militaire –, tout en menaçant les opposants russes d'un « dernier wagon vers le Grand Nord ». Allusion limpide à de possibles déportations dans un nouveau Goulag. N'importe qui d'autre aurait été traduit en justice pour incitation à la violence, à la haine raciale, à la répression de masse, à la guerre. Mais pas ce

1. *L'Insolent*, 3 février 2006.

grand protégé du KGB : entre guébistes, on se soutient quoi qu'il arrive.

Lors de cette mémorable séance de l'APCE, Jirinovski interrompra d'ailleurs, l'air dégoûté, la députée Olena Bondarenko qui demandait la reconnaissance du génocide ukrainien, en hurlant son refus de « faire un sort particulier à un événement » insignifiant à son avis. L'Ukrainienne plaidait pourtant au sujet de la terrible famine qui, décimant l'Ukraine en 1932-1933, aurait fait, selon certaines données, entre huit et quinze millions de victimes ! Bilan encore provisoire. Un « détail de l'histoire », toutefois, pour le cynique Jirinovski. Après cette grossière interruption, l'amendement ukrainien ne fut même pas mis aux voix. *Exit* la terrible famine désignée par l'Ukraine comme un génocide. Ce jour-là, les crimes impunis du communisme bénéficiaient d'un nouveau sursis accordé par l'institution européenne qui veille au respect des droits de l'Homme. Ce fut une nouvelle déception pour les États membres, privés d'une condamnation toute symbolique.

Pourtant, la communauté ukrainienne de France ne perd pas espoir. Le 25 novembre 2006, Nicolas Cuzin, l'un des dépositaires de la mémoire ukrainienne en France, envoyait un vibrant appel aux parlementaires pour les sensibiliser à la commémoration officielle du soixante-quinzième anniversaire du Holodomor (terme désignant, on l'a vu, la famine génocidaire ukrainienne), le 25 novembre 2007. Il nous en a communiqué le contenu, dont voici les extraits principaux : « Entre constater les ruines, faire état des tortures à Grozny et dénoncer les monceaux de cadavres en Ukraine, n'est-il pas évident qu'il existe, à travers les décennies, une communauté de valeurs, un même signal d'alerte afin que le renoncement à la dignité humaine ne s'installe pas dans nos esprits ? Je voudrais ici faire mémoire des journalistes et écrivains ukrainiens L. et W. Maniak, morts en 1992 dans des circonstances violentes, à quelques mois d'intervalle, peu de temps après avoir publié un premier recueil de quatre cent cinquante témoignages des rescapés de la Famine. Leur mort n'aura pas été vaine puisque leurs travaux ont été à l'origine d'une vaste prise de conscience nationale induisant la nécessité de parler et de nommer ce crime dont on continue encore à exhumer les fosses communes. Le génocide en est indéniablement et définitivement la marque, tant le régime stalinien s'est attaché à l'époque

– bien au-delà des réquisitions opérées dans le cadre de la collectivisation – à pourchasser, encercler, amoindrir puis détruire sur place une paysannerie rebelle depuis des siècles, fer de lance de la nation ukrainienne, profondément religieuse, indépendante, fière de ses traditions et très attachée à la propriété privée de sa terre ; bref, un danger mortel pour la cohésion de l'empire... Des exactions commises par les soldats aux privations et déportations, en passant par les exécutions et l'anthropophagie, rien ne fut épargné à la population ukrainienne.

Cette famine-génocide, organisée, planifiée et administrativement encadrée, a fait – selon un bilan encore provisoire à ce jour – environ huit millions de victimes, soit à son paroxysme – au cours de l'été 1933 – dix-sept morts à chaque seconde, mille à l'heure et vingt-cinq mille par jour. Parmi elles, trois millions et demi étaient des enfants... Et c'est en leur nom que nous continuons aujourd'hui à nous battre, non pour obtenir un Nuremberg du stalinisme (car il n'y a plus de coupables vivants), et encore moins des compensations de la Russie poutinienne – héritière déclarée de l'URSS défunte –, qui ne les envisagerait pas un seul instant... Non. Nous nous battons pour que la souffrance des victimes soit reconnue et leur dignité recouvrée, pour que l'Ukraine retrouve son histoire, sa mémoire, et que la société civile ukrainienne – encore très profondément meurtrie par cette tragédie – puisse construire sereinement son avenir. »

À l'automne, des signaux d'encouragement forts ont été adressés à la république d'Ukraine :

– d'une part, en provenance des États-Unis où une loi votée par le Sénat et contresignée par le président G. W. Bush a autorisé le gouvernement ukrainien à procéder à la construction d'un monument dédié aux victimes du Holodomor sur le territoire de Washington ;

– de la France, d'autre part, où une proposition de loi relative à la reconnaissance du génocide ukrainien par la République française a été déposée le lundi 20 novembre 2006 sur le bureau de l'Assemblée nationale, à l'initiative de Christian Vanneste, député du Nord.

Le dépôt tant attendu de cette proposition de loi – fruit du fructueux dialogue entre les Français d'origine ukrainienne et les élus de la République française –, ainsi que les encouragements appuyés à poursuivre ces efforts adressés encore tout récemment par MM. Devedjian, Hollande et Sarkozy, ne feront que renforcer la légitimité d'une démarche dont les Ukrainiens n'ont jamais douté, tant il est vrai que « le génocide ukrainien est dans la mémoire collective de l'humanité ».

Il faut savoir qu'en 2002-2003 le Parlement ukrainien a fait appel à la communauté internationale afin d'obtenir une reconnaissance du Holodomor comme génocide. À ce jour, les corps législatifs d'Australie, du Canada, d'Estonie, des États-Unis, de Géorgie, de Hongrie, de Lituanie et de Pologne ont déjà qualifié le Holodomor de 1932-1933 de « génocide ukrainien ». En France, cette reconnaissance avance lentement. Toutefois, l'historien Alain Besançon, de l'Institut, estime que « le XXe siècle a connu trois grands génocides : l'arménien, l'ukrainien et celui des Juifs ».

Quant à l'historien Nicolas Werth, qui a longuement étudié la question, il parle de « génocide par la faim ». En dépit des spécificités de la tragédie, il conclut : « Replacé dans son contexte historique, le Holodomor est le seul événement européen du XXe siècle qui, par le nombre de ses victimes, puisse être comparé aux deux autres génocides, le génocide arménien et l'Holocauste [1]. »

Toutefois, cette opinion n'est pas encore totalement partagée par l'Union européenne, dont le Parlement finira par reconnaître, le 23 octobre 2008, « le crime effroyable commis contre le peuple ukrainien et contre l'humanité ». Aussi forte soit la résolution votée, elle demeure néanmoins insuffisante pour les Ukrainiens qui considèrent définitivement le Holodomor comme un génocide.

Dans le cas de l'Ukraine, la résolution du Parlement européen précise qu'il s'agit d'une famine « planifiée de manière cynique et cruelle par le régime stalinien pour imposer la politique soviétique de collectivisation de l'agriculture contre la volonté de la population rurale d'Ukraine ». Seule la paysannerie du pays semble donc la cible *de jure* de ce crime stalinien, totalement occulté jusqu'aux années 1985. Nul doute que l'Ukraine, à laquelle la cause tient à

1. *Le Nouvel Observateur*, « L'Histoire en procès », numéro hors série, octobre-novembre 2008.

cœur, va poursuivre ses efforts pour que l'ensemble de la communauté internationale désigne le Holodomor comme un « génocide » historique.

Quoi qu'il en soit, le 25 novembre 2007, à seize heures, heure de Kyiv (Kiev), l'Ukraine tout entière se figea durant la minute de silence solennelle décrétée par le président Youchtchenko à la mémoire des victimes du Holodomor, minute à laquelle se joignit l'ensemble de la diaspora ukrainienne.

Un an plus tard, répondant à l'invitation du président ukrainien d'assister à la commémoration de l'événement, Dmitri Medvedev ne cache pas sa façon de voir : « Ces démarches des autorités ukrainiennes concernant le Holomodor ne visent qu'à semer la discorde entre les peuples de Russie et d'Ukraine. [...] Toute discussion future sur ce thème avec les instances internationales ne sera d'aucune utilité et restera sans résultat. » Toutefois, le président russe propose à Viktor Youchtchenko « de travailler à de nouvelles approches contemporaines du Holodomor avec les experts de la CEI [1] ».

Le devoir de l'Europe

Estimer que l'Europe peut faire l'économie de la mémoire des pages noires de son histoire est une erreur. Car l'amnésie concernant nos histoires spécifiques mais communes serait peut-être l'obstacle le plus important à la construction de l'Union européenne. Elle signifierait que la « Vieille Europe » n'a pas eu la force, le courage ou la pertinence de tirer les leçons de l'expérience. Or les risques d'un retour à des dérives autoritaires ou totalitaires sont plus réels que jamais.

Essayons plutôt de croire, à l'instar du regretté Bronislaw Geremek et de tant d'autres, que « l'Europe représente le remède par excellence ». Et que si nous sommes capables de créer une Europe unie, nous serons à la hauteur de l'enjeu. Quitte à créer une instance internationale à l'image de celle suggérée par certains de nos interlocuteurs.

1. RIA-Novosti, 14 novembre 2008.

De récents événements au Cambodge représentent ainsi un espoir, aussi ténu soit-il, de justice mondiale. Il y a trente ans, ce petit pays d'à peine neuf millions d'habitants fut victime de la terreur des Khmers rouges qui, d'avril 1975 à janvier 1979, ont massacré près d'un tiers de la population cambodgienne sous le commandement de Pol Pot et Ieng Sary.

L'idée d'un procès émane du prince Ranariddh, l'un des fils de Norodom Sihanouk, alors Premier ministre, qui a lancé en 1993 le projet de faire comparaître les dirigeants criminels du pays devant un tribunal. Projet utopique pour beaucoup. Mais voilà qu'en 2003, après six ans de pourparlers et de blocages, l'Assemblée générale de l'ONU donnait son feu vert à la création d'une Cour exceptionnelle, composée de magistrats locaux et étrangers. Pour sa part, l'actuel Premier ministre Hun Sen acceptait la tenue d'un tel procès avec l'arrière-pensée d'en contrôler le déroulement. La première accusation, portée fin juillet 2007, concerna Kang Kek Leu, ancien chef de la prison de Tuol Sleng, où des milliers de personnes furent sauvagement torturées avant d'être liquidées. Même si Pol Pot est mort en 1998, ce sont d'abord les crimes commis sous sa férule qui seront jugés, ainsi que quelques-uns de ses complices encore en vie [1].

Ce procès, dont on ne parle guère, se poursuit. Un exemple à suivre ?

Si partager la mémoire, subjective par excellence, est chose impossible, il n'en va pas de même pour l'histoire européenne, notre passé commun Est-Ouest. Pour témoigner sa solidarité, à sa manière, l'Union européenne pourrait peut-être apporter sa pierre à ce devoir de mémoire. Il faudra bien qu'un jour son Conseil finisse par condamner sans équivoque le communisme comme un système totalitaire des plus meurtriers.

Pourquoi les pays qui le souhaitent ne consacreraient-ils pas une stèle, un monument, une place, une rue, un lieu dédiés à ses victimes avec le soutien de l'Union ? Après avoir subi un demi-siècle de communisme, nos nouveaux partenaires, à l'histoire si méconnue, ont tous plus ou moins réussi à en sortir. Sans effusion

1. *L'Histoire*, numéro spécial, « Les crimes cachés du communisme », octobre 2007.

de sang. Saluons honnêtement leurs efforts en ce sens et encourageons-les à progresser sur la voie de la démocratie et de l'économie de marché. La solidarité ne nuit pas à la cohésion de l'Europe, au contraire.

À l'instar des derniers miraculés des camps nazis et des glorieux survivants de la Résistance, qui nous éclairent de leurs témoignages empiriques, comment ne pas respecter et honorer ces peuples rescapés de deux totalitarismes, qui incarnent, au sein de l'Europe, la mémoire vivante du communisme réel ?

CHAPITRE VIII

Dynastie KGB

L'ex-président Vladimir Poutine n'a rien de commun avec ses prédécesseurs. Même avec Youri Andropov. Car si tous deux devinrent patrons politiques du pays, contrairement à l'espion Poutine, Andropov, homme d'appareil, fut un politique nommé à la tête du KGB : diriger l'URSS après Brejnev était somme toute un destin normal pour cet esprit ambitieux. Après avoir été plébiscité à la présidence de la Russie grâce à une opération « Élection » brillamment réussie, Vladimir Poutine restera quant à lui dans les annales comme le fondateur d'une nouvelle dynastie : celle du KGB. En huit ans et deux mandats, cette dynastie tchékiste installée au Kremlin a mis la Russie en coupe réglée. Le système est complet. Tout a été fait pour qu'il résiste le plus longtemps possible. Son dauphin, Dmitri Medvedev, a déjà succédé à Poutine.

Qu'est-ce qui pourrait destituer cette dynastie de nouveaux prédateurs ? La chute brutale des cours du pétrole et des matières premières ? La crise financière, bancaire, économique qui frappe le monde ? Une récession mondiale ? Un bouleversement majeur en Russie ? Pour le moment, le maître mot du système est « stabilité ». Un fragile équilibre qui pourrait néanmoins perdurer vingt ou trente ans, étant donné l'âge des intéressés. Reste à restaurer la puissance coloniale, car, seule, la Fédération de Russie est certes un grand pays dans tous les sens du terme, mais lestée de quelques « colonies », elle redevient un empire : un objectif primordial aux yeux du Kremlin. Examinons de plus près le dynaste Poutine et ses méthodes.

Une vocation précoce

« Tout espion est doté d'un cerveau pour surveiller sa langue et dissimuler sa pensée », tel est le précepte de base enseigné depuis des lustres dans les écoles du KGB. En outre, ainsi qu'en témoignent ses anciens responsables, les règles de l'officine impliquent qu'on l'intègre une fois pour toutes, comme on entre en religion.

En quoi consiste donc la formation dispensée dans ces Écoles anormales ? On y enseigne le sang-froid, le cynisme, l'art de la dissimulation, du mensonge, de la comédie, de la fausse cordialité, de la mise en scène sans oublier le double, voire le triple langage. Outre une obéissance aveugle, on apprend à exécuter n'importe quelle consigne, aussi barbare soit-elle, sans le moindre état d'âme. La pédagogie, assez spéciale, porte évidemment sur les meilleures techniques d'espionnage (intégrant les technologies les plus sophistiquées), d'interrogatoire – torture morale et physique –, de pression psychologique (par chantage, menace ou d'autres formes de « persuasion »), sans compter les mille et une manières de supprimer l'être humain : armes blanches, armes à feu, poisons divers, substances chimiques, bactériologiques, gazeuses, tout est bon… On apprend aussi à organiser une agression, un cambriolage qui tourne mal, à provoquer des accidents et des suicides ressemblant à s'y méprendre à un banal fait divers ou à une mort naturelle. Sans oublier, bien sûr, la science des explosifs.

Vladimir Poutine a été poussé vers le KGB, dit-on, par une vocation précoce. Jeune écolier, il rêvait déjà d'espionnage. Petit-fils de Spiridon, cuisinier de Lénine, puis de Staline (ce qui impliquait en principe un grade élevé au NKVD-GPU), il est en outre le fils d'un obscur agent du KGB. Obscur car, à cause d'une blessure de guerre, Vladimir Poutine senior dut se résigner à quitter l'action pour le service passif, ingrat mais indispensable. Sous la dictature du prolétariat, quoi de plus normal en effet que de surveiller – au sein des entreprises – son propre fer de lance : la classe ouvrière. Poutine junior avait donc de qui tenir.

En somme, seul un traître – un transfuge – peut être désigné par le préfixe « ex », ou encore celui qui se présente de lui-même comme un ex-agent pour raisons professionnelles. Quels que soient par ailleurs sa mission, son grade ou sa couverture : gardien d'immeuble, écrivain, journaliste, diplomate, SDF, homme d'affaires ou président. Pratique évidemment destinée à « bluffer l'ennemi ».

La communauté internationale se trompe donc en considérant Vladimir Poutine comme un « ancien » du KGB – la version soft à usage occidental. Pour sa part, ayant toujours refusé les termes traditionnels de guébiste ou de kagébiste, Poutine n'emploie que celui de "tchékiste", qu'il considère visiblement comme un titre nobiliaire. Voilà pourquoi, fier d'appartenir à cette élite des « gardiens du Temple », le président russe n'a cessé de claironner : « Quel que soit son poste, jamais un tchékiste ne sera un ex-tchékiste ! »

Dans le même esprit, fin août 2008, à Sotchi, Poutine faisait savoir à Alexeï Venediktov, patron de la radio *Échos de Moscou*, son vif mécontentement concernant la manière dont elle avait couvert la « crise du Caucase ». Lui précisant en tête à tête qu'il classe les adversaires en deux catégories : « Il y a l'*ennemi* qu'on combat face à face et le *traître* qu'on liquide. » Et d'ajouter : « Vous, Venediktov, vous êtes un ennemi. » À demi rassuré, Venediktov se défendit en divulguant l'entretien, seul bouclier en sa possession [1].

Étant donné que les Russes payent cher pour le savoir, la remarque « Jamais un tchékiste ne sera un ex-tchékiste… » semble exclusivement destinée à la communauté internationale, qui fait la sourde oreille. D'où la mauvaise humeur de Poutine, excédé d'être assimilé à un « ancien » ou de se voir attribuer le préfixe « ex » qui, à lui seul, le désignerait comme un « traître », la pire des insultes pour un tchékiste digne de ce nom.

Fort heureusement, certains lui mettent du baume au cœur en prétendant que « ce démocrate […] n'a ni les moyens ni l'âme d'un dictateur [2] ». Après avoir regardé Poutine au fond des yeux – une perte de temps, selon Hillary Clinton –, son ancien ami G. W. Bush, n'a-t-il pas vu son « âme » ?

Et ce, malgré le fait que Poutine ne se prive pas de menacer l'Europe en invoquant les atouts énergétiques de la Russie dès lors que ses exigences ne sont pas satisfaites. L'idée de suivre les préceptes de son prédécesseur, Youri Andropov, en

1. *Grani.ru*, 29 août 2008.
2. *Le Figaro*, 30 octobre 2003.

particulier le concept de convergence, semble ne l'avoir jamais effleuré…

Pour mieux cerner la vision poutinienne du monde, il suffit de démêler l'écheveau politique et stratégique de ces dernières décennies.

Que voulait Andropov ?

En 1982, même parvenu au Kremlin, le nouveau secrétaire général ne pouvait brusquer les choses. En dépit des dossiers compromettants en sa possession, il ne pouvait pas non plus neutraliser brutalement la vieille garde d'un Parti moribond, gangrené par la corruption. Il devait donc procéder par étapes. Ce qu'il fit.

On se souvient qu'il commença par appeler à la « Discipline-Ordre-Accélération », tout en sachant pertinemment que ce slogan vertueux ne suffirait pas à relever les normes de production. En revanche, il espérait que, passé un certain temps, la vigilance des faucons (Défense, Intérieur, aile conservatrice du KGB), opposés au moindre changement, finirait par se relâcher.

Cela lui aurait permis, en effet, d'aborder la seconde phase : instaurer la Glasnost, une « transparence » destinée à faire accéder au pouvoir une nouvelle génération, se débarrassant ainsi du clan Brejnev. Dans le même temps, il prévoyait que la liberté de parole s'amplifierait au fil des mois. Réveiller l'Ours russe en le tirant de sa longue hibernation constituait l'une des priorités d'Andropov. L'important était de ne pas créer de situation explosive.

Au troisième stade, le fait de concéder aux Soviétiques un embryon de libre entreprise – superficiel, afin de ne pas heurter le Parti de front, mais assez réel pour les motiver – aurait accordé aux collectivités une relative liberté de management, tout en instaurant des rémunérations proportionnelles aux résultats. Réforme articulée à la précédente.

Cette troïka mise en œuvre avec brio présupposait une prise de conscience populaire comme des dirigeants des républiques soviétiques et des satellites, tout en étant suffisamment contrôlée de manière à préserver l'intégrité de l'URSS.

Andropov avait déjà imaginé les détails du scénario. Déterminées, les masses sortiraient calmement dans la rue pour en exiger davantage et les organes de presse occidentaux auraient titré à la une, soutenant ces revendications populaires. Les chars censés rétablir l'ordre n'auraient pas tiré sur la foule. Les fossiles du Politburo auraient été contraints à des concessions sous peine de perdre définitivement la face. Et le PCUS d'abandonner à terme son monopole politique…

Un tel scénario n'avait rien de chimérique pour les populations de l'Empire soviétique. Exception faite des pays d'Europe centrale et orientale ainsi que des pays Baltes, les derniers occupés, l'écrasante majorité des Soviétiques refusaient même d'envisager l'implosion de l'empire. Les républiques souverainement indépendantes se seraient donc fort bien accommodées d'une fédération semblable à celle des États-Unis, par exemple.

Trop de liens les unissaient effectivement pour être tranchés du jour au lendemain. Avec le temps, se serait probablement formée une classe moyenne et les Soviétiques n'auraient peut-être jamais subi les oligarques. Quant au KGB, cantonné à de luxueux bureaux, il aurait poursuivi sa mission régalienne de veiller à la sécurité de l'État avec le sentiment du devoir accompli. Car, au moment voulu, Andropov aurait organisé les premières élections libres, offrant à chaque république la possibilité de choisir son Havel ou son Sakharov local, ouvrant ainsi l'accès au Kremlin à un homme digne de confiance. Ce dernier n'aurait donc pas muté en « Kremlianka » (synthèse de Kremlin et de Loubianka, siège du KGB). La suite aurait-elle pu en être changée ?

Gorbatchev, l'apprenti sorcier

L'homme propose, mais Dieu ou le Destin disposent, concèdent les Russes, fatalistes. Andropov disparu, Gorbatchev prend sa place. Il met en œuvre la Perestroïka qui tourne en catastrophe, la fameuse « Katastroïka » dénoncée par Zinoviev. En effet, tiraillé entre une poignée de libéraux éclairés et une armada stalinienne sclérosée, bousculé par des foules rendues perplexes par ses actions incohérentes, dépassé en somme par l'Histoire, Gorbatchev court derrière les événements. Ayant appris par cœur diagnostic et thérapie, se souvenant mal des leçons de son mentor, comme pris de vertige, il multiplie les erreurs. Ainsi, il s'est attaché à modifier les structures politiques sans réformer l'économie. Il a donc totalement désorganisé le système économique sans pour autant mettre en place une économie de marché. Dès 1986, Gorbatchev n'a plus maîtrisé l'évolution économique.

Moqueurs, les Soviétiques inventent une foule d'anecdotes sur Micha et Raïssa, ne reconnaissant à Gorbatchev qu'une seule qualité : celle d'époux éperdument amoureux, soumis à sa femme. D'ailleurs, la présence de l'élégante Gorbatchikha fit bien davantage pour lancer la Perestroïka *made in* Beria-Andropov (globalement créée par décision du Comité central trois ans avant l'arrivée au pouvoir de Gorbatchev) que les discours contradictoires du nouveau leader.

Brûlant les étapes, Gorbatchev commença par donner le coup de grâce au projet de ses prédécesseurs en proclamant *ex abrupto* la Glasnost, sans ménager les susceptibilités ni préparer les esprits à cette mutation. Son discours, répercuté dans le monde entier, retentit comme un coup de semonce. Brutalement tirée de sa somnolence, la nomenklatura conservatrice – enhardie par la disparition du redouté Andropov – se déploya en ordre de bataille. Le peuple, lui, resta abasourdi.

Le compte à rebours d'une gigantesque bombe à retardement était enclenché. Telle la forêt dissimulée derrière l'arbre, l'unique structure encore intacte du pouvoir soviétique – le KGB – entendit exploiter au maximum cette situation inespérée issue de la volonté d'un homme seul et naïf. Reconnaissants à Gorbatchev d'avoir créé les conditions favorables à leur enrichissement, les parrains soviétiques promirent même, en remerciement, de lui élever une statue grandeur nature en or massif !

Comme en hommage à Ionesco, la société soviétique se métamorphosa alors en théâtre de l'absurde. Un bref épisode insolite en apporta la preuve lorsque le Comité central, représenté par Egor Ligatchev, s'opposa au KGB en la personne d'Artem Tarassov, « premier milliardaire soviétique » à exporter, à partir de la mer Noire, une bonne douzaine de chars les plus perfectionnés. Certains de « ses » navires, bourrés de marchandises, levèrent malgré tout l'ancre depuis les ports du Pacifique (en Extrême-Orient).

La fusion de deux mondes criminels – l'officiel et l'officieux, les clans du Parti et du KGB avec les mafias locales dont la plupart sévissaient depuis toujours sous la protection des services secrets – devenait ainsi manifeste.

De fait, par ignorance, orgueil ou inconscience, et tout en incitant l'Occident à édifier la « Maison commune » si chère à son cœur, Gorbatchev l'apprenti sorcier mettait le feu à sa propre datcha.

Au même moment, les immensités de l'URSS se couvraient de « toits » invisibles, les *krychi*, ces protections mafieuses imposées à tout entrepreneur, public ou privé, en échange de « primes » juteuses. Un racket généralisé qui, on s'en doute, n'apaisa pas une société en effervescence. La suite le prouva.

L'année 1986 évoque ainsi de douloureux souvenirs : drame de Tchernobyl, désarmement anarchique, limogeages en chaîne, lutte contre les revenus parallèles, déportation de plus d'un million de Soviétiques vers des camps, et enfin émeutes d'Alma-Ata, la capitale du Kazakhstan, où se produit la première explosion de violence...

Heurts nationalistes et affrontements politiques vont dès lors se succéder. Bientôt, fuyant ces troubles meurtriers, des colonnes de réfugiés – principalement russes – se mettent à errer à travers l'URSS en quête d'un point de chute... dans un pays où le système de *propiska* semble le seul en vigueur.

Un peu partout en Union soviétique s'intensifient les revendications nationalistes, se multiplient les guerres interethniques sur fond de pogroms sanglants. Les noms de Fergana, de Novyi-Ouzen deviennent synonymes de mort à l'instar de Soumgaït, d'Agdam, d'Och, du Karabakh et, plus tard, de Tbilissi, Minsk, Riga, Vilnius ou Kichinev. Derrière les exactions, les pillages, les incendies et les massacres, se profile l'ombre des mafias soviétiques qui, en cheville avec les services secrets, attisent les foyers des guerres nationalistes, instrumentalisent des populations parfois primitives, tout en vendant armes et drogues à l'ensemble des belligérants [1].

Pendant ce temps, l'opinion internationale nage en pleine

1. Voir Renata Lesnik et Hélène Blanc, *L'Empire de toutes les mafias*, Les Presses de la Cité, 1996.

« Gorbymania ». Lucide, l'historienne Françoise Thom estime que la politique de Gorbatchev n'a été mise en œuvre que pour « bluffer la classe politique mondiale par une habile manipulation de l'information [1] ».

Même conclusion de Boukovski, notre interlocuteur privilégié, qui, grâce à son incursion dans les archives du Kremlin, peut aller beaucoup plus loin : « Il s'est formé autour de Gorbatchev un tel tissu de mensonges – pour une bonne part de son fait –, et de mensonges si énormes, qu'on ne doit croire que les documents. Encore faut-il se rappeler que les documents touchant son passage au pouvoir ont été soumis à une purge sévère. Mais ceux qui ont été épargnés ne correspondent nullement au mythe du hardi réformateur, libéral, démocrate, qui aurait inversé le cours de l'histoire en dépit de la résistance des réactionnaires et des dogmatiques. Examinons par exemple quelles priorités furent proposées par le secrétaire général Gorbatchev, pour voir quelles étaient ses intentions réelles. La première en importance, dans le rapport de Tchebrikov, est l'*espionnage*, ce qui est déjà révélateur en soi. Il s'agit encore et toujours de renforcer l'*espionnage scientifique et technique* et la campagne de désinformation au nom de la "lutte pour la paix" en pleine conformité avec la ligne proposée par Gorbatchev à ses collègues lors de son élection au poste de premier secrétaire. »

L'opération « faux putsch »

Puis, à la fin des années 1980, viendra le moment où le KGB commencera à se lasser du « flou artistique » gorbatchévien, et décidera de reprendre l'initiative. Dans cette partie d'échecs décisive, le coup suivant sera un coup de maître. Influencé depuis des années par un certain Alexandre Korjakov, général du KGB camouflé en garde du corps lui servant d'éminence grise, Boris Eltsine, élu président de la Fédération de Russie en 1991, se retrouve soudain sous les feux de la rampe. Mais seuls les protagonistes – la tendance dure du PCUS et les derniers irréductibles du KGB qui refusent

1. Voir F. Thom, *Le Moment Gorbatchev*, Hachette, 1989.

tout changement –, auxquels on a habilement soufflé leur texte, seront les acteurs du drame à venir. Quant aux metteurs en scène guébistes de cette pièce surréaliste, ils tireront les ficelles depuis les coulisses.

La trame en est simple : savamment préparé, le peuple réclame la démocratie et les quinze républiques soviétiques exigent leur indépendance. Eltsine rêve de rester seul capitaine du navire Russie ? Parfait. Le temps du grand chassé-croisé est arrivé et chacun obtiendra ce qu'il désire. Par la même occasion, on enterrera, sans fleurs ni couronnes, l'idéologie périmée d'un PCUS moribond tout en se débarrassant d'un Gorbatchev devenu encombrant. Car, le moment, cette fois, est venu de donner le coup de grâce à un régime communiste dont l'agonie s'éternise.

La suite est connue. Gorbatchev, officiellement malade, assigné à résidence dans sa datcha de Foros ; *Le Lac des cygnes* de Tchaïkovski diffusé en boucle à la télévision soviétique ; Boris Eltsine, grimpé sur un char, drapeau russe à la main, lançant un message d'espoir au pays : « La réaction ne passera pas ! Nous gagnerons ! » CNN diffuse alors en direct de Moscou le triomphe de la démocratie.

Le dernier acte de l'ère Gorbatchev se termine par la démission du premier et dernier président de l'URSS, après un simulacre de putsch dont la mise en scène n'aura tenu que trois jours à l'affiche internationale.

Vladimir Boukovski, avec lequel nous évoquons l'opération « Faux putsch », si maladroitement ficelée qu'elle semblait destinée à échouer, précise : « J'ai de bonnes raisons de croire qu'en août 1991 il n'y a pas réellement eu de putsch à Moscou, mais plutôt une tentative d'instaurer des pouvoirs exceptionnels. D'où la mise en scène d'un faux putsch permettant aux conservateurs de proclamer l'état d'urgence et de rétablir la censure sans ternir l'aura démocratique de Gorbatchev décernée par l'Occident. La preuve en est que les huit accusés ont solennellement affirmé avoir suivi les ordres de Gorbatchev. Le numéro un soviétique, se réservant le rôle d'arbitre, espérait probablement un soulèvement populaire contre les putschistes conservateurs. Mais, cette fois, l'armée n'a pas suivi. Le peuple n'a pas bougé. En trois jours, la pièce était jouée : en apparence, Gorbatchev et ses alliés conservateurs avaient perdu, précipitant sans le vouloir la fin du communisme et de l'Empire soviétique. Voilà la réalité sans fard ! »

Et de décrire la véritable guerre psychologique engagée par le pouvoir, allié aux services secrets soviétiques : « Le but des Soviétiques étant de faire renaître une apparence de détente, ils comprenaient assurément qu'ils devraient adopter une tactique plus fine. C'est pourquoi, parallèlement au "durcissement" et comme indépendamment, ils pratiquèrent *une série de mesures mettant en œuvre les ressources tchékistes pour coopérer de façon multiforme* aux desseins des stratèges du Kremlin. »

Boukovski conclut par une vérité déplaisante, mais admise aujourd'hui de la plupart des Russes : « La chute du communisme soviétique ? Elle ressemble à s'y méprendre à un modèle de désinformation. Habilement manipulée, l'opinion publique internationale, dans sa grande majorité, a cru que tous les changements survenus en Europe orientale étaient dus à Gorbatchev. Certains le croient encore. Le monde entier a pris ses désirs pour la réalité. Et les médias sont tombés dans le panneau. Poudre aux yeux. Formidable exemple de désinformation réussie ! »

À peine descendu de son char historique, Eltsine interdit le PCUS (qui renaîtra bientôt sous le sigle de KPRF, Parti communiste de la Fédération russe). L'un des motifs invoqués : le Parti a dévalisé le pays, exportant secrètement ses capitaux à l'étranger. Bientôt, par l'intermédiaire de l'économiste Yavlinski, Gorbatchev laisse entendre que la réserve d'or de l'État soviétique – soit deux mille tonnes – est tombée à deux cent quarante tonnes ! Les Soviétiques et le monde entier sont effarés. La société américaine Kroll International est chargée de retrouver la trace de l'or soviétique. Et les experts occidentaux qualifient cette mystérieuse disparition de « vol du siècle ».

Déterminé à réformer le pays, Eltsine, discrètement conseillé, décrète également la restructuration du KGB, réforme qui en apparence l'affaiblissait. Car, en dépit des sirènes occidentales entonnant le chant de la victoire et annonçant la mort du KGB, celui-ci saura en réalité mettre cette période confuse à profit pour se fondre plus intimement encore dans la nouvelle société qu'il entendait façonner à son image.

La pièce était jouée. Le rideau retombait sur un écran de fumée.

En dépit de ses différents sigles, la décennie 1990 s'avère cruciale pour un KGB dont l'objectif premier demeure la prise du pouvoir officiel, si possible à travers une voie constitutionnelle. L'ascension d'Andropov à la tête du pays constituant l'exception, car dans tout régime politique les services secrets se bornent à assurer la sécurité de l'État. Dès l'origine, le KGB, serviteur zélé du Parti, s'est senti appelé à devenir le maître de l'empire. L'heure était venue de tomber le masque afin de pérenniser une solide tradition de domination et d'expansion, mais reposant cette fois sur des bases saines et non une idéologie en faillite. Des bases qui auraient un dénominateur commun des plus attractifs : l'argent ! Quitte à tout détruire au passage.

Pour que réussisse l'entreprise, le premier danger à neutraliser est la volonté de transformer la Russie, ainsi que ses anciennes colonies, en sociétés démocratiques. Or, maladroit mais décidé, Eltsine a l'air de vouloir s'y atteler sérieusement. Afin de tuer le projet dans l'œuf, il faut donc discréditer à la fois l'homme et cette folle idée de démocratie dont les effluves enivrent déjà les Soviétiques. Impossible d'atteindre des objectifs planétaires avec des concitoyens indisciplinés ! Dompter le peuple s'impose.

Les circonstances s'y prêtent : misère générale, pénurie de produits de consommation, notamment alimentaires, le tout conjugué à l'impitoyable « thérapie de choc [1] » de janvier 1992. Très vite, le terme démocratie, *demokratia*, sera ironiquement transformé en *der'mokratia* (merdocratie). La première moitié de l'ère Eltsine (1991-1993), celle de la « démocratie romantique », s'achèvera sur une victoire mémorable des services spéciaux : la démocratie à la russe était discréditée pour de longues années. Dans un premier temps, une pléthorique armée de l'ombre s'acharne à saboter les tentatives du nouvel État pour approvisionner les magasins. KGB et mafias travaillent main dans la main. Chaque jour, jusqu'à dix-sept trains de marchandises s'évanouissent dans les immensités de la

1. Il s'agit des mesures économiques radicales prises par le Premier ministre Egor Gaïdar. Cette « thérapie » commence par une libération des prix qui, dévaluant brusquement le rouble, met l'écrasante majorité des Russes sur la paille.

Russie. Les marchés où les paysans vendaient leur maigre production subissent le même sort : des inconnus achètent leurs produits aux portes de la ville pour les détruire séance tenante. Une inflation galopante achève bientôt cette opération pour le moins « spéciale ». Subitement, du jour au lendemain, les comptoirs des magasins se remplissent comme par miracle, mais consommer s'avère impossible pour une population totalement désargentée.

Reste à jeter le discrédit sur Boris Eltsine. Rien de plus facile. Un second « putsch » (septembre-octobre 1993), deux ou trois édifices officiels attaqués à l'arme lourde, des chars qui bombardent le Parlement, un bon millier de victimes, et le tour est joué ! Eltsine restera comme le président qui fit tirer sur la Douma. Que Korjakov, son confident (et général du KGB) lui ait suggéré une confrontation armée avec le Parlement n'est pas à exclure. En effet, d'après son cercle restreint, avant l'arrivée des chars, Eltsine, obligé de négocier avec les services secrets (alors appelés FSK), leur fait des concessions lourdes de conséquences. Force est de constater que c'est précisément en 1993, après le second putsch de Moscou, que s'achève la période de démocratie romantique. Suivra alors une période de libéralisme flou, désordonné, où un Eltsine affaibli, malade, manipulé par la Famille, son entourage et des services secrets qui le « tiennent », se réfugie dans la vodka... Dans la foulée, on donne le coup de grâce aux nostalgiques du communisme et de l'icône Lénine. Au diable, les momies ! Désormais, on ne gardera du passé que l'utile : le lucratif. Bientôt, les images du président russe « plus saoul qu'un Polonais », envahiront les écrans de télévision du monde entier. À quoi servent donc les conseillers, ses gardes du corps et le service du protocole ? L'opération « Discréditation » réussit au-delà de toute espérance. Déconsidéré, le scandaleux président ivrogne !

Pourtant, d'aucuns ont encore besoin du vieil ours blanc, isolé, surmédicalisé, symbole du chaos dans lequel sombre la Russie. Pourquoi « prolonger » la présidence Eltsine ? Pour plusieurs raisons.

Primo, les protégés du président russe n'ont pas fini de se partager les richesses du pays, de les « privatiser » en somme, puisque le mot sonne mieux aux oreilles occidentales. Restait à se répartir les autres valeurs, intransportables par bagages à main, en avion, train ou bateau : ces « biens du peuple », produit du labeur acharné de plusieurs générations de « serfs » soviétiques. Un patrimoine ô combien convoité par les bureaucrates, selon la formule : « M'appartient ce qui est à moi. Ce qui est à toi m'appartient aussi ! » *Secundo*, dans les obscures allées du pouvoir, « on » ne s'est pas encore accordé sur son successeur.

De fait, à partir de la décennie 1990, le monde russe semble marcher sur la tête et mystifier ses observateurs.

Comment devenir milliardaire ?

À l'été 2007, le *Financial Times* britannique publia une interview de l'oligarque Oleg Deripaska, sixième fortune russe et quarantième mondiale, estimée à 13,3 milliards de dollars, sur le point de dépasser Roman Abramovitch, classé première fortune de Russie avec 18,7 milliards. Or, celui-ci confiait au journaliste : « Si l'État nous demande de nous dessaisir de notre entreprise, nous l'abandonnerons. Je ne me considère pas comme détaché de l'État. Je n'ai aucun autre intérêt. » En substance, le multimilliardaire se déclarait prêt à rendre ses possessions à l'État à la première injonction.

Incrédule, la sphère financière internationale en fut ébranlée – si l'homme n'est pas pris de démence, alors de quoi est-il question ? – et taraudée par une question lancinante : par quel miracle ces Russes accumulent-ils de telles fortunes en quelques années ? D'ailleurs pourquoi parler d'années quand il suffit parfois de quelques jours ou même de quelques heures, le temps de peaufiner deux ou trois détails et de signer un « accord » bien arrosé dans tous les sens du terme ?

Dès 1996, nous révélions les faits suivants [1]. Tout en se gargarisant de Glasnost et en abreuvant le peuple de slogans « progressistes », les pontes du Parti se rendaient bien compte qu'économie et finances étaient plus que jamais les deux mamelles du pouvoir. En 1991, après avoir délogé l'ancienne nomenklatura de ses immeubles cossus, les « démocrates romantiques » d'Eltsine découvraient ainsi, dans les archives du Comité central, des documents édifiants. Restait à deviner combien d'individus avaient pu signer ce contrat type,

1. Voir *L'Empire de toutes les mafias*, *op. cit.*

explication de tant de « fortunes éclair » : « Je, soussigné(e) camarade X, membre du PCUS depuis le..., carte numéro..., m'engage, par la présente, de manière consciente et volontaire, à devenir une personne de confiance du Parti, prête à exécuter ses ordres en gardant un secret absolu. Je promets de préserver et d'utiliser, dans l'intérêt du Parti, les moyens matériels et financiers qui me sont confiés et dont je garantis la restitution dès la première demande. Je m'engage à rendre au Parti, qui en demeure propriétaire exclusif, l'intégralité des bénéfices réalisés durant mon activité économique et ce, à tout instant et n'importe où. Je jure de garder secrètes les informations qui me sont confiées par les personnes chargées de cette mission. Le... juillet 1991. » (Soit un mois avant le putsch de Moscou...)

Documents estampillés : « Exemplaire unique. Ultraconfidentiel. À exécuter en accord avec le KGB. »

Ne s'agissait-il pas là d'un présent inestimable du PCUS au KGB, juste avant d'être enterré par ce dernier ? Provisoirement affaibli par Eltsine, en lançant l'opération « Multiplication des capitaux » afin de se constituer un trésor de guerre, le KGB préparait son retour en force.

Pour en revenir à Oleg Deripaska, notons ce détail révélateur : c'est le gendre de Valentin Youmachev, lui-même ancien chef de l'administration présidentielle et par ailleurs nègre des livres signés Boris Eltsine. Lequel Youmachev, ayant épousé en secondes noces Tatiana, la fille d'Eltsine, est devenu le gendre de l'ex-premier président russe. Deripaska fait donc partie de la Famille, surnom du clan Eltsine. Intouchable, il est le propriétaire officiel de Rusal, premier producteur mondial d'aluminium. Son patrimoine est si diversifié qu'il lui arrive d'oublier le nom de certaines de ses sociétés. Il les achète aussi simplement qu'on fait ses emplettes au supermarché. Voyons ses récentes activités : parmi ses autres acquisitions, on peut citer 5 % de General Motors, l'achat de Chrysler, déficitaire, de Jaguar, déficitaire, des parts du club de football Arsenal. En 2005, rien qu'au Monténégro (six cent mille habitants), son En Plus Group a racheté, pour cent millions de dollars, les usines d'aluminium de Podgoritsa et une mine de bauxite dont l'exploitation représente 20 % du PIB du pays. En outre, entre neuf cents et onze cents PME coopèrent avec ses entreprises, donc en dépendent. Début 2007, par le biais du consortium Strabag, Deripaska est aussi entré dans le business des travaux publics, dont le seul secteur des constructions routières représente quelque 2,8 milliards de dollars [1].

Ce n'est pas tout ! Début mai de la même année, il convoitait la centrale thermoélectrique produisant un tiers de l'électricité du Monténégro et une mine de charbon voisine de Plevl', en proposant trois fois plus à l'achat qu'une compagnie slovène. Inquiet, un homme politique monténégrin confiait à un quotidien autrichien : « Si Deripaska parvient à s'emparer de ces entreprises, il pèsera 45 % du PIB du Monténégro en cumulant 80 % de ses exportations. Une plate-forme idéale pour le blanchiment d'argent, qui entre "sale" dans le pays et repart "propre" vers l'Union européenne [2]. » Sans compter le poids politique d'un tel propriétaire !... En juin, le roi de l'aluminium réitérait sa tentative de mettre la main sur les Silovyé Machiny russes, dont Siemens détient 25 %, et où il devait être opposé à des poids lourds comme Viktor Vekselberg (Tekhsnabexport et Renova) et Alexeï Mordachov (Severstal). Sans oublier des parts dans le Moscow-City en construction et dans le Norilsk Nickel de Mikhaïl Prokhorov, grand amateur de beautés slaves sur les neiges de Courchevel et plus connu encore pour détenir la quatrième fortune russe et la trente-septième mondiale, avec plus de treize milliards de dollars. Avant la crise mondiale.

Nous n'avons fait qu'effleurer le pic de l'empire Deripaska. Par conséquent, même s'il en rendait une grande partie à l'État russe, il lui resterait encore de quoi beurrer sa tartine de caviar jusqu'à la fin de ses jours.

Sous la Perestroïka, son ex-homologue Mikhaïl Khodorkovski avait été moins inspiré en gagnant son premier million de dollars grâce à sa seule matière grise. Ce qui n'a guère porté bonheur à l'ancien patron de Youkos. Oleg Deripaska, lui, n'a pas oublié que si l'argent est la source du pouvoir, en Russie seul le pouvoir est source d'argent. Sous certaines conditions.

Ce n'est pas un secret : la véritable nature de certains capitalistes pharaoniques russes est aussi douteuse que l'origine de leur fortune. Tous ces « propriétaires en titre » le sont-ils de fait ? Lors

1. *Soverchenno Sekretno*, n° 6, 2007.
2. *Der Standard*, 23 mai 2007.

des privatisations sauvages des années 1990, Anatoli Tchoubaïs, qui les réalisa, ne craignait pas d'avouer que « les réformes gouvernementales ne visent pas à promouvoir un maximum de propriétaires, mais à créer une couche étroite de grands possédants : 2 à 5 % de la population [1] ». Ce qui devait faciliter leur implantation sur le marché mondial, puis l'infiltration économique de celui-ci. Mission remplie avec brio.

Deux exemples viennent l'illustrer. Pourquoi le Kremlin s'est-il senti humilié par l'échec d'Alexeï Mordachov, « propriétaire » de Severstal, présumé à l'époque neuvième fortune de Russie, lors de son OPA manquée sur Arcelor, coiffé au poteau par l'Indien Mittal grâce à la sagesse de ses actionnaires ? Dans un système mondialisé, il aurait dû s'agir du banal échec en affaires d'un patron, sans réelle répercussion sur l'économie de son État d'origine. Est-ce parce que Mordachov, membre de la « Petersbourg connection », est un favori de Vladimir Poutine « qui l'avait chaudement recommandé à son ami Jacques Chirac [2] » ?

En outre : où l'ingénieur Mordachov a-t-il trouvé l'argent pour s'offrir Severstal, fleuron de l'industrie soviétique ? Avec ses petites économies qui, en 1992, ont fondu comme neige au soleil dès le coup d'envoi des réformes économiques engagées par Eltsine, connues sous le nom de « thérapie de choc » ? Dans les années 2000, devant élever seule leur enfant de seize ans, sa première épouse lançait un vibrant appel aux femmes abandonnées par leurs milliardaires de maris. Trouvant dérisoire ses mille dollars de pension alimentaire, elle leur conseillait de réclamer une part plus conséquente de la fortune conjugale. Au point qu'il fallut l'intervention directe du Kremlin pour calmer l'« appétit cupide » d'Irina Mordachova.

Le curieux divorce de Roman Abramovitch, gouverneur de la Tchoukotka – une région regorgeant de richesses diverses dont des mines de diamants – et patron du club de football anglais de Chelsea – est plus éloquent encore. La fortune de ce premier milliardaire de Russie, propriétaire de deux avions supersoniques et de trois superbes yachts, le place au seizième rang mondial jusqu'à l'été 2008.

1. Voir *L'Empire de toutes les mafias*, *op. cit.*
2. *Challenges*, n° 53, 26 octobre 2006.

D'où la déception de la presse « people » avide de faire ses choux gras d'un procès qui s'annonçait long et complexe, quand Poutine intervint, en toute discrétion, pour régler ce divorce à l'amiable, en un clin d'œil. D'après les avocats anglais d'Irina Abramovitch, et dans le pire des cas, cette mère de cinq enfants aurait dû recevoir 37 % de la fortune de son époux. Or, après un tête-à-tête avec Vladimir Poutine, dont rien n'a filtré, elle aurait accepté de se contenter de trois ou quatre résidences – un gentil capital immobilier – et de cent cinquante-cinq petits millions. Compensation certes non négligeable, mais bien modeste comparée à sept milliards de dollars [1] !

Une chose est claire : Poutine considère Abramovitch comme l'ambassadeur de la Russie dans le monde du business international. Ce qui explique sans doute l'attention quasi « paternelle » du président à l'égard de son « envoyé extraordinaire », même lorsqu'il s'agit d'histoires d'alcôve.

Touchante sollicitude, en vérité. On ne lui connaissait pas ce talent de « conseiller conjugal » ! Mais Vladimir Poutine a sans doute de bonnes raisons de s'occuper des affaires d'Abramovitch comme s'il s'agissait des siennes. Peut-on en déduire que le milliardaire présumé – comme d'autres oligarques – n'est en définitive qu'un simple gestionnaire aux ordres du Kremlin ?

Le fait qu'en 2008 l'ex-président russe ait été nommé Premier ministre confirme cette hypothèse. En tant que chef du gouvernement, il peut s'attacher, plus activement encore, à guider l'implantation des capitaux du Kremlin dans l'économie mondiale.

Un autre « philanthrope » russe, à la double citoyenneté russo-israélienne, semble jouir de moyens financiers illimités : Arkadi Gaïdamak, bien connu de la justice française pour ses trafics d'armes présumés avec l'Angola. Furieux de n'avoir pu acquérir le quotidien *France-Soir* en 2006, première d'une série d'achats d'entreprises en difficulté, le milliardaire ne décolère pas.

Chacun sait pourtant que ce « Monsieur Propre » est accusé de crimes qu'il n'a évidemment pas commis ! À preuve, n'a-t-il pas été désigné, en 2006, comme la seconde personnalité de Jérusalem ?

1. *Soverchenno Sekretno*, n° 4, 2007.

Ce fondateur de la plate-forme Justice sociale vise rien de moins que la mairie de la Ville sainte [1]. À partir de septembre 2008, il se consacre pleinement aux municipales, qu'il perd en novembre. Ce qui ne refroidira pas ses ambitions politiques. Tans pis pour l'immunité. Le voilà décidé à se porter candidat à la Knesset... Entretemps, son fils, le jeune Alexandre, a déjà dilapidé quinze millions de livres d'argent de poche paternel afin de s'offrir une belle part du club de foot britannique de Portsmouth. Mais sans doute est-ce effectivement pour imiter son père, propriétaire du Bétar Jerusalem, les supporters de foot étant, dit-on, les meilleurs des électeurs.

Incroyable comme les Russes adorent ce genre de business ! Par exemple, Abramovitch, le plus grand sponsor du ballon rond, a déboursé cinq cents millions de livres [2] pour Chelsea, qu'il tente aujourd'hui de revendre. Son ami Vladimir Romanov, résidant en Lituanie – aucune parenté avec la famille impériale de Russie –, a investi pour sa part 18,57 millions de livres dans un club écossais. Quant à Alicher Ousmanov, il alloue soixante-quinze millions à l'Arsenal britannique. Même le géant Gazprom sponsorise le club allemand Schalke 04 à hauteur de cent vingt-cinq millions de dollars. Pour sa part, Souleïman Kerimov, il y a peu deuxième fortune officielle de Russie avec ses 14,4 milliards de dollars, aurait aimé que le club italien de la Roma fasse bon ménage avec son Nafta-Moskva, mais les Italiens n'ont pas été de cet avis. Anton Zingarevitch rêve d'envoyer un ballon de vingt millions de livres dans les buts de l'Everton anglais, mais son père, Boris, s'y oppose. Peut-être n'a-t-il pas encore le feu vert du Kremlin ?

En revanche, l'une des dernières transactions russes semblait assez mal partie. Concernés, les Allemands se sont d'abord renseignés sur ces Russes aux noms si exotiques, Adlan Chichkhanov et Mourat Louyanov. Et plus encore sur la provenance des vingt-cinq millions d'euros qu'ils s'apprêtaient à injecter dans le Karl-Zeiss, le club de Iéna, révèle l'*Ostthüringer Zeitung*.

Officiellement, les deux hommes d'affaires sont apparentés à l'oligarque Mikhaïl Goutsériev, fondateur de la BIN-Bank et propriétaire de Roussneft (à ne pas confondre avec Rossneft) jusqu'à

1. *Le Monde*, 11 juillet 2007.
2. *Novaya Gazeta*, n° 69, 2007.

l'été 2007. Or, dès que ce dernier a appris que Deripaska lorgnait sur sa compagnie pétrolière, il a rendu publique une lettre accusant le Kremlin de vouloir l'envoyer rejoindre Khodorkovski au fin fond de la Sibérie. Puis, dans la foulée, quoique assigné à résidence, il a pris la poudre d'escampette !

Quant aux entreprises de ses « cousins » à la mode ingouche, elles se sont révélées plus que virtuelles.

Mieux vaut donc se poser les bonnes questions avant de conclure la moindre transaction avec ces « nouveaux riches » à la russe. Même dans le cas d'une chaîne de magasins de luxe. Le 12 octobre 2007, *Libération* titrait en effet : « Hédiard tombe dans le panier d'un Russe sulfureux. » Signalons au passage que l'heureux acquéreur, le sénateur Vladimir Pougatchev, baptisé par *Le Monde* « le banquier orthodoxe guébiste », avait été débouté à deux reprises par la justice française d'une étrange plainte en diffamation contre *L'Express* et la politologue Hélène Blanc, coauteur de ces pages.

En dépit de la condamnation prononcée en mars 2007 par la cour d'appel de Paris – règlement des frais de justice et petits dédommagements aux défendeurs –, Pougatchev ne semble pas pressé de s'exécuter. Au contraire de son lointain homonyme qui souhaitait au XVIIIe siècle la suppression du servage, il affiche un mépris souverain pour ceux qui ne relèvent pas de sa sphère d'influence. Mais une telle attitude à l'égard de décisions rendues par des juges indépendants montre assez clairement le peu de cas que ces « Nouveaux Russes » font de la loi. On peut se demander si cet irrespect ne s'étendrait pas aussi à la conception des rapports sociaux ou commerciaux....

Il est vrai que les institutions russes diffèrent largement des nôtres, puisque la justice de ce pays est aux ordres du pouvoir. De ce fait, ces milliardaires susceptibles, procéduriers à l'extrême, n'ont guère l'habitude de perdre leurs procès. *A fortiori* de s'acquitter de leur dû, surtout à l'étranger...

La tendance en Russie consisterait plutôt à intenter de mauvais procès, comme celui de Mikhaïl Khodorkovski, condamné à huit ans ferme afin d'être mieux dépouillé de Youkos, un empire pétrolier bâti sous Eltsine grâce à des privatisations très douteuses. Une période de transition économique offrant d'immenses occasions, que ce célèbre prisonnier ne fut pas seul à saisir.

À ce propos, notre interlocuteur, Wladimir Andreff, expert français des économies de transition postcommunistes, souligne quelques réalités dérangeantes pour les autorités russes : « Le grand problème de la transition en Russie est la répartition des revenus et des patrimoines, devenue l'une des plus inégalitaires du monde (comparable au Brésil). Que le procès et l'emprisonnement de Mikhaïl Khodorkovski aient échaudé quelques investisseurs en Russie, on le comprend. En réalité, ils auraient dû s'inquiéter beaucoup plus tôt du fait que, dans ce pays, on pouvait jusque-là impunément frauder le fisc et expatrier plus ou moins légalement ses revenus imposables. Seule l'autorité de la loi crée le bon climat d'investissement d'un pays et l'on peut s'étonner (certains comme Joseph Stiglitz, Prix Nobel d'économie, le déplorent) qu'il n'y ait pas davantage d'"affaires Khodorkovski". Cela dit, on peut aussi lire le démantèlement de Youkos comme un "repartage" de patrimoine (et de futures rentes) au sein des nouvelles élites russes, en bref, des oligarques eltsiniens vers d'"anciens" membres influents des services de sécurité poutiniens. Il n'en reste pas moins que les réformes favorables au secteur privé traînent par rapport au rythme des promesses, notamment l'adoption des standards comptables internationaux par les banques russes, l'épuration définitive du système bancaire, et j'en passe. Même si c'est très désagréable, la *Realpolitik* russe consiste à ignorer les minorités mécontentes – notamment les retraités, étudiants, anciens combattants, handicapés –, qui n'appartiennent pas aux secteurs les plus dynamiques de la société. »

En matière de profits liés au pouvoir, le professeur russe Evguéni Yassine en rappelle opportunément les règles dans les pays du tiers-monde : les autorités ne doivent fidélité qu'à leur clan. « Une fois au sommet, utilise ta fonction pour t'enrichir (aucun président de l'Amérique latine ne s'est retiré du pouvoir dans la pauvreté). Et une fois que tu as le pouvoir, garde-le par tous les moyens ! » Il s'agit là d'un schéma féodal qui ressemble singulièrement au modèle actuel où essor économique et autoritarisme sont considérés comme compatibles par les dirigeants. Mais comme les Russes ne sont pas dupes, ils ont inventé une nouvelle blague sur leur ex-numéro un : « Poutine veut gouverner comme Staline mais vivre comme Abramovitch ! »

Les oligarques de Poutine

Pour en revenir aux fortunes fulgurantes de certains Russes, il faut préciser que la transmission de patrimoine avec « procuration du KGB » n'a fonctionné qu'au cours des derniers mois de la présidence Gorbatchev et des premières années de celle d'Eltsine. Lors des privatisations de 1994-1996, une seconde méthode fut mise sur pied, parallèlement à la première, qui permet le « partage entre amis » ou encore la « récompense des fidèles », éternellement reconnaissants. D'où le brutal processus de répartition des « morceaux » les plus juteux (tel le démembrement spectaculaire de Youkos) lancé, dès l'arrivée de Poutine au Kremlin, au profit exclusif de la nouvelle nomenklatura militaro-tchékiste.

Après les oligarques d'Eltsine, ralliés ou exilés, les oligarques de Poutine se sont figés au garde-à-vous, l'exemple Khodorkovski ayant tôt fait de convaincre les grandes fortunes eltsiniennes de ne plus se mêler de politique. Sauf si on le leur demande. Un club élitiste, très fermé, regroupe alors les amis les plus fidèles et dévoués du président, devenus les nouveaux milliardaires. Ce phénomène, aussi fulgurant que sauvage, s'accéléra à la fin du second mandat du patron des parrains. De sorte que l'édition russe du magazine *Forbes* du 18 avril 2008, confirmant nos pronostics, modifie la configuration de l'échiquier du grand capital. Elle annonce en effet que, fin 2007, le nombre de milliardaires russes est passé de soixante à cent dix grâce à la flambée des prix des matières premières. Ce qui place la Russie en tête du record mondial des grandes fortunes après les États-Unis. Conformément à nos prévisions, Deripaska, proche du Kremlin, a pris ainsi la tête du peloton doré de la Kremlianka, avec une fortune de 28,6 milliards de dollars. Et ce, au détriment du pauvre Abramovitch qui, avec ses 24,3 milliards, est coiffé *in extremis* sur la ligne d'arrivée par un Alexeï Mordachov affichant fièrement ses 24,5 milliards de dollars. Depuis sa reprise en main par l'État – son apparente renationalisation et surtout le démantèlement de Youkos –, le secteur énergétique comporte peu de milliardaires. En effet, « l'essentiel de la richesse est actuellement concentré dans la métallurgie, la finance et l'immobilier », comme le souligne Maxime Kachoulinski, rédacteur en chef du *Forbes* version russe.

Il faut dire à sa décharge que depuis l'exécution de son prédécesseur, Paul Khlebnikov (abattu par balles le 9 juillet 2004), Kachoulinski est bien obligé de respecter scrupuleusement les règles du jeu moscovite sans jamais dépasser les limites imposées par les exécuteurs.

Stanislas Belkovski, de l'Institut de stratégie nationale, ne se plie pas quant à lui à ces contraintes. En mentionnant la redistribution souterraine des richesses qui se déroule dans le cadre « de la dictature de la loi », il signale que, dans ce cas précis, il s'agit de la loi clanique. Or, dans tout clan qui se respecte, le chef de meute est le premier servi. Telle est la conclusion de Belkovski à l'issue de savants calculs.

Des calculs qui pourraient lui coûter la vie. Cet ingénieur en informatique a longtemps travaillé au sein des structures du Comité d'État aux dérivés du gaz et pétrole de la RSFSR. Or, le 21 décembre 2007, Belkovski a révélé au *Guardian* britannique que Poutine serait à la tête d'une énorme fortune s'élevant au bas mot à quarante milliards de dollars, et englobant des actions dans les trois principales compagnies gazières et pétrolières de Russie. Belkovski précise qu'il posséderait notamment 37 % de Sourgoutnetegaz, 4,5 % de Gazprom et « au moins » 75 % du trader pétrolier Gunvor Group, mystérieuse compagnie suisse fondée par Guennadi Timtchenko, un kagébiste intime du président russe. Naturellement, le nom de Poutine n'apparaît nulle part et ses avoirs seraient soigneusement disséminés au cœur des réseaux opaques de nébuleuses *offshore*.

Le 24 décembre 2007, la *Nezavissimaya Gazeta* (L'Indépendant) a repris de larges extraits des déclarations de Belkovski, tout en précisant que, dès le lendemain, le *Guardian* avait publié un démenti du Gunvor Group sous le titre : « La mystérieuse firme pétrolière nie que Poutine en serait le “copropriétaire”. »

L'article relate que, fondé voilà dix ans, Gunvor serait le troisième trader mondial, *via* lequel transitent 30 % des exportations pétrolières russes par voie maritime. D'après ses concurrents sur le marché, la firme bénéficierait de contacts privilégiés au plus haut niveau de l'État, dont Igor Setchine, bras droit du chef de l'administration présidentielle, mais surtout patron de Rossneft. Évidemment, les preuves manquent ; mais d'autres, un peu partout sauf en France, commencent à évoquer la fortune de Poutine, qui ferait de lui le premier oligarque du pays. S'il possède réellement quarante milliards de dollars, Vladimir Vladimirovitch deviendrait la première fortune d'Europe. Et se classerait même très honorablement parmi les fortunes mondiales. En réponse à ces rumeurs insistantes, le Premier ministre Poutine s'est esclaffé : « C'est vrai que je suis très riche : je collectionne les émotions ! »

Selon *Le Figaro*, Arthur, l'ex-animateur de TF1, aurait vendu son magnifique duplex parisien du XVIe arrondissement – cinq cents mètres carrés avec trois cents mètres carrés de terrasse – à la fille de Vladimir Poutine, encore étudiante, pour dix-huit millions d'euros. Fait qu'Arthur a démenti catégoriquement. Si c'était vrai, cela aurait confirmé que la famille Poutine est manifestement très à son aise [1].

Quoi qu'il en soit, dès 2005, la politologue Alla Bossart s'était montrée tout aussi directe : « Il n'est même pas question de la richesse fantastique qui, en un clin d'œil, propulse Poutine de fonctionnaire à empereur. »

Espérant un peu naïvement qu'en 2008 la Russie serait enfin délivrée de Poutine, elle conclut : « Dans trois ans, Vladimir Vladimirovitch, nous vous oublierons sans même retenir les anecdotes sur votre compte, comme celles qui circulent encore sur vos prédécesseurs. Dans trois ans, nageant dans le pétrole jusqu'aux narines, vous nous oublierez aussi [2]... »

Des enquêtes menées par des politiques, des intellectuels, des journalistes ou des cinéastes, il ressort que Vladimir Poutine aurait été impliqué dans nombre d'affaires douteuses, bien avant l'an 2000, à l'époque où il « travaillait » encore à Dresde. Devenu, par la suite, adjoint au maire de Saint-Pétersbourg (Anatoli Sobtchak) chargé des relations extérieures, il se fit remarquer durant l'hiver 1992, lors du marché d'État octroyant à des sociétés russes des quotas d'exportation de matières premières contre l'achat de produits alimentaires à l'étranger. Les contractants de ce programme « matières premières contre nourriture », des hommes d'affaires, s'engageaient donc à approvisionner les Pétersbourgeois. Le comité municipal, dirigé par Poutine, devait gérer ces échanges afin de ravitailler

1. *Le Figaro*, 23 mai 2008.
2. *Novaya Gazeta*, n° 5, 24-26 janvier 2005.

une population gravement sous-alimentée. En réalité, grâce à l'efficacité de son maire adjoint, elle vécut, selon ses propres termes, un nouveau « siège de Leningrad », aussi terrible que celui de la Seconde Guerre mondiale mais en période de paix. Alertée, une commission municipale présidée par la députée Marina Salii enquêta sur les agissements de la mairie de Saint-Pétersbourg. Le rapport final constata que d'énormes quantités de pétrole, de métaux et d'autres matières premières s'étaient volatilisées, causant de lourdes pertes à la métropole. Leur prix ne figurant pas dans les contrats d'import-export, il devenait impossible de chiffrer le montant exact des profits générés en devises fortes par ces opérations, mais d'après des documents que le cinéaste Andreï Nekrassov, réalisateur du saisissant documentaire *Litvinenko, empoisonnement d'un ex-agent du KGB*, a eus en main, celui-ci s'élèverait, au bas mot, à huit cent cinquante millions de dollars [1]. Partagés « entre amis ».

Et dans son film d'investigation Nekrassov ne craint pas de préciser : « Jamais les signataires n'ont eu l'intention d'envoyer des vivres à Saint-Pétersbourg ! »

En conclusion de son rapport, la commission d'enquête municipale recommandait de démettre Vladimir Poutine de ses fonctions et de renvoyer l'affaire devant la justice. Publié dans un premier temps, ce document explosif devint très vite introuvable, même sur Internet. Quant aux membres de cette commission, ils furent poursuivis par la fatalité : certains moururent subitement, d'autres se retirèrent de la vie publique ou quittèrent la ville…

Comme encouragé par l'impunité, Poutine s'est lancé ensuite dans une autre affaire d'envergure internationale. En 1993, six mois durant, il a siégé au conseil d'administration, puis – jusqu'à son intronisation comme président de la Russie en mai 2000 – au conseil consultatif de la SPAG (Sankt Petersburg AG, une société enregistrée en Allemagne). Or, les services de renseignement de ce pays en savent long sur les activités de la SPAG, beaucoup plus que le cinéaste Nekrassov, qui lève néanmoins un coin du voile sur cette ténébreuse affaire, en donnant la parole aux experts et aux témoins.

1. *Litvinenko, empoisonnement d'un ex-agent du KGB*, sélection officielle du Festival de Cannes 2007, est sorti sur les écrans français en janvier 2008.

En quelques mots, il s'agit d'investissements immobiliers vertigineux à Saint-Pétersbourg, permettant le blanchiment, *via* le Liechtenstein, d'énormes capitaux provenant des cartels colombiens de la drogue. La nébuleuse SPAG aurait été en cheville avec eux, notamment par l'intermédiaire de la mafia de Tambov (du nom de ses membres, ressortissants de la région de Tambov mais sévissant à Saint-Pétersbourg), dont les parrains faisaient partie de la société russo-allemande dès sa constitution.

Le laboratoire de « morts naturelles »

On sait bien que les lobbies internationaux du crime liquident sans hésiter les témoins trop informés, susceptibles de gêner leur juteux business ou de faire chanter de hauts personnages impliqués. L'un des premiers à disparaître mystérieusement sera Anatoli Sobtchak. Dans la nuit du 19 au 20 janvier 2000, on constatait en effet le décès de l'ancien maire de Saint-Pétersbourg (1991-1996).

Après deux ans d'« exil » en France – où il s'était réfugié pour fuir la justice de son pays qui enquêtait sur une gigantesque « affaire municipale » –, Sobtchak était de retour en Russie. Cet ancien mentor et protecteur de Poutine, qui espérait un portefeuille ministériel, menait campagne pour l'élection de son ex-collaborateur, déjà président par intérim.

Une première autopsie, pratiquée sur place, diagnostiqua une crise cardiaque ayant entraîné la mort. Pourtant, Sobtchak avait un cœur de jeune homme. Tout comme nous, quelques-uns s'avouèrent d'emblée sceptiques devant cette fin brutale [1]. Une équipe de journalistes du *Moskovskiï Komsomolets* décida alors de mener l'enquête sur les activités du KGB en matière de « morts naturelles ». Bonne occasion d'apprendre que le tout premier laboratoire des poisons, baptisé le « Cabinet spécial » du gouvernement, avait été créé dès 1921 sur ordre direct de Lénine. À partir de 1937, il fut rattaché au NKVD, l'ancêtre du KGB. L'objectif des scientifiques qui y travaillaient : mettre au point de nouveaux poisons en testant leur efficacité sur des rats, des lapins, des moineaux. Et bien sûr des êtres humains.

1. Voir H. Blanc et R. Lesnik, *Le Mal russe*, *op. cit.*

Fin 1938, l'établissement était placé sous l'autorité de Grigori Maïranovski, ancien responsable du laboratoire toxicologique de l'Institut national de médecine expérimentale. Ses recherches, devant mettre au point divers poisons capables de tuer sans laisser de traces, s'orientèrent vers des substances mortelles par inhalation. Ces nouvelles préparations furent expérimentées sur des détenus jusqu'en 1945. Ainsi, des dizaines d'hommes et de femmes transformés en cobayes moururent de prétendues affections intestinales ou de crises cardiaques. Parfaitement modulable, le poison peut en effet provoquer des effets instantanés ou retardés.

Officiellement, ce laboratoire de mort ultrasecret aurait cessé ses activités en 1963. En réalité, le KGB continuait à exécuter les consignes des dirigeants soviétiques, perfectionnant non seulement les poisons mais encore leurs modes d'ingestion. Par exemple, la technique du « parapluie bulgare », l'une des plus connues, provoqua, à Londres, la mort foudroyante du dissident bulgare Gueorgui Markov. Affaire non classée puisque, en septembre 2008, le gouvernement de Bulgarie annonçait la réouverture de l'enquête sur la mort de Markov. D'autres Soviétiques réfugiés en Occident connurent un sort similaire.

Selon Pavel Soudoplatov, général du KGB dans les années 1960-1980, cette fabrique de cadavres en série se dissimulait sous l'appellation de « Laboratoire n° 12 de l'Institut des nouvelles technologies spéciales du KGB ». À l'en croire, Gorbatchev lui-même « s'intéressait de près aux différentes manières de liquider les adversaires politiques, utilisées dans le passé [1] ».

D'ailleurs, en 2000, l'ex-colonel Kanatjan Alibekov, directeur du programme de guerre bactériologique de 1988 à 1992 (réfugié aux États-Unis où il a changé de nom), révélait qu'en 1990, « sous Gorbatchev, soixante mille personnes travaillaient à la guerre bactériologique », avec un budget d'un bon milliard de francs [2].

De nos jours, ces usines de mort tourneraient toujours à plein régime. Hormis le « sérum de vérité », de son invention, que le KGB utiliserait à grande échelle depuis de longues années, les toxicologues

1. Voir Hélène Blanc, *KGB connexion, le système Poutine*, Hors Commerce, 2004.

2. *Le Parisien*, 19 mai 2000.

affirment que sur près de huit millions d'éléments chimiques de synthèse, dûment classifiés, quelque cent mille sont des poisons. Par conséquent, pour identifier celui qui a pu causer la mort, il faut d'abord savoir lequel on cherche. Mission impossible, car si l'amateur utilise le plus souvent un seul et même poison, le professionnel lui préfère un savant cocktail déclencheur d'un processus complexe, mais qui amènera la victime à une mort certaine.

Aujourd'hui, en présence de symptômes d'empoisonnement, les scientifiques évoquent l'utilisation possible de substances à base de métaux lourds – peut-être du cadmium –, d'éléments phospho-organiques ou radioactifs. Mais, trop souvent, autopsie ou analyses toxicologiques n'apportent aucun élément notable. L'enquête ne débouche presque jamais sur des pistes sérieuses et la nature du poison employé demeure inconnue.

Pourtant, en 2008, on en saurait plus sur la mort de Sobtchak. À ce propos, Arkadi Vaksberg, journaliste russe d'investigation, affirme que « Sobtchak avait été empoisonné par une substance appliquée à la surface de la lampe de chevet de sa chambre d'hôtel. Sous l'effet de la chaleur irradiée par l'ampoule, le poison s'était répandu dans l'air, intoxiquant la personne qui se trouvait à côté de la lampe. Ensuite, il s'était rapidement volatilisé, ce qui explique que les gardes du corps entrés un peu plus tard aient évité la mort. Tout le monde connaissait la coutume de Sobtchak de lire au lit avant de s'endormir. Il ne fut pas très compliqué de remplacer ensuite l'ampoule [1] ».

Manifestement, très au courant du business de Poutine à Saint-Pétersbourg, de ses méthodes et de ses réseaux, Sobtchak en savait trop. Et Alban Traquet de se demander : « Que serait-il advenu de Poutine si Sobtchak avait dû répondre des failles de sa gestion municipale devant les tribunaux [2] ? » De quoi compromettre toute carrière politique. Même en Russie…

Autre mort étrange. En juin 2003, le député Youri Tchtchékotchikhine, empoisonné par une toxine inconnue, connaît lui aussi une agonie particulièrement barbare. Réputé pour être un formidable

1. Voir A. Vaksberg, *Le Laboratoire des poisons*, Buchet-Chastel, 2007.
2. Alban Traquet, *Roman Abramovitch*, TF1 Entreprises-Éditions du Toucan, 2008.

journaliste d'investigation, cet adjoint au rédacteur en chef de la *Novaya Gazeta* était attendu à Washington pour une intervention planifiée de longue date sur le crime organisé russe transnational, devant une commission du Sénat [1]. Aux dires de ses confrères, il avait rempli plusieurs coffres-forts de documents explosifs... qui n'intéressaient guère la justice russe.

Hormis la disparition brutale de Sobtchak, l'une de ses enquêtes les plus récentes concernait l'affaire des Trois Baleines *(Tri Kita)*, un sombre trafic de meubles à grande échelle. Arkadi Vaksberg, qui fut son ami, ne craint pas d'affirmer lui aussi que : « Youri Tchtchékotchikhine n'était pas au bout de ses surprises : les fils de l'enquête l'orientèrent vers les dirigeants du FSB, puis vers le Kremlin et le président Poutine lui-même [2]. »

Quelques années plus tard, Roman Tsépov, autre témoin gênant, disparaissait à son tour. Cet homme de confiance de Sobtchak, patron d'une agence de sécurité, avait assuré sa protection rapprochée tout comme celle de Poutine. Dans les secrets des grands de ce monde, il fut considéré, jusqu'en 2007, comme le personnage le plus influent et le plus redoutable de Saint-Pétersbourg. Sans doute trop bien informé, lui aussi. Sa mort fut provoquée, dit-on, soit par de la colchicine, soit par des isotopes radioactifs.

Décidément, en Russie, rien ne peut protéger la vie humaine : ni le pouvoir, ni la vigilance, ni la célébrité. Même la fortune ne tient pas lieu d'antidote aux multiples manières de liquider un gêneur ou de faire taire un témoin.

Blanchiment tous azimuts

Qu'ils soient milliardaires ou justes millionnaires, l'infiltration ou l'entrisme économique menés par des ex-Soviétiques douteux, simples pions de la nébuleuse guébiste – à ne pas confondre avec les vrais hommes d'affaires –, se doublent d'une gigantesque opération de blanchiment d'argent sale à l'échelle de la planète. En Europe, ce blanchiment à la russe se pratique également dans des

1. Voir *KGB connexion, le système Poutine*, *op. cit.*
2. Voir *Le Laboratoire des poisons*, *op. cit.*

secteurs comme les jeux et le sport. En 2002, la société Fedcominvest, soupçonnée d'être une « vitrine » des mafias russes, tenta de racheter le club de football AS Monaco. En dépit du fait qu'officiellement « la mafia russe n'existe pas dans la Principauté », le prince Rainier II s'y était résolument opposé.

Cet intérêt subit, dûment constaté, des Russes fortunés pour le sport occidental est motivé par plusieurs raisons. Avec l'effondrement de l'économie russe dans les années 1990, le sport, privé de ses énormes subventions coutumières, fut sacrifié par l'État. D'où la nécessité de trouver de nouvelles sources de financement. Or, en Russie, beaucoup de clubs sportifs sont aujourd'hui sous la coupe de parrains ou d'oligarques. À tel point qu'au milieu des années 1990 nous parlions déjà de « sport organisé [1] », à l'instar du crime du même nom. Pour les nouveaux milliardaires, le sport permet en effet de blanchir l'argent sale grâce aux recettes publicitaires, aux salaires exorbitants des grands champions, aux caisses noires, etc. Tennis, formule 1, hockey sur glace, patinage artistique, football, rien n'échappe à leur appétit et surtout à leur vigilance. Tout est bon. Parrains et oligarques, grands amateurs de sports, n'aiment d'ailleurs rien tant que de jouer les sponsors. Un business excellent pour redorer leur « blason », allant même jusqu'à restaurer les églises de Russie !

En outre, ces affairistes investissent dans l'import-export, l'agroalimentaire, l'hôtellerie, la restauration, les sociétés de services, sans oublier la mode, les articles de luxe, les parfums, les grands crus, le cognac, le champagne, les antiquités, les œuvres d'art, le théâtre, le cinéma, les médias. Et même dans l'humanitaire [2] ! Il ne s'agit pas, en la matière, de simple stratégie commerciale ou financière.

Folies immobilières…

L'investissement privilégié de ces nouveaux riches (*novaritchi*) demeure toutefois l'immobilier mondial. Et ce, pour trois raisons :

1. Voir *L'Empire de toutes les mafias*, *op. cit.*
2. Voir « Spécial Russie », *Transitions & Sociétés*, n° 1, 2001.

d'abord, cela leur permet de blanchir de véritables fortunes tout en les investissant, ensuite, ils se font un immense et coûteux plaisir personnel ; et enfin, ils consolident ainsi leur implantation sur le terrain où ils affichent leur pouvoir.

En France, patrie de Mansart et de Le Corbusier, après les oligarques d'Eltsine, ceux de Poutine s'offrent des immeubles, des hôtels particuliers dans les beaux quartiers de Paris et de Lyon, sans dédaigner pour autant châteaux de la Loire, superbes propriétés sur la Côte d'Azur, luxueux chalets dans les stations de ski à la mode – le drapeau russe flotte déjà sur Courchevel –, à la grande joie des agents immobiliers, des notaires et des commerçants. Les Russes ont ainsi racheté une bonne partie de l'avenue Foch où ils remplacent, peu à peu, les émirs du pétrole [1].

Mais le Russe Mikhaïl Prokhorov, vingt-quatrième fortune mondiale, détient la palme en matière de folie immobilière, détrônant tous ses congénères. Ce fêtard invétéré, bien connu du SRPJ de Lyon qui l'a soupçonné de faire partie d'un réseau de prostitution en janvier 2007, n'a-t-il pas déboursé la bagatelle de quatre cent quatre-vingt-seize millions d'euros pour la résidence la plus chère du monde, à savoir la somptueuse villa Leopolda, sur les hauteurs de Villefranche-sur-Mer (Alpes-Maritimes) ?

La concurrence entre milliardaires s'avère d'ailleurs implacable : l'un de ses compatriotes s'est fait fabriquer un portable serti de diamants, le « Goldfish », exemplaire unique d'une valeur d'un million d'euros… Mêmes extravagances à Londres, surnommée *Londongrad*, avec ses cinq cent mille ressortissants ayant troqué le froid sibérien contre le fog londonien. Certes, la majorité d'entre eux n'est pas en mesure de s'offrir un immeuble entier comme la femme la plus riche de Russie, Elena Batourina, épouse du maire de Moscou, Youri Loujkov. Cette milliardaire s'est en effet offert, pour la modique somme de cent millions de dollars, un bâtiment classé, d'après ses dimensions, second édifice londonien après Buckingham Palace. Du reste, ne dit-on pas en Grande-Bretagne qu'un hôtel particulier sur cinq, dont la valeur dépasse douze millions de dollars, appartient à un Nouveau Russe [2] ?

1. Voir *L'Empire de toutes les mafias*, *op. cit.*
2. *Daily Mail*, 28 juillet 2008.

En fait, il s'agit là d'estimations bien dérisoires concernant les oligarques poutiniens. Ainsi, propriétaire de plusieurs résidences, Roman Abramovitch est en passe de détrôner l'Indien Mittal, heureux possesseur de la plus prestigieuse demeure de la capitale : après réaménagement, l'une des siennes dépassera largement les trois cents millions.

Vladimir Lyssine, patron de l'usine sidérurgique de Novolipetsk, s'est offert un château du XVIe siècle entouré de treize kilomètres carrés de terres dans les montagnes écossaises. Le cinquième du domaine est boisé, cadre idéal pour la chasse. Alicher Ousmanov, qui débuta sa carrière dans l'extraction de matières premières, s'est installé, lui aussi, dans un véritable joyau architectural, datant de 1524 (cadeau de Henry VIII à Richard Weston, membre de la chambre secrète royale, en échange de la condamnation à mort de Lord Buckingham).

Le banquier Piotr Aven (Alpha Bank) a investi, pour sa part, trente millions de dollars rien que pour aménager sa propriété du Surrey, au sud de Londres, dont trois millions consacrés à un système de sécurité dernier cri. Protection contre le KGB, paraît-il, dont Aven est bien placé pour savoir qu'il est plus actif que jamais. Les murs qui protègent sa bâtisse de trente-trois mille mètres carrés habitables, abritant l'un des plus spacieux abris antinucléaires, sont électrifiés nuit et jour...

Oleg Deripaska possède un luxueux hôtel particulier à Belgravia, le quartier le plus cher de Londres, où Winston Churchill séjournait souvent, dit-on, dans les années 1930. Quant à Youri Chefler, le baron de la vodka, il a acquis, en 2005, un superbe hôtel particulier... juste pour le démolir afin d'en construire un autre plus conforme à ses goûts. Et ce, pour le mettre en vente deux ans plus tard au prix de vingt-neuf millions de dollars. Lubie de riches, ricane le Russe moyen.

Pourtant, en matière de demande, la Grande-Bretagne ne figure pas dans la dizaine de pays recherchés en priorité par les ex-Soviétiques fortunés – la France venant en septième position –, plus attirés par les États satellites de l'ancien bloc communiste : Bulgarie, Pologne, République tchèque.

Les agences immobilières, qui se prosternent devant ces acheteurs innombrables, devraient peut-être intégrer le fait que le

Kremlin n'hésitera pas à « défendre compatriotes ou russophones » n'importe où dans le monde. Medvedev l'a d'ailleurs démontré en août 2008, au vu et au su d'une communauté internationale impuissante.

Néanmoins, à Rio de Janeiro, Copacabana se met à la mode russe car, mélangée aux élixirs locaux, la vodka gagne, paraît-il, en exotisme. En Thaïlande, notamment à Pattaya, l'industrie du sexe russe tente de supplanter la locale, offrant de « blanches beautés européennes » aux amateurs. Les Russes tiennent des rues, voire des quartiers entiers de la première cité balnéaire du pays, où les enseignes s'écrivent déjà en cyrillique. Et où les clubs privés élitistes se multiplient. D'après les rumeurs locales, après avoir été chassés de la ville une première fois, les Russes se seraient rapprochés de l'ancien maire en lui faisant cadeau d'une somptueuse villa à Saint-Pétersbourg, où les prix de l'immobilier flambent. La Russie n'est-elle pas le seul pays desservi en ligne directe par U-Tapao, l'aéroport de Pattaya ? Plusieurs vols par semaine relient en effet à la Thaïlande les villes de Sibérie et de l'Extrême-Orient russe : Khabarovsk, Vladivostok, Irkoutsk. Mais, après ce retour en force, les Russes se sont soudain faits beaucoup plus discrets suite à l'élection d'un nouveau maire. Pour mieux revenir depuis.

Même en France, notamment en Bretagne, les « présents-surprises » ne manquent pas. La commune de Ploërmel avec ses neuf mille habitants en sait quelque chose. Elle a ainsi hérité d'une gigantesque sculpture de Jean-Paul II, offerte gracieusement à la charmante localité par le richissime sculpteur russo-géorgien Zourab Tsérétéli, en remerciement, dit-on, d'un service de l'ancien maire, Paul Anselin. Ce geste valut au généreux donateur une place à son nom, à la stupéfaction des Ploërmelais.

Il était déjà question de ce sulfureux artiste, une vieille connaissance, dans l'un de nos ouvrages précédents [1]. Mais, depuis l'été 2006, où ils eurent vent de ce don monumental, les habitants de Ploërmel se perdent en conjectures. Intrigué, comme beaucoup de ses confrères, le journaliste Jean-Pierre Perrin a donc enquêté : « De ce moment, raconte-t-il, les premières rumeurs ont circulé sur la personnalité très controversée – doux euphémisme – de

1. Voir *L'Empire de toutes les mafias*, *op. cit.*

l'artiste, qui fit carrière sous le communisme, fut député du Soviet suprême de Géorgie en 1983 et célèbre, chaque année, l'anniversaire de Staline. Difficile de trouver contrepoint plus singulier à un maire UMP radicalement, fondamentalement, viscéralement, anticommuniste [1]. »

Étonnement bien compréhensible lorsqu'on sait que Tsérétéli, ami intime du maire Youri Loujkov, lui-même surnommé « le parrain de Moscou », serait impliqué de longue date dans des trafics de métaux précieux ou stratégiques et diverses affaires douteuses, en particulier de blanchiment à grande échelle. Sous Eltsine, le « maître » aurait notamment aidé à blanchir des sommes colossales en couvrant Moscou d'œuvres gigantesques, de style mastoc soviéto-kitsch. Le phénomène avait pris une telle ampleur que les Moscovites parlaient déjà de « tsérételisation » de la Russie.

Depuis 2006, en Bretagne, le mystère n'a pourtant cessé de s'épaissir. En effet, Tsérétéli et Anselin ne cessent de se contredire avec ingénuité : « Ces trois idées de statues viennent du maire, je n'ai pas pu les lui refuser », affirme Zourab Tsérétéli à Moscou. « La statue de Jean-Paul II a été offerte à la commune en raison de l'amitié que cet artiste me porte. C'est aussi un cadeau de la Russie à la France, qui a eu l'accord de Vladimir Poutine », dément le maire. L'accord de Poutine ? Chose normale après tout, puisque cet « illustre artiste est suspecté d'entretenir quelques liens avec le FSB, l'ancien KGB, et les milieux mafieux », rappelle Perrin [2]. Relations confirmées par l'enquête d'Anne Guion, journaliste à *La Vie*.

Homme de caractère, ancien baroudeur et, dit-on, très proche de Jacques Chirac, Paul Anselin est attendrissant de naïveté quand il affirme que la fortune de son ami dépend « de son art, de son talent, son succès ; pas la peine d'aller chercher ailleurs ». Et d'avancer un argument massue : « L'homme qui a fait une œuvre sur l'Holocauste ne peut pas être un mafieux [3]. » On en reste pantois.

En attendant, parti à la conquête du vaste monde, le maître sème ses œuvres un peu partout : aux États-Unis, en Italie, en Espagne, en Grande-Bretagne, en Israël. « En France, signale encore Perrin,

1. *XXI*, « Russie : le dollar et le marteau », n° 1, hiver 2008.
2. *Ibidem.*
3. *Ibidem.*

après avoir essuyé de nombreux refus, il est parvenu à fourguer à la ville d'Agde un gigantesque Balzac. [...] Le maire a accepté "l'œuvre" parce qu'elle était gratuite. Là est l'avantage de Tsérétéli, son point fort : le "maître" offre ses sculptures. Grâce à quoi il peut se proclamer grand "philantrope" de l'humanité [1]. »

Sans tomber dans la paranoïa, il est permis de s'interroger sur les véritables motivations de cette étourdissante prodigalité. Finira-t-on par assister à la « tsérétélisation » de la France grâce à des « cadeaux » peut-être empoisonnés ?

La nouvelle élite russe...

Il va de soi que les grandes fortunes russes ne sont pas toutes virtuelles. N'oublions pas non plus l'armada des bureaucrates corrompus, ces millions de criminels en « col blanc », dont les pots-de-vin pour services rendus se chiffrent annuellement en centaines de milliards de dollars. Un « marché » de près de deux cent quarante milliards de dollars pour 2006, selon le Parquet russe. N'oublions pas non plus les parrains qui ont troqué leurs survêtements pour les costumes sur mesure des plus prestigieux créateurs de la haute couture, remplaçant leurs lourdes chaînes et bijoux en or massif par des décorations de Héros de la patrie et des médailles étrangères. *Idem* pour les hommes de main et les tueurs à gages, qui ont abandonné leurs activités pour les plus hautes responsabilités...

Ce ne sont plus de vrais faux papiers que l'on présente aux contrôleurs occidentaux, mais d'honorables insignes de députés et de sénateurs, ainsi que de prestigieux diplômes universitaires. On devrait d'ailleurs s'interroger davantage sur ce phénomène. Car jamais la Russie n'a compté autant de professeurs, de savants, d'académiciens et autres docteurs *deshonoris causa*, incapables de prononcer une phrase sans la ponctuer d'une bordée de jurons.

Qu'on le veuille ou non, tel est le portrait de l'écrasante majorité de la classe dirigeante qui s'est autodécerné le titre d'« élite russe ». Son seul héritage véritable est la langue de bois, toujours maniée à la perfection, mais désormais virilisée par l'argot le plus ordurier.

1. *Ibidem.*

La palme d'or en revient à Vladimir Poutine, qui pratique avec brio un langage codé à l'usage des mafieux de tout acabit. À l'origine, beaucoup de gens mirent sa surprenante promesse de « buter les terroristes jusque dans les chiottes » sur le compte de la spontanéité (*sic*), et de l'inexpérience. Il n'en est rien : c'est le comble du cynisme et de l'arrogance, dans un pays où une société déstabilisée se fait de plus en plus violente, cruelle, amorale. Et la seconde guerre de Tchétchénie, qualifiée de « déshonneur russe » par Anna Politkovskaïa, n'a rien arrangé.

À l'époque, un certain Ramzan Kadyrov avait ainsi analysé l'objectif de son futur patron : parvenir au sommet en brûlant les étapes. La réussite de l'opération « Seconde Guerre de Tchétchénie » doit servir de fondement solide à la dynastie naissante. En digne exécuteur des basses œuvres du Kremlin, Kadyrov se charge de gérer la « victoire » russe. Son irrésistible ascension commence dès la « fin » de la guerre : en 2003, Ramzan Kadyrov coiffe les services de sécurité du président tchétchène Akhmad Kadyrov, son père. Le 10 mai 2004, au lendemain de la mort de ce dernier dans un attentat terroriste, son fils, Ramzan, est nommé vice-Premier ministre [1]. À la fin de l'année, il se voit décorer de l'ordre de Héros de la Russie et, six mois plus tard, il reçoit la plus haute décoration du pays : la médaille de la Tchétchénie. Le 4 mars 2006, il est nommé Premier ministre et, en juin, il est reçu à l'Académie des sciences de la Fédération de Russie [2]. Alors que, le 15 février 2007, le président tchétchène « élu », Alou Alkhanov, renonce à ses fonctions, Ramzan Kadyrov devient président en titre. Non content de cela, le 6 mars 2008, l'apprenti dictateur tchétchène est accrédité… journaliste [3] ! Fulgurante ascension décidée par le Kremlin.

Entre-temps, les photographes russes immortaliseront à côté de Poutine, au Kremlin, un Kadyrov décontracté, tout sourire, en survêtement comme avant un jogging matinal. Ces dernières années, devenus inséparables, les deux amis se font, dit-on, des cadeaux princiers pour leur anniversaire. Le 5 octobre 2006, par exemple, Kadyrov aurait reçu une Ferrari (rouge sang). Le 7 octobre suivant

1. *Novyé Izvestia*, 12 mai 2004.
2. *Eurasisches Magazin*, 5 avril 2006.
3. *Lenta. ru*, 7 octobre 2008.

(date de naissance de Poutine), en bas de son immeuble, la journaliste Anna Politkovskaïa, si dérangeante pour le pouvoir en place, était froidement abattue de quatre balles dans la tête… Simple coïncidence ? On a du mal à le croire, quand on sait la valeur que les Russes attachent aux signes et aux symboles.

Signalons, à ce propos, que le procès à huis clos de quatre participants présumés à l'exécution d'Anna Politkovskaïa s'est ouvert à Moscou le 17 novembre 2008. Mais, après une enquête bâclée et une instruction expéditive, le tribunal militaire russe (!) ne jugera que des seconds couteaux et des lampistes. En effet, le ou les exécuteur(s) du contrat et le commanditaire brillent par leur absence. Ce procès ne fera donc pas la lumière sur les circonstances et les raisons du meurtre de la journaliste. Encore un procès pour la galerie ? Précisons tout de même que l'avocate d'Anna Politkovskaïa, Karina Moskalenko, aurait elle-même été victime d'une tentative d'empoisonnement en octobre 2008, à Strasbourg. Une enquête est en cours en France. Le 19 janvier 2009, Stanislav Markelov, l'un des avocats de Politkovskaïa, trente-quatre ans, était abattu en compagnie d'Anastasia Babourova, vingt-cinq ans, elle aussi journaliste à la *Novaya Gazeta*.

Le 20 novembre, le politologue Viktor Chendérovitch suggère sur les ondes des *Échos de Moscou* : « Il faudrait convier à ce procès Ramzan Kadyrov, l'une des cibles privilégiées des articles de Politkovskaïa. Pourquoi ne pas l'inviter pour lui poser des questions ? Sans compter que, trois jours après cet assassinat, Poutine a dit : "Le commanditaire a déjà quitté la Russie depuis trois jours." » Il s'agit, selon Chendérovitch, d'un certain Ben-Akhmat Hadja, le leader du clan criminel « de Lausanne », qui cumulerait d'importantes fonctions auprès de Guennadi Timtchenko, un proche de Poutine, qui dirige le Gunvor Group implanté en Suisse. Pourquoi ne pas le faire témoigner, de même que Poutine, s'interroge Chendérovitch. Si le président de la Russie a fait cette déclaration, c'est qu'il savait quelque chose…

La question qui fâche

Alors, que penser de la véritable pandémie qui pousse les ex-Soviétiques fortunés à investir partout, notamment dans l'UE et aux États-Unis, un argent déjà « lessivé » *offshore* ? Alors que ses dirigeants présentent la Russie comme un nouvel Eldorado, y invitant avec insistance les étrangers à tenter leur chance, les Nouveaux Russes, eux, ne se précipitent guère pour investir dans leur propre pays. En revanche, ils se ruent sur les démocraties tant décriées par Vladimir Poutine, qui les considère comme incompatibles avec tout ce qui est russe.

Et ce, depuis les années 1990, où ceux qui cherchaient du travail n'acceptaient que des emplois bien rémunérés dans les administrations, les établissements d'enseignement, de recherche, les banques, les grosses sociétés. Ils ne donnaient pourtant pas l'impression que le salaire fût leur motivation première. Ils semblaient plutôt considérer ces emplois comme d'excellents postes d'observation. En l'an 2000, nous signalions déjà qu'un rapport des Douanes françaises recensait, en 1997, près de quatre cents PMI-PME « captives » des Russes dans la seule Île-de-France [1].

Combien sont-elles aujourd'hui dans le pays ? Difficile à dire. Sans doute en nombre suffisant pour que l'opération soit efficace, ce qui n'est pour déplaire ni au Kremlin ni au Patriarcat de Moscou, surnommé le « KGB en soutane ». Ce qui leur fournit par ailleurs une excellente occasion de montrer à quel point la Patrie et l'Église orthodoxe se soucient de leurs ouailles cernées par les tentations d'un « monde sécularisé ».

1. Voir *Le Mal russe*, *op. cit.*

CHAPITRE IX

Une Église… peu orthodoxe

Qui l'eût cru ? Et pourtant, en février 2006, *Le Monde* révèle qu'une « singulière bataille juridique oppose la Russie au père Jean Gueit, recteur de l'Église orthodoxe de Nice, la basilique Saint-Nicolas. La Fédération de Russie cherche en effet à mettre la main sur cette superbe cathédrale, classée monument historique. Un bâtiment achevé en 1912, après dix ans de travaux, notamment grâce aux dons des émigrés russes exilés sur la Côte d'Azur. Cet édifice, commandé par la famille impériale, est cher au cœur des descendants des trois mille Russes qui s'étaient réfugiés dans les Alpes-Maritimes après la révolution d'Octobre [1] ».

Précisons qu'à l'heure actuelle ils sont environ quatre-vingt-dix mille à s'y recueillir chaque année.

« La Fédération de Russie, poursuit le quotidien, selon des sources judiciaires, a présenté une requête par l'intermédiaire de son ambassadeur pour qu'un huissier vienne réaliser un inventaire du bâtiment, avec tout son contenu : mobilier, objets d'art, icônes et bijoux. Une ordonnance du Tribunal de grande instance de Nice, délivrée le 23 novembre 2005, autorise la Fédération de Russie à faire procéder à cette recension. »

Le recteur de la cathédrale, le père Jean Gueit, un ex-universitaire doyen des Églises russes orthodoxes du Sud-Est, y est bien sûr farouchement opposé ainsi que la grande majorité de ses paroissiens, une bonne centaine : « L'État russe affirme que cet édifice est sa propriété. Or la basilique Saint-Nicolas a été construite avec les fonds des proches de l'empereur sur un terrain dont une partie avait été concédée par la famille impériale. La cathédrale a un

1. *Le Monde*, 11 février 2006.

statut juridique français. Elle est régie par une association cultuelle orthodoxe, selon la loi de 1905, qui en est propriétaire. »

Et Alexis Obolensky, vice-président de l'association, d'ajouter : « L'Association cultuelle orthodoxe russe de Nice est propriétaire de la cathédrale depuis que la donation lui en a été faite, dans les années 1920, par le représentant de l'Église russe en France. Nous avons tous les papiers le prouvant [1] ! »

Sur le parvis de la cathédrale, Andreï, un descendant d'émigrés blancs, maîtrise mal son émotion : « Cette cathédrale est le patrimoine de la communauté orthodoxe de Nice. Je m'insurge contre cette volonté de la Russie actuelle de s'approprier un bien qui appartient aussi au patrimoine de la France [2] ! »

Bouleversé, l'homme semble ignorer que dix ans plus tôt, chargé d'inventorier toutes les propriétés de l'URSS dans le monde, héritage de la Russie, un certain Vladimir Poutine eut une idée de « génie guébiste » : pourquoi se limiter au patrimoine de l'URSS ? Si l'Union soviétique a disparu, la Russie a été et reste un empire à elle seule. Donc tout ce qu'il y a de russe sur cette terre lui revient de droit ! Autrement dit, l'organisme rebaptisé FSB, officiellement installé au Kremlin, se proclame à la fois l'héritier légitime des patrimoines du PCUS, de l'URSS, mais aussi de celui de la Russie des tsars, des Romanov et autres, fondateurs de l'Empire russe.

L'idée enchante une foule de gens au Kremlin, au Patriarcat de Moscou, au siège du KGB, bref, dans les allées du pouvoir. Sans nul doute, ce brillant argument a dû peser lourd dans la future carrière du lieutenant-colonel Poutine…

Dix ans plus tard, Me Pierre Bardi, avocat de l'État russe, explique d'ailleurs (comme si les descendants des Russes blancs ignoraient l'histoire), que « l'empereur Nicolas II engagea ses fonds personnels en achetant une propriété pour y édifier cette basilique. En 1908, en pleine construction, il a accordé un bail emphytéotique pour une durée de quatre-vingt-dix-neuf ans à ce qui est aujourd'hui l'Association cultuelle orthodoxe russe de Nice. Lors de la révolution d'octobre 1917, les biens de la famille impériale ont changé de mains. Puis, en 1991, ce fut au tour de la Russie de prendre possession

1. AFP, 11 février 2006.
2. *Nice-Matin*, 16 mars 2006.

de tous les biens appartenant à l'ancien pouvoir soviétique, dont la cathédrale de Nice [1] ».

Ne jetons pas la pierre à ce juriste, probablement de bonne foi, qui, bien que connaissant le droit, semble tout ignorer de l'histoire russo-soviétique. Examinons plutôt son argument principal : « Lors de la révolution d'octobre 1917, les biens de la famille impériale ont changé de mains. » Que signifie exactement l'expression « changé de mains » sur le plan juridique ? S'agit-il d'une donation ? D'un legs par testament ? D'un acte officiel certifié par notaire ? Quand on assassine un propriétaire pour s'accaparer ses biens, alors qu'il lui reste des héritiers, comment ne pas considérer que ces biens ont « changé de main » du fait d'un acte criminel ? Depuis quand la justice défend-elle le voleur-assassin contre la victime ? Est-ce légal ? Est-ce moral ? Est-ce conforme à l'Histoire ?

Dès octobre 1917, Lénine ouvre la voie à l'un des plus grands crimes de masse du siècle dernier, en persécutant clergé et fidèles orthodoxes. Selon le père Tchistiakov : « Le martyrologe russe du XXe siècle est incommensurable. À l'évidence, moins de croyants sont morts en deux mille ans pour leur foi en Jésus Christ qu'en soixante-quinze ans de pouvoir soviétique... Que de monstrueuses persécutions l'Église n'a-t-elle pas subies ! Les gens mouraient dans les camps. On fusillait, on abattait avec une barbarie incroyable évêques, prêtres, moines, religieuses, laïcs [2]... »

Le dissident religieux Vladimir Ossipov, détenu permanent des prisons brejnéviennes pour sa foi, rappelle que : « Sur les trois cent soixante mille ecclésiastiques que comptait la Russie, trois cent vingt mille furent pendus, noyés, fusillés, écartelés, enterrés vivants pendant les deux années qui suivirent la victoire de la révolution prolétarienne [3]. » Les persécutions n'épargnèrent pas non plus les pratiquants. « Quant aux laïcs, écrit Maurice Zinovieff, historien des religions, il est impossible de préciser la proportion de ceux qui ont péri pour leur foi parmi les victimes de la terreur soviétique, dont le total serait compris entre quarante et soixante-six millions de personnes [4]. »

1. *Le Monde, op. cit.*
2. *Ségodnia* (Aujourd'hui), 11 novembre 1993.
3. *Le Mal russe, op. cit.*
4. Voir M. Zinovieff, *La Chrétienté orthodoxe*, Publisud, 1997.

Zoïa Krakhmalnikova, fondatrice, dans les années 1970-1980, de la revue religieuse clandestine *Nadejda* (L'Espoir) et condamnée pour sa foi à plusieurs reprises, rappelle cette citation de Lénine : « À cette occasion, plus on fusillera de représentants de la bourgeoisie, du clergé réactionnaire, mieux ce sera [1] ! »

Pour cette croyante, il ne fait aucun doute que le guide du prolétariat mondial voulait tout simplement éradiquer l'Église orthodoxe, « en créant une nouvelle religion, celle de la dictature, et en faisant de la propagande pour le paradis communiste » (« le prolétariat n'a pas besoin d'un paradis au ciel, mais d'un paradis sur terre »), Lénine savait qu'il était indispensable, afin d'assujettir les âmes des constructeurs de ce nouveau paradis, de supprimer la foi, la religion, la chrétienté. Comment ? D'abord séparer l'Église de l'État et liquider ensuite la religion, cet « opium du peuple ».

Or, éradiquer totalement l'Église se révéla impossible grâce à la dissidence religieuse qui, « à la terreur léniniste, répondit par sa foi dans le Christ, par la confession, par le supplice de la Croix. [...] Il ne restait plus à Lénine et au GPOu qu'à chercher des prêtres susceptibles d'accepter la création d'une religion nouvelle : l'" Église rouge". Appelée *Obnovlentcheskaïa*, elle devait servir de pierre angulaire à la construction d'une "orthodoxie" soumise au pouvoir bolchevique. Par souci d'authenticité, conserver la même appellation était impératif », conclut Krakhmalnikova [2].

L'Église rouge

Ainsi fut fait. En 1922, débarrassés de la guerre civile, les dirigeants léninistes s'attachèrent à mettre de l'ordre dans « leur » religion, une « orthodoxie rénovée ». Durant quelque soixante-dix ans, l'Église fut violée, bolchevisée, communisée et surtout infiltrée par le futur KGB. Tragique répétition de l'histoire de l'Église orthodoxe authentique, à l'instar des vieux-croyants de jadis, c'est au tour des fidèles du début du XXe siècle de défendre leur foi en résistant à l'arbitraire. C'est ainsi que, de 1922 à 1991, année où le

1. *Le Mal russe, op. cit.*
2. *Ibidem.*

KGB fut « officiellement supprimé » pour renaître de ses cendres au Kremlin, il traversa les décennies en frère siamois avec le Patriarcat de Moscou. Aucune nomination, même subalterne, ne se décidait sans la bénédiction des services secrets soviétiques, dont les prêtres, à double visage, infiltraient également les institutions européennes et internationales, notamment l'Unesco. À preuve : « À la sixième Assemblée générale du Conseil mondial des Églises, par exemple, la délégation religieuse de l'URSS ne compte pas moins de quarante-sept agents du KGB, soit la totalité des délégués [1]. »

Autre exemple significatif : l'élection, à vote secret, du patriarche, Alexis II, en 1990. On a retrouvé dans les archives du KGB la copie du télégramme que son président de l'époque, Vladimir Krioutchkov, avait expédié à ses délégations régionales pour qu'elles s'assurent que les évêques du Concile s'apprêtaient bien à « voter utile » en élisant Alexis, métropolite de Novgorod et de Leningrad. Et Zoïa Krakhmalnikova de préciser : « Ces archives recelaient aussi l'information qu'Alexis II était un agent du KGB (nom de code Drozdov) [2]. »

On réalise donc qu'il était impossible à ce patriarche très spécial de rencontrer le pape polonais Jean-Paul II. Car, parfaitement informé et trop clairvoyant, celui-ci ne supportait pas l'idée qu'un homme de Dieu puisse servir à la fois l'Église et des services qui, selon toute probabilité, commanditèrent l'attentat du 13 mai 1981 contre son « encombrante et dangereuse personne d'anticommuniste virulent ».

Il fallut attendre l'implosion de l'URSS pour que la terrible vérité, étayée par des preuves et des archives irréfutables, éclate au grand jour. On sait maintenant que le Patriarcat de Moscou et le KGB ont activement collaboré au fil des décennies. Et que tel est encore le cas aujourd'hui. D'après les archives dépouillées par le chroniqueur religieux Alexandre Nejnyï : « 85 % des évêques du Patriarcat sont des collaborateurs du KGB, où on les connaît sous des noms de code [3]... »

Effectivement, outre Alexis II, certains ecclésiastiques du Patriarcat

1. *Golos* (La Voix), n° 23, 1992.
2. *Le Mal russe, op. cit.*
3. *Ibidem.*

de Moscou portent aussi des « appellations contrôlées » : Abbat, Adamant, Mikhaïlov, Ostrovskiï, Topaz. La liste serait longue. Or, ce qui pouvait à la rigueur se concevoir, voire se justifier, sous le soviétisme quand l'Église fut bâillonnée, persécutée, martyrisée, communisée et kagébisée sans vergogne, n'a plus de raison d'être après 1991 dans une Russie post-soviétique, direz-vous. Erreur ! Car désormais servir la Russie actuelle c'est servir le « poutchékisme ».

La cathédrale orthodoxe de Nice

Mais revenons à Nice. Alexis Obolensky, vice-président de l'Association cultuelle orthodoxe niçoise qui gère la cathédrale Saint-Nicolas, est bien décidé à se battre : « Les héritiers de nos bourreaux veulent reprendre le patrimoine des émigrés russes. Le peu de biens qu'ils ont réussi à emmener de Russie, ils les ont donnés pour embellir ce lieu de culte. Il n'y a aucune raison pour que la Russie actuelle nous en dépossède [1] ! »

La version donnée par l'ambassadeur de Russie à *Nice-Matin* est tout autre : « Des têtes brûlées cherchent à dépouiller la Fédération russe de sa propriété. [...] Il existe à Nice une minorité qui est hostile à tout ce qui vient de Moscou comme si nous étions encore aux temps de la Guerre froide [2] ! »

Paul Barelli, du *Monde*, précise cependant un élément décisif de ce conflit ouvert : « Cette bataille s'inscrit dans un contexte religieux tendu où s'opposent, depuis des décennies, le Patriarcat de Constantinople, auquel est rattachée l'Église, à celui de Moscou [3] ! » Peut-on toutefois, sans y perdre son honneur et son âme, se revendiquer à la fois du tsarisme et du soviétisme ?

Jusqu'à la date fatidique, c'est donc le *statu quo*. Alexis Obolensky et l'Association cultuelle de Nice, soucieux de ne pas dilapider en frais de justice le budget associatif, ont fondé un Comité de soutien qui récolte des fonds. Les rendez-vous chez le juge se succèdent, on échange des documents, des conclusions. Les Nouveaux

1. *Le Monde*, 11 février 2006.
2. *Nice-Matin*, 16 mars 2006.
3. *Le Monde*, 12 février 2006.

Russes se livrent à des attaques personnelles pour discréditer leurs adversaires dans l'opinion. Les choses traînent en longueur...

Mais le plus important reste à venir.

Une Église réunie ?

17 mai 2007. Les cloches sonnent à la volée dans toutes les Russies comme pour mobiliser les fidèles : « Orthodoxes de tous les pays, unissez vous ! » Le Patriarcat de Moscou triomphe, le patriarche Alexis II jubile. Enfin, c'est fait. Il a réussi l'union des deux Églises, l'officielle et l'exilée. Pas seul, bien sûr, mais son nom restera dans l'histoire comme celui de l'artisan principal de cette formidable réconciliation. Son partenaire, le KGB, a de quoi se glorifier.

« Phénoménal ! », exulte le président Poutine, se félicitant secrètement du succès de cette grandiose opération secrète. Dire que les États-Unis, à eux seuls, comptent cinq millions d'orthodoxes ! Les émigrés tsaristes ont bien fait d'essaimer un peu partout sur la planète, jusque chez les Bushmen d'Australie. Autant d'églises, autant de points de chute désormais officiels pour maximiser la noble mission d'infiltration que s'est fixée le pouvoir russe. Le fait est connu : celui qui dispose de l'information dispose également de moyens d'action qui le conduiront à la victoire. Généralement, dans chaque église, après la liturgie, les paroissiens, confiants, se rassemblent, échangeant des nouvelles. Ces ragots vont nourrir les services ! Enfin, les popes vont servir à quelque chose !

Le métropolite Kyrill, esprit brillant et ambitieux, sympathique au demeurant, essaye de faire bonne figure : son heure de gloire finira par arriver [1]. Alexis II n'est pas immortel, ce sera donc à lui, Kyrill, de rencontrer le pape Benoît XVI ou son successeur. Déjà, le dignitaire rêve d'écrire cette magnifique page d'histoire.

1. Prévision confirmée. En effet, après la mort d'Alexis II en décembre 2008, son successeur, Kyrill, métropolite de Smolensk et Kaliningrad, a été élu le 27 janvier 2009. Le nouveau patriarche de Moscou et de toute la Russie, soixante-deux ans, bien connu du Vatican, se nomme donc Kyrill Ier. (Son nom de code au KGB est Mikhaïlov.)

En attendant, il doit se borner à diriger sagement, depuis 1989, le Département des relations extérieures du Patriarcat.

Une structure très spéciale, à en croire le père Georges Edelstein, célèbre prêtre dissident, qui ne craint pas d'affirmer que ce département est totalement kagébisé, du président à l'huissier de service. Et de préciser : « Savez-vous où s'arrête notre Église, et où commence le KGB ? Ce qui les différencie ? Certains portent la coiffe d'évêque, d'autres, des galons [1] ! »

Mieux encore, peut-être pour cimenter davantage les liens soudant déjà ces deux « verticales », l'Union des citoyens orthodoxes propose que l'on attribue deux saints patrons – Alexandre Nevski et Ioann – aux tchékistes afin d'assurer leur protection [2]. Au cours des dernières décennies, la pratique a déjà été bien rodée. En effet, en URSS, on faisait accepter n'importe quelle décision prise par les dirigeants « en réponse à une demande insistante des citoyens ». Voilà la tradition rétablie.

Ainsi, le FSB doit être placé sous la protection de saint Alexandre Nevski, le grand-prince de Vladimir qui battit les Suédois en 1240 sur les bords de la Néva (d'où son surnom). Deux ans plus tard, il remportait la victoire sur les chevaliers teutoniques. Canonisé par l'Église orthodoxe, on lui attribue la phrase célèbre : « Celui qui viendra chez nous armé d'une épée périra par l'épée. » Sa devise devrait désormais devenir celle de tout tchékiste du FSB. Cet illustre preux défenseur de la Russie éternelle a déjà été utilisé par le passé : sous les tsars, de 1725 à 1917, existait l'ordre militaire Alexandre-Nevski. Plusieurs cathédrales portent son nom. Par la suite, sous Staline, l'union entre l'Église et l'État fut reconstituée face à l'envahisseur nazi. En 1942, pour faire renaître la fierté patriotique, l'ordre Alexandre-Nevski devint une décoration soviétique.

Le fait de désigner l'évêque Ioann, un émigré blanc canonisé par l'Église orthodoxe en exil, pour veiller sur les activités du SVR (le renseignement extérieur) semble à la fois surréaliste et de circonstance. Qui mieux que lui – qui a vécu à l'étranger – pouvait en effet se voir confier cette noble mission ? Quelle importance si, à son époque, l'évêque Ioann a dénoncé les crimes du régime

1. *Arguments et Faits*, n° 36, 1991.
2. Interfax, 22 septembre 2008.

soviétique et de son bras armé de la Lioubianka ? En ce temps-là, ce département, qui faisait partie intégrante des services secrets, siégeait au même endroit. Détail significatif : saint Ioann s'opposait à la séparation de la Russie et de l'Ukraine et faisait du prosélytisme orthodoxe en Occident. Un passé qui, tel un boomerang, redevient d'actualité...

Pourtant, plusieurs scoops de la presse russe des années 1990 révélaient déjà les mœurs de certains hiérarques orthodoxes qui ressemblent souvent à celles des parrains russes. Comme eux, ils font commerce de tout. Nombreux sont les hommes d'Église qui se sont mués en affairistes, se livrant à divers trafics : cigarettes, alcool, vodka, voitures de luxe volées en Occident. Bien que l'Église orthodoxe n'impose pas le célibat au clergé, celui-ci s'adonne volontiers à l'alcoolisme, à la débauche, à la pédophilie, sans oublier la corruption et les vols à grande échelle.

Sous Poutine, rassasiés, enfin considérés, le teint frais et la lèvre vermeille, beaucoup se lancent dans l'éducation patriotique, allant jusqu'à rendre obligatoire l'enseignement religieux à l'école. Sanctifier les unités militaires envoyées en Tchétchénie, accorder leur bénédiction aux meurtriers et aux bourreaux qui violent les conventions de Genève et les lois de la guerre constituent leurs occupations de prédilection. Il arrive même aux prêtres d'accompagner les soldats sur les fronts du Caucase, autre activité particulièrement lucrative.

La dernière en date consiste ainsi à former des bataillons de jeunes poutinistes à enseigner la religion, car on ne trouve plus en Russie de pédagogues qualifiés dans cette discipline. Alors, en période de pénurie de prêtres, il faut répondre à la demande. Les milieux démocratiques qualifient ces nouveaux cadres de « commissaires orthodoxicés » ou encore « enéglisés », « encultés ».

À l'instar de tous les gêneurs, on assassine également les prêtres rebelles, ceux qui refusent la soumission au pouvoir en place, tel le célèbre père Men, massacré à la hache en 1990, et dont les meurtriers ne furent jamais retrouvés.

En attendant, les bataillons de *Putinjugend* s'entraînent à tirer sur des cibles à l'effigie de Gary Kasparov, leader de l'opposition démocratique L'Autre Russie et OGF (Front civique uni), et de Mikhaïl Kassianov, ancien Premier ministre ayant rallié les cercles démocratiques. Tous deux avaient été d'éphémères candidats à la présidentielle de 2008, juste pour le principe. Précision troublante : après la mort – atroce – d'Alexandre Litvinenko, on découvrit que ses anciens compagnons d'armes s'entraînaient aussi au tir sur sa photo.

Alexis II en France

2 octobre 2007. Le patriarche de toutes les Russies effectue une visite historique en France. Officiellement, il vient vénérer les reliques de la Passion, mais, ô surprise, il se rend d'abord au Conseil de l'Europe. Un geste purement politique !

Interrogé avant son départ, comme un chef d'État, il fait part de son amertume : « Nous constatons que les racines chrétiennes de l'Europe ne figurent même pas dans le préambule du Traité constitutionnel européen. » Il en profite par ailleurs pour avertir les autorités occidentales : « La société européenne est marquée par une idéologie sécularise agressive, le culte de la consommation, l'adoration de la raison. Si la liberté ne va pas de pair avec le sens de la responsabilité, avec l'humilité, alors la personne et la société s'autodétruisent [...]. J'aimerais donc rappeler aux autorités d'Europe occidentale que, sans une fidélité renouvelée à ses valeurs spirituelles et morales, l'Europe n'a aucun avenir [1]. »

L'Union européenne doit-elle remercier Alexis II pour ce petit compliment inattendu ? Quelles sont, à l'heure actuelle, les valeurs spirituelles de l'Église russe ? Et les valeurs morales de ses dignitaires ?

Décidément, le patriarche de toutes les Russies ne semble guère informé des vertus de la liberté, du respect de la personne humaine, ni même du sens réel de ces notions. Mais les réalités sont têtues. Dernièrement, une habitante de Yochkar-Ola (capitale de la République autonome des Maris), s'est vue convoquée d'urgence au dispensaire psychiatrique pour avoir osé adresser un appel à l'aide au président. Cette coupable de « lèse-Poutine », réfugiée avec sa famille d'une région secouée de troubles, attend en effet depuis dix

1. *Le Monde*, 2 octobre 2007.

ans le toit promis par l'administration. Selon nos dernières informations, on envisage de lui communiquer le téléphone d'un illuminé qui écrit à Lénine depuis des lustres, afin que ce dernier lui communique l'adresse du Guide suprême. Effectivement, cette femme n'est-elle pas gravement atteinte si elle ne comprend pas qu'elle doit se résigner en cessant toute démarche inopportune ?

Telle paraît être la liberté en poutinocratie : se résoudre à l'inéluctable, subir, et surtout ne pas se manifester de manière trop ostentatoire. Dans la « Russie démocratique » de Vladimir Poutine, l'enfermement psychiatrique comme instrument de répression politique semble de retour. Nostalgie des « bons vieux temps soviétiques » ?

Une question d'Henri Tincq, journaliste au *Monde*, au patriarche Alexis II suscite une réponse significative : « Votre proximité avec le président Poutine ne vous oblige-t-elle pas à cautionner sa politique, jusqu'à ses exactions en Tchétchénie ? » « Cautionner la politique du président Poutine ? s'étonne Alexis. [...] Concernant la Tchétchénie, je rappelle que des dizaines de prêtres y ont été tués par les nationalistes, que soixante ans après la guerre mondiale, hélas, le terrorisme y montre à nouveau son visage le plus cruel [1]. »

Laure Mandeville, du *Figaro*, pose à Alexis II une question encore plus directe : « L'Église hors frontières a rétabli son unité avec votre Église. Qu'est-ce qui empêche un processus similaire entre vous et les paroisses orthodoxes de France restées sous la juridiction de Constantinople ? » « Moi, je n'ai de désaccord avec personne ! Mon devoir sera donc sur place d'appeler à surmonter ces problèmes. Quand, dans les années 1930, les paroisses orthodoxes d'Europe occidentale ont rompu avec l'autorité ecclésiale centrale à Moscou, il s'agissait d'éviter la pression du pouvoir athée. Ces raisons ont disparu. Pourtant, certains croyants restent effrayés par les ombres du passé. Mais ces incompréhensions s'effacent quand ils découvrent la vie de l'Église en Russie [2]. »

Boris Yordan, businessman américain d'origine russe qui navigue entre les États-Unis, où il est né, et la Russie depuis une bonne

1. *Le Monde, op. cit.*
2. *Le Figaro*, 1er octobre 2007.

quinzaine d'années, partage les opinions du patriarche. Au micro des *Échos de Moscou*, le 15 mai 2007, veille de la réunification officielle des Églises schismatiques, il met les points sur les « i » : « Après la Révolution, le patriarche de l'époque [Tikhon, *NdA*] avait accepté l'existence d'une Église hors frontières, mais seulement le temps que la Russie serait dirigée par des leaders rejetant la foi. Donc, à partir de 1992, cette Église n'avait plus de raison d'être puisque le pouvoir russe venait de reconnaître l'orthodoxie comme principale religion du pays, libre et indépendante de l'État, ce qui aurait dû entraîner automatiquement la réunification. Pourtant, depuis lors, le Patriarcat de Moscou s'occupa de remettre de l'ordre dans ses affaires, de se redresser, le problème fut donc relégué au second plan. Certes, les orthodoxes à l'étranger disaient que le KGB aurait une certaine influence sur l'Église… Mais, à présent, l'Église orthodoxe russe est totalement libre, fait déclaré et reconnu ouvertement, à haute voix, ce qui signifie qu'il n'y a plus aucun problème. »

Par ailleurs, Yordan témoigne qu'en Russie d'immenses changements se sont opérés au cours des quinze dernières années : si, en 1992, on ne voyait que des petites vieilles dans les églises, aujourd'hui elles sont pleines de jeunes. Précisons que ces derniers, membres de Nachy, de la Jeune Garde ou du récent mouvement Pour Poutine (réclamant son maintien au pouvoir) portent des tee-shirts à l'effigie présidentielle, quand ils n'affichent pas ouvertement la croix gammée. *Idem* pour les églises américaines où, depuis 1992, surtout lors de la liturgie de Pâques, « les "vrais" Russes de Russie représentent plus de la moitié des fidèles ». Il est clair que leur nombre ne fera qu'augmenter. Et Yordan d'affirmer : « C'est un phénomène bien réel que j'ai constaté de mes yeux. »

Restait à accomplir une dernière « formalité » : la réunification officielle d'Églises séparées depuis 1918. Yordan conclut : « Il est exact qu'un certain scepticisme persiste ; on dit que les symboles de l'époque communiste reviennent, que se forment des détachements militaires, paramilitaires de jeunes. Pure invention que tout ça, je peux en témoigner ! »

Aucune inquiétude à se faire quant au business de l'homme d'affaires et de ses amis en Russie. Par un heureux hasard, ses affaires russes sont florissantes !

Mais revenons à l'interview d'Alexis II par Laure Mandeville : « Il existe une grande tension, illustrée par la dispute autour des églises de Nice et de Biarritz ? » « Les médias exagèrent. La cathédrale de Nice, par exemple, est la propriété de l'État russe. Le bail arrive à son terme. Mais, autant que je sache, la Fédération de Russie est prête à discuter de sa prolongation. Ne dramatisons pas ! »

Un état de fait que Sylvaine Pasquier, grand reporter à *L'Express*, constatait dès le 17 mai 2007, jour de la réunification : « À Biarritz, un envoyé moscovite a tenté de s'emparer de l'église Saint-Alexandre-Nevski. À Nice, la Russie a saisi la justice pour se faire reconnaître comme "seule et unique propriétaire" de la cathédrale orthodoxe ; de même à Cannes, pour l'église Saint-Michel-Archange. La "troisième Rome" revient en force [1]. »

La « résistance » parle

L'analyse de l'archiprêtre Benjamin Joukov, que nous avons rencontré à Paris pour un entretien confidentiel, diffère radicalement de celle d'Alexis II. En sa qualité de secrétaire du synode de « résistance » à cette réunification entre Églises orthodoxes officielle et hors frontières, il récapitule les faits et confirme nos stupéfiantes découvertes sur cette réconciliation...

« – Cette récente réconciliation, si démonstrative, des deux fragments de l'Église orthodoxe russe, est l'échéance normale d'un processus qui a commencé voilà une bonne vingtaine d'années, peut-être même trente-cinq, selon mes sources. Pour moi, même si c'est difficile à croire, il s'agit d'une formidable opération spéciale *(spetsopératsiïa)*, certainement programmée à l'origine par les services spéciaux soviétiques. En fait, dès l'accession au pouvoir du patriarche Pierre, lors de son concile de 1985, il fut déjà décidé de détruire, par tous les moyens, l'Église orthodoxe hors frontières. Ce processus, facilité par les échanges de populations du début des années 1990, fut méthodiquement précédé d'une préparation psychologique des prêtres et des évêques... Peu à peu, un par un, archevêques et évêques se font "capturer" et "retourner".

1. *L'Express*, 17 mai 2007.

Les deux grands promoteurs de l'union sont les métropolites Mark et Lavr. En usant de divers moyens, fort peu orthodoxes, les services spéciaux parviennent ainsi à "convaincre" la majorité des évêques : Kyrill et Michel, aux États-Unis, Mark, en Allemagne, ainsi que ceux de Suisse et de France. En 2005, l'opposition réunit un concile de huit évêques dont le métropolite Vitaly, hautement respecté. Les Russes croyaient avoir phagocyté l'Église hors frontières, et voilà qu'elle renaissait ! Alors, six miliciens et un avocat véreux sont dépêchés à Mansonville, au Canada, pour kidnapper le métropolite Vitaly, malade et âgé de plus de quatre-vingt-dix ans. C'est grâce à l'intervention *in extremis* de la police canadienne locale, qui barra la route aux voitures des kidnappeurs, que la tentative échoua, le 2 novembre 2005. Mais quel traumatisme pour le métropolite Vitaly ! Auparavant, parfaitement lucide, on l'avait déjà soumis à une expertise psychiatrique visant à le déclarer "inapte" à conduire les affaires de son Église. Après l'échec de la tentative de kidnapping, "on" décida de le laisser tranquille. Pour "convaincre" d'autres évêques d'accepter la réunification, "on" n'hésita pas à employer la pression psychologique, et même à les faire chanter en menaçant celui-ci d'un scandale, de dénoncer celui-là comme "homosexuel", tel autre comme "pédophile"... En un mot, les méthodes classiques du KGB, d'autant plus infâmes qu'on les utilise au sein de l'Église ! Pour ma part, c'est mon père spirituel qui m'informa, il y a fort longtemps, de l'existence de cette brillante "opération spéciale", menée de main de maître depuis les années 1970 pour s'achever en 2007. Quant au peuple, il a été berné par de belles promesses, à savoir qu'une concertation précéderait tout engagement, que tous les problèmes seraient résolus, que le Patriarcat devait renoncer à toute démarche œcuménique, reconnaître ses erreurs passées, etc. En 2003, Vladimir Poutine a fait un voyage aux États-Unis où, après une rencontre à l'ambassade russe, il invita en Russie Lavr et son secrétaire, Gabriel. Une fois là-bas, "on" a su les convertir...

– Père Benjamin, avez-vous subi des représailles du fait de votre "dissidence" religieuse ?

– Oui. Étant apparu comme un opposant actif, un "résistant", voire un "rebelle", les attaques se concentrèrent sur moi. "On" a essayé de torpiller l'organisation de notre synode, un collège de huit dignitaires, dont je fus le secrétaire, et qui, en fin de compte, s'est laissé diviser. "On" a aussi lancé divers bruits sur moi, de fausses rumeurs, une campagne alternant "pressions amicales" et "tentatives de séduction" de visiteurs moscovites... Elle n'a pas marché. Ils attendaient de moi une "collaboration". Condamné à la vigilance, je demeure méfiant. Au sein de ma paroisse aussi, "on" a essayé de me discréditer, de me déboulonner. Je suis devenu "infréquentable", j'ai "menti". Mais "on" ne m'a pas encore accusé des deux pires choses pour un prêtre. La première, voler dans la caisse. Comme j'ai travaillé toute ma vie, financièrement indépendant, je ne vis pas des deniers du culte. La seconde : m'enfuir avec une jeunette. Aujourd'hui, une fois l'opération réussie, je ne représente sans doute plus de danger. Nous vivons donc une relative période de paix. Officiellement, notre sanctuaire est connu comme "l'Église tsariste" ou encore la "Chapelle royale"...

– Mais peut-on concilier l'ex-KGB (FSB) et l'Église d'un État postcommuniste, considéré à tort comme "démocratique" ?

– Le Patriarcat de Moscou est formidablement structuré, ses réseaux, couvrant toute la Russie aussi bien que l'étranger, fonctionnent comme une structure pyramidale soviétique. À un moment donné, sous Eltsine, quand tout s'écroulait – sauf peut-être le KGB-FSB –, le Patriarcat de Moscou apparaissait, lui aussi, comme inébranlable, indéfectible, conservant toute sa puissance d'organisation. En ce sens, il s'agit de la seule structure stalinienne qui ait survécu à la Perestroïka. De nos jours, rien n'a été modifié dans son commandement. Et le recrutement reste le même. Allégeance totale de l'Église au Patriarcat de Moscou, aux services spéciaux, aux élites de la nomenklatura, etc. Sur ce point, pas d'évolution, et il n'y a aucune raison que ça change. Au sein de l'Église orthodoxe russe cohabitent deux conceptions : les uns pensent que collaborer avec le FSB, pour un homme d'Église, prêtre ou évêque, est une activité coupable ; mais d'autres considèrent qu'en tant que membres actifs des services spéciaux, ils disposent d'un pouvoir de commandement au sein des organes de la Sécurité d'État. Alexis II épaulait à fond Poutine et le gouvernement. Par exemple, il a soutenu la guerre de Tchétchénie. Or, comment concilier l'inconciliable : être homme de Dieu et serviteur zélé du national-tchékisme ? Je n'ai pas de réponse à cette question...

– Comme d'autres métropolites, le Patriarche Alexis II en avait une longue habitude… Désormais, l'Église russe, servant de vitrine au pouvoir, présente, à la face du monde, l'image d'une orthodoxie attirante, prétendument libre…

– Hélas. Mal informés de l'histoire du XXe siècle, les Russes ne comprennent pas cette division des deux Églises, d'autant qu'il y a eu cette réunification du 17 mai 2007 entre orthodoxie émigrée et celle, officielle, de Moscou. Il est très difficile à quelqu'un qui a ses préoccupations propres, venant d'un autre pays, d'un tout autre régime et autour de la trentaine, d'avoir une vision historique sur soixante-dix ans : la Révolution, les Russes blancs, l'émigration, etc. Il arrive même que l'on nous considère comme une secte ! Les derniers "Mohicans" que nous sommes se heurtent à deux grandes difficultés : celle d'exister et celle d'être compris. Impossible de résumer soixante-dix ans d'histoire en une heure. De ce fait, la situation actuelle demeure totalement incompréhensible… Voyez-vous, de nos jours, dans la Fédération de Russie, les coupoles sont dorées, les offices majestueux, splendides, les fidèles se rendent à l'église sans contrôle apparent. C'est la liberté Potemkine. Pour le commun des mortels, aux conditions de vie difficiles, c'est aussi la liberté : la famille impériale est honorée, réhabilitée, inhumée en grande pompe sous Eltsine, le tsar est canonisé, on parle d'honorer tous les martyrs. Le président russe affiche son orthodoxie pratiquante. Superbe vitrine. Tout va bien ! En outre, l'ex-KGB et l'Église russe possèdent un grand point commun : aucune repentance pour le terrible passé soviétique. À présent, quelques hiérarques orthodoxes murmurent même que l'Église de Russie a été persécutée, mais qu'elle a résisté ! En occultant qu'il y a eu une Église qui a vraiment résisté, celle des "catacombes [1]". Depuis toujours, on observe une même constante : affaiblir ou éliminer les résistances. En diffusant des demi ou des contrevérités, ou bien carrément d'énormes mensonges. Dans les années 1920-1925, par exemple, les services soviétiques ont infiltré l'émigration russe blanche, dont les organisations militaires leur semblaient représenter un danger. Alors ils ont noyauté l'émigration pour mieux la diviser, la manipuler ; ils n'ont pas hésité à enlever,

1. Voir *Le Mal russe*, *op. cit.*

en plein Paris, les généraux Miller et Koutiepov, considérés comme de dangereux ennemis. Des traîtres ! Qu'on a éliminés sans hésiter. Hélas, aujourd'hui, la communauté issue de l'émigration blanche est toujours aussi infiltrée, noyautée, instrumentalisée. La désinformation est telle qu'on n'entend plus la vérité. On n'en éprouve pas le besoin. L'Occidental est devenu indifférent à tout, surtout à la vérité. Ici, on a donné le pouvoir d'opinion à trop de gens qui, sans se donner la peine d'aller au fond des choses, répercutent des opinions exprimées par d'autres. De plus, les Occidentaux ne comprennent pas l'esprit slave. Les individus sont formatés, en proie à la fièvre consumériste. Et ces consommateurs ne recherchent que bien-être et loisirs. Quand Vladimir Poutine est arrivé au pouvoir et qu'il a essayé de redresser la mauvaise gestion de la décennie Eltsine, on a pu, un moment, être soulevé d'espoir pour le peuple russe. Je ne parle pas des dirigeants. Après quelques années, vous constatez, même à la télévision officielle, la misère, le mauvais état des campagnes, les maisons délabrées, sans eau, sans gaz ni électricité. Évidemment, le pays revient de très loin, il faudra donc beaucoup de temps. Et dans l'opacité actuelle, on ne voit pas clair. Pourtant, chaque acquis du peuple, aussi infime soit-il, réjouit le cœur. Comme vous le savez, la Révolution n'a pas été faite par le peuple russe, elle lui a été injectée. Donc, aux commandes semblent se trouver des forces qui n'ont jamais abandonné l'idée d'asservir le peuple russe. Et de s'approprier les richesses de la Russie. D'un côté, on peut dire que Poutine a préservé et restauré en partie ces richesses et ressources naturelles. De l'autre, on constate qu'il l'a fait en les mettant dans sa poche et celles de son clan. Un pillage qui ne date pas d'hier... Il y a beaucoup de pleurs à verser sur la Russie. Mais le plus important est de dire la vérité sur ce pays dans la mesure où on peut le faire. Il ne s'agit pas d'influencer le cours du monde, mais de rétablir la vérité, fût-ce pour une minorité de gens. Au monastère, il y a bien longtemps, mon père spirituel me donnait un conseil pour la vie quotidienne : "Si tu te tais devant une iniquité, un mensonge, tu es coupable aux yeux du Seigneur et tu en répondras. Mais si tu parles, si tu dis la vérité, même si on ne t'écoute pas, qu'on ne fait rien, tu as agi. Alors, tu es disculpé aux yeux de Dieu..." Mais je garde l'espérance. Tout cela ne m'empêche pas, par l'esprit et le cœur, de rester fidèle à la vraie Russie éternelle et, de par mes pères, au peuple russe. J'essaye également de conserver mon église telle qu'elle fut durant des décennies : une paroisse libre qui confessait avec rigueur l'orthodoxie, tout en aimant la Russie, et en essayant d'aider le peuple russe... »

La dissidence selon Diomède

C'est sans doute cette même démarche qui a motivé l'évêque Diomède, qui, de son lointain diocèse de la Tchoukotka, au nord-est de la Russie, adressait les plus vives critiques au Patriarcat de Moscou. Destinée à la fois aux membres du clergé et aux fidèles orthodoxes, sa lettre ouverte « a fait l'effet d'une véritable bombe en Russie », a rapporté Nathalie Ouvaroff[1]. Qui précisait en outre : « Il ne s'agit pas d'un texte religieux, mais d'un véritable manifeste politique qui se termine par un appel à la croisade contre les forces qui veulent détruire l'Église de l'intérieur. »

En effet, Mgr Diomède affirme que réconcilier « les différentes religions est "hérétique" et se prononce fermement contre les prières et les services religieux en commun ». Non content de cela, il s'élève avec force « contre l'abandon de la collégialité et l'adoption d'une verticale du pouvoir qui n'a rien à envier à celle du Kremlin ». Pour finir, il stigmatise vigoureusement la soumission de l'Église orthodoxe russe au pouvoir actuel, condamnant sans appel « sa passivité devant la politique antinationale qui conduit à la destruction du pays, à la crise démographique et autres développements négatifs ».

Ce qui prouve bien que la politique du Patriarcat de Moscou ne fait pas l'unanimité des hiérarques orthodoxes de Russie. Certes, une protestation qui dérange mais qui a peu de chances d'être suivie d'effet. Sauf si, par extraordinaire, « on » laissait le patriarche Kyrill Ier en décider autrement... Par bonheur, un certain Kyrill Frolov, qui préside l'Association des journalistes orthodoxes, veille au grain. Sans perdre de temps, il organise une conférence de presse pour accuser l'évêque dissident qui sent le soufre : « Ces thèses ont été soufflées par des forces hostiles à l'Église qui voulaient empêcher

1. *France-Soir*, 6 mars 2007.

la signature de l'acte de réunion avec l'Église hors frontières [1]. »

Mais une question, à l'évidence, s'impose : quelles raisons à cette formidable opération spéciale des services secrets ? Il en existe au moins deux. D'abord, accaparer les meubles et objets précieux de culte des églises orthodoxes du monde : ciboires, encensoirs, livres saints, croix d'or ou d'argent, icônes anciennes enchâssées de pierres précieuses. Sans compter les murs. Enfin, et surtout, disposer de centaines de lieux d'observation, de prosélytisme et d'influence en Europe et aux États-Unis.

Laissons le père Michel Philippenko, l'un des prêtres de la cathédrale Saint-Nicolas de Nice, confirmer cette analyse : « Le but de la Russie, c'est d'avoir une ambassade supplémentaire en France. C'est un acte de politique extérieure qui vise une très belle position sur le territoire français, un patrimoine d'une splendeur inégalée [2]. »

Quelle formidable aubaine !

1. *Ibidem.*
2. *Nice-Matin*, 16 mars 2006.

CHAPITRE X

Démocratie Potemkine…

Depuis la nuit des temps, les opérations de propagande jalonnent l'histoire secrète de la Russie. La tradition fait remonter le terme de *villages Potemkine* à l'année 1787, sous le règne de Catherine II. Son nouveau favori, Grigori Potemkine, ayant conquis d'immenses territoires aux dépens de la Turquie, invite la tsarine à visiter ses nouvelles provinces. Il aurait, dit-on, fait planter des villages factices en carton-pâte tout le long du trajet afin de flatter son impériale maîtresse tout en la rassurant sur l'état « florissant » des paysans de la région. Fait réel ou légende ? Les historiens en débattent encore. Quoi qu'il en soit, depuis lors, à tort ou à raison, le terme « Potemkine » désigne les opérations de propagande destinées à tromper les dirigeants et l'opinion publique. Accolé au mot « démocratie », il implique donc qu'il s'agit d'une belle vitrine, d'un simulacre destiné à donner le change. En effet, n'en déplaise à ses thuriféraires, depuis 1999, Vladimir Poutine a installé un système qui tourne le dos à la démocratie. Certes, il faudra des décennies, voire des siècles, pour démocratiser un tant soit peu la Russie. Mais, pour le moment, c'est exactement le contraire.

Cruauté

La cruauté demeure elle aussi une constante de l'histoire russe, largement illustrée par les guerres de conquête ou de « pacification ». À Moscou, comme pour souligner cette dérive, Boris Nemtsov, ancien vice-Premier ministre de Boris Eltsine, cite l'inscription ornant le monument du poète Alexandre Pouchkine : « Durant son siècle cruel, il a chanté la liberté en appelant à la miséricorde envers les déchus ! »

D'ailleurs, dans son roman historique *Hadji Mourat*, Léon Tolstoï confie sa stupeur devant la cruauté des officiers russes savourant la contemplation des têtes tranchées de leurs ennemis. Hadji Mourat a existé. Ce chef rebelle, symbole de la fierté et de l'honneur tchétchènes, qui trouve une mort héroïque, renvoie à la colonisation du Caucase du milieu du XIXe siècle. Le récit, qui n'a rien perdu de son actualité, permet de mieux comprendre l'histoire russe du XXIe siècle.

En son temps, le penseur Nikolaï Berdiaiev – exilé de Russie en 1922 à bord du « Bateau des philosophes » – avait déjà observé que « l'esclavage engendre la cruauté », se souvient encore Nemtsov en quête des origines de ces noirs traits de caractère si omniprésents dans la société russe actuelle [1]. Cruauté et violence constituent les fils rouges de l'histoire des Empires russe et soviétique. En outre l'esclavage n'y a été aboli qu'en 1861, soit deux générations seulement avant 1917.

Ce leader démocrate cite des exemples récents de cette cruauté inouïe, proche de la barbarie. Quand le présentateur-vedette américain Larry King, évoquant l'équipage du *Koursk*, questionne Vladimir Poutine, celui-ci réplique avec un sourire en coin : « Il a coulé. » S'agissant de la prise d'otages au théâtre de la Doubrovka, la Douma a rejeté la création d'une mission parlementaire d'enquête sur les circonstances de la « libération » meurtrière des otages, qui fit cent vingt-neuf victimes tuées par « un gaz totalement inoffensif, qui n'a pas entraîné leur mort », *dixit* Poutine. Après enquête, le groupe parlementaire SPS (l'Union des forces de droite) a découvert que si l'on avait couché sur le ventre les otages asphyxiés par le gaz, ils auraient survécu. À quoi Poutine rétorque : « On ne ressuscite pas les morts. Je n'ordonnerai pas d'enquête. » Il n'agira pas autrement en donnant l'ordre de bombarder l'école de Beslan, bondée de femmes et d'enfants. Vous avez dit cruel ?

Autre « perle » de Poutine : « La mort d'Anna Politkovskaïa a causé plus de mal à l'État que ses articles. » Mais si ses enquêtes étaient sans conséquence, alors pourquoi l'a-t-on assassinée ? Même

1. *Novaya Gazeta*, n°78, 11 octobre 2007.

affirmation froidement imaginative à propos de l'empoisonnement en Grande-Bretagne d'Alexandre Litvinenko : « M. Litvinenko n'est malheureusement pas Lazare, il ne ressuscitera pas. Et il est fort dommage que des événements aussi tragiques que la mort d'un homme soient exploités à des fins de provocation politique. »

Il est vrai que le cas Litvinenko a valeur de symbole, car il s'agit ni plus ni moins que d'un crime d'État commis à l'étranger. Et le cinéaste Andreï Nekrassov, qui fut l'ami du dissident kagébiste, d'ajouter : « Il n'y a au fond que peu de gens, même chez les "patriotes", qui écartent absolument la possibilité que Poutine soit impliqué dans l'affaire [1] ! »

Non, le système d'aujourd'hui est bel et bien cruel et cynique. À l'instar du soviétisme le plus dur. Tandis qu'au niveau fédéral Poutine prive Khodorkovski de l'empire Youkos, à l'échelon local le responsable administratif d'un village se permet de retirer sa coopérative à un petit entrepreneur. Pour indemniser une famille dont l'un des membres était mort d'un accident du travail, les assurances lui versent une obole : quarante-huit mille neuf cents roubles (environ mille euros). Est-ce là le prix d'une vie humaine ? Et que dire d'une femme enceinte, qui risque le licenciement assorti d'une indemnisation symbolique ? Tout cela est-il normal dans un pays qui perd chaque année plus d'un million d'habitants ?

À partir de janvier 2005, une vague de contestation sans précédent submerge la Russie. Elle a commencé par des manifestations de retraités en colère, refusant de renoncer à leur menu privilège de gratuité des transports, bientôt rejoints par les soldats, les handicapés, les anciens combattants, les défenseurs des droits de l'Homme, les responsables d'ONG. Enfin, les étudiants et les partis politiques minoritaires comme Iabloko, les communistes et même Rodina (parti nationaliste) ont suivi le mouvement. En somme, tous les plus faibles, qu'on laisse au bord de la route. Car quelque 30 % des Russes vivent encore au-dessous du seuil de pauvreté [2].

Un jour, en recevant la représentante d'une association d'anciens jeunes toxicomanes qui tentaient de s'en sortir sans aide,

1. *Litvinenko, empoisonnement d'un ex-agent du KGB*, film d'Andreï Nekrassov sorti en 2008.

2. *Le Figaro*, 1er février 2005.

Nemtsov apprend qu'ils ont tous été battus, violés, sodomisés dans l'enfance par des beaux-pères ou des enseignants. Horrifié, il s'insurge : « Chaque jour dans une famille sur quatre, on corrige un enfant, une femme. En Russie, la violence, la cruauté sont devenues habituelles, presque banales. Et personne pour porter secours à un passant pris de malaise dans la rue [1]. » Et Nemtsov de pousser un cri du cœur : « L'essentiel n'est pas de savoir qui va gagner la prochaine présidentielle, un homme de droite ou de gauche (tchékiste, juriste, gestionnaire). Il s'agit d'humaniser le pouvoir, la société, de les rendre un peu moins barbares. »

Pour que l'on cesse, par exemple, de voir des milliers d'hommes des Omon (détachements à « destination spéciale ») disperser sauvagement une manifestation pacifique de deux cents personnes pour la simple raison que le pouvoir redoute le spectre d'une « Révolution de couleur » – « des roses » comme en Géorgie ou « orange » comme en Ukraine.

Souvenons-nous. Nous sommes à la mi-avril 2007. Dans les rues de Moscou et de Saint-Pétersbourg, la chasse à l'homme est de nouveau ouverte. Rien que dans la capitale russe, le Kremlin lâche officiellement neuf mille *spetsnaz* – ces unités spéciales formées à tuer – contre deux mille manifestants (selon les organisateurs) pacifiques, non violents, dont nombre de femmes, d'enfants et de personnes âgées. Tous, y compris les journalistes pourtant vêtus, comme en Irak, de gilets orange portant en grosses lettres l'inscription « presse », seront passés à tabac à coups de matraques.

Quid de la réaction de la Grande Europe ? Gary Kasparov, ancien champion du monde d'échecs et l'un des leaders du mouvement d'opposition L'Autre Russie, aurait-il donc raison ? Interviewé par le journal *Der Standard* autrichien peu après la brutale répression de la manifestation pacifique du 15 avril, il aura droit à la remarque suivante : « L'ex-Premier ministre italien, Silvio Berlusconi [qui se trouvait au Kremlin au moment des faits, avec son ami Vladimir Poutine, *NdA*], a affirmé que "le but de ces manifestations interdites était de provoquer les autorités." » Et Gary Kasparov de rétorquer : « Il est difficile de discuter avec le disciple du Duce, Berlusconi,

1. *Novaya Gazeta,* n° 78, 11 octobre 2007.

avec Schröder, car ces gens détruisent l'idée même de démocratie dans le cerveau des Russes. Ces vendus sont complices des activités criminelles de Poutine [1]. » L'indignation de Kasparov peut se comprendre : de quel droit Berlusconi, qui ne connaît rien à la société ni à l'opposition russes, s'immisce-t-il dans la politique intérieure de la Russie ?

Autre illustration de la cruauté : s'étant cyniquement baptisés « antifascistes », les adolescents de Nachy et de La Jeune Garde ont également de quoi faire peur. Ils viennent renforcer les nazis purs et durs, formés depuis près de vingt ans au sein de structures comme Pamiat (Mémoire) de l'antisémite Vassiliev ou la RNE (Unité nationale russe) du *Führer* Barkachov, pour ne citer que les plus sinistres. Nés de l'imagination malade de Vladislav Sourkov, l'idéologue tchékiste du Kremlin, ces troupeaux de moutons patriotiques sont prêts à tuer dans l'œuf toute velléité de soulèvement apparenté, de près ou de loin, à la Révolution orange ukrainienne. Entraînés dans la tradition hitlérienne la plus pure au sein de camps de vacances, dont le principal est situé au bord du lac Séliger, à quatre cents kilomètres au nord-est de Moscou, ces milliers de membres de la *Putinjugend* sont tout disposés à prêter main-forte à d'autres formations militaires si l'ordre leur était donné de mettre le pays à feu et à sang.

Une image virtuelle de la Russie

Pour l'heure, le peuple russe, toutes générations confondues, a de quoi se sentir humilié car, ces dernières années, l'image des dirigeants russes, y compris celle de Vladimir Poutine, s'est singulièrement dégradée dans l'opinion internationale. Aussi, la « Kremlianka » consacre-t-elle depuis un budget illimité à promouvoir une « image positive » de la Russie.

En été 2006, par exemple, l'administration présidentielle s'est alloué les services de l'agence américaine Ketchum pour embellir l'image de la Russie lors du G8 de Saint-Pétersbourg. Pour neuf mois de travail, il en a coûté sept millions et demi de dollars.

1. *Der Standard*, 23 mai 2007.

Investissement largement justifié. La *Nezavissimaya Gazeta* souligne ce bon résultat : si, auparavant, l'information « négative » représentait 55 % des publications occidentales contre 7 % seulement de « positive », Ketchum a pu rééquilibrer la balance [1]. Ainsi, le premier pourcentage a diminué de moitié, tandis que le second a doublé.

Hélas, ces chiffres sont loin de refléter la réalité. À la fin du mois de mai 2007 par exemple, Elena Vassileva, leader d'OGF (Front civique uni) de Mourmansk, dépose une demande officielle pour organiser, le 12 juin, une marche de protestation contre la politique en cours. Refus catégorique. La raison ? Les Omon, forces spéciales d'intervention, monteront à Saint-Pétersbourg pour aider à disperser une marche similaire le 9 juin. De ce fait, elles ne seront pas opérationnelles à Mourmansk le 12. CQFD. On prie donc les « gentils organisateurs » de repousser leur marche à une date ultérieure, rapporte l'*Ejednevnyï Journal* (Le Quotidien) dans sa rubrique « Les inepties de la semaine » du 1er juin 2007.

Le 31 août suivant, la même publication cite Mikhaïl Kamynine, du ministère des Affaires étrangères : « Une bonne part des critiques féroces visant la Russie arrivent là-bas [en Occident, *NdA*] propagées par notre opposition qui, poursuivant ses objectifs politiques, n'hésite pas à enfreindre l'éthique la plus élémentaire. D'où vient cette tendance, curieuse et humiliante, à sacrifier les intérêts du pays au nom des siens propres ? »

Accusation qu'un défenseur des droits de l'Homme comme le politologue Alexandre Podrabinek ne pouvait laisser sans réponse : « Voilà comment un représentant officiel du pouvoir traite l'opposition qui, dans tout pays démocratique normal, est considérée comme une composante indispensable à la bonne santé de la vie politique. Ce désir d'avoir l'air bien sous tous rapports sans l'être en réalité est d'une naïveté infantile. »

L'attitude des dirigeants change radicalement dès lors qu'il s'agit de ces « Russes de l'étranger » que l'on courtise ouvertement afin de recruter parmi eux de fidèles « avocats » de la nouvelle Russie « démocratique ». À quelques exceptions près, Moscou accueille chaleureusement les descendants des Russes blancs. On met à leur

1. *Nezavissimaya Gazeta*, n° 78, 11 octobre 2007.

disposition de somptueux hôtels particuliers afin qu'ils se sentent comme chez eux avant de repartir aux quatre coins du monde pour vanter la splendide vitrine qu'on leur a présentée. Ainsi, ces membres d'un club élitiste font-ils une propagande sincère au moyen d'un argument imparable, l'empirisme. « Vous savez, je rentre de Russie, où j'ai vu de mes yeux... »

Quant à ceux qui voyagent moins, ils peuvent néanmoins se procurer leurs journaux préférés, comme la *Rousskaya Mysl'* (La Pensée russe) à Paris. La journaliste Zoïa Svétova (ex-collaboratrice de *Ouest-France*, *La Dépêche du Midi* et *France-Soir*) a travaillé dans cette rédaction une dizaine d'années. Mais elle a fini par quitter cette *« Pensée »* d'opposition de l'émigration russe, initialement fondée pour dénoncer le totalitarisme soviétique et qui s'est crue soudain investie d'une mission : améliorer l'image de la Russie poutinienne à l'étranger. Rien de plus normal puisque, d'après *Le Monde* : « En 2002, le titre est repris par IPGL, un groupe de presse basé à Londres, tenu en sous-main par des Russes. En 2006 arrive Viktor Loupan, éditeur et journaliste français d'origine russe [en réalité, il n'est pas russe mais moldave, *NdA*], qui change la ligne éditoriale et tente d'en faire un journal “paneuropéen de langue russe” [1]. » Viktor Loupan, qui a passé quinze ans au *Figaro-Magazine* avant d'être bombardé rédacteur en chef de cette pensée relais du Kremlin, a-t-il oublié que, sous le soviétisme, la diaspora russe, forte de six millions de membres, connaissait de graves difficultés relationnelles avec son pays d'origine ? Ignore-t-il que ceux qui gardent la Russie au cœur ne peuvent accepter le traitement infligé au peuple russe par la dynastie KGB ? « À présent, reconnaît Loupan avec candeur, il n'y a plus de problèmes. Bien évidemment, nous ne sommes pas animés par des sentiments politiques antirusses. Nous pouvons donc faire beaucoup pour améliorer l'image de la Russie à l'étranger [2]. »

Bien avant la création, en 2005, de chaînes de propagande vers l'étranger, telle que *Russia Today*, on savait déjà que le Kremlin voulait racheter des journaux occidentaux en difficulté pour qu'ils donnent de la nouvelle Russie une image plus conforme à sa stratégie

1. *Le Monde*, 20 juin 2007.
2. *Novaya Gazeta*, n° 30, 2007.

de communication[1]. Et lui offrent une tribune. Mais la presse occidentale n'en parle presque jamais. Sujet tabou ? Deux exemples illustrent à merveille cette tactique « payante ». En janvier 2009, le quotidien français *France-Soir* est racheté par le fonds privé Sablon International appartenant à la holding Luxadvor de Sergueï Pougatchev, déjà cité. Quant à l'*Evening Standard* britannique, il est devenu la propriété d'Alexandre Lebedev, pour une livre symbolique. Ce dernier ne fait pas de mystère de son « passé » guébiste. Deux fleurons de la presse occidentale définitivement « passés à l'Est » ?

La démarche d'Evguéni Sidorov, autre officiel russe, sous forme d'une lettre ouverte à Vladimir Poutine, s'inscrit dans la même ambition : « vendre » au monde une « Maison Russie » qui s'apparenterait au plus somptueux des palais. En voici des extraits significatifs : « Mon expérience incontestable d'ancien ministre de la Culture de la Russie (1992-1997), puis de représentant permanent de la Fédération de Russie auprès de l'Unesco (1998-2002), m'incite à rédiger cette note dans l'espoir d'attirer votre attention. Estimant que la collaboration de nos compatriotes résidant à l'étranger, la défense et la promotion de la langue russe au-delà de la Russie sont des tâches importantes en politique étrangère, ce qui a souvent été répété dans vos déclarations de programme, je me permets de proposer un projet [...] qui concerne la défense de l'identité culturelle de la diaspora russe, de ses acquis scientifiques, artistiques et de ses archives. Mais faut-il œuvrer, à chaque fois, pour le retour en Russie de ces valeurs culturelles ? [...] Une Fondation (ou un Centre) consacrée à l'héritage historico-culturel russe à l'étranger pourrait servir cette cause ; elle se chargerait des activités de recherche et de collecte, de créer des musées, d'organiser des expositions, en somme, d'une mission de civilisation... Un tel Centre (ou Fondation), placé sous le patronage des présidents de Russie et de France (M. Chirac, on le sait, a étudié le russe et même tenté de traduire Pouchkine), peut être fondé à Paris ou dans une banlieue périphérique. C'est justement en France, où se concentrent d'immenses valeurs russes, à la fois spirituelles et matérielles, où la diaspora continue, dans la mesure de ses forces,

1. *Newsru.com*, 13 septembre 2004.

de perpétuer langue et traditions, qu'il convient de concrétiser un tel projet. En outre, à Paris, se trouve l'état-major de l'Unesco, dont la direction, ainsi que vous le savez, montre clairement, ces dernières années, sa compréhension et son soutien aux initiatives russes. À notre connaissance, la Banque nationale de réserves a fait l'acquisition d'un immeuble et d'un parc à proximité du Bourget, afin d'y implanter un Centre russe de culture et d'affaires. Ce qui prouve que des possibilités d'achat de propriétés qui serviront les nobles objectifs russes existent en France. L'important est la décision politique qui permettrait de lancer une étude approfondie et globale de ce plan. Il va sans dire que ce projet doit devenir un programme présidentiel pour attirer les sponsors russes et étrangers. Il est incontestable qu'un tel projet contribuera à renforcer l'apparence positive de notre État. Où en trouver les moyens ? Toujours de la même source : Alekperov, Fridman, Potanine, Derispaka, Evtouchenko [des oligarques, *NdA*]. Selon les experts qualifiés, si l'on investit environ cent millions de dollars dans la promotion d'une image positive de la Russie, alors le retour sur investissement au sponsor peut atteindre, au bas mot, un bon milliard !

Evguéni Sidorov, membre de la Commission de la Fédération de Russie chargée des relations avec l'Unesco, le 14 mai 2005 [1]. »

En octobre 2007, rivalisant d'ingéniosité, le ministère russe du Travail et du Développement économique propose quant à lui la création d'un Comité d'État exclusivement chargé de l'image de la Fédération de Russie à l'étranger. Cette fois, agitation et propagande cibleront les investisseurs occidentaux potentiels qui « ont une mauvaise impression du marché russe », alors que le climat des investissements est bien plus favorable qu'il n'y paraît. Les experts chiffrent cette campagne de promotion internationale à près de trois cents millions de dollars, somme qui pourrait rapporter 400 % de bénéfices à ce nouvel organisme. Autre axe stratégique de la nouvelle structure : s'intéresser davantage à la Chine et à l'Inde, principaux pays concurrents du business russe en Occident et sur le marché américain.

1. *Moskovskiï Komsomolets* (Le Komsomoliste de Moscou), 22 juillet 2005.

Ainsi, tels des *image makers* itinérants, des VRP de luxe en somme, ses représentants s'apprêtent à visiter une foule d'expositions et de marchés internationaux, à participer à des symposiums ou des colloques, à inviter les hommes d'affaires étrangers à se rendre dans les régions de Russie, à diffuser une information positive sur le pays par le biais d'agences de presse et de médias occidentaux, à multiplier des voyages de presse pour les journalistes [1].

Mais, tandis que le Kremlin entreprend de fabriquer le mirage d'une Russie « démocratique », à l'intérieur du pays, l'étau se resserre sur les ONG, dont la mise sous tutelle constitue une atteinte parmi tant d'autres à la démocratisation embryonnaire initiée par les deux prédécesseurs de Poutine au Kremlin. Le 23 décembre 2005, en effet, la Douma votait une loi extrêmement restrictive concernant les ONG, les rendant très vulnérables car soumises à l'arbitraire des organes étatiques pour leur enregistrement, leur activité et leurs financements. Désormais, à tout moment, sous n'importe quel prétexte (contrôle fiscal, conformité des statuts, normes sanitaires, etc.), une ONG ou une association peut être interdite sans appel.

L'écrivain américain Ralph Peters établit cet amer constat dans les colonnes du *New York Post* : « Le rêve d'une Russie libre est bel et bien mort. C'est Vladimir Poutine qui l'a tué sous nos yeux quasi indifférents. La meilleure chose qui reste à espérer, c'est qu'après avoir donné le coup de grâce à la démocratie le Kremlin ne reprenne pas ses pratiques d'assassinats de masse [2]. »

Pour sa part, l'ex-dissident Sergueï Kovalev, ancien député, n'hésite pas non plus à mettre durement en cause ces dirigeants européens qui jouent au « poker menteur » avec Poutine : « J'utiliserais le mot mensonge pour définir la politique actuelle de la Fédération de Russie. Mais j'y ajouterais les termes paresse, hypocrisie et lâcheté. En disant cela je veux parler de l'attitude des leaders occidentaux depuis dix ans. C'est leur paresse, leur lâcheté et leur hypocrisie qui renforcent notre mensonge politique officiel. Ce qui devient de plus en plus dangereux et inquiétant pour l'avenir du monde [3]. »

1. *Novaya Gazeta*, n°79, 15 octobre 2007.
2. *New York Post*, 14 mars 2007.
3. Voir Hélène Blanc, *T comme Tchétchénie*, Ginkgo Éditions, 2005.

À commencer par l'Europe, tant il est vrai que l'Union européenne est loin d'être exempte de responsabilités dans l'entretien du mythe Poutine. Car si le KGB l'a enfanté, la quasi-totalité de l'Europe lui a prêté allégeance.

Face à ces inquiétudes légitimes, le désir du pouvoir russe d'apparaître respectable semblerait presque anodin. Qu'en est-il réellement ? Répondant à nos questions, l'historien des services secrets Nikita Petrov en fournit l'explication : « C'est vrai, ces dernières années, on vous vend, à vous Occidentaux, une image virtuelle. Pour cela, la classe dirigeante russe gaspille des millions de dollars, ce qui est une rare stupidité. Car elle est en train de reproduire les fautes du régime soviétique. C'est parfaitement ridicule, car l'image d'un pays doit refléter ses vraies valeurs, sa réalité. Le second volet de cette campagne de propagande et de désinformation est beaucoup plus sérieux : en soufflant un climat froid, il vise à ranimer les antagonismes, les haines ancestrales développées entre États ou peuples voisins afin de déstabiliser l'Europe. Ce que veut vraiment la Russie, à long terme, c'est diviser l'UE, voire la faire imploser. Démontrant de surcroît l'incompétence des dirigeants européens. Troisième volet : la guerre de l'information. Le fait d'avoir la haute main sur la presse écrite et les médias permet à l'État russe, comme au bon vieux temps de l'URSS, d'influencer l'Occident. Et de le manipuler à sa guise. L'idée consiste aussi à désinformer les médias et la presse étrangère. Ainsi, la Russie croit-elle affaiblir l'UE, la neutraliser afin de renforcer son influence politique, diplomatique, etc. »

Démocratie ou démocrature ?

Pourquoi mystifier ainsi la communauté internationale ? C'est fort simple : après avoir verrouillé une Russie qui se prosterne à ses pieds, la dynastie KGB, décrétée « démocratiquement correcte » par le reste du monde, pourrait se maintenir au pouvoir *ad vitam æternam*. Dès 2003, il était d'ailleurs évident que Poutine s'accrocherait au pouvoir et qu'il n'avait aucunement l'intention d'abandonner le destin de la Russie au hasard d'une « élection » qu'il ne contrôlerait pas totalement.

« Partir pour mieux rester » était la seule hypothèse plausible. Restait à élaborer la méthode en tenant compte de l'Occident. Par exemple, se retirer en désignant son successeur, qui serait soit un compagnon du même sérail soit, encore plus subtil, quelqu'un qui n'aurait *a contrario* « aucun lien apparent avec le FSB ». Poutine pouvait alors se faire nommer Premier ministre et régner en sous-main. Pour se représenter à nouveau à la présidence en 2012, voire avant, après un mandat sabbatique [1]...

L'hypothèse s'est depuis confirmée. Le président fait mine de s'éloigner un temps pour mieux revenir. S'il avait modifié la Constitution à seule fin de pouvoir se représenter sans limite de mandats, juste pour satisfaire ses appétits, ses calculs, ses ambitions personnelles, cette solution serait aussi apparue comme la plus amorale. En dépit du fait que les Russes l'auraient probablement acceptée, elle aurait pu éveiller les soupçons de l'Occident, le sortir de sa torpeur. Or, Poutine avait tout intérêt à soigner son image de « grand démocrate ». Renoncer à bricoler la Constitution en suggère la preuve. Qu'un autre se charge donc de cette « sale besogne » ! En outre, la « politique byzantine » évoquée par Nikita Petrov interdit en principe d'accomplir de tels actes en pleine lumière. L'exemple du président biélorusse Alexandre Loukachenko, surnommé « le dernier dictateur d'Europe », montre assez clairement que l'idée est mauvaise dès lors qu'on veut vendre au monde l'image d'une « Russie nouvelle », même si elle poursuit plus ou moins la stratégie de l'ex-URSS.

D'ailleurs, cette guerre d'intoxication des médias occidentaux dominée par l'opération spéciale « Promotion » du Kremlin pourrait donner des résultats beaucoup plus effectifs aujourd'hui qu'à l'époque soviétique. Là encore, on retrouve tous les calculs et combinaisons byzantins : se montrer en apparence moins susceptible, plus réservé, moins rusé, plus réfléchi dans ses actes tout en ne versant jamais dans un angélisme qui finirait par attirer l'attention et inverser le processus.

Pour réussir dans cette voie, il importe d'acheter des individus, des consciences, de les flatter, de les séduire, parfois d'employer le chantage ou la menace. En général cependant, ces disciples de

1. Voir *T comme Tchétchénie*, *op. cit.*

Machiavel obtiennent de bien meilleurs résultats par l'argent et la tentation du pouvoir que par la peur. Il existe donc aujourd'hui un « Russie nouvelle mode d'emploi », un précieux guide permettant de « convaincre » les gens utiles. L'URSS aux moyens limités, ne pouvant pas trop se le permettre, utilisait principalement l'idéologie. À l'heure actuelle, il en va tout autrement : l'argent est là. Des milliards. La marge de manœuvre s'avère donc infiniment plus large.

D'autant que, du jour au lendemain, la Russie s'est réaffirmée comme une grande puissance. Au cours de la dernière décennie, la loi de l'offre et de la demande conjuguée aux prix exponentiels des hydrocarbures a généré des bénéfices autrement plus substantiels que jadis. Un tour de passe-passe linguistique, gratifiant la Fédération de Russie du titre de « superpuissance énergétique », l'a métamorphosée en un État d'autant plus fréquentable qu'il s'agit d'« une démocratie souveraine », de retour dans le sacro-saint concert des nations, occupant le devant de la scène internationale, à l'endroit même où l'URSS se croyait installée à jamais.

Tout cela est incontestablement l'œuvre de Vladimir Poutine, initiateur d'une idéologie adaptée à des temps et un contexte nouveaux : le « poutchékisme ». Une doctrine basée, à l'intérieur, sur l'arbitraire, le mensonge et le terrorisme d'État, qui allie omnipotence corporatiste des *siloviki*, ces soldats de l'ombre, à des avoirs vertigineux. Si l'Union soviétique d'hier était un État-Parti policier, sous son impulsion la Russie s'est muée en État-KGB privatisé, dont les ressources s'appuient sur de colossales rentes pétrolières et gazières ainsi que sur les profits générés par les matières premières. Sans oublier les ventes d'armes.

Il faut rendre à Poutine… Dirigée par un tchékocrate cumulant pouvoirs exécutif et législatif, qui a éliminé opposition politique et contre-pouvoirs, transformé le Parlement en chambre d'enregistrement des oukases du Kremlin, mis au pas les oligarques, quasi muselé la presse, contrôlé l'audiovisuel et assujetti la justice aux ordres, la Russie s'est transformée en « démocrature », une *dictature* déguisée en *démocratie*, donc soluble dans la morale internationale. Les Russes eux-mêmes en plaisantent. Dorénavant, les secteurs économiques les plus importants sont regroupés au sein d'une « Corporation kremlinienne d'État » (Goskorporatsiïa-Kremlianka), une sorte de trust transnational très spécial, considéré comme « propriété privée » quand il s'agit de bénéfices, mais « propriété d'État » dès qu'il est question de la moindre dépense. Quant au montant des impôts à verser au Trésor (officiellement de 13 % pour tous, de la femme de ménage à l'oligarque), il est fixé « à l'œil » dans les bas-fonds de l'administration présidentielle.

D'autres composantes caractérisent le « poutchékisme », mêlant un nationalisme exacerbé, fortement teinté de xénophobie, de racisme et d'antisémitisme, un conservatisme patriotique orthodoxe, la conception d'un État ultra-autoritaire et une extrême méfiance vis-à-vis de l'étranger. Poutine incarne donc le rêve « grand-russe » de recomposition, au moins en partie, de l'empire implosé fin 1991. Ce régime pourrait aussi se définir comme un national-tchékisme.

En 2006, par exemple, la seule ONG Sova (Le Hibou) a recensé cinq cent trente-neuf actes racistes qui firent cinquante-quatre victimes, ce qui représente 17 % d'augmentation par rapport à l'année précédente. Outre les ressortissants d'Asie centrale et du Caucase, les étudiants étrangers, originaires d'Afrique, d'Amérique latine et d'Asie, constituent des cibles de choix. Ces jeunes n'en reviennent pas de voir, dans les grandes villes russes, les détachements néonazis arborant la croix gammée célébrer, chaque année, l'anniversaire d'Adolf Hitler, le 20 avril. Pour les ex-Soviétiques, cette cérémonie est banale. Quant à l'Occident, probablement un peu gêné, il ne bronche pas. Pendant ce temps, l'alliance Kremlin-services secrets-Église orthodoxe russe prêche l'idée que la Russie éternelle est le futur Messie du monde.

Il faut reconnaître qu'en Poutine prédateurs et militaires ont trouvé un ardent défenseur de leurs appétits corporatistes. Depuis 1999, ils ont atteint leur objectif prioritaire : s'emparer d'un maximum d'actifs russes grâce à une redistribution souterraine des richesses. Juste revanche selon eux puisque, contrairement aux parrains et oligarques, les *siloviki* estiment avoir été gravement lésés sous Eltsine.

Tout pourrait donc être parfait dans la « meilleure des Russies » si des « excités » tel Gary Kasparov, porte-parole de L'Autre Russie (qui tente de fédérer une opposition disparate), ne salissaient l'image du pays sous prétexte de « désaccords » avec le paradis poutchékiste. Sans compter les avertissements répétés d'Andreï Illarionov, ex-conseiller économique du Kremlin, qui prévient que ce « modèle corporatiste conduit le pays droit dans le mur ».

Deux Russies ?

Début juin 2005, Illarionov osait même déclarer que la Russie « englobe deux pays en un seul [1] ». En haut, le « pays Potemkine » regroupant les hiérarques officiels et officieux du pouvoir, caractérisé par une bureaucratie tchékiste qui bafoue la loi et confisque les libertés fondamentales. En somme, une néodictacture sans foi ni loi, en guerre contre la société civile, un régime qui contraint et menace impunément le peuple. En bas, il y a « l'autre Russie », celle des citoyens, qui rêvent de droit, de justice, de prospérité et de liberté, en danger d'implosion pour cause d'inégalités, de discrimination négative, de privilèges élitistes érigés en loi d'État.

Le Kremlin semble parfaitement conscient de cette scission. Ce n'est pas un hasard si ses conseillers en image politique déclarent avec vigueur, à l'intention de l'Occident, que toute mesure ferme visant des officiels russes sera considérée comme dirigée contre la Russie. Rien de plus aisé que de créer une confusion entre deux pôles distincts (pouvoir et peuple) afin d'utiliser le pays comme bouclier.

En politologue averti, Alexandre Rykline se hasarde à pronostiquer une évolution possible : « Je suis convaincu qu'en Russie, il y a déjà assez de gens conscients du tragique et du danger de la situation actuelle. Une situation où l'appareil d'État, aux mains d'un groupe restreint, s'est transformé en instrument au service exclusif de ses intérêts propres et, par définition, hostile à la majorité des citoyens. Dans le même temps, un krach, la brusque désagrégation du système (ce qui dans les conditions d'un pouvoir faible est à terme le scénario le plus probable), menace le pays d'un terrible séisme, d'un malheur inouï [2]. »

1. *Novaya Gazeta*, n° 57, 2006.
2. *Ejédnevnyï Journal* (Le Quotidien), 9 août 2007.

Le paradoxe russe

Étrangement, plus le régime se renforce, et plus il paraît s'affaiblir. Pour Rykline, deux semaines de libres débats sur les principales chaînes TV du pays suffiraient à détruire à jamais le mythe de la fameuse stabilisation poutinienne et faire voler en éclats la prétendue popularité des représentants influents de la nouvelle « élite » russe : la nomenklatura militaro-tchékiste. Quelle est la légitimité d'un pouvoir que deux semaines de liberté de parole télévisée permettraient de faire tomber ?

De son côté, l'économiste Lilia Chevtsova, du centre Carnegie-Moscou, met en évidence le caractère paradoxal de la situation russe [1]. D'une part, l'opposition demande aux leaders et à l'opinion occidentaux d'intervenir auprès de Poutine et des dirigeants russes afin qu'ils communiquent plus en douceur avec la société. Du coup, les propagandistes du Kremlin l'accusent de manquer de patriotisme. De l'autre, le pouvoir russe en appelle aussi à l'Occident avec une énergie teintée de désespoir afin qu'il soutienne sa politique, son modèle de développement, son nouveau statut de superpuissance – énergétique cette fois.

Si les raisons de l'opposition russe semblent claires, en revanche, celles de la classe dirigeante s'avèrent masquées. Pourtant, les discerner ne présente guère de difficulté, assure Chevtsova. Le clan des élites politico-économiques cherche à s'ancrer – ensemble ou séparément – dans la communauté occidentale grâce à des locomotives comme Rossneft, Gazprom, etc. Tout en veillant à rester l'unique bénéficiaire de l'opération, car le pays n'y gagnera rien. Cet objectif se marie parfaitement au sentiment antioccidental affiché par ces élites. L'oligarchie fait donc d'une pierre deux coups : d'abord, elle crée le mythe d'un Occident ennemi, destiné à usage interne, ce qui ne l'empêche pas de poser ses conditions d'intégration au business occidental. Incapable de gérer une société ouverte, le pouvoir s'ouvre la porte de l'Occident pour mieux la claquer au nez de sa société civile, conclut l'économiste.

1. *Novaya Gazeta*, n° 55, 24-26 juillet 2006.

Ainsi, le fossé entre une politique étrangère d'apparence pro-occidentale et l'érosion du climat social et des libertés fondamentales russes ne fait que se creuser en profondeur. En dépit d'un simulacre d'élections, la Russie poutchékiste, à mille lieues de l'État de droit ou d'un embryon de démocratie, reste un État de force, au système antioccidental et non libéral. Mais le soutien de l'Occident lui est indispensable pour légitimer son image de « superpuissance énergétique », concept conforme aux intérêts d'une élite métamorphosée en classe parasitaire de rentiers.

Analyses pessimistes ? Réalistes, plutôt. D'abord, bien que l'opinion occidentale se préoccupe de l'évolution de la Russie, l'opposition russe ne devrait pas trop compter sur le soutien de ses dirigeants, forcés de concilier les valeurs démocratiques, européennes, avec les exigences pragmatiques de la *Realpolitik*. Ils ont beau exprimer des réserves, ils veillent à ne pas dépasser certaines limites pour ne pas nuire à leurs bonnes relations avec le Kremlin. Or, accepter aveuglément les conditions de l'élite russe reviendrait à transposer ses règles du jeu opaques dans la politique internationale. Ce qui, pour le monde libre, serait suicidaire. « N'oublions pas, insiste Chevtsova, que l'État russe applique les règles du milieu [mafieux] ; par conséquent, il ne dispose pas des mécanismes permettant de résoudre des conflits éventuels [1]. »

Et l'économiste de décrire les élections à la fois comme un facteur de légitimation du pouvoir en place et une bombe à retardement amorcée par ce même pouvoir. Car, selon elle, son obstination à vouloir tout diriger, tout contrôler et proclamer des résultats prédéterminés finira à terme par le délégitimer. Et administrer un pays sans légitimité réelle peut se révéler complexe même pour le Kremlin. Tôt ou tard, la Russie risque d'être confrontée à une situation de crise que personne, ni le pouvoir ni l'opposition, encore moins la société civile, n'est prêt à affronter. Vladimir Poutine donne parfois l'impression d'avoir conscience de la menace, à la différence près qu'il la situe à l'extérieur du pays.

Le 9 mai 2007, en l'écoutant célébrer le jour anniversaire de la Victoire sur la place Rouge, ses concitoyens auraient pu se croire toujours encerclés par l'ennemi : « Nous n'avons pas le

1. *Novaya Gazeta*, *op. cit.*

droit d'oublier que toute guerre résulte d'abord des fautes et des erreurs commises en temps de paix, qu'elle prend racine dans la confrontation idéologique et l'extrémisme, et ce d'autant plus que, de nos jours, les menaces de ce type ne diminuent pas. Elles ne font que se modifier, changer d'apparence. Comme au temps du IIIe Reich, ces menaces nouvelles font preuve du même mépris de la vie humaine, des mêmes ambitions à dominer le monde en dictant ses quatre volontés. »

Une grosse pierre dans le jardin de G. W. Bush, dont la politique étrangère, a été, il est vrai, globalement néfaste pour les États-Unis et le reste du monde.

Le 13 mai 2007, des intellectuels confient leur désarroi au micro des *Échos de Moscou* : « Voilà, toujours le même antiaméricanisme primaire. La Russie n'a plus d'alliés. » Stanislav Belkovski, directeur de l'Institut de stratégie nationale, se dit nullement étonné : « La Russie n'aura pas d'alliés tant que l'élite politique actuelle restera en place. Le pays, géré par des businessmen préoccupés de leurs seuls intérêts personnels, n'a pas de doctrine géopolitique. Voilà pourquoi il ne peut conclure aucune alliance politique. En l'occurrence, il ne s'agit pas seulement d'affairistes, mais de businessmen à la psychologie criminelle, qui gèrent le territoire comme n'importe quel groupe du crime organisé. En réalité, ils ne cherchent pas la confrontation avec les États-Unis. Ces déclarations sont d'ordre rhétorique. L'élite au pouvoir estime que l'argent décide de tout. Concernant ses avoirs comme son mode de vie, elle dépend trop des États-Unis. Le premier juge d'instruction d'une province lointaine – américaine ou autre – qui peut placer leur argent sous séquestre les terrifie plus qu'une secousse tectonique des couches géopolitiques. Sur le plan politique, la Russie est esclave des États-Unis, et non son ennemie. »

Faux scrutins

Quoi qu'il en soit, à l'été 2007, les Russes nourrissent encore l'espoir de choisir le moindre mal. Bien entendu, tchékistes et militaires ne lâcheront pas le pouvoir. L'opposition demeure faible, composite, invertébrée, mais si Kasparov et ses partisans parvenaient à rassembler ne serait-ce que 5 à 10 % des suffrages, ce serait un beau début.

À l'automne 2007, le Kremlin entre en effervescence : Poutine nomme un nouveau Premier ministre, faisant preuve d'un soudain intérêt pour son parti politique. Que cherche-t-il ? Un dauphin ? Un homme de paille ? Un clone ? Le 1er octobre 2007, interrogé par *Radio Svoboda*, le politologue Belkovski s'exclame : « Poutine fait une erreur colossale ! » Erreur colossale parce qu'il devient manifeste qu'il veut conserver le pouvoir à tout prix, sous une forme ou une autre, durant plusieurs mandats, car il lui est impossible d'envisager une transmission pacifique du pouvoir. Quant aux élections, pas de problèmes : la commission électorale dépouillera le scrutin conformément aux directives.

Anna Politkovskaïa confirmait nos déductions des années 2000 : « Le pouvoir a tout de même dû truquer le scrutin. [...] Pour faire gagner Poutine à la présidentielle et Russie unie aux élections législatives, partout au niveau local, les autorités ont fait pression sur les présidents des bureaux de vote. On les a menacés, soudoyés, on les a fait chanter, on les a intégrés, de gré ou de force, dans le cercle vicieux des mensonges et des compromissions... et au final, dans tout le pays, les élections ont été largement truquées. La plupart des membres des commissions électorales auxquels j'ai pu parler m'ont dit qu'ils craignaient pour la vie de leurs familles et qu'ils préféraient falsifier les scrutins que de perdre leurs proches [1]. »

Et de s'interroger avec amertume : « Qui peut affirmer, dans ces conditions, que nous n'assistons pas au retour du stalinisme ? » Effectivement, en matière électorale, le rusé Staline répétait volontiers : « L'important, ce n'est pas le nombre de voix, mais la manière de dépouiller le scrutin... » Connaissant les risques, des conseillers du Kremlin affirment même, sous couvert d'anonymat, que l'actuel président russe ne serait pas arrivé en tête de la présidentielle de 2000... Sous-entendu « sans de telles méthodes ».

Quant à Vladimir Boukovski, il nous révèle ce qu'il sait de source sûre : « Poutine, totalement inconnu des Russes, n'a pas été élu. En réalité, il est arrivé second derrière le communiste Ziouganov... qui

1. A. Politkovskaïa, *Douloureuse Russie. Journal d'une femme en colère*, Buchet-Chastel, 2006.

fut pourtant le premier à le féliciter de sa victoire ! » Mais pourquoi falsifier les scrutins ? Pour quelles raisons ? Anna Politkovskaïa en fournit une excellente : « Tous les taux de popularité affichés dans notre pays sont faux, même si l'Occident fait mine de croire à la véracité de ces chiffres [1]. »

Il est vrai que la cote de popularité de Poutine a de quoi rendre jaloux tout leader occidental. Comment fait-il pour frôler 80 % d'opinions favorables ? Parallèlement, d'autres sondages, réalisés par l'institut VTsIOM, montrent que 60 % des Russes ne s'intéressent pas à la politique. Ce qui pousse des intellectuels rigoureux à de savants calculs : combien représentent 80 % de 40 % ? D'autant que, selon le même institut de sondages, seulement 23 % des personnes interrogées avouent faire cas de l'opinion présidentielle. Dans ce domaine aussi, comme aux temps soviétiques, sondages et statistiques sont falsifiés afin de persuader l'Occident que tout le peuple se tient derrière Poutine. Certains Russes aiment Poutine simplement parce qu'il est l'antithèse de l'Eltsine déclinant des dernières années : jeune, sportif, ne buvant pas en public, il offre une autre image à l'étranger. Pourtant, Eltsine savait parler au peuple, entretenant avec lui des rapports affectifs. Tel n'est pas le cas avec Poutine ni avec Medvedev.

Choisi et adoubé à la fois par les prédateurs de l'ombre détenteurs du vrai pouvoir et par le clan Eltsine, Vladimir Poutine a été propulsé à la présidence pour remettre la Russie sur les rails après les dérapages eltsiniens. Il importait alors de rétablir un régime autoritaire pour restaurer l'ordre. Livrer le destin du pays au hasard d'une élection pluraliste, même pseudo-démocratique, était hors de question.

Après les prétendues législatives de décembre 2007, le simulacre électoral de mars 2008, entérinant une simple « passation de pouvoir » de Poutine à Medvedev, du tsar au tsarévitch ou au régent, l'a amplement prouvé. À la longue, les Russes sont peut-être las de décrypter les déclarations présidentielles afin de deviner de quoi demain sera fait. Surtout quand il fait alterner bâton et carotte.

Le 4 juin 2007, une fois de plus, Poutine avait tenu un discours musclé devant la presse internationale à la veille du G8 devant se tenir en Allemagne. En réponse au déploiement du bouclier antimissile

1. *Ibidem.*

américain en République tchèque et en Pologne, Poutine avait menacé de pointer les missiles nucléaires russes sur de nouvelles cibles en Europe. À quoi le *Daily Telegraph* britannique réagit en conseillant de « mettre les Russes dehors ! » (du G8), tandis que le *Times* titrait à la une : « Poutine ressuscite en Europe le spectre de la guerre nucléaire » [1].

De son côté, l'expert militaire Alexandre Golts tente de calmer ses lecteurs après les menaces du président russe : « Si Poutine n'a pas été pris de démence fulgurante, cela veut dire que le chef de l'État cherchait l'affrontement volontaire avec ses partenaires. Ou il a consciemment dénaturé les faits ou bien – pis encore – il a été désinformé. Une chose est sûre : il n'a besoin ni d'une Guerre froide absurde, ni d'une course aux armements dont la Russie n'a pas les moyens. Ce qu'il lui faut, c'est un Rideau de fer qui isolerait le pays. Et que les leaders occidentaux, déconcertés par sa grossièreté, sa réaction inadéquate, ferment les yeux sur le mode de transmission du pouvoir chez nous. Il doit absolument préserver de toute critique le petit château de cartes censé être légitime, et que Poutine lui-même ignore comment construire [2]... »

Déjà, des rumeurs rampantes insinuent que, si Poutine perdait l'immunité présidentielle, il pourrait être traduit en justice à l'instar de Pinochet, au risque de partager le sort de son grand ami Milosevitch. Les chefs d'accusation ne manquent pas, affirme le *Sunday Times* britannique (du 12 mars 2007), citant Youri Chvets, officier transfuge du KGB et ami de Litvinenko, dont on connaît la mort tragique. Ce que l'on ignore, c'est qu'après son assassinat Pol Joyal, grand ami de la victime, vice-président de la firme National Strategies à Washington, a été grièvement blessé dans un attentat. Est-ce un pur hasard si cet expert en renseignement et terrorisme auprès du Sénat américain a été pris pour cible juste après un entretien avec Oleg Kalouguine, autre ancien du KGB, à propos de certaines preuves que lui aurait confiées son ami Litvinenko ? La tentative laisse peu de place au doute...

C'est fou comme les *siloviki*, décidément mauvais perdants, s'acharnent à venger les vols de documents susceptibles de les

1. Fin janvier 2009, après l'élection de B. H. Obama, le nouveau président américain, dans l'espoir de meilleures relations avec les États-Unis, la Russie a provisoirement gelé ce projet belliqueux.

2. *Ejédnevnyï Journal*, 5 juin 2007.

compromettre. Depuis l'été 2007, ils s'entraînent probablement au tir sur une cible à l'effigie de Boris Kouznetsov, un célèbre avocat moscovite défenseur du sénateur Tchiakhmakhtchian, qui a découvert que le FSB avait mis son client sur écoute bien avant l'autorisation légale. Après une plainte en justice, Kouznetsov s'est vu lui-même accusé… de divulgation de secret d'État. Il a néanmoins réussi à fuir à l'étranger au dernier moment, emportant trois cents Go (Gigaoctets) de données informatiques secrètes compromettant le FSB-KGB comme jamais. Un coup de maître qui a mis le juriste en grand danger.

Si jamais l'Occident apprend des « secrets de famille » noircissant l'image des autorités russes, il suffira de durcir un peu plus le ton. « L'antidiplomatie russe des dernières années se fonde sur la conviction que la politique étrangère doit avant tout être "dure", explique le politologue Kyrill Rogov. Elle sera alors interprétée comme une manifestation de force, ce qui entraînera non seulement des concessions concrètes, mais également, chose beaucoup plus importante, la reconnaissance de cette force. Pour nous expliquer leurs conflits en politique internationale, les politiques russes répètent sur tous les tons le mot "dureté". Il représente manifestement à leurs yeux une valeur en soi. Une valeur beaucoup plus grande que les succès ou les échecs concrets dans tel ou tel domaine.

Or, la dureté n'a aucune valeur en soi. Ou, plus exactement, elle en comporte une : négative. La dureté n'est pas une preuve de force, mais bien de faiblesse, d'un manque de confiance en soi et d'une inaptitude au compromis. Une nette conscience de sa propre sous-évaluation. En outre, elle rend la politique étrangère extrêmement vulnérable et rigide. Il suffit que l'on manque légèrement de respect à notre brutalité, et il ne nous reste plus qu'à nous sentir outragés et à claquer la porte. D'où ce mélange d'agressivité et de susceptibilité qui caractérise notre rapport au monde extérieur [1]. »

Du bon usage de Medvedev

Qu'on le veuille ou non, l'« élection triomphale » de Dmitri Anatoliévitch Medvedev, le 2 mars 2008, ne devrait pas changer

1. *Novaya Gazeta*, 14-17 juin 2007.

grand-chose, puisque le système demeure en place. En fait, tout en affichant sa volonté de « ne pas violer » la Constitution, le clan poutchékiste a mis en scène une farce électorale lui permettant de déplacer ses pions à sa guise au sommet de l'État.

Cette fois, c'est une figure plus conforme à l'air du temps qui a été placée sous les projecteurs. Plus jeune, plus moderne, il semble plus avenant, plus policé que son prédécesseur. Ne nous y trompons pas. Transformer trop longtemps le Kremlin en Kremlianka finissait par desservir l'image du pays. Il fallait donc annoncer *urbi et orbi* que le KGB quittait la présidence de la Russie. Ce n'est pas un hasard si la « non-appartenance » à l'oligarchie tchékiste de Medvedev, le nouveau président, est serinée avec tant d'insistance. Même ceux qui savent pertinemment que le meilleur agent est celui dont chacun ignore les activités véritables font semblant d'y croire. En vérité, que Poutine fasse confiance à un homme qui ne serait pas du sérail est un non-sens total. Impensable ! Du reste, Medvedev fait partie du clan de Saint-Pétersbourg, le fief de Poutine, mais est-il un agent du FSB ou d'un autre service ? La vérité pourrait bien être très surprenante...

Car « Vladimir Poutine aurait approché le jeune juriste lorsqu'il n'était encore qu'un étudiant de la faculté de droit de Saint-Pétersbourg pour le "recruter" comme informateur du KGB [1] ». Or, les Russes comme les Soviétiques savent que moucharder est infiniment pire que d'être un agent, car le mouchard dépend en permanence de la bonne volonté de son « employeur ». Même si ce dernier n'a aucun intérêt à ce que son auxiliaire soit démasqué, l'informateur vit dans l'angoisse. Pis encore : être tchékiste est « noble », tandis que le délateur appartient à la lie de la société.

En mars 2008, au moment de la « victoire » de Medvedev à la présidentielle, l'exclamation argotique poussée par Poutine est passée inaperçue : *« Rébiata, éto jé dembel ! »* Traduction : « Les gars, c'est la quille ! » Et, pour dissiper les doutes éventuels, Poutine a martelé : *« Okontchanié sroka sloujby ! »* « C'est la fin du service actif ! » Comme pour se moquer de ceux qui n'ont cessé de le qualifier d'« ancien du KGB »...

Le 7 mai 2008, faste et solennité ont présidé à l'intronisation

1. *Le Figaro*, 16 novembre 2005.

de Dmitri Medvedev propulsé à la présidence de la Fédération de Russie. Comme prévu, à quarante-deux ans, le jeune disciple a été fait président par la seule volonté de Vladimir Poutine. En prêtant serment sur la Constitution, le nouveau leader a promis sans rire de « poursuivre le développement des droits civiques et économiques, de défendre les libertés et de servir fidèlement le peuple ». Lors de son plébiscite, en 2000, Vladimir Poutine avait promis exactement les mêmes choses, mais aussi la « dictature de la loi ». Il avait simplement omis de préciser qu'il s'agissait d'une loi tchéko-mafieuse.

La diplomatie française applaudit pourtant à la passation de pouvoir électorale, comme aux meilleures heures de la présidence de Jacques Chirac, lorsque celui-ci, en 2003, lors du tricentenaire de Saint-Pétersbourg, avait décerné un « brevet de démocratie » à son cher Poutine.

Désormais, c'est Bernard Kouchner qui reprend le flambeau en s'émerveillant, le 8 mai 2008, du fait que Medvedev « a été magnifiquement élu » et en confirmant que la Russie est « sans aucun doute une démocratie ». Naïveté, hypocrisie ou cynisme [1] ?

Quel fut, le 8 mai 2008, le tout premier acte du président Medvedev ? Tout sauf une surprise : la nomination de Poutine comme Premier ministre, un accord passé bien avant la présidentielle. À peine investi par la Douma, ce dernier déclare : « Nous nous fixons des objectifs non pour les deux ou trois mois à venir mais pour les prochaines vingt ou trente années. » « Nous nous. » Serait-ce que le tandem Poutine-Medvedev n'a pas l'intention de renoncer au pouvoir de sitôt ? Il est vrai qu'en cumulant l'alternance des mandats présidentiel et de chef de gouvernement, ils peuvent tenir les rênes du pays durant une bonne génération.

La Russie serait-elle désormais gouvernée par un pouvoir bicéphale ? Un faucon à deux têtes au Kremlin ? Voilà une grande première pour une oligarchie pétro-gazière ! De fait, tout appel à Poutine devra donc, pour la forme, passer par Medvedev, et *vice versa*, tel, par exemple, celui du journaliste français Alexandre Adler : « Qu'il me soit permis de donner ici un conseil et aussi un

1. AFP, 8 mai 2008.

avertissement amical à Vladimir Poutine. Le terme de *"silovik"*, que l'on préfère généralement à celui plus rigoureux de "tchékiste", ne veut rigoureusement rien dire sur le plan politique. C'était un geste très remarquable de la part de Poutine que d'avoir fleuri, au début de son mandat, la tombe de Youri Andropov. Mais Andropov était tout sauf un corporatiste des organes : depuis la fin des années 1930 jusqu'à son dernier combat contre Souslov et les brejnéviens, Youri Andropov n'a cessé de combattre le stalinisme, le chauvinisme et l'antioccidentalisme, tout comme Beria. [...] Il faut résolument choisir Andropov, ce qui veut dire demeurer prudent dans les alliances contre nature avec la Chine et l'Iran actuel. L'avenir de la Russie, on le trouve en toutes lettres dans son passé occidentaliste, dans le testament d'Andropov [1]. »

Certes, ce conseil d'un partisan de la première heure n'est pas mauvais en soi, mais ni Poutine ni Medvedev n'ont aucune raison de le suivre. Tout porte à croire qu'ils sont même décidés à faire le contraire...

Au fond, que Poutine parte ou qu'il continue de tirer les ficelles en coulisses importe peu. Car, solidement implanté, le système poutchékiste fonctionnera malgré tout afin de préserver pouvoir et capitaux. Avec un nouveau président aux mains blanches, sans « aucun lien » apparent avec le KGB. Dauphin qui, pour le moment, marche sur les traces de son mentor : « Je n'ai absolument aucun problème avec le fait que des personnes issues des services spéciaux occupent davantage de fonctions au sein de l'État », aurait assuré Medvedev. Affirmation reprise du livre d'entretiens réalisé par le grand journaliste Nikolaï Svanidzé, paru à Moscou [2].

Cette seule idée met Belkovski en colère : « C'est une véritable tragédie pour le pays. Cela veut dire que la Russie est privée de perspective historique, de l'espoir le plus infime que ce pouvoir puisse changer. Et que ce poutinisme endurci, stupide, incompétent, dépourvu de la moindre étincelle d'énergie créatrice, s'incruste pour une période indéfinie, illimitée, qui ne pourra se terminer que par un krach, par l'implosion de la Russie. »

La confirmation ne tarde pas. Dès le 5 novembre 2008, dans son

1. *Le Figaro*, 15 octobre 2007.
2. *Le Point*, 10 avril 2008.

premier discours à la nation, Dmitri Medvedev propose de porter la durée du mandat présidentiel de quatre à six ans. L'idée n'est pas nouvelle, puisque Poutine l'avait déjà évoquée le 4 juin 2007 devant la presse internationale, à la veille du G8 en Allemagne. Et chacun sait au Kremlin que les désirs de Poutine sont des ordres : les amendements adéquats à la Constitution sont donc votés en un temps record, neuf jours plus tard ! Reste à organiser des élections législatives et présidentielles, dont les dates ne sont pas encore fixées. Des « consultations » anticipées ? Peut-être. Cette proposition de Medvedev ferait-elle partie de la stratégie permettant le retour officiel de Vladimir Poutine à la présidence ? Grâce à une modification de la Constitution que, soucieux de sa réputation de « démocrate », il s'est refusé à réaliser lui-même ? S'appuyant sur des sources anonymes proches de la présidence, le quotidien officiel *Vedomosti* (Les Informations) anticipe déjà le processus : « Medvedev pourrait démissionner, arguant qu'en raison de la modification constitutionnelle des élections devraient se tenir dès 2009 [1]. »

Étant donné la conjoncture actuelle et la récession mondiale, qui obligent les milliardaires russes, victimes de la crise, à quémander l'aide du Kremlin, ce rapide retour de Vladimir Poutine semble tout à fait plausible. Après une nouvelle passation de pouvoir sous couvert de présidentielles anticipées, par exemple, Poutine pourrait revenir sur la scène internationale plus tôt que prévu. Que ce plan machiavélique soit l'œuvre de Vladislav Sourkov, l'éminence grise du Premier ministre, n'aurait rien d'étonnant. Ce qui confirme nos dernières analyses : Medvedev, timide et discret, n'est qu'un « intermittent » du spectacle politique monté par le Kremlin. *Vedomosti* complète le tableau en annonçant que Poutine est déjà en campagne électorale… La gouvernance byzantine s'illustre avec éclat !

En définitive, que le pouvoir soit exercé par « Medvoutine » ou « Poutinev » importe peu. L'important est que la corporation tchékiste conserve le pouvoir, car le pays doit renforcer d'urgence son potentiel militaire.

Dès le 27 juillet 2007, le quotidien économique *Vzgliad* (Le Regard) titre à la une : « Les États-Unis vont déclencher une guerre contre la Russie. » La première idée qui vient naturellement à l'esprit

1. *Vedomosti*, 6 novembre 2008.

du lecteur, c'est qu'il s'agit d'un canular. Erreur. Dans l'esprit des autorités russes, cela pourrait devenir une fatalité si elles tardaient à prendre les mesures qui s'imposent.

Durant l'été 2007, à Moscou, un groupe d'experts militaires des plus chevronnés a planché sur le thème suivant : les États-Unis vont-ils vraiment attaquer la Russie, quand, pourquoi, et qui seront leurs alliés ? Le pronostic du général Alexandre Vladimirov, vice-président du Collège des experts militaires de la Fédération de Russie, convaincu que l'Amérique louche sur les sous-sols russes regorgeant de matières premières, s'avère extrêmement pessimiste. La cible privilégiée des États-Unis étant, selon lui, la Sibérie. Pour Vladimirov, afin de coiffer les Chinois au poteau, les Américains attaqueront dans dix ans au plus tard. Motif subsidiaire : « liquider leur concurrent le plus puissant ».

Quant à Alexandre Charavine, sa fonction de directeur de l'Institut d'analyse politique et militaire lui impose une vision plus globale. Il en conclut que la guerre est possible au cas où la Russie provoquerait les États-Unis. Par exemple, en accordant un soutien politique et militaire actif à leurs principaux adversaires : Chine, Iran, Venezuela et autres. Mais la Russie peut aussi bien s'attirer les foudres des faucons de Washington par sa faiblesse militaire, notamment l'obsolescence de ses forces nucléaires stratégiques et de ses systèmes de défense antimissile (PRO).

Le directeur de l'Institut envisage enfin une troisième hypothèse : la politique interne russe visant à étouffer la démocratie en éliminant l'opposition leur fournira un motif supplémentaire. Petit bémol à la clé : l'inévitable ne se produira que s'il y a combinaison de ces trois facteurs.

Leonid Ivachov, de l'Académie de géopolitique, à la réputation internationale, ne nie pas l'existence du scénario d'une attaque américaine contre la Russie. Effectivement, les États-Unis ont l'air de se préparer discrètement à cette campagne militaire car « on mitonne déjà l'opinion publique à la sauce antirusse... ». Ainsi, les États-Unis voudraient « réaliser leur rêve vieux de plus d'un siècle de domination du monde, en commençant par écarter l'obstacle majeur que représente la Russie, afin d'instaurer leur contrôle absolu sur l'Eurasie ».

L'air grave, Ivachov énumère les richesses naturelles de la Russie en mettant l'accent sur le facteur démographique : la population mondiale est en augmentation constante, tout comme ses besoins en matières premières. En vérité, les amis occidentaux de cet officier ont toujours apprécié sa sincérité, ses qualités de cœur et ses compétences. De son côté, Ivachov les connaît et les estime à sa manière : « Excepté la Grande-Bretagne, la Pologne et les pays Baltes, la totalité de l'Europe combattra la Russie sans entrain. »

Le général Viktor Essine, autre vice-président du Collège des experts militaires, a presque l'air d'un dissident à cette réunion. Il raisonne avec bon sens : « Si on examine les conséquences d'un tel conflit, alors il ne profitera ni aux intérêts vitaux de la Russie, ni à ceux des États-Unis. »

Pour sa part, Alexandre Chatilov, directeur adjoint du Centre de conjoncture politique, aborde un problème plus vaste : le pacifisme mondial peut-il dépasser soixante ans ? « En pratique, une "saignée" menace périodiquement le monde ; jusqu'ici, nous nous en sommes sortis avec de petites guerres locales, sans affrontement général. La question est de savoir combien de temps cette situation peut durer. »

Les relations entre Russie et États-Unis ? Chatilov admet que l'on observe un net rafraîchissement entre les deux parties, bien qu'aucune d'elles ne l'affiche publiquement : « La Russie est en train de reconquérir des positions perdues à la croisée des années 1980-1990, ce qui suscite le mécontentement des États-Unis. »

Le 13 mai 2007, le député Alexeï Mitrofanov, qui vient de quitter le parti ultranationaliste de Jirinovski – ce qui implique qu'il est plus faucon que colombe –, s'exprimait sur le même sujet au micro de *Radio Svoboda (Liberty)*. En tant qu'ancien de l'Institut des États-Unis et du Canada, il parlait en connaissance de cause : « Les Américains étaient opposés à l'effondrement de l'URSS. Ils acceptaient à la rigueur que les Baltes la quittent. Mais ils étaient horrifiés à la seule idée que le nucléaire soviétique puisse s'éparpiller tous azimuts. »

S'agissant du nucléaire, Chatilov est bien obligé d'admettre que la probabilité d'une agression américaine n'est pas aussi forte que certains le laissent entendre, « d'autant que le territoire américain n'est pas recouvert de boucliers antimissiles et que la Russie possède un arsenal suffisant pour riposter du tac au tac ».

En dépit de ces légères divergences d'opinions frappées au coin du bon sens, les militaires en arrivent à une conclusion unanime : il faut continuer de s'armer, et mettre les bouchées doubles ! Brejnev constatait déjà, en son temps, que l'humanité possédait de quoi pulvériser la planète une vingtaine de fois, même si la première confrontation risquait d'être la dernière. Cette détermination forcenée et suicidaire de poursuivre la course aux armements, en l'accélérant, ne cacherait-elle pas autre chose ?

Un groupe de scientifiques, allant de Pavel Bykov à Olga Chadrina, a étudié le programme militaire exposé en 2006 dans la « Lettre à la nation » de Vladimir Poutine [1]. Le président y soulignait que la Russie devait revenir à la doctrine militaire soviétique des années 1970-1980, quand l'URSS pouvait non seulement tuer dans l'œuf la moindre velléité d'attaque, mais également mener des guerres victorieuses en n'importe quel point du globe.

Dans leur étude, ces experts passent d'abord en revue la situation réelle de la défense russe. À l'époque évoquée, l'Union soviétique comptait six mille têtes nucléaires, plusieurs porte-avions, plus de vingt sous-marins patrouillant en permanence au fond des océans. Qu'en reste-t-il aujourd'hui ? À Moscou, la défense antimissile s'est effondrée ; elle demeure plus ou moins opérationnelle le long des frontières sud et ouest de la Russie. Il ne reste que deux mille têtes nucléaires sur les six mille initiales. Les experts soulignent qu'au moment où une Russie pacifique détruisait ses arsenaux, de l'autre côté de l'océan, l'Amérique, elle, les stockait !

À écouter Sergueï Ivanov, alors ministre de la Défense et vice-Premier ministre, on constate que la disponibilité immédiate des armées atteint à peine 70 % et que 20 % seulement des techniques militaires sont plus ou moins modernes. Une bonne moitié des vingt mille chars de l'armée de terre exige des réparations conséquentes. Quant à l'armée de l'air, seuls trois cents sur deux mille appareils en service sont en état d'effectuer des missions de combat.

Et pourtant, en ce qui concerne ses crédits militaires, la Russie fait partie du club des dix premiers pays mondiaux. En 2005, par exemple, son budget de défense s'élevait à quinze milliards de dollars (à titre de comparaison, ceux de la France et de l'Allemagne

1. *Expert*, n° 2, 2007.

sont trois fois supérieurs, mais une grande partie de ces crédits est affectée aux traitements et salaires). La même année, les commandes de l'État russe passaient de 1,7 à cinq milliards de dollars, s'élevant à huit milliards en 2006. Le total des cinq dernières années se chiffre ainsi à douze milliards de dollars. Ce budget aurait dû permettre de construire au moins deux porte-avions dernier cri avec une flotte d'accompagnement et un grand nombre d'infrastructures terrestres. En réalité, à partir de 2000, il a servi à l'achat de cinquante chars T-90S, de plusieurs avions et hélicoptères. S'y ajoutent une vingtaine de missiles balistiques intercontinentaux Topol-M valant un petit milliard de dollars. Comble de l'ironie : la Défense n'a aucune explication à donner quant aux neuf milliards manquants.

Dans les années 1960, les Soviétiques se chuchotaient avec délectation une blague pleine de sens : Kennedy et Khrouchtchev se sont livrés une guerre nucléaire sans merci jusqu'à épuisement des stocks. Kennedy appelle alors le Kremlin sur le téléphone rouge : « *Hi, Mister K.* Rendez-vous, il ne vous reste plus de bombes ! » Nikita Khrouchtchev hésite en se grattant le crâne. Mais quelqu'un fait irruption dans son bureau en hurlant : « Nikita Sergueïevitch, on nous a téléphoné de Sibérie. Ils viennent de trouver cinq bombes dans une mine désaffectée ! » Fou de joie, Khrouchtchev pavoise : « *Priviet'* [Salut], John ! À vous de vous rendre : il m'en reste encore cinq ! » Avec un soupir désespéré, J.F.K. se tourne alors vers son état-major : « *Sorry, guys*, mais aussi longtemps que les Soviets vivront dans un tel bordel, ils resteront invincibles ! »

Trêve d'illusion : les chiffres que les Russes laissent filtrer sont hautement fantaisistes, surtout depuis que le FSB traque les « scientifiques espions ». Par contre, le pillage tous azimuts demeure bien réel. Tout comme la menace que représente le complexe militaro-industriel dont les entreprises manquent cruellement de financements. Après la mystérieuse catastrophe du *Koursk* d'août 2000 (cent dix-huit marins sacrifiés), dans la nuit du 8 au 9 novembre 2008, un autre sous-marin nucléaire, le *Nepra*, fait vingt nouvelles victimes. Cette fois, il s'agit d'un bâtiment flambant neuf, en rodage avant d'être cédé en leasing à l'Inde. Les enquêteurs s'interrogent : défaillance technique ou erreur humaine ? D'après l'expert militaire Alexandre Golts, la construction chaotique de ce sous-marin a commencé en 1993 au chantier de constructions navales d'Amour (Extrême-Orient russe). Le 15 novembre, la *Komsomolskaya Pravda* révèle que le matelot Dmitri Grobov aurait reconnu avoir pianoté, la même nuit, sur les ordinateurs gérant la température et la pression du sous-marin. Ainsi, il est passé de trente à soixante-dix-huit degrés... pour tromper son ennui ! Le commandant, qui a cru qu'il faisait son travail, confirme sa déposition. Grobov aurait-il provoqué la catastrophe ? Si tel est le cas, on est encore loin de déchiffrer l'âme slave !

Un dangereux tyran

En dépit de ses ambitions affichées de rassembleur de la nation, Vladimir Poutine pourrait bien finir par détruire de lui-même la dernière structure postsoviétique, la CEI. Tel est du moins le pronostic de l'historien Dmitri Fourman, de l'Académie russe des sciences, qui analyse la démarche de l'ex-président russe à l'égard des anciennes républiques de l'URSS [1]. Il étudie sa détermination à prolonger « l'illusoire idylle soviétique d'une famille de peuples fraternels ». Et affirme, en substance, que sa politique de domination unilatérale ressemble à un règlement de comptes personnel, comme ce fut déjà le cas dans le passé. « À long terme, l'URSS était condamnée. Mais elle aurait pu durer plus longtemps sans la volonté d'Eltsine de se venger d'un Gorbatchev, qui l'avait gravement sous-estimé. La CEI est condamnée, elle aussi. Pourtant, si les souvenirs d'enfance de notre président étaient différents, elle pourrait subsister encore. » Soulignant l'importance primordiale de la personnalité des gouvernants, le scientifique conclut ainsi : « Les processus objectivement importants passent par des hommes réels, guidés par des motivations individuelles et concrètes. »

Quant au grand psychiatre Leonid Krol, il se montre lapidaire : « Nous sommes dirigés par une bande de raclures de caniveaux, des espèces de caïds de banlieue. Quant aux autres, ils se cachent dans les trous de rat [2]. »

De fait, jusqu'à la fin de son mandat, de nombreux Russes

1. *Novaya Gazeta*, n° 10, 2007.
2. *Ibidem*.

s'interrogeaient ouvertement sur l'équilibre mental de leur président. Hermétiquement fermé, en apparence parfaitement maître de lui, il arrive parfois à Poutine de perdre son sang-froid. Il dévoile alors un tout autre visage, peut-être le seul authentique, effrayant par l'intensité de haine, presque palpable, qu'il dégage, par le cynisme sans bornes et l'inextinguible soif de vengeance qui sont les siens.

Cette agressivité arrogante, de nature pathologique, remonterait à l'enfance, lorsque ce petit-fils du cuisinier de Staline s'entassait avec ses parents dans l'unique pièce d'une sordide *kommunalka* (appartement communautaire) [1]. Le soir venu, chaque adolescent rejoignait sa bande et, dans la même cour étroite, deux groupes au moins se «partageaient» déjà le territoire. Dans ce milieu prédélinquant régnait la loi du plus fort et les avortons étaient moqués, humiliés, dominés. Impossible d'éviter ces tortionnaires en herbe en sortant ou en rentrant chez soi. Vers minuit, quand l'agitation diurne semblait s'apaiser, les minces cloisons laissaient filtrer les sinistres grincements des sommiers métalliques, les cris d'amour ou de haine, les scènes de violence, les bagarres de pochards, en somme toutes les nuisances d'une promiscuité malsaine. Mais déjà, comme dans un monde parallèle, vivaient d'autres adolescents, les enfants de la nomenklatura, de l'intelligentsia, dont la fidélité au système se traduisait par une existence de privilégiés. Comment, en les croisant, éviter d'être saisi par l'envie dévorante de se trouver à leur place, de connaître la même vie de rêve avec ses plaisirs défendus ?

Le seul moyen d'atteindre l'inaccessible, d'échapper à la racaille de sa cour, d'exorciser une immense frustration, de devenir plus puissant, était donc de s'élever au-dessus d'eux. D'où, peut-être, cette vocation précoce d'entrer au KGB à l'instar de son père, les cours de judo (clandestins car interdits à l'époque) et la carrière d'espion qui propulsera Poutine – *via* une mission en RDA – jusqu'aux portes du Kremlin. D'où aussi cette tendance, clairement affichée, de ne s'appuyer que sur des «frères d'armes» et d'offrir

1. Étant donné l'insuffisance de logements, beaucoup de Soviétiques étaient forcés de cohabiter avec des étrangers dans le même appartement, partageant les sanitaires et la cuisine.

le patrimoine du pays à sa meute de loups affamés, prêts à s'entre-tuer en se disputant leurs proies.

Une question persiste encore : pourquoi Poutine ? Qu'a bien pu faire cet homme dépourvu de charisme pour être intronisé un jour « dauphin » ? Quels sont ses « mérites particuliers » ? Les Russes n'en finissent pas de s'interroger sur cet obscur lieutenant-colonel devant lequel maréchaux et généraux se figent au garde-à-vous.

Dès 2004, l'éditorialiste Bernard Guetta, qui connaît la Russie, déplorait à la fois « la cécité du Kremlin » et les erreurs de l'Europe « qui ont rendu Poutine inéluctable », sinon, observe-t-il, « nous n'aurions pas permis que le plus grand pays du monde, notre voisin, l'un des premiers producteurs de pétrole, soit aujourd'hui gouverné par des sous-officiers sans vision, issus du KGB, nationalistes et brutaux [1] ».

Certes, comme l'affirme la psychologie la plus basique, chacun de nous est marqué à vie par son enfance. Mais rares sont ceux qui parviennent au sommet d'un pouvoir aussi absolu en dépit de leur handicap, quelle qu'en soit la nature. Ainsi, sachant que tout peuple a les dirigeants qu'il mérite, on peut remarquer que les Brésiliens ont leur Lula, homme ouvert et généreux (huitième et dernier enfant d'une famille d'agriculteurs pauvres mais solidaires), désireux depuis toujours d'aider les gens autour de lui. Les Russes, eux, ont Poutine pour guide, un mauvais garnement. Un héritage bien différent !

L'enfance suffit-elle à tout justifier ? Non, évidemment. C'est juste un éclairage. Il y a surtout le formatage robotique des écoles du KGB. Sinon, comment expliquer l'arrogance, le cynisme, le double langage, les chantages, les menaces, dignes de la Guerre froide, du président russe dirigés contre l'Europe ?

Le 7 novembre 2007, par exemple, la Russie a fait un pas de plus pour geler sa participation au traité sur les forces conventionnelles en Europe (FCE), un traité capital pour la sécurité européenne. La raison ? Selon le Kremlin, « ce traité a cessé de correspondre aux nouvelles réalités militaires et politiques de l'Europe et ne garantit plus la sécurité militaire de la Russie ». En outre, Moscou envisage de renforcer les effectifs militaires stationnés à ses frontières occidentales [2].

1. Voir *T comme Tchétchénie*, *op. cit.*
2. AFP, 8 novembre 2007.

Heureusement, Hélène Carrère d'Encausse en fournit une explication très éclairante : « La Russie n'a jamais oublié l'absence de soutien manifesté par les Européens lors de la dislocation de l'Empire soviétique. L'arme énergétique lui permet de reconquérir sa dignité internationale [1]. » Un leitmotiv usé jusqu'à la corde.

Même si l'URSS ne faisait que récolter ce qu'elle avait semé, que la Russie ait été choquée, humiliée, frustrée, bouleversée par ce cataclysme peut aisément se comprendre. Mais est-ce une raison suffisante pour se conduire en maître du monde ? D'autres grandes puissances mondiales, comme la France ou l'Angleterre, ont également perdu leurs empires coloniaux. Certes, il s'agit là d'une épreuve psychologique traumatisante pour l'opinion. Mais personne ne les a plaintes ou ménagées pour autant.

Laissons le mot de la fin à feu Alexandre Litvinenko : « Poutine mérite sans conteste le titre de tyran, puisqu'il a délibérément détruit les germes d'un État de droit en Russie et que désormais son pouvoir s'appuie sur un arbitraire manifeste que les Russes qualifient d'incontrôlé. La définition du "tyran" qui figure dans le *Dictionnaire encyclopédique soviétique* de 1989 lui convient parfaitement : "un dirigeant dont le pouvoir se fonde sur l'arbitraire et la violence" [2]. »

Comparé à Poutine, même un Khrouchtchev apparaîtrait presque sympathique et humain. Quand Fédor Bourlatski lui demanda quel souvenir il gardait du Kremlin, Nikita Serguéïevitch répondit simplement :

« – Kennedy. Dire que nous avons parlé d'égal à égal. Lui, si riche, beau, tellement instruit, et moi, un vulgaire paysan qui tirait les cochons par la queue !

– Et pourquoi avoir frappé la table de votre chaussure à l'ONU ?

– On disait que là-bas, on était libre. Qu'on pouvait tout faire, contrairement à chez nous. Alors, j'ai voulu vérifier ! »

À l'époque, on l'avait pris pour un grossier personnage…

1. *Le Point*, janvier 2007.

2. A. Litvinenko et Y. Felchtinski, *Le Temps des assassins*, Calmann-Lévy, 2007.

O tempora, o mores! Quelle éclatante revanche pour le kagébiste de second rang : il embauche Schröder à Gazprom, tapote le ventre de Berlusconi, trinque avec Chirac, va à la pêche avec Bush, part en randonnée avec Albert II de Monaco, tient tête à Angela Merkel, agite la carotte « Total » sous le nez de Sarkozy. Au début du XXe siècle, nul ne s'est posé de questions sur les enfances de Lénine ou Staline. Dans les années 1930, l'Europe trouvait même « Monsieur le chancelier Hitler » très fréquentable.

Aujourd'hui, la question qui s'impose est la suivante : les dirigeants, les décideurs n'ont-ils rien appris ou rien retenu des leçons de l'histoire ? Souvenons-nous du cri d'alarme de la journaliste Elena Trégoubova, qui fut accréditée au Kremlin et qui connaît bien Vladimir Poutine pour l'avoir souvent accompagné dans ses déplacements : « L'histoire ne connaît pas d'exemple de dictateurs qui, tôt ou tard, ne deviennent un danger pour leurs voisins, proches ou éloignés. »

Forcée de quitter Moscou, où elle échappa de justesse à un attentat à l'explosif après avoir reçu des menaces, ayant perdu son accréditation puis son emploi, elle est l'auteur de plusieurs ouvrages critiques fort bien documentés sur les mœurs du Kremlin. Réfugiée politique en Grande-Bretagne, avant le G8 de l'été 2007 elle déclarait dans une lettre ouverte aux dirigeants occidentaux : « Une véritable tragédie a lieu en Russie, où les restrictions sur les libertés politiques et individuelles se durcissent chaque jour davantage. [...] Après avoir éliminé l'opposition au sein du pays à la veille du sommet du G8, Poutine a décidé de s'occuper des "ennemis" extérieurs, menaçant de pointer les missiles russes sur l'Europe dans l'esprit le plus pur de la Guerre froide. Et il a lancé un avertissement à propos de la course aux armes nucléaires. Il est clair à présent que l'escalade dans l'agressivité du Kremlin est le résultat direct de la politique d'apaisement des leaders occidentaux qui, depuis sept ans, ferment les yeux sur le lynchage de l'opposition, de la presse, des ONG et de toutes les institutions démocratiques de la Russie [1]. »

Il va de soi qu'elle ne s'exprime pas seulement en son nom lorsqu'elle lance, comme un S.O.S., ce vibrant appel : « Si vous continuez, selon votre habitude, à serrer la main de Poutine comme

1. *The Independent*, 5 juin 2007.

si de rien n'était, alors vous contribuerez à renforcer encore son sentiment d'impunité totale. Il faut placer Poutine devant un choix sans équivoque : ou le Kremlin rétablit les libertés démocratiques, ou bien il sera exclu du G8 et autres "clubs internationaux de pouvoir" [1]. »

Une voix de plus à prêcher dans le désert ? La diplomatie du « pétro-gaz », le droit des affaires pèseraient-ils plus lourd que ces droits de l'Homme qu'on mentionne pourtant sur toutes les estrades internationales ?

1. *Ibidem.*

CHAPITRE XI

Kremlin-Occident, diplomatie secrète…

À l'instar de l'URSS qui, pour désinformer et manipuler l'Occident, utilisait de prétendus dissidents tels Viktor Loui ou Roy Medvedev, la Russie suit la même tradition en s'adaptant au contexte actuel. Vitali Trétiakov, rédacteur en chef des *Nouvelles de Moscou*, appartiendrait-il à la catégorie de ces « relais » d'information très spéciaux, qui véhiculent les théories des idéologues de l'ombre ? En tout état de cause, le long plaidoyer du journaliste n'est pas à prendre à la légère, parce qu'il en ressort que la dynastie KGB garde rancune à l'Occident, ce qui rend quasi impossible tout échange équilibré [1].

Deux Unions…

À l'occasion du cinquantenaire du projet d'unification de l'Europe, Trétiakov a défini la position officielle de la Russie concernant ses relations avec l'Union européenne, en utilisant le jargon kremlino-byzantin qui permet d'exprimer tout et son contraire. Sa thèse est la suivante. Pour commencer, l'Union européenne doit savoir que durant son demi-siècle d'existence elle n'était pas seule sur le continent. Elle possédait une grande sœur de trente-cinq ans son aînée, qu'on doit désigner comme l'UE-1. Née en 1922 des décombres de l'Empire russe, elle se nommait l'URSS. Certes, Lénine aurait voulu que son héritière englobe l'ensemble du continent, mais, à cause de révolutions prolétariennes manquées, il a dû se contenter de sa partie est. Tout comme l'UE-2, engendrée en 1957, s'est mise à s'étendre à partir de l'ouest.

1. *Moskovskié Novisti* (Les Nouvelle de Moscou), n°s 12, 13 et 14, 2007.

Si l'on note quelques différences entre UE-1 et UE-2, notamment plus de brutalité, moins de souplesse et une extrême idéocratie pour la première, ces divergences proviennent du contexte historique. Bien entendu, on ne saurait parler de totalitarisme puisque les Constitutions soviétiques garantissaient le droit des républiques à l'autodétermination, droit qu'elles obtinrent enfin en 1991, aussitôt qu'elles en firent la demande.

À l'heure actuelle, Trétiakov autorise l'Union européenne à porter le nom d'UE au lieu d'UE-2, étant donné que l'UE-1 s'est muée en Russie. On a déjà compris que le totalitarisme soviétique n'a jamais existé.

Et d'insister : le continent ne comporte que deux civilisations. Un point, c'est tout. Pourtant, précise encore le journaliste, l'UE (occidentale) ne se réduit pas à ses vingt-sept États membres, c'est un ensemble beaucoup plus vaste. Loin de se cantonner à sa seule territorialité, le projet d'intégration de l'UE-2 résidait dans le fait de créer autour d'elle, bien au-delà de ses frontières, un champ de « sub-civilisation ». Et c'est dans ce champ que, dans les années 1990, tomba une Russie assez chaotique, pensant partager des valeurs « paneuropéennes ». Ce n'est que plus tard, quand le pays – décidément naïf – s'était déjà plié aux exigences structurelles de l'UE, que la malheureuse Fédération de Russie se rendit compte que ces valeurs étaient purement « occidentales ».

« À présent, écrit Trétiakov, les "Européens", comme ils se désignent eux-mêmes, exigent que la Russie se soumette à leurs règles, signant même une espèce de Charte énergétique comportant une série de protocoles. Et lorsque la Russie refuse, on la remet à sa place avec l'impudence et l'affectation du maître en pointant l'impérialisme énergétique russe. Étonnant que l'on ne nous impose pas encore les normes juridiques de l'UE [1] ! »

Citant Poutine, le journaliste rappelle la formule de l'unité stratégique entre Russie et UE, qui devraient tout partager, « tout, sauf les institutions ». Une définition également donnée par Romano Prodi. Ce « tout » paraît flou, mais il est capital. Quant aux institutions de ces « deux sujets parfaitement égaux de la civilisation européenne », les choses sont claires : « Aussi longtemps, assure

1. *Ibidem.*

Trétiakov, que nous n'aurons pas créé, ensemble, des institutions communes, tels un parlement paneuropéen, un gouvernement européen uni, une union militaire paneuropéenne, l'UE ne sera pas soumise aux institutions, à la jurisprudence et aux règles de la Russie. » Et réciproquement !

On imagine mal, en effet, l'Union européenne se mettre à fonctionner selon les lois du milieu mafieux russe pratiquées par le Kremlin. Car, si l'on s'en réfère aux chiffres, sur ce point la situation s'aggrave dans la Fédération de Russie. En 1998, celle-ci ratifiait la Convention européenne des droits de l'Homme. Depuis 2001, quelque cinquante mille citoyens russes ont déposé plainte à Strasbourg – ils étaient deux mille quatre cent quatre-vingt-dix en 2001 pour atteindre dix-neuf mille au premier trimestre 2007. Ce n'est pas tout. Le gouvernement russe a dû verser des millions de dédommagements (cent dix millions de roubles en 2006) à ceux de ses citoyens auxquels la Cour européenne a reconnu le statut de victimes de leur pays. Si les choses se maintiennent, la Russie court à la ruine. Laver ainsi le linge sale russe en Europe, quelle honte pour la mère patrie ! Sans oublier que, pour « se faire traîner dans la boue », la Russie verse vingt-sept millions d'euros annuels au Conseil de l'Europe (vingt-trois millions selon d'autres sources), l'une des cinq cotisations les plus élevées. Le prix à payer pour se faire insulter !

Depuis sept ans qu'il officie à la Cour européenne, le juge Anatoli Kovlev reçoit les plaintes émanant de Russie. Selon lui, environ 90 % d'entre elles sont reconnues comme des atteintes aux droits de l'Homme dans son pays d'origine [1].

En reprenant le fil de la plaidoirie de Trétiakov, notons qu'en tant que citoyen russe il s'indigne de ce que les accords Russie-UE doivent être ratifiés par les vingt-sept États membres de l'Ouest. Étant donné que la Russie est une Fédération, donc une UE de l'Est à part entière, il verrait d'un bon œil que ces documents puissent être également adoptés par les assemblées législatives de quatre-vingt-six de ses sujets. Ainsi, les Parlements des pays Baltes ou encore de la Roumanie, qui rêve de s'approprier la Moldavie,

1. *Novaya Gazeta*, n° 34, 2007.

réfléchiraient plus d'une fois avant de se donner en spectacle afin d'humilier la Russie. Car il est possible que les Parlements de Touva, de Tchétchénie ou du district autonome de Khanty-Mansiïsk aient des conditions à poser avant la ratification.

« Khanty-Mansiïsk pourrait exiger que l'UE adhère aux instructions du ministère russe des Énergies et il aurait raison », argumente encore le journaliste qui précise : « En tant que citoyen de Russie et de l'Union de l'Europe de l'Est, le fait que l'on m'impose de vivre selon les lois d'un autre État ne m'arrange pas du tout [1]. »

Donc, *exit* la Russie de la juridiction de l'Union européenne ! Et « par la même occasion, de l'OSCE – devenue antirusse –, ce qui lui permettra de rétablir définitivement sa souveraineté, indispensable à la bonne marche de l'État ».

Certes, Trétiakov (comme ceux qui guident sa plume) ne s'opposerait pas à la création de structures et d'institutions nécessaires à l'entente d'un ménage à deux (Russie-UE), mais à la stricte condition que responsabilités et engagements soient partagés moitié-moitié, et que cette démocratie soit réellement « paneuropéenne » et non pas « occidentale ». Mais comme personne n'est prêt à un tel mariage, aucune structure occidentale n'a à se mêler d'une élection présidentielle en Russie. En un mot, la Russie est libre « d'élire » son *« Poutinbachi »* si cela lui chante [2].

Conserver le même Guide éclairé est d'autant plus important que le Kremlin semble revenu à sa mentalité d'avant la Perestroïka. Qu'en pense l'historien Nikita Petrov ?

« – C'est exact. À une nuance près : la politique actuelle ne se contente pas de répéter les pires exemples du passé soviétique ; elle devient encore plus subtile, plus perfide, plus rouée. Ce qui prouve que la diplomatie russe a fait de grands progrès. Il est clair que, sous les apparences trompeuses d'une rhétorique de paix, se cache la volonté farouche d'envenimer les situations, de dresser États et gouvernements les uns contre les autres, d'entraîner certains pays

1. *Moskovskié Novosti, op. cit.*

2. Allusion à Saparmourat Niyazov, l'ancien dirigeant de la Turkménie (décédé en 2006 par suite d'un mystérieux empoisonnement) qui s'était autoproclamé président à vie et *Turkmenbachi*, c'est-à-dire « Père des Turkmènes ».

dans des conflits internationaux, et même de les susciter au besoin. Il y a d'abord eu l'Irak, maintenant, l'Iran.

– Aujourd'hui la Russie donne l'impression de se replier sur elle-même et ses fausses certitudes, de se fermer au monde extérieur. Et de cultiver un nationalisme exacerbé en rejetant tout ce qui est occidental.

– Oui, dans les années 1960, les Soviétiques, secrètement fascinés par l'Amérique, rêvaient de la "dépasser". Et beaucoup rêvaient aussi d'émigrer dans ce pays de liberté. À présent, c'est tout le contraire. On a inoculé au peuple, patriote depuis toujours, le virus ultranationaliste. Bien "travaillé", le Russe moyen a beaucoup changé : désormais, il déteste l'étranger, à commencer par les États-Unis, symbole même de l'Occident. Déjà, au temps des Soviets, le terrain avait été bien préparé. Aujourd'hui, aussi étrange que ça paraisse, il y a unanimité entre les dirigeants russes et la population : ils se méfient de tout ce qui est étranger, voire le haïssent. Il règne chez nous une atmosphère paranoïaque d'espionnite, de complots, de prétendus "ennemis qui veulent détruire la Russie", périodiquement dénoncés, bien entendu, par les autorités. Beau résultat ! Je crois que nos dirigeants ont complètement disjoncté !

– N'est-il pas temps de se poser la question de fond : que veut la Russie ?

– Elle veut la guerre. Ou plutôt des guerres, froides ou chaudes. Car il lui est plus facile d'exister, de s'affirmer dans ces jeux et ces confrontations d'intérêts politiques divergents. La guerre est son unique loi, son instinct de survie.

– La guerre ? Entre qui et qui ?

– Entre les États-Unis et l'Iran, par exemple. De cette façon, tout en semant la discorde entre l'Amérique et l'Europe, la Russie atteindra plusieurs objectifs du même coup : diabolisés en Iran, les États-Unis se fâcheront définitivement avec le tiers-monde et laisseront la Russie en paix, ce qui lui permettra alors de mettre sur pied une large coalition antiaméricaine, où elle tentera d'impliquer une partie de l'Europe...

– Vous supposez donc que le scénario irakien pourrait se reproduire avec l'Iran ?

– Il suffit de se remémorer qui a poussé l'Amérique à entrer en Irak. Il existe à ce sujet des dizaines de publications à partir d'archives. Les services de renseignement russes ont fait savoir à leurs homologues américains que les Irakiens possédaient des armes de destruction massive. Or, la rhétorique des autorités russes, elle, était radicalement différente ! Vous vous souvenez de l'axe Paris-Berlin-Moscou-Pékin ? De quoi s'interroger une fois encore : que veut vraiment la Russie dans le conflit irakien ? Or, si les Russes n'avaient pas pris de position officielle, l'Irak aurait sans doute adopté une tout autre posture. Naïvement, il a cru au soutien effectif de la Russie, persuadé de pouvoir compter sur celle qui le poussait vers l'abîme tout en rêvant à sa destruction. La Russie n'avait aucune intention de guerroyer en Irak, seulement de récolter les fruits du conflit. Toute l'ingéniosité de l'opération consiste à pousser d'autres États à la guerre sans forcément s'y impliquer soi-même. En revanche, quelle que soit leur manière d'intervenir – opération de "protection", voire même opération "humanitaire" –, les Russes se poseront toujours en "pacificateurs". À d'autres le rôle de faucons, quant à eux, ils resteront de blanches colombes ! Brillant, n'est-ce pas ? Je me demande si les chancelleries occidentales parviennent à décrypter toutes les finesses de cette diplomatie machiavélique, de cet ingénieux "jésuitisme byzantin".

– Mais Poutine ou Medvedev ne sont pas seuls à décider de cette brillante stratégie…

– Bien sûr que non. Tout un aréopage a aussi son mot à dire : l'entourage proche, l'administration présidentielle, le ministère des Affaires étrangères et le SVR (renseignement à l'étranger). Soit dit en passant, il n'y a pas plus rétrogrades, plus "soviétiques" que ces faucons des Affaires étrangères qui déterminent notre politique extérieure. C'est pourquoi nous reproduisons la même politique stalinienne de la Guerre froide : "Ne pas entrer en conflit direct avec l'Occident, mais poursuivre inlassablement ses objectifs", voilà qui résume bien l'esprit de la stratégie politique du moment. Une politique étrangère traditionnelle, incroyablement byzantine, où il est très difficile de s'y retrouver.

– Vous voulez dire que pour l'Irak le président Bush est tombé comme un débutant dans le piège de son ami tchékiste ?

– Exactement. En 2002-2003, à la lecture de documents émanant du SVR et confirmant l'existence d'armes de destruction massive en

Irak, le Sénat américain aurait pu et dû comprendre cette brillante stratégie : il s'agissait de désinformation et de manipulation flagrantes. Ainsi les Russes ont-ils fourni à l'Amérique l'alibi idéal pour envahir l'Irak. Officiellement, ils ont toujours fait semblant d'être contre cette guerre qui affaiblit les Américains enlisés en Irak, où règnent le chaos, la violence, les attentats. Chaque jour il y a des morts, des blessés, des enlèvements.

À quelques nuances près, les Russes appliquent la même stratégie pour l'Iran. Avec un "plus" génial : dans ce cas précis, ils ont tout fait pour apparaître "comme le dernier recours" pour "dénouer" la crise par un dialogue avec l'Iran. Manœuvre brillante, n'est-ce pas ? Désormais, les Européens en sont persuadés. Or, la Russie joue un double jeu évident. Depuis des décennies, qui vend à l'Iran des armes et du combustible nucléaire soi-disant "civil"... ? Chacun sait pourtant combien il est aisé de convertir le civil en militaire. Et tout ça sans jamais penser à l'effet boomerang ! Si l'Iran ne se sentait pas soutenu par la Russie, il baisserait peut-être d'un ton... L'Irak, lui, a déjà compris ce que vaut le "soutien russe". Savez-vous qu'un ancien militaire devenu journaliste, Ivan Safronov, est sans doute mort en mars 2007 pour avoir réuni toutes les preuves concernant la vente d'armements russes à l'Iran ? Il s'agissait de systèmes de batteries antiaériennes S-300 qui devaient transiter par la Biélorussie afin que l'Occident n'accuse pas Moscou "d'armer des États voyous". Il avait également réuni des informations concernant la vente de chasseurs Sukhoï-30, de systèmes antimissiles Pantsir-C1, de chasseurs MiG-29 et de missiles Iskander à la Syrie. Safronov avait retardé la publication de son article dans *Kommersant* parce qu'il faisait l'objet d'une enquête du FSB pour "divulgation de secrets d'État". Hélas, il est tombé par la fenêtre avant de sortir l'affaire. Accident ou suicide ? L'Union des journalistes et sa rédaction n'y croient pas une seconde ! »

À noter aussi que, le 1er novembre 2008, Mouammar Khadafi, décidément redevenu « fréquentable », est cordialement reçu au Kremlin pour évoquer un achat d'armes d'environ deux milliards de dollars. Selon un membre du complexe militaro-industriel, cité le même jour par l'agence russe Interfax, Tripoli serait notamment intéressé par des systèmes de missiles sol-air S-300 et TOR-M1, des chasseurs MiG-29 et Su-30 ainsi que des chars T-90. Rien n'a filtré de la rencontre, mais la presse russe évoque également un accord possible dans le domaine du « nucléaire civil ». Que sortira-t-il de ce « retour d'affection » ?

Mais revenons aux relations Russie-UE, par le biais du rapporteur Yves Pozzo di Borgo, sénateur français, qui répond à une question capitale : « Union européenne-Russie, quelles relations ? » Établi à la veille du sommet de Samara [1] des 18 et 19 mai 2007, ledit rapport devait « marquer le lancement des négociations en vue de la conclusion d'un nouvel accord entre l'Union européenne et la Russie ».

En fait, cette date a surtout « marqué » l'opposition russe, déterminée à attirer l'attention de l'opinion occidentale par une marche pacifique dans les rues de Samara, l'implorant de ne pas négocier avec un régime illégitime et criminel. Le leader de l'opposition à Poutine, Gary Kasparov, s'est tout de même vu empêché d'embarquer dans l'avion Moscou-Samara, sous le fallacieux prétexte que son billet était un « faux ». Grâce à une efficace action « préventive », conduisant plusieurs centaines de manifestants présumés au commissariat, la milice n'a pas eu grand monde à passer à tabac. Courageusement, la chancelière Angela Merkel a fait savoir à Vladimir Poutine qu'elle n'appréciait pas de telles méthodes. Pour s'entendre aussitôt répondre par le président russe qu'il n'y était pour rien et qu'il ne s'opposait nullement à cette manifestation…

Concernant les relations Russie-UE, le rapport du Sénat précise notamment : « Comme le souligne la Commission européenne dans sa communication du 12 octobre 2006 intitulée "Relations extérieures dans le domaine de l'énergie : des principes à l'action", la coopération énergétique entre l'Union européenne et la Russie devrait prendre en compte les attentes des deux partenaires, qui ne sont pas identiques. En effet, la Russie veut : renforcer sa présence sur le marché de l'énergie de l'Union européenne ; être assurée de pouvoir conclure des contrats à long terme d'approvisionnement en gaz ; parvenir à l'intégration des réseaux d'électricité et au libre échange

1. Ancienne Kouïbichev, Samara se trouve sur la Volga, à environ 800 kilomètres au sud-est de Moscou.

dans les secteurs de l'électricité et des matières nucléaires ; avoir la possibilité d'acquérir et de contrôler des entreprises européennes de gaz et d'électricité ; bénéficier de la technologie et des investissements de l'Union européenne pour développer les ressources énergétiques russes. De son côté, l'Union européenne réclame : un traitement équitable et non discriminatoire pour l'accès aux ressources énergétiques russes ; l'accès aux oléoducs et gazoducs situés sur le territoire russe, notamment ceux qui transportent les hydrocarbures en provenance de la mer Caspienne et de l'Asie centrale ; l'égalité de conditions en ce qui concerne l'approvisionnement auprès de la Russie. »

Et le sénateur Pozzo di Borgo de conclure : « Le futur accord de partenariat devrait donner l'occasion de renforcer les relations entre l'Union européenne et la Russie dans le domaine de l'énergie. À mes yeux, cet accord devrait comprendre des principes et des objectifs juridiquement contraignants inspirés du traité sur la Charte de l'énergie [1]. »

Une Charte que Poutine refusait de signer ou même de prendre en considération...

Une épée de Damoclès énergétique

Souvenons-nous des mises en garde d'Andreï Illarionov, de Lilia Chevtsova et d'autres experts intègres, expliquant que deux mondes parallèles cohabitent dans leur pays : la « Russie d'en haut », celle de Poutine et des siens, et « celle d'en bas », trop réelle, où se débat la population russe [2]. Jamais le peuple n'aurait exigé « d'acquérir et de contrôler des entreprises européennes de gaz et d'électricité ». Un partenariat équilibré d'égal à égal lui aurait suffi.

Par conséquent, le fait que le collège de la Commission européenne ait proposé le 19 septembre 2007 de réglementer rigoureusement l'achat et la détention d'actifs énergétiques dans l'Union européenne est plutôt une bonne nouvelle pour l'UE. En

1. *Les Rapports du Sénat*, n° 307, 2006-2007.

2. *Novaya Gazeta*, n° 57, 2006 (congrès de L'Autre Russie des 11 et 12 juillet 2006 à Moscou).

effet, le moment est venu pour l'Europe de penser à protéger ses intérêts.

Telle ne semble pas, cependant, être l'opinion de Viktor Khristenko, ministre russe de l'Industrie et de l'Énergie qui, donnant à l'Europe une leçon concernant la «tendance mondiale» à légiférer sur la libre circulation des capitaux, les fusions de sociétés, etc., s'insurge: «Nous sommes contre les listes noires. [...] Je ne puis actuellement imaginer avec certitude ce que craint Bruxelles, pour limiter ainsi les investissements étrangers dans le secteur énergétique européen. [...] Mais je pense qu'il serait pour le moins étrange de craindre l'argent ou de le répertorier en fonction de la nationalité [1]... »

Il ne s'agit bien sûr pas de cela, mais de l'origine des fonds investis, trop souvent douteuse, à tout le moins opaque. On a peine à croire que Khristenko soit ignorant au point de confondre les notions spécifiques de «nationalité», d'origine et de traçabilité financières. Sans oublier que le domaine énergétique n'est pas le seul à peser dans la balance. D'autres actifs «sensibles» entrent également en jeu, sans oublier la fiabilité du partenariat concerné.

À propos de la «guerre énergétique», Thomas Gomart, de l'Institut français des relations internationales, estime que «les Russes profitent de la profonde division de l'UE. Les États membres sont en désaccord sur la relation politique à entretenir avec Moscou et souffrent d'une grande disparité de leurs besoins énergétiques. La Russie est menaçante parce que imprévisible, mais elle a besoin du marché européen. Proche et équipé, ce dernier constitue la destination naturelle de ses exportations énergétiques». Gomart conseille donc à l'UE de «retrouver l'unité et ne pas se polariser sur l'énergie, ce qui renforce mécaniquement les positions russes. Quant à la Russie, conclut-il, elle doit passer du discours aux actes: pour sortir des logiques de rente, elle ne peut que resserrer ses liens avec l'UE [2]».

On constate, une fois de plus, que la stratégie russe de diviser pour régner fait toujours recette. En effet, la diplomatie russe, que l'on ne peut plus dissocier des questions énergétiques, est

1. RIA-Novosti, 17 octobre 2007.
2. *La Tribune*, 16 janvier 2007.

entrée dans une logique de rapport de forces, que la désunion de l'Europe ne peut qu'encourager. Fier de sa puissance retrouvée grâce au pétrole et au gaz, Vladimir Poutine a restauré le langage autoritaire au mépris du droit. L'agressivité de ses propos, la brutalité de ces méthodes devraient inciter l'Europe, qui, jusqu'ici, a surtout fait preuve de faiblesse, à réagir. Or, chaque État tente de jouer sa carte de son côté. Ainsi, les réunions au sommet (G7, G8, etc.) ne font que souligner l'incapacité de l'Europe à parler d'une même voix. Les Européens n'arrivent même pas à convaincre la Russie de ratifier la Charte de l'énergie, qui ne prévoit que des garanties minimales. L'UE ne manque pourtant pas d'arguments pour engager enfin une relation équilibrée avec Moscou. La Russie a en effet un besoin vital de l'Union européenne, de ses investissements, de ses touristes, de ses technologies, de son savoir-faire et de son marché solvable.

De son côté, le journaliste Éric Benhamou fait ressortir que la menace russe est contre-productive : « Ainsi la Russie, experte en matière de rapports de forces, semble pour l'heure dominer le jeu et n'hésite pas à faire de l'entrisme en Europe, soit *via* des nouveaux membres de l'Union européenne, comme la Bulgarie, soit *via* ses grands groupes énergétiques comme Gazprom. Mais la brutalité de la politique du président Poutine, son imprévisibilité pourraient se retourner contre la Russie. Car la prospérité du pays repose uniquement sur les hydrocarbures et les matières premières, une économie de rente où l'État de droit se dissout dans la corruption et les luttes pour accéder aux richesses [1]. »

Pour sa part, l'économiste Francis Perrin nous confirme la double dépendance UE-Russie en matière énergétique : « Cette référence constante à la dépendance de l'Union européenne à l'égard de la Russie s'explique en partie par une crainte réelle en matière d'approvisionnements énergétiques, notamment gaziers, en partie par une méconnaissance des réalités énergétiques, mais aussi par une volonté de trouver des excuses à sa grande prudence. Évidemment, cette dépendance de l'UE vis-à-vis du gaz russe est réelle. Pour certains pays membres, elle est même extraordinairement élevée et les États européens ne voient, à tort ou à raison, aucune solution

1. *Ibidem.*

de remplacement. Méconnaissance parce que, entre un vendeur de gaz et un acheteur, il y a une interdépendance et pas seulement une dépendance de l'acheteur. La Russie exporte aujourd'hui une très grande partie de son gaz vers les pays européens et ne dispose pas d'options de substitution vers le continent américain ou vers l'Asie. Je considère donc, pour ma part, que la Russie est plus dépendante de l'UE pour ses exportations gazières que l'UE, globalement, ne l'est vis-à-vis de la Russie pour ses importations gazières. Trouver des excuses parce que plusieurs des États membres de l'UE, et non des moindres, ont décidé depuis longtemps qu'ils ne voulaient pas "bousculer" Moscou et ce, pour tout un ensemble de raisons politiques, stratégiques ou économiques et pas seulement pour son gaz et son pétrole. Des excuses encore parce que l'énergie fournit un paravent commode à la faiblesse et au manque de courage politique de certains de nos responsables… »

Quelles qu'en soient les raisons invoquées, l'arrêt total des livraisons de gaz russe à l'UE via l'Ukraine en janvier 2009 est inexcusable. Ce comportement irresponsable de Gazprom, donc de l'État, confirme une fois de plus que la Russie est un partenaire de moins en moins fiable. Ne devrait-il pas inciter l'UE à revoir d'urgence sa politique énergétique à l'égard de ce pays ?

Une marche vers l'Europe

Enfin, n'oublions pas les autres conditions posées par la Russie, dont la suppression, pour les citoyens russes, des visas d'entrée dans l'Union européenne, autre point abordé dans le rapport du Sénat cité plus haut : « La suppression de l'obligation de visa constituerait un signal fort en direction de la Russie et favoriserait les échanges entre les citoyens de l'Union européenne et les ressortissants russes. Cela permettrait également de mettre un terme à la question délicate du transit entre l'enclave de Kaliningrad et le reste du territoire de la Fédération de Russie [1]. »

Or, les experts compétents ont depuis longtemps leur avis sur la question. Voici, par exemple, l'analyse du géopolitologue Pierre

1. *Les Rapports du Sénat*, *op. cit.*

Verluise qui pronostiquait, dès les années 2000, certaines conséquences de l'UE à vingt-sept: « Cet élargissement à l'Est rapprocherait d'autant l'ex-URSS de l'Union européenne. Pour la première fois de l'Histoire, les pays d'Europe de l'Ouest auraient une frontière commune avec la Russie. Par sa seule masse – onze fuseaux horaires, cent quarante-cinq millions d'habitants [140 à peine aujourd'hui, *NdA*] –, ce pays se retrouverait en position d'exercer une pression physique considérable sur l'Union européenne. Si la Lituanie et la Pologne devenaient membres de l'Union européenne, la Russie posséderait même un territoire "à l'intérieur" de l'Union, *via* l'enclave de Kaliningrad. Une zone de quinze mille cent kilomètres carrés, peuplée par près d'un million d'habitants. Cette région russe se caractérise par une criminalité organisée très active, selon la Commission européenne, puisque plus de 50 % des revenus de cette zone proviennent d'activités souterraines. Pourtant, Kaliningrad est, pour Moscou, un moyen de pression formidable permettant d'obtenir bien des concessions de l'Union européenne. À commencer par le régime des visas des Kaliningradois dans l'espace Schengen. La Russie souhaiterait un accès sans visa. Ce qui ouvrirait grand la porte à bien des risques [1]... »

Pour la Fédération de Russie, Kaliningrad représente indubitablement une « marche » vers l'Europe. Mais aussi un avant-poste militaire, puisque c'est la base choisie par la Russie pour déployer ses missiles Iskander afin de contrer le futur bouclier antimissile américain en Europe. Affaire à suivre...

Comme pour donner raison à Verluise, dès l'été 2003, après l'ouverture d'un pont aérien entre Moscou et l'enclave russe de Kaliningrad, le nombre des passagers entre ces deux destinations a décuplé. L'objectif premier du pont aérien entre ces deux villes était de contourner le régime de visas instauré le 1er juillet 2003 par la Lituanie du fait de son entrée prochaine dans l'Union européenne... Une victoire à la Poutine.

Enfin, supprimer l'obligation de visas profiterait surtout aux hommes du FSB et du GRU, qui pourraient ainsi sévir de plus belle dans l'UE. À l'instar de la Russie, de l'Ukraine, de la Biélorussie, on pourrait assister alors à une épidémie de faux suicides, de

1. Voir *KGB connexion, le système Poutine*, *op. cit.*

disparitions inexplicables, d'accidents provoqués et de prétendues crises cardiaques. Le tout pour fragiliser, voire même déstabiliser, les démocraties occidentales dans le but de les phagocyter, comme le redoute Nikita Petrov, l'historien du KGB-FSB.

Petit avertissement aux relais de désinformation, aux sympathisants, militants ou partisans de l'idéologie poutchékiste : il s'agit là d'un très mauvais calcul. Comme l'explique parfaitement Alexandre Zinoviev : « Le type dont je vous ai parlé et qu'on a expulsé d'une capitale de l'Europe de l'Ouest a écrit un rapport sur ses dix ans de séjour en Occident ; il y explique qu'une fois l'Europe occidentale occupée par l'armée soviétique, il faudrait en premier lieu éliminer tous ceux qui nous ont aidés volontairement : communistes, gauchistes, pacifistes, neutralistes, intellectuels, écrivains, libéraux, professeurs d'université, jeunes barbus et autres canailles. Pourquoi ? Parce qu'une fois revenus à eux, ils ne manqueront pas de se révolter contre nous [1]. » Les voilà prévenus !

À supposer que les pays limitrophes de Kaliningrad, Lituanie et Pologne, acceptent le principe d'une suppression des visas, on peut d'ores et déjà en imaginer les retombées, à commencer par une phénoménale accélération de la fuite des capitaux. Ce serait aussi ouvrir la porte à toutes sortes de manipulations et d'instrumentalisations opérées par les milieux mafieux et les « scientifiques en uniforme » en mission d'espionnage industriel.

Un partenariat obligé

En définitive, à quelques exceptions près, l'Europe qui ne veut pas « humilier » la Russie persévère dans l'erreur. Sans lui donner de leçons, est-ce vraiment la bonne manière d'établir des relations avec ce pays ? Dès 2004, un rapport parlementaire de la commission française des Affaires étrangères avait pourtant défini avec réalisme l'avenir UE-Russie : « Intégration impossible, confrontation improbable, coopération nécessaire : ce triptyque résume de manière lapidaire les déterminants entre l'Union européenne et la Russie. [...] Une certitude cependant : jamais les rapports entre l'Union européenne

1. A. Zinoviev, *Homo sovieticus*, Julliard-L'Âge d'homme, 1982.

et la Russie ne seront faciles. Trop d'intérêts sont en jeu, trop peu de valeurs les rapprochent. Et pourtant la relation UE-Russie n'a d'autres choix que d'être un partenariat. Un partenariat qui n'a d'autre choix que d'être stratégique [1]. »

Il s'agit en réalité d'intégrer le fait suivant : pour les autorités russes, l'Europe n'existe pas. Et elles tirent avantage des divisions évidentes de l'UE. Méprisante, la nouvelle « élite » russe ne lui fait pas de cadeau : l'Europe veut nous imposer ses conditions. Mais pour qui se prend-elle ?

Or, l'UE est pourtant le premier partenaire commercial de la Fédération de Russie. Au-delà des divergences, l'une des priorités de l'UE à vingt-sept devrait être la définition d'une politique européenne commune, claire, pragmatique mais humaniste, à l'égard de la Russie. Certes ce partenaire est difficile, peu fiable, mais il fournit à l'heure actuelle près de 50 % du gaz naturel et plus de 20 % du pétrole consommés par l'Union. La question énergétique, cruciale, demeure donc au centre des relations Russie-UE. Mais la dépendance est à double sens.

Ainsi que l'explique Christophe-Alexandre Paillard : « La Russie est tributaire du marché européen, puisque près de 40 % des recettes de l'État russe et près de 75 à 80 % des recettes d'exportation de ce pays dépendent directement du seul marché de l'énergie avec l'Union européenne. Un tel constat ne donne pourtant qu'un poids politique limité à l'Union européenne. Les sujets les plus sensibles (Tchétchénie, Ukraine, respect des droits de l'Homme, transit vers la zone de Kaliningrad, minorités russes dans les pays Baltes, dépendance énergétique des pays Baltes, intérêts pétroliers et gaziers autour de la mer Baltique) deviennent d'ailleurs un enjeu de chantage entre la Russie et l'Union européenne.

Le partenariat énergétique et l'établissement d'une forme de sécurité d'approvisionnement avec la Russie doivent être un moyen de stabiliser la transition économique en Russie, mais ils ne doivent pas avoir pour conséquence de réduire l'Europe au silence sur des dossiers majeurs pour sa sécurité à long terme [2]. »

1. Rapport parlementaire n° 1989, décembre 2004.

2. Voir *Quelles stratégies énergétiques pour l'Europe ?*, Notes de la Fondation Robert-Schuman, 2006.

Et Paillard de terminer sur un avertissement réaliste : « L'Union européenne ne peut pas accepter éternellement de voir des capitaux issus du secteur énergétique russe transiter par Chypre, qui recueille en moyenne un tiers du total des investissements russes à l'étranger, au risque de voir se multiplier en Europe des capitaux russes issus de transactions financières opaques [1]. »

En matière d'économie, depuis les années 2000, on sait de source sûre que des affairistes douteux, périscopes du crime organisé post-soviétique inféodés au KGB, tout comme des oligarques guébistes ont les moyens de s'offrir des secteurs entiers de l'économie de certains pays de l'Union européenne [2].

Voilà d'ailleurs une bonne quinzaine d'années que nous demandons la création d'un Observatoire des criminalités organisées internationales, structure qui, désormais, devrait être européenne. Car c'est l'Europe dans son ensemble qui doit prendre conscience de ces phénomènes et les combattre. Interpol, comme d'autres instances, moins aveugles, ne les désigne-t-elle pas comme l'autre grand fléau – avec le terrorisme – qui menace l'Union européenne à long terme [3] ?

Magistrate en disponibilité, Anne-José Fulgéras, qui dirigea pendant dix ans (de 1990 à 2000) la section financière du parquet de Paris, nous en parlait déjà dans les années 2000 : « La présence des Russes dans le tissu économique français est une évidence. C'est dans les années 1990 que TracFin [4] a commencé à recevoir des déclarations d'opérations suspectes portant sur des capitaux russes. En fait, leur infiltration économique a été découverte de manière totalement fortuite grâce à des rachats de PMI-PME par le biais du tribunal de commerce. Sans stigmatiser quiconque, le rachat de sociétés est une première étape idéale pour infiltrer une économie. Si ma mémoire est bonne, à la fin des années 1990, environ 50 % des déclarations envoyées à TracFin concernaient des capitaux russes introduits en France… »

1. *Ibidem.*
2. *Le Parisien*, 23 décembre 2002.
3. Voir *KGB connexion, op. cit.*
4. TracFin : cellule française de détection et de traitement du blanchiment relevant du ministère de l'Économie et des Finances.

Souvenons-nous de l'épisode EADS. Le journaliste Hervé Nathan rappelle les faits : « En 2006, la banque publique russe VTB, qui gère les excédents de devises du pays, avait racheté quarante millions d'actions (5 % du capital, neuf cent cinquante-sept millions d'euros) du groupe aéronautique européen. Moscou avait alors fait savoir que non seulement il souhaitait continuer à acheter des actions, mais qu'il exigeait aussi un poste au conseil d'administration. Émoi à Berlin et à Paris : l'Ours russe demandait à participer à la direction du fleuron de l'aéronautique européenne, qui construit les missiles balistiques nucléaires français, l'avion de combat Eurofighter, ou encore les hélicoptères militaires. Quelques mois après, la VTB revendait les actions EADS à un consortium industriel russe, concurrent et partenaire d'Airbus. » Ce qui est sûr, c'est que la stratégie financière des Russes inquiète les marchés européens. Car, souligne encore Nathan, « Moscou n'hésite pas, au contraire des autres pays dotés d'un fonds souverain, à jouer ouvertement de sa puissance financière comme d'un levier politique pour retrouver sa capacité de domination industrielle, voire diplomatique [1] ».

Le moment n'est-il pas venu de s'interroger sur les objectifs réels de certains fonds souverains téléguidés par des régimes opaques ?

Infiltration politique

Pour l'éternel KGB, il existe différentes manières de phagocyter la France et l'Europe. Outre l'entrisme *via* l'économie et la religion, les ex-Soviétiques, Russes en tête, pratiquent avec brio toutes les techniques d'infiltration idéologique, scientifique, sportive, culturelle, associative, médiatique.

L'une d'elles consiste à créer de multiples structures à des fins précises ou à noyauter celles qui existent. On assiste ainsi à l'émergence de quantités d'officines sous forme de clubs franco-russes, d'associations (souvent reconnues d'utilité publique) de langue, civilisation, littérature russes, dont certaines administrées par des agents d'influence notoires ou financées par Moscou. Impossible

1. *Marianne*, n° 588, 2008.

de répertorier toutes les annexes douteuses du Kremlin camouflées derrière d'alléchantes vitrines, d'amicaux sites internet, etc. Pour peu qu'elles proposent des voyages ou des séjours en Russie, cela leur donne toute latitude de « formater » au mieux les élites de demain par des messages subliminaux.

On sait aussi que des amicales destinées à regrouper les descendants des Russes blancs, par exemple, sont largement infiltrées par des éléments indésirables. Il est d'ailleurs assez facile de manipuler ces Français (des troisième, quatrième, cinquième, voire sixième générations) qui nourrissent un fort capital de sympathie à l'égard de la Russie, ce qui en soi est parfaitement normal. Seulement, aux dires des experts, les émigrations successives – surtout celles des troisième et quatrième vagues après la Seconde Guerre mondiale et celle des émigrés des années 1970 à 1990 – ont permis d'introduire habilement de petits « chevaux de Troie » au sein d'une société française toujours aussi peu méfiante.

Et *quid* de ces mariages mixtes, de plus en plus nombreux, qui permettent au conjoint russe de s'installer en France avec la nationalité française ? Dans la plupart des cas, il s'agit d'un mariage d'amour. Mais pas toujours ; il s'agit parfois de « service commandé ». Autour de nous, bien des jeunes Français ont épousé des Russes généralement sympathiques, chaleureuses, délurées. L'un d'eux qui, pour avoir longtemps travaillé en Russie, connaissait bien les mœurs locales, nous interrogea un jour sur sa fiancée : « Pensez-vous que Marina, fille de général, puisse être du KGB ? » Nous répondîmes que ce n'était pas exclu, mais qu'il n'en aurait jamais la preuve. Ni celle du contraire. S'il l'aimait vraiment, il n'avait pas d'autre choix que de lui faire confiance. Ainsi, quoi qu'on en pense, en dépit de tout, un doute, aussi léger soit-il, peut subsister. Même interrogation d'un réalisateur franco-russe, tombé des nues après dix ans de mariage. Après tout, même Kristina Onassis, fille du célèbre milliardaire grec, n'avait-elle pas épousé en son temps un Soviétique agent du KGB ? Ce qui finit par un scandale et un divorce express. Et pourtant, Aristote Onassis, son père, avait dû prendre ses renseignements. Moralité : ça n'arrive pas qu'aux autres.

Dernière en date, et non des moindres, l'infiltration s'intensifie également *via* le monde politique. Il est d'autant plus urgent d'ouvrir les yeux qu'elle gagne du terrain. À preuve, François Bayrou, candidat aux présidentielles françaises 2002, qui confiait qu'à cette époque des Russes inconnus lui avaient proposé, par l'intermédiaire d'une personnalité française au-dessus de tout soupçon, de prendre en charge l'intégralité de ses frais de campagne. Le message était explicite : « Suivant votre parcours depuis longtemps, nous croyons en votre avenir politique. Et sommes prêts à vous financer [1]... »

Offre alléchante que le leader centriste a fermement déclinée, ce qui est tout à son honneur. Mais cette proposition l'alerta « sur certaines influences qui pourraient exister sans que nul ne s'en rende compte ». Et si quelques hommes politiques ont accepté de telles offres, il est évident qu'ils n'iront pas s'en vanter. Quant à la réglementation relative au financement des partis et des campagnes politiques, mieux vaut ne pas trop compter sur elle. En effet, si les dépenses des candidats sont soigneusement épluchées, « les contrôles de l'origine de ces fonds sont rarissimes », confirme François Bayrou lui-même.

Pour ces grands philanthropes, il s'agirait d'investissements très rentables, car chacun sait qu'une campagne électorale est ruineuse. Mais, une fois le candidat élu avec de l'argent russe, qu'il soit sale ou déjà blanchi... combien de fois les investisseurs récupéreraient-ils leur mise ? Sans compter les menus services entre amis.

Détail inquiétant, Bayrou n'est ni le premier ni le seul dans ce cas. Selon des sources fiables, à notre connaissance, en Europe, des dizaines d'hommes politiques ont fait l'objet de semblables propositions. Révélations stupéfiantes ? En France peut-être, où le financement des partis politiques constitue un problème récurrent. Mais en Russie, il y a déjà eu des précédents : là-bas, faire financer une campagne électorale par des affairistes douteux est devenu monnaie courante. La réélection du président Boris Eltsine en 1996, tout comme l'élection de Vladimir Poutine en 2000 et 2004, voire celle de Medvedev en 2008, ont notamment été financées par les « oligarques et parrains réunis ».

Il est donc clair que l'Europe se trouve désormais en première ligne. Après une infiltration des économies occidentales susceptible de fragiliser les démocraties, nous voici face à une tentative

1. Voir *KGB connexion, op. cit.*

de s'implanter dans les milieux politiques. Pour les séduire, les influencer et les instrumentaliser. Car le KGB veut disposer de partisans sur l'échiquier politique européen. Pour lui damer le pion ?

À cet égard, le scandale « yachtgate » qui a éclaté en Grande-Bretagne fin octobre 2008, éclaboussant les conservateurs comme les travaillistes, illustre cette stratégie à merveille. L'oligarque Oleg Deripaska (proche de Poutine mais apparenté aux Eltsine) se trouve au cœur de la tempête. La presse britannique accuse le Russe d'un possible conflit d'intérêts, étant donné ses liens d'amitié avec le commissaire européen Peter Mandelson, qui a réduit les droits douaniers de l'UE sur l'aluminium russe. Quant à John Osborne, le numéro deux conservateur, on lui reproche d'avoir voulu obtenir un financement pour son parti. Ce dernier nie farouchement. Mais il y aurait un témoin. Quant à Deripaska, il garde le silence.

Informé de ces pratiques, l'ex-président Giscard d'Estaing réagit sans ambiguïté : « Quant à l'infiltration économique et autres de l'Europe par les services spéciaux russes et des ex-Soviétiques douteux, d'abord, il nous faut être très vigilants. Extrêmement attentifs. Il s'agit, naturellement, de surveiller et contrôler cette infiltration des services au maximum, nous n'avons aucune raison de nous montrer tolérants à cet égard. Aucune. Nous devons évidemment protéger notre sécurité nationale. Pour ce qui est des intérêts économiques, c'est malheureusement plus compliqué, parce que nous-mêmes investissons en Russie. Et il est bon que nous investissions en Russie. Par ailleurs, il est normal que des entreprises russes saines puissent, dans le cadre du marché, le faire aussi dans notre pays. Dans le cas où, dans des opérations ponctuelles, il y aurait d'autres préoccupations ou d'autres intérêts, là aussi il faut une certaine vigilance. S'agissant enfin de l'entrisme politique ou politico-financier (tel l'exemple de F. Bayrou en 2002), il faut se montrer très ferme. Si on a connaissance de telles pratiques, je ne vois pas du tout l'intérêt que nous aurions à être complaisants. Les vraies relations entre grandes puissances doivent être fondées sur des bases très claires. Nous vous respectons, mais nous avons nos valeurs, nos compétences, nos principes et nous n'admettrons pas qu'on cherche à nous manipuler ou à les remettre en question. Nous devons donc résister impérativement à tous ceux qui cherchent à nous contaminer ! »

Plus grave encore. S'agissant de l'infiltration russe, en 2000, quelqu'un de très bien informé, appartenant à la DGSE, nous avait confié d'un ton amer: «En France, tout est déjà infiltré: l'Élysée, Matignon, le Quai d'Orsay, le Parlement, les principaux ministères, sans parler des instances européennes...» Ignore-t-on à quel point l'excès de permissivité devant de telles pratiques peut engendrer les pires excès?

Autre problématique essentielle: sans défense européenne, l'Europe politique qui veut s'affirmer comme une puissance indépendante de toute vassalité ne sera crédible ni pour les Américains ni pour les Russes.

Mais les Européens semblent tirer les premières leçons de la guerre russo-géorgienne. Ainsi, l'une des priorités de l'Union va consister à développer sa puissance militaire, car elle a pris conscience que la diplomatie ne peut être sa seule force de réaction. Où en est, aujourd'hui, la défense européenne?

«La politique européenne en matière de défense, nous explique l'expert François Géré, a toujours fonctionné sur le principe du *stop and go*. Quand il y a crise, émerge une volonté d'affirmer la capacité de défense de l'Union européenne; lorsque la crise s'apaise, on retombe dans les problèmes endémiques: les risques de redondance avec l'Organisation du traité de l'Atlantique Nord, sa structure militaire intégrée, les défaillances d'un certain nombre d'États européens qui annoncent qu'ils fourniront tel matériel, telle quantité d'hommes. Et puis, au bout du compte on ne voit pas arriver ce qui avait été annoncé. En juin 1999, on a donc fait le constat, après l'inexistence de l'Union européenne en Bosnie et au Kosovo, que l'UE, à elle seule, n'était pas en mesure d'assurer les opérations qui eussent été à la hauteur de ce qu'elle exigeait lors des négociations de Rambouillet avec la Serbie et les Kosovars. À partir de juin 1999, on a multiplié les conférences pour fixer des objectifs et un calendrier pour l'UE en matière de défense. En 2000, ont été fixés les objectifs complets d'une force de cinquante mille hommes à l'horizon 2006. Or, en décembre 2008, il faut bien reconnaître que cette force n'existe pas encore.»

Selon François Géré, en effet, «l'UE engage à peine dix mille hommes sur différents théâtres de crise dans des opérations de maintien ou de consolidation de la paix. Ce contingent étant réparti en structures légères, efficaces, d'intervention rapide, d'environ mille cinq cents hommes chacune. Une activité significative qui représente plusieurs milliards d'euros. Autre problème, poursuit-il, les dissensions qui se sont manifestées lors de l'invasion de l'Irak, au printemps 2003, persistent au sens où il n'y a pas de vision commune ni de l'avenir de l'Irak ni de la présence en Afghanistan. L'UE, aujourd'hui, ne peut avoir de capacités en matière de défense que celles qui correspondent à ses capacités en matière de définition d'une politique étrangère commune. Manifestement, nous n'en sommes pas là. Mais avec l'arrivée de Barack Obama, le nouveau président des États-Unis, la situation sur le terrain va sans doute évoluer.

Dernier point : on a créé une Agence européenne de l'armement, une entité actuellement dans les limbes correspondant à une idée tout à fait bienvenue qui non seulement manque de moyens, mais se trouve également prise dans la tourmente qui secoue durement les industries de défense européennes… Nous ne sommes donc pas dans une phase d'immobilisme total, puisque des opérations sont conduites ; fait très important, car agir dans ce domaine crée des pratiques communes, un savoir-faire partagé, l'habitude d'opérer ensemble, ce qui est absolument fondamental et irremplaçable sur le plan militaire. Il n'en demeure pas moins qu'à l'heure actuelle on a le sentiment que le moteur est essoufflé, qu'il faudrait relancer la machine. Or, loin d'engager cette dynamique de relance, je crains que l'UE ou d'autres organisations ne soient dans une phase qui annonce un repli général, ce qui pourrait être perçu comme un signe d'affaiblissement… » Soudain, le conflit russo-géorgien a prouvé que la paix n'est pas un acquis définitif. Ainsi, en ébranlant les fausses certitudes, l'été 2008 a changé la donne…

Écartelée entre Russie et atlantisme, qu'en est-il de l'indépendance de l'Europe ? « Je suis relativement confiant quant à l'évolution des nouveaux arrivants dans l'Union européenne. D'abord, je comprends leur position en ce qui concerne l'OTAN. Entre 1991 et 1995, l'UE leur a fait miroiter la possibilité de rentrer dans le système de défense de l'UEO (l'Union de l'Europe occidentale) et j'ai souvenir de conférences où l'on expliquait aux jeunes diplomates de ces pays que l'Alliance atlantique n'était pas la bonne voie, et qu'ils devaient choisir l'UEO. Ces pays ont mis quelques années à se rendre compte que l'UEO était tout simplement une coquille vide. Là encore, les guerres balkaniques de l'ex-Yougoslavie ont fait apparaître sous une lumière particulièrement crue, non seulement qu'il n'y avait pas de défense européenne digne de ce nom, mais qu'on avait raconté à ces pays des histoires sans rapport avec la réalité. C'est la raison pour laquelle les pays qui voulaient absolument la garantie de sécurité de l'OTAN, c'est-à-dire celle des États-Unis, ont alors donné le coup de pouce final pour l'entrée dans l'Alliance atlantique. Pour eux, cette organisation constitue la garantie de sécurité par rapport à leur traumatisme historique, c'est-à-dire l'Union soviétique, voire la Russie en général. La préoccupation de la sécurité à l'Est repose sur des relations équilibrées et prudentes avec la Russie, quelle que soit la nature de son régime. Dans ces conditions, il ne faut pas se tromper : ce que demandent la Pologne, la République tchèque et la plupart des nouveaux entrants, c'est une garantie militaire crédible. Et il est probable que cela ne changera pas avant longtemps. Néanmoins, je reste optimiste car la préoccupation réelle de ces pays, c'est bel et bien leur sécurité et leur défense en tant qu'États européens. En d'autres termes, si l'OTAN persistait à entraîner les Polonais, les Tchèques et autres nouveaux entrants sur des théâtres d'opérations du genre Irak ou Afghanistan, ce qui est acceptable pendant trois, quatre, cinq ans finirait à terme par devenir intolérable. Les objectifs de sécurité de ces pays étant européens, c'est l'Union européenne, dans la mesure où elle est capable de se doter de moyens suffisants, crédibles et puissants qui, *in fine*, constituera la véritable structure de sécurité. D'ailleurs l'OTAN elle-même est en pleine mutation. Si l'objectif des États-Unis devient mondial, telle ne sera pas, selon moi, la vision de tous les pays membres de l'Alliance atlantique. À long terme, il existe donc une logique qui conduira les Européens à prendre en charge leur propre destin. Il serait bon de s'y mettre... Quant à la dissuasion nucléaire européenne, conclut Géré, elle n'est pas à l'ordre du jour. Elle le sera après la construction d'un système militaire crédible. Par la suite, on pourrait envisager le rôle et l'existence de ces deux puissances nucléaires que sont la France et le Royaume-Uni dans la perspective d'une sécurité stratégique européenne. »

Sous l'œil des services secrets

En raison de l'extension permanente du concept de sécurité et de la diversification des formes de criminalité et de délinquance économico-financières liées à la politique, l'autre volet de la sécurité de l'Europe implique une nécessaire coordination des services secrets européens.

Consulté sur ce point, Yves Bonnet, ancien patron de la DST, livre son analyse personnelle :

« L'apparition de nouvelles formes de menaces visant les États – drogues, délinquance financière, intelligence économique – a impliqué, au fur et à mesure de leur diversification, de nouveaux services : policiers, comme la police judiciaire ou les offices spécialisés ; financiers, comme les douanes ou les services fiscaux ; judiciaires, avec des parquets spécialisés ; de contrôle, avec la répression des fraudes. Rendant du même coup à la fois plus impérative et plus difficile l'organisation de coopérations horizontales. La préoccupation prioritaire aujourd'hui est une indispensable mise en commun de la connaissance, voire de la conjonction des opérations. La problématique n'est pas différente au niveau international, avec l'exigence du partage des connaissances, de l'échange instantané des informations opérationnelles, du suivi et de la communication des résultats. Les difficultés sont les mêmes : compétition, différence des déontologies, des législations, auxquelles s'ajoutent l'interférence des diverses politiques nationales et la confidentialité qui entoure leur mise en œuvre. C'est même à ce sujet précis que se manifestent les réserves et les réticences de services qui vont au-delà d'impératifs opérationnels pour aborder le domaine – qui leur est interdit dans les pays démocratiques – du politique.

Il peut en effet apparaître, poursuit-il, que les intérêts de pays alliés, ou leurs points de vue, divergent. On peut concevoir, par exemple, que la France entretienne des relations constructives, plus ou moins limitées, avec un pays comme l'Iran, ce qui ferait réagir en sens opposé les États-Unis ou la Grande-Bretagne. Il est advenu que la même France ait noué des contacts, voire des échanges suivis, avec les services de sécurité de l'OLP ou tel groupement qualifié de “terroriste”, pour de bonnes raisons. Il est certain qu’en ce cas les informations obtenues ne peuvent être communiquées aux pays alliés ou amis. Il s’est également produit que, nonobstant les relations interservices, des États nationaux engageaient des actions contraires à leur politique affichée et, surtout, à la ligne directrice de la coopération internationale, comme cela fut le cas des États-Unis et d’Israël lors de l’Irangate [1].

Ces limites connues, il est fondamental que se développe, le plus loin possible, une coopération internationale, comme il advient au sein d’instances déjà anciennes, Club de Berne, TREVI, OTAN et autres, qui sont d’aimables instances de rencontres mais qui ont au moins le mérite de jouer le rôle de mémoire et de dégager progressivement les grandes lignes de cette même coopération. Mais ces échanges multilatéraux restent en deçà des résultats, souvent excellents, obtenus dans le bilatéral. Et ce, pour une raison bien simple : l’équilibre des échanges qui seul en assure, sur le long terme, la pérennité. On peut donc en conclure que la coopération internationale sécuritaire ne connaît qu’une alternative : ou bien elle repose sur une autorité politique, ou bien elle s’exerce dans le cadre d’échanges bilatéraux. Si on laisse de côté cette dernière forme d’échanges qu’il appartient à chaque service de cultiver, il est clair que la conception et la mise en œuvre d’une forme élaborée de coopération, au sein d’un ensemble relativement homogène comme peut l’être l’Europe, impliquent l’existence d’une autorité, supérieure à celle des nations, qui puisse définir une politique commune, mobiliser pour sa mise en œuvre tous moyens de connaissance et d’action, et assurer la distribution des résultats. L’enjeu, capital, paraît presque inaccessible eu égard aux égoïsmes nationaux, aux traditions et aux interférences du monde politique dans un domaine de “spécialistes”.

Cette autorité ne saurait agir qu’en fonction d’une déontologie précise et contraignante, qui, en particulier, interdise des relations bilatérales sur les sujets de travail communs. Ce qui, en clair, doit conduire à placer au second rang et sous contrôle la coopération avec les services extérieurs à l’Europe, à commencer par ceux des

1. Scandale politique survenu aux États-Unis au milieu des années 1980. En dépit de l’embargo, l’administration du président R. Reagan a vendu des armes à l’Iran – un pays ennemi – par l’intermédiaire d’Israël.

États-Unis. On ne peut guère s'éloigner de ce schéma, si l'on veut que l'efficacité soit au rendez-vous. Quitte à placer cette instance nouvelle sous contrôle politique européen qui veillerait, par exemple, à s'assurer de la conformité des objectifs avec la politique extérieure de l'Union. Mais il faut bien retenir que, faute d'une discipline librement acceptée, l'Europe de la sécurité ne naîtra pas ni ne survivra à des difficultés inévitables.

– L'initiative est-elle réaliste ?

– Assurément, si l'on considère que l'Union européenne a su se mettre d'accord sur des sujets aussi importants, et juridiquement contestables, que le démantèlement de la Yougoslavie, puis de la Serbie, jusqu'à renier sa signature. L'injustifiable étant admis, il est beaucoup plus facile de tenir l'enjeu d'une politique de sécurité commune sur le principe de laquelle l'accord est, depuis longtemps, acquis. S'agissant des ex-pays du pacte de Varsovie, ils ont connu l'asservissement à l'Union soviétique et à leurs services de sécurité, le KGB. Mieux que leurs homologues occidentaux, ils peuvent en mesurer le poids et la finalisation. Il est hors de question de les faire glisser vers une nouvelle forme d'allégeance, celle que les services américains, CIA en tête, veulent imposer à l'ensemble de la communauté du renseignement et de la sécurité. Dès lors, au sein d'une Europe de la sécurité, leur parcours est clair : ou bien, par confort, ils choisissent l'alignement sur les agences américaines et condamnent l'ensemble à un conformisme suicidaire, ou bien ils apprécient la liberté retrouvée pour influer sur une politique européenne dont ils seront les premiers bénéficiaires. Ce qui signifie qu'il faut privilégier le modèle espagnol, portugais ou irlandais et non le polonais ou le britannique. Une organisation européenne de la sécurité ne peut voir le jour et présenter quelque avantage sur la pratique actuelle d'échanges mesurés et limités que dans la mesure où elle s'affranchira de toute tutelle extérieure, nécessairement mise à profit par une superpuissance. Pour sortir de *l'imperium* américain, il faut que l'Europe existe. Pour que l'Europe existe, elle doit sortir de *l'imperium* américain.

– Quel pays pourrait proposer cette nouvelle structure européenne de la sécurité ?

– Mais la France ! Elle possède les moyens pour donner une impulsion décisive à la création de l'Europe de la sécurité et y jouer un rôle majeur. Non seulement elle a su développer des relations privilégiées avec un large panel de pays, sans exclusivité, en particulier avec ceux du Proche et du Moyen-Orient – dans un respect mutuel, respect qui engendre la confiance –, non seulement l'étanchéité de ses services tout autant que la qualité de ses fonctionnaires sont reconnues, mais elle accède de surcroît à l'utilisation de l'espace en dehors de l'assistance extérieure. Ce qui lui donnerait toute latitude pour dynamiser une organisation européenne, d'abord construite en fonction d'objectifs précis, tels que la lutte contre les narcotrafiquants, la délinquance financière ou le terrorisme, pour s'étendre progressivement à la contre-intelligence économique et la prévention des crises identitaires. Le sujet mérite réflexion... »

La politique de l'élargissement

La Fédération de Russie a-t-elle vraiment « digéré » l'élargissement de l'UE à vingt-sept États membres ? Officiellement, elle n'est même pas candidate. Pourtant, quelques sirènes suggèrent déjà que son intégration, à long terme, à l'Union européenne, ne présenterait que des avantages. Là encore, ne soyons pas dupes de leurs chants. En dépit d'une sympathie profonde pour le peuple russe, est-ce bien réaliste ?

Le géopoliticien Pierre Verluise pose clairement le problème : « La Russie n'est pas officiellement candidate à l'UE, mais elle fait passer un discours subliminal à ce sujet. Compte tenu de l'importance de ses réseaux en France, ça fonctionne assez bien. Soyons clairs : les Russes ne sont déjà pas capables de respecter leurs propres lois. Alors, imaginer qu'ils puissent accepter et appliquer effectivement quatre-vingt mille pages d'acquis communautaire sur un territoire de dix-sept millions de kilomètres carrés n'a guère de sens. D'ailleurs, quand l'UE a proposé à la Russie, en 2004, la Politique européenne de voisinage, dont le principe est justement l'extension progressive des valeurs et des règles de l'UE, Moscou a pris cela pour une offense. D'autre part, la Russie est l'un des pays les plus corrompus du monde. Et, honnêtement, l'UE n'a pas les moyens de gérer ce fait. Nous avons déjà suffisamment à faire durant les trois ou quatre décennies à venir avec les héritages des dix pays d'Europe centrale et orientale entrés dans l'Union. »

Pour sa part, l'ancien ministre Alain Terrenoire, qui préside les associations PanEurope France et l'Union paneuropéenne internationale, réfléchit depuis longtemps à l'extension territoriale de l'UE : « En ce début du XXIe siècle, la priorité pour l'Union européenne consiste à définir son espace et plus exactement son territoire, c'est-à-dire ses frontières. L'Europe doit donc avoir la volonté politique de décider quels sont les États qui ont vocation, à court terme, d'être membres à part entière de l'Union, en s'appuyant, pour ce choix historique, sur la géographie, l'histoire, ses valeurs de référence et aussi, bien entendu, sa capacité à absorber de nouveaux venus. Il est indiscutable que tous les États de l'ex-Yougoslavie, avec l'Albanie, répondent à cette exigence. L'Ukraine et la Biélorussie, si longtemps intégrées à l'URSS, et toujours traversées par des aspirations contradictoires, auront, comme la Moldavie, la Géorgie et l'Arménie le moment venu, à se prononcer sur leur avenir, en dehors ou avec l'Union européenne. Mais ce qui est certain, pour ces quinze prochaines années, c'est que l'intégration pleine et entière de la Turquie, forte de ses soixante-dix millions d'habitants, sonnerait la fin d'une Union qui ne s'est pas encore donné les instruments politiques et institutionnels d'une puissance souveraine. Ce qui, je l'espère, ne saurait tarder.

En attendant, une coopération de plus en plus renforcée avec l'UE permettrait à la Turquie de témoigner au fil des années d'une volonté commune de vivre ensemble et de partager les mêmes aspirations et les mêmes valeurs. Quant à la Norvège et la Suisse, leur intégration dans l'Union européenne interviendra inéluctablement lorsque leurs peuples respectifs auront le sentiment qu'au-delà d'un intérêt politique, déjà évident, leurs intérêts économiques les contraindront à ce choix naturel.

En revanche, poursuit Terrenoire, la Russie, aussi européenne soit-elle dans sa partie occidentale, par l'histoire et la culture, a déjà choisi de recouvrer la plénitude de sa puissance. Disposant de ressources naturelles exceptionnelles dont la croissance mondiale a le plus grand besoin et du plus vaste espace de la planète, la Russie est parfaitement en mesure d'assurer, si elle s'en donne les moyens, la maîtrise de sa souveraineté. Néanmoins, Moscou ne peut durablement ignorer ses faiblesses. Elles devront, sans trop tarder, l'amener à des choix stratégiques auxquels la géopolitique, son territoire, sa démographie et sa culture vont la contraindre.

Si la Russie commettait l'erreur de les mésestimer, ses grands voisins, la Chine, l'Inde, le Japon et même les États-Unis ne manqueraient pas de le lui faire amèrement regretter. C'est pourquoi, conclut Terrenoire, une vision de ses intérêts majeurs à long terme devrait amener Moscou à privilégier une entente et une coopération étroite avec sa voisine de l'ouest, l'Union européenne, enfin décidée à être, elle aussi, une puissance totalement souveraine. »

Sur le même sujet, François Géré adopte, lui aussi, une position claire : « Je fais partie de ceux qui ne peuvent pas prendre au sérieux l'idée d'une intégration de la Russie dans l'Union européenne. La Russie dans l'Union européenne signifierait clairement la disparition totale de l'UE. On peut le justifier par diverses notions, celles d'espace géopolitique, d'hétérogénéité des systèmes, sociaux, économiques, etc. Je veux bien que la Russie aille de plus en plus vers une économie de marché. Il n'en demeure pas moins que si l'on examine les critères demandés par l'UE ou l'OTAN pour intégrer leurs organisations, je ne vois pas la Russie, surtout compte tenu de son évolution autoritaire récente, répondre à ce genre de critères. Cela me semble donc une question dénuée de fondements. En revanche, il paraît souhaitable d'établir des relations de partenariat dont il faut définir avec soin les éléments constitutifs, car signer une charte, établir un partenariat, très bien. Mais ensuite il faut savoir comment les matérialiser concrètement. Je n'ai pas besoin de signaler non plus que la question des périphéries occidentales de la Russie pose un problème non négligeable. Notamment en ce qui concerne la Géorgie et l'Ukraine. On constate que dès que se pose la question de la Russie dans le cadre de l'UE élargie à l'Est, les visions apparaissent souvent totalement différentes. Le fait que l'UE se soit élargie à un certain nombre de pays – anciens membres du pacte de Varsovie avec des régimes communistes – crée, à mon avis durablement, les conditions du rejet catégorique de l'intégration de la Russie. Voire rend impossible la définition d'une politique étrangère commune vis-à-vis de la Russie. On l'a bien vu avec les positions polonaises, par exemple, à l'égard de ce pays. Mais, encore une fois, l'intégration de la Russie dans l'UE n'est ni concevable ni à l'ordre du jour, et ne le sera pas avant longtemps. Peut-être même jamais. »

Et l'archiduc Otto de Habsbourg de s'insurger : « Je suis formellement opposé à l'intégration de la Russie avant que celle-ci ait abandonné son empire colonial asiatique. La Sibérie n'est pas la Russie. Ce pays ne sera éventuellement prêt à rejoindre l'Europe que le jour où il aura décolonisé les territoires non russes. C'est pour cela que je m'opposerai toujours à une entrée de la Russie ou à un rapprochement excessif sur différents plans communs avec elle, car il y aura toujours un grand risque que nous soyons appelés à défendre la Russie contre l'Asie qui veut décoloniser sa région. Il est vrai que, géographiquement, seule la partie occidentale de la Russie peut se prétendre européenne. »

L'Europe vue de Russie

La plupart des Russes ignorent presque tout de l'Union européenne. Désinformation réussie. Mais les personnes instruites, à l'esprit ouvert, familières de l'Occident, parviennent plus ou moins à s'orienter, à l'instar de Sacha, trente ans. Ce docteur en histoire reconstitue ce qu'il sait :

« Mes connaissances sur l'Union européenne sont assez limitées. Pour moi, il s'agit d'un espace économique, juridique et douanier commun, qui par ailleurs ne cadre pas avec les espaces euro, CEE et Schengen. L'UE, créée au début des années 1990, englobait d'abord quinze pays développés. Ensuite, dix pays de la “Nouvelle Europe”, surtout les anciens membres du bloc soviétique, sont entrés dans l'Union. Sa raison d'être consiste à faciliter la coopération économique européenne et à contrebalancer les autres centres de pouvoir du monde actuel, les États-Unis en premier lieu. Cependant, de graves différends entre ses membres dans des domaines comme les relations internationales et la politique budgétaire remettent en question le développement progressif de l'Union. Les derniers événements qui en témoignent sont l'échec du référendum français sur la Constitution européenne, et les crises politiques de la “Nouvelle Europe”, déçue par la situation économique après son entrée dans l'UE.

– La Russie doit-elle un jour rejoindre l'Union européenne ?

– Avant tout, il est impossible de parler de la Russie comme d'une entité unique car existe déjà la CEI – un espace commun qui unifie la plupart des pays de l'ex-URSS, sauf les Baltes. Autrement dit, l'entrée de la Russie dans l'UE entraînerait inévitablement celle des nations du Caucase et de l'Asie centrale, avec leurs nombreuses populations de culture orientale et de niveaux économiques très divers. Dans cette nouvelle Union devenue alors "eurasienne", la "Vieille Europe" constituerait une minorité. Même si ce scénario s'avérait plausible à long terme, que pourrait-il apporter à la Russie ? Sur le plan économique, l'exemple des nouveaux membres est plutôt négatif. Au niveau politique, il ne sera pas possible d'appliquer les standards démocratiques européens à la totalité de cet espace. Par ailleurs, le meilleur des cas serait que les Russes puissent visiter l'Europe sans visa, en évitant les consulats souvent peu hospitaliers, mais cela ne représente pas une condition *sine qua non* pour intégrer l'UE. J'imagine plutôt un partenariat, une coopération étroite entre l'UE et la CEI qu'une confluence entre ces deux communautés. »

Nikita Petrov, qui participe régulièrement à des colloques scientifiques européens, est l'un des rares Russes favorables à l'Union européenne : « Je trouve l'idée d'une Union de l'Europe plutôt bonne. Je ne sais si, pour exister, elle a réellement besoin d'une Constitution. Mais en matière de solidarité entre États membres, de coordination sociale, politique, économique, une telle Union est indispensable. Et en matière de solidarité euro-atlantique contre le néototalitarisme russe, elle est vitale ! Sans l'Union, l'Europe n'est pas défendue. Après tout, ce qui sauva l'Europe autrefois face au bloc de l'Est, c'est justement son union ! Mais, aujourd'hui, la Russie n'a pas sa place dans l'UE... »

On constate donc que certains Russes, eux-mêmes assez favorables à un partenariat Russie-UE, préfèrent garder leurs distances. Petrov va même plus loin : « Ce qui me navre, c'est l'habileté avec laquelle la Russie parvient à semer la discorde entre l'Europe et les États-Unis. Jusqu'à Jacques Chirac, elle a presque réussi à détruire la solidarité euro-atlantique. Avec Poutine et son successeur se réalise enfin le vieux rêve soviétique. Au risque de me répéter, je dois insister : les dirigeants russes ne veulent ni confrontation directe ni faire la guerre (excepté au Caucase où, officiellement, ils sont censés combattre le terrorisme intégriste, ce qui n'est vrai qu'en partie car il s'agit d'abord d'une guerre coloniale), ils cherchent simplement à dominer le monde. Dans le même temps, il rêvent de conquête ou de reconquête. De reformer un semblant d'empire... »

Comme jadis au Nagorny-Karabakh et plus récemment en Géorgie, la Russie attise les conflits car elle ne peut exister que dans une atmosphère de crise mondiale. La Fédération de Russie veut donc un monde divisé, en état de tension, de guerre permanent.

Sans compter ses prétentions territoriales tous azimuts. Ainsi, la Russie veut faire main basse sur le pôle Nord. Le 2 août 2007, une mission plantait le drapeau russe au fond de l'océan Arctique. Il est vrai que le cercle polaire contient le quart des gisements mondiaux de pétrole (jusqu'à dix milliards de tonnes selon les experts) ainsi que d'énormes réserves de gaz et de diamant. De quoi donner l'envie de mettre le monde devant le fait accompli.

Y aura-t-il d'autres tentatives du même genre ? Possible...

L'historien Jacques Chevchenko s'étonne que des intellectuels français, présumés sérieux, puissent lancer l'idée d'une intégration de la Russie à l'UE, à l'instar du vibrant plaidoyer d'Hélène Carrère d'Encausse et Jacques Attali [1]. « Il ne me semble pas pertinent de vouloir accréditer une volonté russe d'intégrer l'UE (qui, contrairement à l'Ukraine, n'a jamais été exprimée). L'Ukraine souhaite clairement cette intégration, même les "pro-Russes" du Parti des régions de V. Yanoukovitch sont pour (excepté le PC ou le Parti socialiste progressiste d'Ukraine), dans la mesure où, historiquement, la Russie puis l'URSS se sont toujours situées à part dans un espace eurasiatique. Pierre le Grand, souvent cité en France (ou tout autre tsar), n'a pas cherché à intégrer l'espace occidental ou s'en rapprocher. Il voulait seulement moderniser un empire pour le mettre au niveau des puissances de l'époque afin de mieux les concurrencer. Afin d'intégrer la Russie dans l'espace européen, l'Ukraine sert de prétexte ou d'appât à un double titre : 1. Refuser l'Ukraine dans l'UE, c'est la cantonner *ad vitam æternam* dans l'espace post-soviétique

1. *Le Figaro*, 6 décembre 2004.

(russe). 2. L'intégrer, pour Hélène Carrère d'Encausse, c'est intégrer aussi la Russie compte tenu de son "berceau" historique supposé. Conclusion : impossible d'intégrer l'Ukraine sans la Russie, car cette dernière n'a jamais accepté d'être encerclée sans réagir. Les deux ou rien ? S'agirait-il d'un chantage, d'une menace voilés ? »

Consulté, le président Giscard d'Estaing nous a donné un avis autorisé sur l'éventuelle intégration de la Russie dans l'UE à très long terme : « L'idée me paraît dépourvue de réalisme. Que ce soit souhaitable dans l'abstrait, peut-être. Mais c'est irréaliste pour plusieurs raisons. Première raison : les Russes vont rester longtemps traumatisés par le rétrécissement de leur espace. Donc, ils vont être très crispés sur le maintien de leur domaine territorial, et par conséquent très attachés à leur unité. Or, ce domaine territorial comprend aussi la Sibérie. Deuxième élément : la société russe de l'Ouest est encore très éloignée de nos sociétés, comme des questions européennes. Simple constatation, mais c'est ainsi. Et l'idée que l'on replace cette société au sein de l'Union européenne me paraît totalement irréaliste. C'est d'ailleurs quelque chose que les Russes ne demandent pas. Donc, à moins de raisons cachées comme, par exemple, vouloir mettre la main sur les richesses énergétiques russes, projet qui n'est vraiment pas vendable, c'est une vue à la fois irréaliste et sans intérêt ! »

Projet peu crédible en effet. Sauf à vouloir diviser l'UE pour mieux la soumettre... En effet, si la Russie intégrait à terme la Communauté européenne, elle la ferait exploser par son poids, son immensité, la nature de son régime, sa population, ses ressources naturelles, mais surtout parce que les dix pays d'Europe centrale et orientale, réfugiés dans l'Union pour fuir la zone d'influence russe, refuseraient tout naturellement de retomber sous sa coupe. Ce serait le meilleur moyen de casser « involontairement » l'Union européenne. Sans compter que la Russie est loin de partager les principes et les valeurs qui fondent cette communauté depuis plus de cinquante ans. Ce qui ne semble guère gêner certains dirigeants européens.

L'économiste Grigori Yavlinski, ancien leader du Parti réformateur libéral Yabloko, ne s'explique pas cette attitude : « La majorité des responsables politiques en Europe pensent que les Russes ne sont pas prêts pour la démocratie, qu'il leur faut un État fort. Ils ne font rien pour contribuer à la naissance de la société civile et ne veulent pas entendre la voix des journalistes et des chercheurs. [...] Du temps de l'URSS, nous pensions que nous allions nous engager dans votre direction. Mais c'est vous qui avez commencé à devenir comme nous [1] ! »

Pour comprendre la performance de Poutine, le dirigeant à la poigne de fer dans un gant d'acier, qui a créé cette « stabilité » en redressant une Russie à genoux, l'économiste Youlia Latynina observe l'activité des grandes compagnies pour constater que, depuis 2005, Gazprom à lui seul a triplé ses emprunts à l'étranger. Selon elle, le géant gazier constitue une sorte de caisse noire *via* laquelle l'argent emprunté par Gazprom en Occident est transféré sur des comptes privés dans d'autres banques. Et de poser une question capitale : « Et devinez un peu où se trouvent ces banques. En Russie ou en Occident [2] ? » Elle précise en outre qu'à l'heure actuelle la dette totale des sociétés privées russes s'élève à cinq cent vingt milliards de dollars.

Ainsi, Oleg Deripaska a acheté Hochtief, en Autriche, et Magna, au Canada. Au cours des deux dernières années, Loukoil (Vaguit Alekperov) est devenu propriétaire de plus de mille stations-service en Belgique, Finlande, République tchèque, Hongrie, Pologne, Slovaquie, Bulgarie et Turquie. Le seul réseau bulgare (soixante-quinze unités) est estimé à deux cent trente-sept millions. L'Evraz (Roman Abramovitch) s'est d'abord offert la Highveld Steel and Vanadium sud-africaine, ensuite la compagnie américaine Oregon Steel (2,3 milliards de dollars), pour finir par les tuyaux canadiens IPSCO (1,25 milliard de dollars). « Que reste-t-il à la Russie ? », questionne Latynina avant de répondre d'elle-même : « Les dettes. Les bénéfices sont stockés en Suisse. »

Le 30 octobre 2008, le *Moskovskiï Komsomolets* titre justement à la une : « Les oligarques perdent leur argent par sacs entiers. » Épluchant le magazine *Forbes*, le quotidien russe constate que le total des pertes subies par les grandes fortunes russes se monte à deux cent trente milliards de dollars. Compatissante, la *Novaya Gazeta* publie la photo d'un superbe yacht de soixante-quinze

1. Voir *T comme Tchétchénie*, *op. cit.*
2. *Novaya Gazeta*, n° 85, 2008.

mètres, dernière emplette de Vladimir Potanine qui, malgré la perte de 13,2 milliards, s'est tout de même payé ce bijou de deux cent cinq millions. D'autres yachts de plus de soixante mètres sont par ailleurs en construction pour des oligarques. Mais l'avenir est pourtant incertain. Les experts russes pronostiquent une baisse de production dans la sidérurgie de 60 à 80 % pour la fin 2008, ce qui pourrait entraîner des troubles sociaux. Ce n'est pas par hasard que Vladimir Strjalkovski, ami personnel de Poutine, qui a conquis ses galons au KGB de la région de Leningrad, a été nommé gestionnaire de ce secteur en crise en août 2008.

Nommer Poutine Premier ministre n'était pas une bonne idée. Certes, il disposait d'une réserve de stabilisation de six cents milliards, mais celle-ci fond comme neige au soleil, à la vitesse où les oligarques « s'appauvrissent ». Il faut donc sauver le soldat Poutine d'urgence, d'autant que, le 16 septembre 2008, il s'est distingué au Forum d'investissement en claironnant qu'« en Russie, la crise [était] finie ». Un mois plus tard, Boris Nemtsov est toujours en colère : « Impensable. Du délire ! Il ne se rend pas compte de ce qu'il dit. Et cela sur une tribune, devant un auditoire [1] ! »

Quant au politologue Kyrill Rogov, il explique que l'opération spéciale « Mandat présidentiel de six ans » déclenchée le 5 novembre vise à décharger au plus vite Poutine du pensum de gérer une crise aussi énorme. Chaque jour, il perd un peu plus de charisme. Or, quand le peuple devra se serrer la ceinture pour de bon, il risque de devenir violent [2]. Il faut donc sauver à tout prix le mythe Poutine, « garant de la stabilité ». Et Rogov déplore : « La période russe de renouveau et d'espoir de mai à août 2008 s'est avérée une illusion, un jeu d'enfants. Tout comme les "élections" qui l'ont précédée. »

Dans le *Washington Post*, la semaine suivante, Rogov précise sa pensée : « Sans nul doute la volonté du Kremlin de faire voter au plus tôt ces amendements par le Parlement est le reflet de l'état de grande nervosité de Poutine, qui redoute que le prestige de Medvedev n'augmente au point qu'il finisse par le supplanter. »

Une remarque d'autant plus pertinente que la métamorphose du dauphin devient de plus en plus flagrante. Interloqué, le journaliste

1. *Échos de Moscou*, 16 novembre 2008.
2. *Ibidem.*

Jean-François Roubaud, de *Nice-Matin*, ne peut que constater la « Medvedev parano ». En effet, lors du sommet UE-Russie qui s'est tenu sur la Côte d'Azur le 14 novembre 2008, le président russe bénéficie d'un dispositif sécuritaire sans précédent : outre dix-sept limousines blindées acheminées par avions-cargos depuis Moscou, commandos de tireurs d'élite, les *curriculum vitæ* des notables niçois, dont celui du député-maire, l'ancien ministre Christian Estrosi, ont été passés au crible par le FSB. Heureusement, « *a priori* le maire de Nice n'a pas d'ascendants ossètes, ni de liens avec la résistance tchétchène... », persifle Roubaud. Le plus effarant de tout : les deux agents préposés à goûter, avant Medvedev, le moindre aliment solide ou liquide absorbé par ce dernier. « Il est vrai qu'on n'est jamais trop prudent. Il suffit parfois d'une tasse de thé sucrée à la dioxine ou au polonium 210... »

Rien d'étonnant donc si, le 17 novembre, après le sommet du G20 à Washington, Poutine indique que son pays ne participera aux mesures destinées à surmonter la crise mondiale que dans un esprit de parité. Il affirme, en substance, qu'il ne permettra pas que l'on utilise les ressources naturelles russes afin de résoudre des problèmes qui ne relèvent pas de la responsabilité de la Russie [1].

D'ailleurs, il avait déjà lourdement insisté sur le fait que la crise en Russie avait été provoquée par les États-Unis. Visiblement excédé par la liberté prise par Medvedev d'appeler à « construire un nouveau système financier global, équilibré, dans un esprit de responsabilité et de transparence », Poutine a laissé entendre que « la déclaration du président de la Russie a pu être mal interprétée à Washington [2] ». Rappelons que ce dernier a aussi « exprimé l'espoir que la Russie réussirait à normaliser ses relations avec les États-Unis grâce à l'administration Obama ». Peut-être Medvedev a-t-il simplement tenté d'atténuer l'effet désastreux de ses « félicitations » musclées et tardives après l'éclatante victoire du nouveau président américain ? Car son premier discours à la nation (prononcé le 5 novembre, le jour même de cette élection) a été qualifié d'« erreur de jugement » par tous les analystes politiques. Pourtant

1. Interfax, 17 novembre 2008.
2. Magazine télévisé *Vesti* (Les Nouvelles), 15 novembre 2008.

ce comportement n'a pas dû beaucoup surprendre Obama, seul président de l'histoire américaine à s'être un jour directement confronté aux services secrets russes.

En effet, en 2005, avec un groupe de sénateurs, dont Richard Lugar, Barack Obama effectue sa première visite en Russie dans le cadre du programme de désarmement nucléaire. L'un des scientifiques, Sergueï Sanine, se souvient parfaitement que, le 26 août 2005, Lugar leur a déjà présenté Obama comme « le futur président des États-Unis [1] ». Ce jour-là, les Russes avaient beaucoup apprécié l'humour américain.

Mais la visite se gâte le 29 août, à l'aéroport de Perm, dans l'Oural, un carrefour à « double destination », civile et militaire, par conséquent sous haute surveillance du FSB. La délégation sénatoriale voyage à bord d'un DC-9 de l'armée de l'air, copie conforme (en plus petit) de l'avion présidentiel Air Force One. En dépit du fait que l'appareil effectue un vol diplomatique, les agents russes tiennent à le passer au peigne fin [2]. Refus catégorique des Américains, furieux, qui avertissent leur ambassade. Celle-ci contacte le ministère russe des Affaires étrangères [3]. Des négociations s'ouvrent. Le temps d'arriver à un accord entre diplomates – environ trois heures – les sénateurs sont isolés dans la salle d'attente de l'aéroport. Alors que Lugar ne décolère pas, Obama s'allonge sur une banquette pour faire la sieste.

En évoquant l'épisode, la presse russe suppose que le choix de Joseph Biden comme vice-président ne doit guère réjouir le Kremlin. À Moscou, on garde le souvenir que cet expert averti de la politique internationale avait salué ainsi, en 2000, l'intronisation de Poutine comme président : « Les oligarques ont vendu la Russie aux tchékistes [4] ! »

Existe-t-il une alternative à l'actuelle Paix froide, à un retour possible de la Guerre froide ou chaude, aux crises, aux multiples dangers et menaces qui planent sur l'Europe ? La solution viendrait-elle de l'européisme russe, qui incite à jeter un même œil

1. Odintsovo.info, 8 novembre 2008.
2. *Échos de Moscou*, 29 mars 2007.
3. *Vzglad Délovaya Gazeta* (Le Journal des affaires), 7 novembre 2008.
4. *Moskovskiï Komsomolets*, 7 novembre 2008.

critique à la fois sur la Russie et l'Occident, poussant le Russe de culture européenne, humaniste, lucide et pragmatique à œuvrer pour une société meilleure, plus juste et plus démocratique ?

Sans perdre ce qui fait sa singularité, voire son exception, la Russie pourrait alors s'épanouir dans la paix et la prospérité. Et voir ainsi devenir réalité le rêve fou de ce poète russe qui souhaitait tant « vivre en Europe sans quitter la Russie ».

Pour l'heure, se projetant dans l'avenir, nombre de Russes espèrent confusément une victoire de la liberté, rêvant d'une société plus saine, plus équitable qui les délivrerait de l'arbitraire, de la criminalité, des oligarques, des tchékistes et de leur terrorisme d'État. Certains attendent même un changement radical, une évolution réalisée sous l'impulsion d'esprits éclairés de la société civile.

Une bonne partie du pays compte sur le miracle d'une Russie délivrée de la dynastie KGB fondée par Poutine et sa « Famille », nombreuse, omnipotente, une Russie libérée. Une Russie dont le pouvoir respecterait les citoyens sans violer la justice et les droits de l'Homme. Une Russie où la nouvelle oligarchie et les prédateurs du Kremlin ne feraient plus impunément la guerre à leur propre peuple.

Faudra-t-il une nouvelle révolution en Russie pour que le despotisme du KGB soit remplacé par les fondements d'un État démocratique ? Peut-être. Mais à quel prix !

Se référant aux récentes révolutions « de couleur » qui ont durablement traumatisé le Kremlin, Valentina Melnikova, qui préside l'ONG des Mères de soldats, ne perd pas espoir quand elle proclame à ses risques et périls : « Les exemples géorgien, ukrainien, kirghize prouvent que toute tyrannie peut être renversée [1] ! »

1. Voir *T comme Tchétchénie*, *op. cit.*

Bibliographie non exhaustive

Galia Ackerman, *Tchernobyl, retour sur un désastre*, Buchet-Chastel, 2006.

Youri Afanassiev, *Ma Russie fatale*, Calmann-Lévy, 1992.

Evguénia Albatz, *La Bombe à retardement, enquête sur la survie* du *KGB*, Plon,1995.

Michel Albert (sous la direction de), *Regards croisés sur l'Europe*, Académie des Sciences morales et politiques-PUF, 2005.

Wladimir Andreff, *Économie de la transition*, Bréal, 2007.

Christopher Andrew, Vassili Mitrokhine, *Le KGB contre l'Ouest, 1917-1991*, Fayard, 2000.

Christopher Andrew, Oleg Gordievsky, *Le KGB dans le monde, 1917-1990*, Fayard, 1990.

Hannah Arendt, *La Nature du totalitarisme*, traduction de M.-I. B. de Launay, Payot, 1990.

Youri Bandazhevsky, *La Philosophie de ma vie*, Jean-Claude Gawséwitch, 2006.

John Barron, *Enquête sur le KGB*, Fayard, 1984.

Karel Bartosek, *Les Aveux des archives : Prague-Paris-Prague, 1948-1968*, Le Seuil, 1996.

Céline Bayou, *Le Musée letton des occupations. Écrire l'histoire pour construire l'avenir, Le Courrier des pays de l'Est*, La Documentation Française, n° 1052, 11/12, 2005.

Milton Bearden et James Risen, *CIA-KGB, le dernier combat*, Albin Michel, 2004.

Daniel Beauvois, « Être historien en Pologne : les mythes, l'amnésie et la vérité », *Revue d'histoire moderne et contemporaine*, n° 38, 1991.

Wladimir Bérélowitch, « Les manuels d'histoire dans la Russie d'aujourd'hui : entre les vérités plurielles et le nouveau mensonge national », in *Un mensonge déconcertant ? La Russie au xxe siècle*, sous la dir. de Jean-Philippe Jaccard, avec la col. de Korine Amacher, L'Harmattan, 2003.

Sergo Beria, *Moï otets, Lavrentiï Beria* (Mon père, Lavrenti Beria), Moscou, Sovremennik, 1994.
Hélène Blanc, *Les Auteurs du Printemps russe*, Noir sur Blanc, 1991.
Hélène Blanc, Renata Lesnik, *Le Mal russe*, L'Archipel, 2000.
Hélène Blanc, *KGB connexion, le système Poutine*, Hors Commerce, 2004.
Hélène Blanc, *T comme Tchétchénie*, Ginkgo Éditions, 2005.
Filip Bobkov, *Déïatelnost organov gossoudarstvénnoï bézopasnosti na sovréménnom étapé* (L'Activité des organes de sécurité d'État à l'étape actuelle), Moscou,1988.
Henry Bogdan, *Histoire des pays de l'Est*, Perrin, 1991.
V. G. Bortnevski, *Zagadka smerti generala Vrangela* (L'Énigme de la mort du général Wrangel), Saint-Pétersbourg, Néva, 1996.
Vladimir Boukovski, *... Et le vent reprend ses tours*, Robert Laffont-Opera Mundi, 1978.
Vladimir Boukovski, *De l'utopie au désastre*, Robert Laffont, 1990.
Vladimir Boukovski, *Jugement à Moscou. Un dissident dans les archives du Kremlin*, Robert Laffont, 1995.
Vladimir Boukovski, *L'Union européenne, une nouvelle URSS ?*, Éditions du Rocher, 2005.
Emmanuel Carrère, *Un roman russe*, P.O.L., 2007.
Arkadi Chevtchenko, *Rupture avec Moscou*, Payot,1985.
Pierre Daix, *Tout mon temps*, Fayard, 2001.
Gilles Favarel-Garrigues, *La Police des mœurs économiques, de l'URSS à la Russie*, CNRS Éditions, 2007.
Vladimir Fédorovski, *Le Fantôme de Staline*, Éditions du Rocher, 2007.
François Fejtö, *Le Passager du siècle*, Hachette Littérature, 1999.
Marc Ferro, *L'Histoire sous surveillance*, Calmann-Lévy, 1985.
Michel Foucher, *L'Union européenne un demi-siècle plus tard : état des lieux et scénarios de relance*, Notes de la Fondation Robert-Schuman, 2006.
Anne-José Fulgéras, *Affaires à suivre...*, Robert Laffont, 2001.
François Furet, *Le Passé d'une illusion*, Robert Laffont-Calmann-Lévy, 1995.
Bronislaw Geremek avec Pierre-Antoine Donnet, « Un homme libre », in *Politique internationale*, été 2007, n° 116.
Mikhaïl Gorbatchev, *Mémoires*, Éditions du Rocher,1997.
Andreï Gratchev, *Staline est-il mort ?*, Éditions du Rocher,1997.
Andreï Gratchev, *Le Mystère Gorbatchev*, Éditions du Rocher, 2001.
Marina Grey, *Le général meurt à minuit*, Plon,1981.
Alfred Grosser, *Le Crime et la Mémoire*, Flammarion, 1991.

François Hartog, Jacques Revel, *Les Usages politiques du passé*, Éditions de l'École des Hautes Études en sciences sociales, Paris, 2001.
Vaclav Havel, *À vrai dire. Livre de l'après-pouvoir*, Éditions de l'Aube, 2007.
Christian Jelen, *L'Aveuglement*, Flammarion, 1994.
Jean-Noël Jeanneney, *Le Passé dans le prétoire : l'historien, le juge et le journaliste*, Le Seuil, 1998.
Sandra Kalniete, *En escarpins dans les neiges de Sibérie*, Éditions des Syrtes, 2003.
Igor Kliamkine, Lev Timoféev, *La Russie de l'ombre*, Les Presses de la Cité, 2003.
Alexandre Kolparadi, Dmitri Prokhorov, *KGB : spetsoperatsiï sovetskoï razvedki* (KGB : les opérations spéciales des services de renseignement soviétiques), Moscou, Olimp-Astrel, 2000.
Walter Krivitski, *Ia byl aguentom Stalina*, Moscou, Sovremennik, 1991. Édition française : *J'étais un agent de Staline*, Champ libre, 1979.
Marc Lazar, *Le Communisme : une passion française*, Perrin, 2002.
Alexandre Lebed (général), *Za derjavou obidno* (Dommage pour le pouvoir), Moscou, Moskovskaya Pravda, 1995.
Michel Lesage, *Les Régimes politiques de l'URSS et de l'Europe de l'Est*, PUF, 1971.
Renata Lesnik, Hélène Blanc, *L'Empire de toutes les mafias*, Les Presses de la Cité,1996.
Renata Lesnik, *La Rebelle aux pieds nus*, Hors Commerce, 2005.
Jacques Lesourne, Bernard Lecomte, *L'Après-communisme*, Robert Laffont, 1990.
Youri Levada, *Entre passé et avenir*, Presses de la Fondation nationale des sciences politiques,1993.
Moshe Lewin, *Le Siècle soviétique*, Paris, Fayard, 2003.
Jean-Jacques Marie, *Staline*, Fayard, 2001.
Pierre Nora, Françoise Chandernagor, *Liberté pour l'Histoire*, CNRS éditions, Paris, 2008.
Revue *Outre-Terre*, « La roulette russe », O.G.R.E.-Erès, n° IV, 2003.
Valéri Paniouchkine, *Mikhaïl Khodorkovski, l'otage du silence*, Moscou, ZAO Secret de firme, 2006.
Leonid Pliouchtch, *Ukraine, à nous l'Europe !*, Éditions du Rocher, 1993.
Anna Politkovskaïa, *Tchétchénie, le déshonneur russe*, Buchet-Chastel, 2003.
Anna Politkovskaïa, *La Russie selon Poutine*, Buchet-Chastel, 2005.
Anna Politkovskaïa, *Douloureuse Russie. Journal d'une femme en colère*, Buchet-Chastel, 2006.

Hommage à Anna Politkovskaïa, ouvrage collectif, Buchet-Chastel, 2007.
Anna Politkovskaïa, *Qu'ai-je fait ?*, Buchet-Chastel, 2008.
Dmitri Popov, Ilya Miltschein, *Orangévaïa printsessa, zagadka Iulii Timochenko* (La Princesse Orange, l'énigme Youlia Timochenko), Moscou, Olga Morozova, 2006.
Radu Portocala, *Autopsie du coup d'État roumain*, Calman-Lévy, Paris,1990.
Evguéni Primakov, *Au cœur du pouvoir*, *Mémoires politiques*, Éditions des Syrtes, 2002.
Jean-François Revel, *La Grande Parade*, Plon, 2000.
Paul Ricœur, *Histoire et Vérité*, Le Seuil, 1964.
Paul Ricœur, *La Mémoire, l'Histoire, l'Oubli*, Le Seuil, 2000.
Pierre Rosanvallon, *La Contre-Démocratie*, Le Seuil, 2006.
Robert Schuman, *Pour l'Europe, écrits politiques*, Nagel, 2005.
Nadine Marie-Schwartzenberg, *Le KGB*, PUF, coll. « Que sais-je ? » n° 2757, 1993.
Ronald Seth, *SMERSH*, Stock, 1970.
Virgile Tanase, *Le Dossier Paul Goma. L'écrivain face au socialisme du silence*, Albatros,1977.
Françoise Thom, *Les Fins du communisme*, Critérion, 1994.
Emmanuel Todd, *La Chute finale*, Robert Laffont, 1976.
Elena Trégoubova, *Prochtchanié kremliovskogo diggera* (Adieu à l'excavatrice du Kremlin), Moscou, Ad marginem, 2004.
Philippe Valode, *Les Maîtres du Kremlin*, L'Archipel, 2004.
Cécile Vaissié, *Pour votre liberté et pour la nôtre*, Robert Laffont, 1999.
Arkadi Vaksberg, *Le Laboratoire des poisons*, Buchet-Chastel, 2007.
Gueorgui Vatchnadzé, *Les Mafias militaires du Kremlin*, Ellipses, 1994.
Pierre Verluise, *Géopolitique de l'Europe. L'Union européenne a-t-elle les moyens de la puissance ?*, Ellipses, 2005.
Pierre Verluise (sous la direction de), *Une nouvelle Europe. Comprendre une révolution géopolitique*, Karthala, 2006.
Alexandra Viatteau, *Staline assassine la Pologne, 1939-1947*, Le Seuil, 1999.
Alexandra Viatteau, *Katyn, Kharkov, Tver, l'armée polonaise assassinée*, André Versailles, 2008.
Pierre Vidal-Naquet, *Les Assassins de la mémoire : un « Eichmann de papier » et autres essais sur le révisionnisme*, La Découverte, 2005.
Nicolas Werth, *De la soviétologie en général et des archives russes en particulier*, Débat, 1980.
Nicolas Werth, *Histoire de l'Union soviétique*, PUF, 1992.
David Wolff, Gaël Moullec, *Le KGB et les pays Baltes*, Belin, 2005.

Serge Wolikow, *Une histoire en révolution ? Du bon usage des archives, de Moscou et d'ailleurs*, Éditions universitaires de Dijon (Publications de l'université de Bourgogne), 1996.

Thierry Wolton, *Le KGB en France*, Grasset, 1986.

Ilios Yannakakis, « Mémoire du communisme : ouverture des archives de la police politique », in [La République tchèque] *Transitions & Sociétés*, Magna Europa Éditions, n° IV, 2003.

Nikolaï Zentovitch, *Na KGB rabotali star i mlad* (Tout un chacun – jeunes et vieux – œuvrait pour le KGB), Moscou, Vetché, 2003.

Guennadi Ziouganov, *La Russie après l'an 2000*, Mithec,1999.

Alexandre Zinoviev, *Homo sovieticus*, Julliard-L'Âge d'homme, 1983.

Salomé Zourabichvili, *Une femme pour deux pays*, Grasset et Fasquelle, 2006.

Remerciements

Nos sincères remerciements aux nombreux intervenants – témoins, auteurs ou analystes – qui ont enrichi ce document de leurs réflexions. Impossible de les citer tous. Notre gratitude va évidemment à nos interlocuteurs privilégiés : Vladimir Boukovski et Nikita Petrov, l'historien des services secrets soviéto-russes.

Bien entendu, nous n'oublions pas non plus les personnalités françaises ou étrangères qui, lors d'entretiens privés, nous ont éclairées de leur expérience. En particulier le président Valéry Giscard d'Estaing, S.A. Otto de Habsbourg, Yves Bonnet, Jacques Chevchenko, François Géré, Leonid Pliouchtch, Alain Terrenoire, Alexandra Viatteau, Pierre Verluise…

Nous restons les obligées des historiens Ilios Yannakakis et Éric Le Nabour.

Une mention spéciale à Denis Jeambar et Jean-Christophe Brochier pour leur accompagnement discret mais attentif.

Et une pensée amicale pour André Bercoff et Jean-Dominique Capocci.

Table

RÉALISATION: PAO ÉDITIONS DU SEUIL
IMPRESSION: CPI FIRMIN DIDOT À MESNIL-SUR-L'ESTRÉE (EURE)
DÉPÔT LÉGAL: MARS 2009. N° 99391 (94117)
IMPRIMÉ EN FRANCE